城北中学校

〈収録内容〉

2024 年度 …………………… 第 1 回（算・理・社・国）
　　　　　　　　　　　　　第 2 回（算・理・社・国）
2023 年度 …………………… 第 1 回（算・理・社・国）
　　　　　　　　　　　　　第 2 回（算・理・社・国）
2022 年度 …………………… 第 1 回（算・理・社・国）
　　　　　　　　　　　　　第 2 回（算・理・社・国）
DL 2021 年度 …………………… 第 1 回（算・理・社・国）
DL 2020 年度 …………………… 第 1 回（算・理・社・国）
DL 2019 年度 …………………… 第 1 回（算・理・社・国）
DL 平成 30 年度 …………………… 第 1 回（算・理・社・国）

便利な DL コンテンツは右の QR コードから

解答用紙　過去年度　国語の問題は紙面に掲載 ⇒

※データのダウンロードは 2025 年 3 月末日まで。
※データへのアクセスには、右記のパスワードの入力が必要となります。 ⇒ 308534

〈合格最低点〉

	第 1 回	第 2 回
2024年度	213点	206点
2023年度	244点	219点
2022年度	208点	179点
2021年度	198点	180点
2020年度	211点	228点
2019年度	221点	219点
2018年度	217点	226点

本書の特長

実戦力がつく入試過去問題集

- ▶ 問題 ……………… 実際の入試問題を見やすく再編集。
- ▶ 解答用紙 …… 実戦対応仕様で収録。
- ▶ 解答解説 …… 詳しくわかりやすい解説には、難易度の目安がわかる「基本・重要・やや難」の分類マーク（下記参照）。各科末尾には合格へと導く「ワンポイントアドバイス」を配置。採点に便利な配点つき。

入試に役立つ分類マーク

基本 確実な得点源！
受験生の90%以上が正解できるような基礎的、かつ平易な問題。
何度もくり返して学習し、ケアレスミスも防げるようにしておこう。

重要 受験生なら何としても正解したい！
入試では典型的な問題で、長年にわたり、多くの学校でよく出題される問題。
各単元の内容理解を深めるのにも役立てよう。

やや難 これが解ければ合格に近づく！
受験生にとっては、かなり手ごたえのある問題。
合格者の正解率が低い場合もあるので、あきらめずにじっくりと取り組んでみよう。

合格への対策、実力錬成のための内容が充実

- ▶ 各科目の出題傾向の分析、合否を分けた問題の確認で、入試対策を強化！
- ▶ その他、学校紹介、過去問の効果的な使い方など、学習意欲を高める要素が満載！

解答用紙ダウンロード 解答用紙はプリントアウトしてご利用いただけます。弊社ＨＰの商品詳細ページよりダウンロードしてください。トビラのＱＲコードからアクセス可。

UD FONT 見やすく読みまちがえにくいユニバーサルデザインフォントを採用しています。

城北中学校

生徒数　849名
〒174-8711
東京都板橋区東新町2-28-1
☎03-3956-3157
東武東上線上板橋駅　徒歩10分
有楽町線・副都心線小竹向原駅　徒歩20分

人間形成と進学を目指す一貫教育
コース制や選択ゼミの導入で
難関大学合格の高い実績を誇る

URL	https://www.johoku.ac.jp/

プロフィール

着実・勤勉・自主を校訓に掲げる

府立四中（現、都立戸山高校）の前身である旧制城北中学校の再興の願いを込め、1941（昭和16）年に、城北中学校を創立。学制改革により、城北中学校、城北高等学校となった。「社会性を備え正しい道理の実行ができる人間」「努力を惜しまず自律的に行動できる人間」「感受性を豊かに持ち、自己啓発と創造力に富む人間」の育成を目標に、「着実・勤勉・自主」を校訓に掲げ、「人間形成と大学進学」の二つの目標の達成に努めている。

環境

広大な敷地に最新の施設

都立城北中央公園と石神井川沿いの緑豊かな環境に、約3.5万㎡という都内有数の広大な校地を持つ。全館に冷暖房が完備された校舎には、45の普通教室や特別ゼミ室のほか、８つの理科実験室、視聴覚教室、コンピュータ教室、各芸術教室、iRoom、図書館、食堂などを完備している。また、２つのアリーナ、25m７コースの室内温水プール、最新マシンを備えたトレーニングルーム、柔道と剣道ができる武道館、弓道場、卓球場、グラウンド、テニスコートなど、幅広いスポーツに応じられる多彩な体育施設も整っている。

2017年4月に完成したiRoom

iPadの授業への導入や、イングリッシュ・シャワーなど、ICTや国際教育プログラムに力を入れている。

カリキュラム

高２よりコース制　３年次は４コース

中学からの入学者は、高校１年次まで独自のカリキュラムを履修する。１・２年次には、基本的な学習習慣を身につけると共に、国語・数学・英語に週５～６時間を配分して各教科の基礎力・応用力を身につける。英語では外国人教師による少人数のLL授業も行っている。3年次からは、主要教科は高校の学習内容に入る。

高校１年次では、内部進学生と高校入学生とは教科によって授業内容が異なるため、クラスを分けている。２年次では文系・理系のコース分けが行われ、コースに沿ったカリキュラムで応用力を養う。内部進学生と高校入学生とは混合される。さらに３年次では、多様化した大学受験に応じるため、より細分化した４コースとなり、選択ゼミ講座や入試直前講座も設置される。

学校生活

47の団体・クラブが多彩に活動

「大町山荘」では、4月に中・高とも、入学したばかりの１年生がオリエンテーションを行うほか、中学２年生の林間学校、高校３年生の勉強合宿（大町学習室）も実施される。さらに、希望者を対象としたオーストラリアへの海外語学研修旅行もある。

課外活動は、文化部24、運動部23が多彩な活動をしている。高校では水泳部（水球）がインターハイに出場、少林寺拳法部が全国大会で優勝している。またソフトテニス部、弓道部、囲碁将棋部、ラジオ部なども全国大会等で優秀な成績を収めている。中学でも、ハンドボール部、野球部、陸上部などが大会等で活躍し、文化系クラブも個性的に活動している。

全国大会で活躍する少林寺拳法部

進路

難関大合格者多数　現役合格率も高い

ほぼ全員が4年制大学に進学を希望し、難関大の合格実績も年々伸びている。2023年度は、東大6名をはじめ、一橋大、東京工業大など合わせて国公立大に98名、早稲田大、慶應義塾大など私立大に1236名が合格。

2024年度入試要項

試験日　2/1（第１回）
2/2（第２回）
2/4（第３回）
試験科目　国・算・理・社

2024年度	募集定員	受験者数	合格者数	競争率
第１回	約115	407	138	2.9
第２回	約125	561	297	1.9
第３回	約30	255	54	4.7

過去問の効果的な使い方

① **はじめに**　ここでは，受験生のみなさんが，ご家庭で過去問を利用される場合の，一般的な活用法を説明していきます。もし，塾に通われていたり，家庭教師の指導のもとで学習されていたりする場合は，その先生方の指示にしたがって，過去問を活用してください。その理由は，通常，塾のカリキュラムや家庭教師の指導計画の中に過去問学習が含まれており，どの時期から，どのように過去問を活用するのか，という具体的な方法がそれぞれの場合で異なるからです。

② **目的**　言うまでもなく，志望校の入学試験に合格することが，過去問学習の第一の目的です。そのためには，それぞれの志望校の入試問題について，どのようなレベルのどのような分野の問題が何問，出題されているのかを確認し，近年の出題傾向を探り，合格点を得るための試行錯誤をして，各校の入学試験について自分なりの感触を得ることが必要になります。過去問学習は，このための重要な過程であり，合格に向けて，新たに実力を養成していく機会なのです。

③ **開始時期**　過去問との取り組みは，通常，全分野の学習が一通り終了した時期，すなわち6年生の7月から8月にかけて始まります。しかし，各分野の基本が身についていない場合や，反対に短期間で過去問学習をこなせるだけの実力がある場合は，9月以降が過去問学習の開始時期になります。

④ **活用法**　各年度の入試問題を全問マスターしよう，と思う必要はありません。完璧を目標にすると挫折しやすいものです。できるかぎり多くの問題を解けるにこしたことはありませんが，それよりも重要なのは，現実に各志望校に合格するために，どの問題が解けなければいけないか，どの問題は解けなくてもよいか，という眼力を養うことです。

算数

どの問題を解き，どの問題は解けなくてもよいのかを見極めるには相当の実力が必要になりますし，この段階にいきなり到達するのは容易ではないので，この前段階の一般的な過去問学習法，活用法を2つの場合に分けて説明します。

☆偏差値がほぼ55以上ある場合

掲載順の通り，新しい年度から順に年度ごとに3年度分以上，解いていきます。

ポイント1…問題集に直接書き込んで解くのではなく，各問題の計算法や解き方を，明快にわかるように意識してノートに書き記す。

ポイント2…答えの正誤を点検し，解けなかった問題に印をつける。特に，解説の 基本 重要 がついている問題で解けなかった問題をよく復習する。

ポイント3…1回目にできなかった問題を解き直す。同様に，2回目，3回目，…と解けなければいけない問題を解き直す。

ポイント4…難問を解く必要はなく，基本をおろそかにしないこと。

☆偏差値が50前後かそれ以下の場合

ポイント1～4以外に，志望校の出題内容で「計算問題・一行問題」の比重が大きい場合，これらの問題をまず優先してマスターするとか，例えば，大問2までをマスターしてしまうとよいでしょう。

理科

理科は[1]から順番に解くことにほとんど意味はありません。理科は，性格の違う4つの分野が合わさった科目です。また，同じ分野でも単なる知識問題なのか，あるいは実験や観察の考察問題なのかによってもかかる時間がずいぶんちがいます。記述，計算，描図など，出題形式もさまざまです。ですから，解く順番の上手，下手で，10点以上の差がつくこともあります。

過去問を解き始める時も，はじめに1回分の試験問題の全体を見通して，解く順番を決めましょう。得意分野から解くのもよいでしょう。短時間で解けそうな問題を見つけて手をつけるのも効果的です。くれぐれも，難問に時間を取られすぎないように，わからない問題はスキップして，早めに全体を解き終えることを意識しましょう。

社会

社会は[1]から順番に解いていってかまいません。ただし，時間のかかりそうな，「地形図の読み取り」,「統計の読み取り」,「計算が必要な問題」,「字数の多い論述問題」などは後回しにするのが賢明です。また，3分野（地理・歴史・政治）の中で極端に得意，不得意がある受験生は，得意分野から手をつけるべきです。

過去問を解くときは，試験時間を有効に活用できるよう，時間は常に意識しなければなりません。ただし，時間に追われて雑にならないようにする注意が必要です。“誤っているもの”を選ぶ設問なのに“正しいもの”を選んでしまった，“すべて選びなさい”という設問なのに一つしか選ばなかったなどが致命的なミスになってしまいます。問題文の“正しいもの”,“誤っているもの”,“一つ選び”,“すべて選び”などに下線を引いて，一つ一つ確認しながら問題を解くとよいでしょう。

過去問を解き終わったら，自己採点し，受験生自身でふり返りをしましょう。できなかった問題については，なぜできなかったのかについての分析が必要です。例えば,「知識が必要な問題」ができなかったのか,「問題文や資料から判断する問題」ができなかったのかで，これから取り組むべきことも大きく異なってくるはずです。また，正解できた問題も,「勘で解いた」,「確信が持てない」といったときはふり返りが必要です。問題集の解説を読んでも納得がいかないときは，塾の先生などに質問をして，理解するようにしましょう。

国語

過去問に取り組む一番の目的は，志望校の傾向をつかみ，本番でどのように入試問題と向かい合うべきか考えることです。素材文の傾向，設問の傾向，問題数の傾向など，十分に研究していきましょう。

取り組む際は，まず解答用紙を確認しましょう。漢字や語句問題の量，記述問題の種類や量などが，解答用紙を見て，わかります。次に，ページをめくり，問題用紙全体を確認しましょう。どのような問題配列になっているのか，問題の難度はどの程度か，などを確認して，どの問題から取り組むべきかを判断するとよいでしょう。

一般的に「漢字」→「語句問題」→「読解問題」という形で取り組むと，効率よく時間を使うことができます。

また，解答用紙は，必ず，実際の大きさのものを使用しましょう。字数指定のない記述問題などは，解答欄の大きさから，書く量を考えていきましょう。

算数　出題傾向の分析と合格への対策

●出題傾向と内容

例年，大問5～6題で，小問数は20～30題前後である。内容的には，[1]が計算，[2]が小問群，[3]以降が大問形式の出題である。第1回・第2回のレベル差はほとんどなく，小問群の中にもレベルの高い問題が見られる。

図形には毎年，重点が置かれており，「平面図形」では相似を利用して解くもの,「立体図形」では体積や切断をからめたものなどが出題されている。

また，「速さの文章題」，「グラフ」，「割合」についての応用問題などもよく出題されている。一筋縄ではいかないものもあるので，問題の選択と時間配分に注意が必要である。

✔学習のポイント

効率よく取捨選択するために，問題選択の目を養う。基本～応用レベルの解法を反復して，迅速な解法を意識した学習を！

●2025年度の予想と対策

これまでのような出題形式が今後も続くと予想され，一部，難しい問題が出題される図形分野を中心に，各分野とも応用問題までこなせるようにしておきたい。早い時期に基礎をしっかりと固め，一つ一つ確実に理解しながら問題練習を重ねていこう。その後，レベルを上げて，応用・発展問題や，複数の分野をからめた融合問題に挑戦する。

「統計・グラフ」，「場合の数」，「論理・推理」など，高度なものも出題されるので，過去問を利用してよく演習しておくとよい。問題を取捨選択し，時間内に解答するため，迅速かつ正確な計算方法の工夫に努めよう。

▼年度別出題内容分類表

※　よく出ている順に☆，◎，○の３段階で示してあります。

出題内容			2022年		2023年		2024年	
			1回	2回	1回	2回	1回	2回
数と計算		四則計算	○	○	○	○	○	○
		概数・単位の換算			○		○	
		数の性質	○	☆		☆		☆
		演算記号		☆				
図形		平面図形	☆	☆	☆	☆	☆	☆
		立体図形	☆	☆	☆	☆	☆	☆
		面積	☆	○		○	◎	◎
		体積と容積			◎			
		縮図と拡大図	○		◎		○	○
		図形や点の移動			○			○
速さ		三公式と比	☆	☆	☆	☆	☆	☆
	文章題	旅人算	○			○		
		流水算					☆	
		通過算・時計算						
割合		割合と比	☆	☆	☆	☆	☆	☆
	文章題	相当算・還元算	○					
		倍数算						
		分配算						
		仕事算・ニュートン算		○	○		○	
文字と式								
2量の関係(比例・反比例)								
統計・表とグラフ			☆		☆	☆	☆	☆
場合の数・確からしさ			☆	○				○
数列・規則性				☆		☆	☆	☆
論理・推理・集合			○					
その他の文章題		和差・平均算	○	○				
		つるかめ・過不足・差集め算		○		○		○
		消去・年令算						
		植木・方陣算						

城北中学校

算数 ――グラフで見る最近３ヶ年の傾向――

最近３ヶ年に出題されたすべての問題を内容別に分類・集計し，全体に対して何パーセントくらいの割合になっているかを示しました。

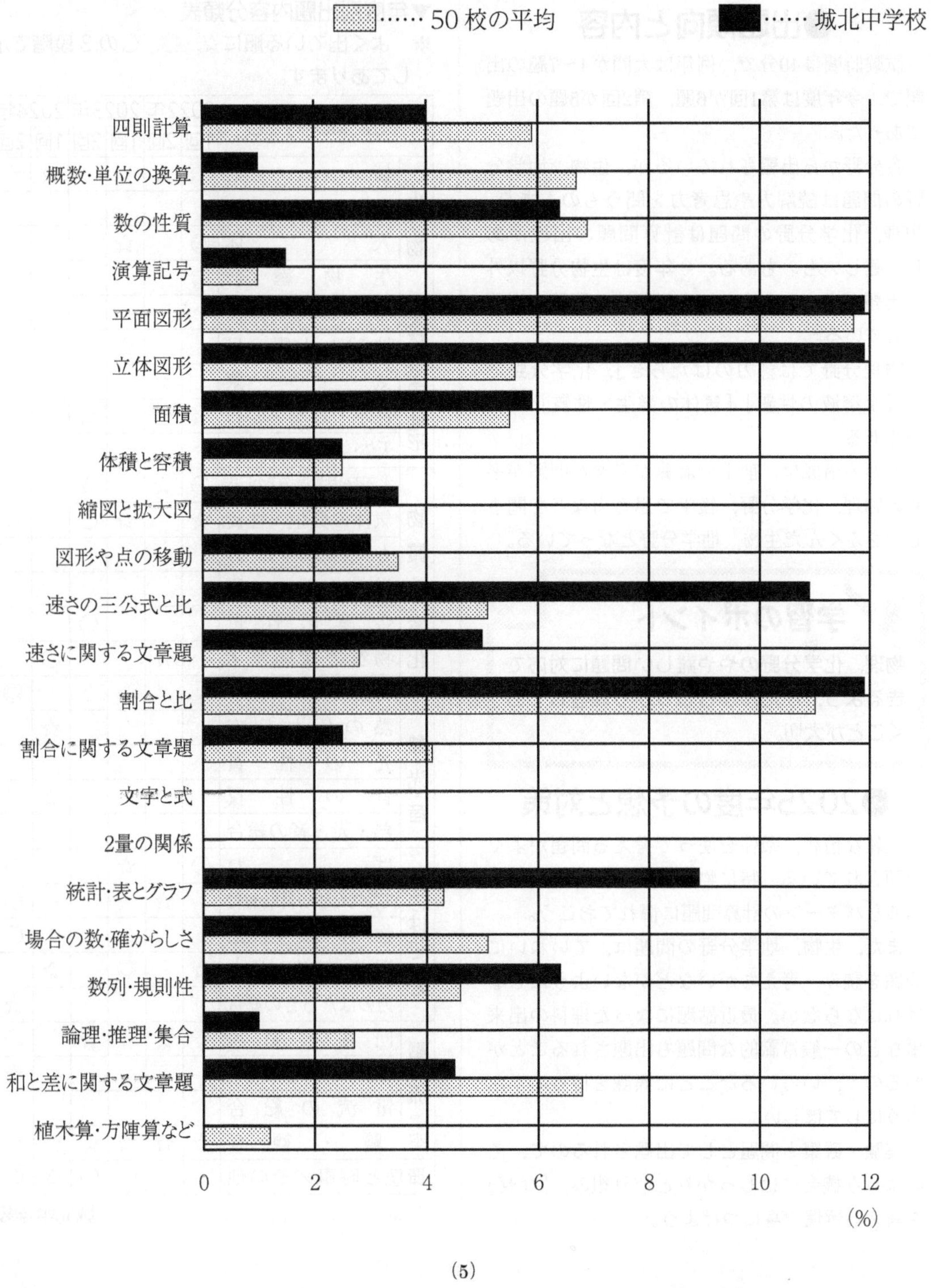

理科 出題傾向の分析と合格への対策

●出題傾向と内容

試験時間は40分で，例年は大問が4～7題の出題で，今年度は第1回が6題，第2回が5題の出題であった。

各分野から出題されているが，生物，地学分野の問題は読解力や思考力を問うものもあり，物理，化学分野の問題は計算問題の出題があり，難しいものもある。今年度は生物分野以外で出題があった。また，文章記述の問題も出題されている。

物理分野では「力のはたらき」，化学分野では「水溶液の性質」「気体の発生・性質」が頻出である。

問題の構成は，前半で計算が必要な問題が多めの物理，化学分野，後半で思考力などを問うものをふくんだ生物，地学分野となっている。

✔学習のポイント

物理，化学分野のやや難しい問題に対応できるよう，ふだんからしっかり練習しておくことが大切。

●2025年度の予想と対策

複雑な情報，条件を使って考える問題がよく出題されている，特に物理，化学分野ではいろいろなパターンの計算問題に慣れておこう。

また，生物，地学分野の問題は，ていねいに問題を読み，考えちがいなどがないようにしなければならない。最近話題になった理科の出来事などの一般常識的な問題も出題されることがあるので，いろいろなことに興味を持って学ぶようにしてほしい。

実験・観察も問題として出題されるので，そのような機会にはしっかりと取り組み，「なぜ」を考える習慣を身につけよう。

▼年度別出題内容分類表

※　よく出ている順に☆，◎，○の３段階で示してあります。

出題内容		2022年		2023年		2024年	
		1回	2回	1回	2回	1回	2回
生物	植物		☆			☆	☆
	動物						
	人体	◎		☆			
	生物総合	◎					
天体・気象・地形	星と星座						◎
	地球と太陽・月			☆			○
	気象		☆			○	
	流水・地層・岩石	☆			☆		
	天体・気象・地形の総合					☆	
物質と変化	水溶液の性質・物質との反応	○	☆		☆		☆
	気体の発生・性質	☆		☆	○		◎
	ものの溶け方						
	燃焼						
	金属の性質				○		
	物質の状態変化		☆			○	
	物質と変化の総合						◎
熱・光・音	熱の伝わり方					☆	
	光の性質						
	音の性質					☆	
	熱・光・音の総合						
力のはたらき	ばね	○		☆			◎
	てこ・てんびん・滑車・輪軸		☆				○
	物体の運動					☆	○
	浮力と密度・圧力	☆		◎		☆	
	力のはたらきの総合						☆
電流	回路と電流		☆		☆		○
	電流のはたらき・電磁石						☆
	電流の総合						
実験・観察		☆	☆	☆	☆	☆	☆
環境と時事／その他				○	○	☆	◎

城北中学校

理科 ――グラフで見る最近３ヶ年の傾向――

最近３ヶ年に出題されたすべての問題を内容別に分類・集計し，全体に対して何パーセントくらいの割合になっているかを示しました。

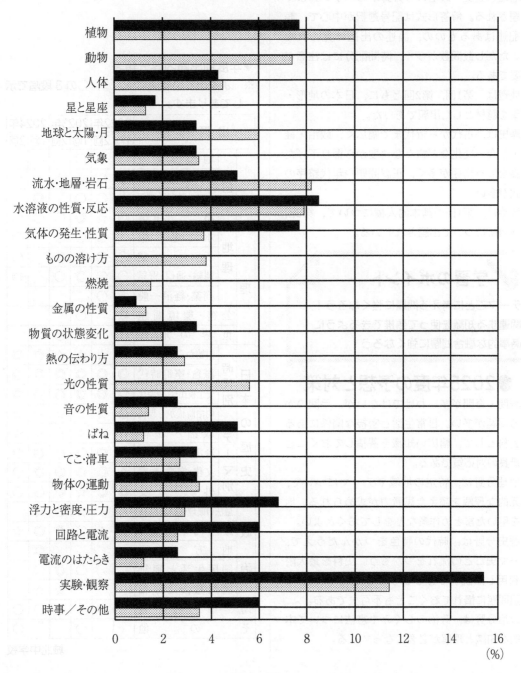

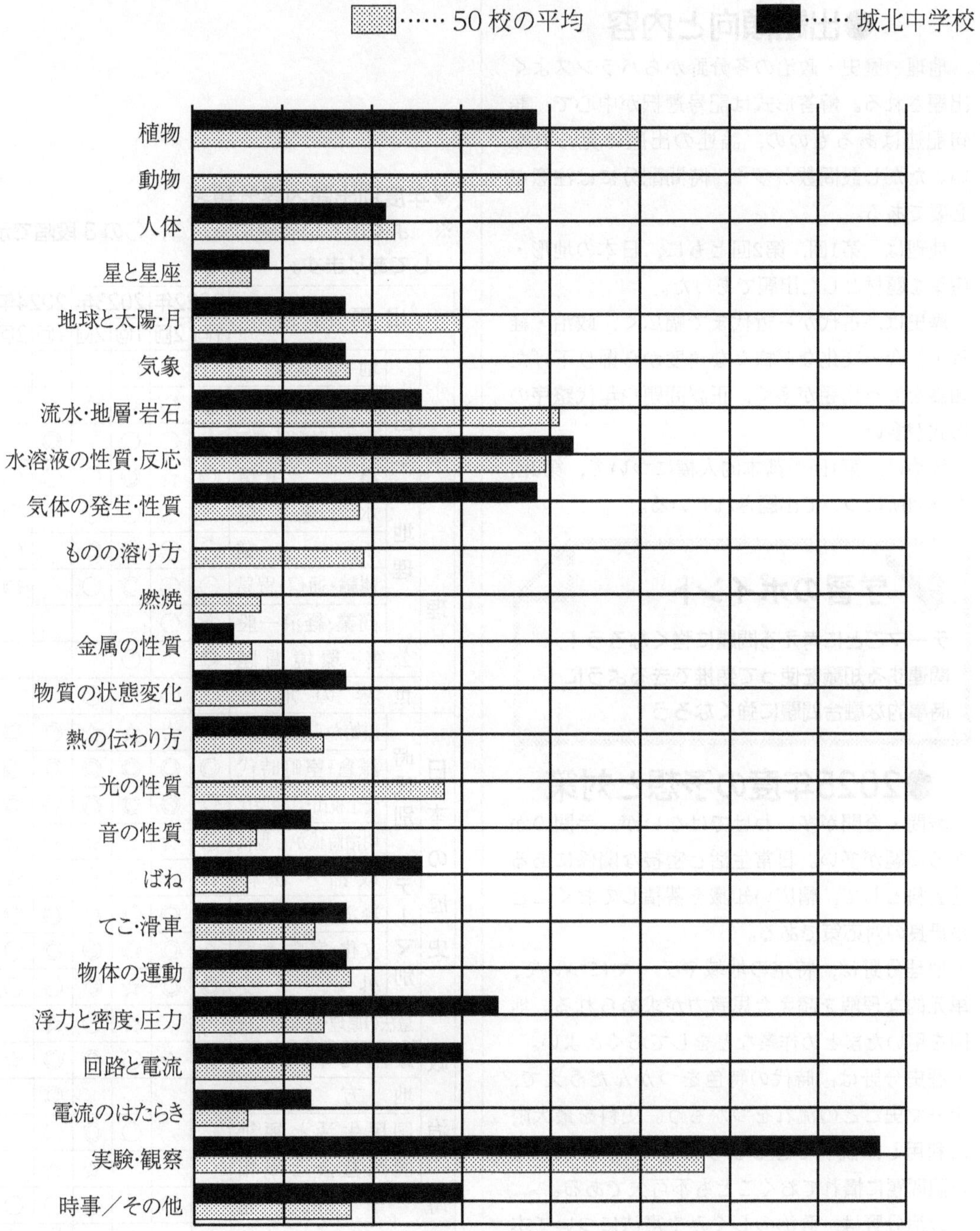

社会　出題傾向の分析と合格への対策

●出題傾向と内容

地理・歴史・政治の各分野からバランスよく出題される。解答形式は記号選択が中心で，語句記述はあるものの，論述の出題は見られない。ただし設問数が多く，時間配分には注意が必要である。

地理は，第1回，第2回ともに，日本の地形・産業を題材とした出題であった。

歴史は，古代から近代まで幅広く，政治・経済・社会・文化など様々な角度から掘り下げた知識を問う出題が多く，正誤問題や年代整序の形式が多い。

政治は，第1回が基本的人権について，第2回が裁判所について出題されている。

✔学習のポイント

テーマごとに考える問題に強くなろう！
関連する知識を使って類推できるように！
時事的な融合問題に強くなろう！

●2025年度の予想と対策

難問・奇問が多いわけではないが，手間のかかる問題が多い。日常生活と密接な関係にある社会科として，幅広い知識を蓄積しておくことが最良の対応策である。

地理分野は，特定の地域やテーマについて，単元的な理解を超えた思考力が求められる。地図を用いたまとめ作業などをしておくとよい。

歴史分野は，時代の特色をつかんだうえで，テーマ史ごとの流れをつかもう。史料を最大限に利用し，説明できるようにしておくとよい。正誤問題に慣れておくことも不可欠である。

政治分野は，政治のしくみや憲法について本格的な知識と理解が必要になってくる。

▼年度別出題内容分類表

※　よく出ている順に☆，◎，○の３段階で示してあります。

出題内容			2022年		2023年		2024年	
			1回	2回	1回	2回	1回	2回
地理	日本の地理	地図の見方			○		○	
		日本の国土と自然	◎	◎	◎	☆	☆	◎
		人口・土地利用・資源		○	○		◎	
		農業	◎	☆	◎	○	○	○
		水産業		○	○	○		○
		工業	○	○	◎	◎		○
		運輸・通信・貿易	○	○	◎	○		◎
		商業・経済一般		○				
	公害・環境問題		◎		○			
	世界の地理		○	○		○		
日本の歴史	時代別	原始から平安時代	☆	☆	☆	☆	◎	◎
		鎌倉・室町時代	◎	◎	◎	◎	◎	◎
		安土桃山・江戸時代	◎	◎	◎	◎	◎	◎
		明治時代から現代	◎	☆	☆	☆	☆	☆
	テーマ別	政治・法律	☆	☆	☆	☆	☆	☆
		経済・社会・技術	◎	◎	◎	◎	◎	◎
		文化・宗教・教育	☆	◎	◎	◎	◎	○
		外交	◎	◎	☆	◎	○	○
政治	憲法の原理・基本的人権				☆	○	☆	
	政治のしくみと働き		☆	☆	○	◎	◎	☆
	地方自治						◎	
	国民生活と福祉				○	◎	○	
	国際社会と平和					☆	☆	
時事問題				○		○	○	○
その他					○			○

城北中学校

社会 ——グラフで見る最近３ヶ年の傾向——

最近３ヶ年に出題されたすべての問題を内容別に分類・集計し，全体に対して何パーセントくらいの割合になっているかを示しました。

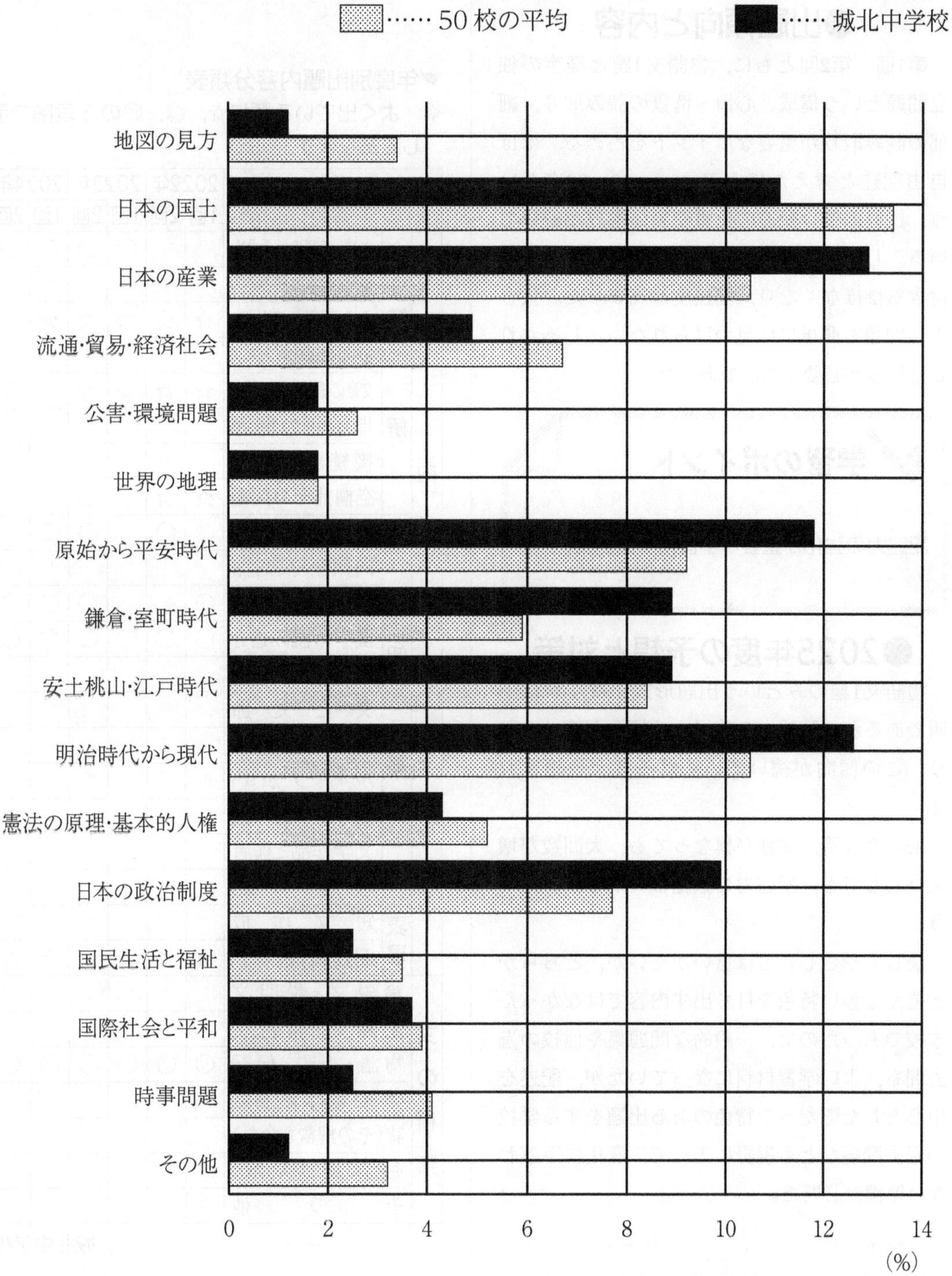

国語　出題傾向の分析と合格への対策

●出題傾向と内容

第1回，第2回ともに，物語文1題と漢字の独立問題という構成。心情・情景の読み取り，細部の読み取りが重要なポイントを占める。ほぼ自由記述と考えたほうがよい，40～80字という，比較的長い記述の比重が高い構成が続いている。しかも，本文の言葉を使ってという条件付きもほぼなくなり，記述度は高まった。抜き出し問題も簡単には見つけられない。しっかりした読みが必要なものであった。

学習のポイント

記述力の強化が重要な学習ポイントだ。

●2025年度の予想と対策

物語文1題のみという出題形式が続くかは不明であるが，記述力を重視する傾向が続いており，この傾向が続いていくだろうと予想される。

来年度以降，文種が異なっても，大問数が増えたとしても，記述力の強化は欠かせないだろう。

決してやさしいとは言いがたいが，どちらかと言えば強い特色を打ち出す内容ではなかった本校であったので，一般的な問題集や他校の過去問も，よい学習材料になっていたが，記述を中心とした際だった特色のある出題をする学校の過去問題なども視野に入れて，変化に戸惑わない準備が必要だ。

▼年度別出題内容分類表

※　よく出ている順に☆，◎，○の３段階で示してあります。

		出題内容	2022年		2023年		2024年	
			1回	2回	1回	2回	1回	2回
内容の分類	読解	主題・表題の読み取り			○	○	○	○
		要旨・大意の読み取り						
		心情・情景の読み取り	☆	☆	☆	☆	☆	☆
		論理展開・段落構成の読み取り						
		文章の細部の読み取り	☆	☆	☆	☆	☆	☆
		指示語の問題						
		接続語の問題						
		空欄補充の問題	☆	☆	○	○		○
	知識	ことばの意味		○		○	○	
		同類語・反対語						
		ことわざ・慣用句・四字熟語	○			○	○	○
		漢字の読み書き	○	○	○	○	○	○
		筆順・画数・部首						
		文と文節						
		ことばの用法・品詞						
		かなづかい						
		表現技法						
		文学作品と作者						
		敬語						
	表現	短文作成						
		記述力・表現力	☆	☆	☆	☆	☆	☆
文の種類		論説文・説明文						
		記録文・報告文						
		物語・小説・伝記	○	○	○	○	○	○
		随筆・紀行文・日記						
		詩(その解説も含む)						
		短歌・俳句(その解説も含む)						
		その他						

城北中学校

国語

—グラフで見る最近３ヶ年の傾向—

最近３ヶ年に出題されたすべての問題を内容別に分類・集計し，全体に対して何パーセントくらいの割合になっているかを示しました。

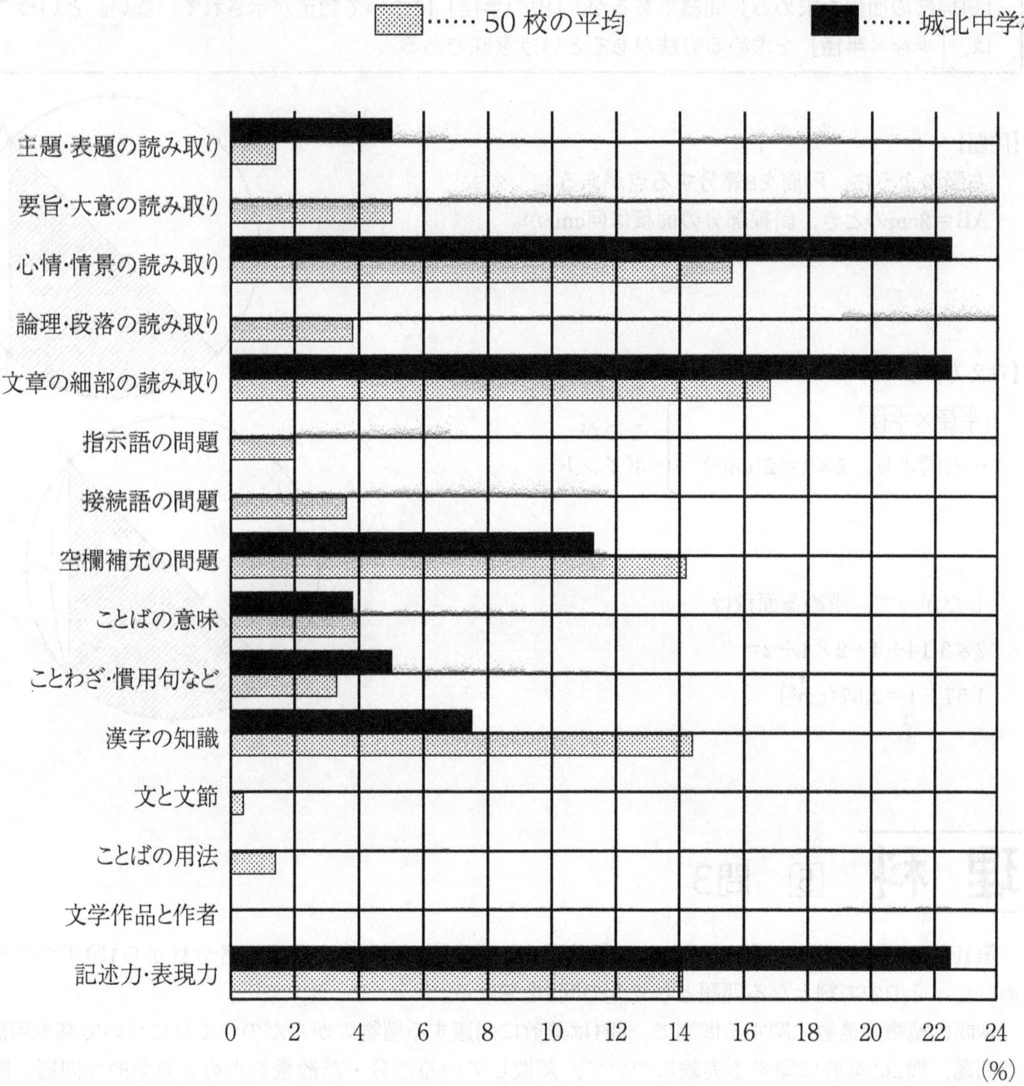

	論説文 説明文	物語・小説 伝記	随筆・紀行 文・日記	詩 （その解説）	短歌・俳句 （その解説）
城北中学校	50.0%	50.0%	0.0%	0.0%	0.0%
50校の平均	47.0%	45.0%	8.0%	0%	0%

2024年度　合否の鍵はこの問題だ!!

(第1回)

算　数　2　(4)

「斜線部の面積を求める」問題であるが，「円の半径」について数値が示されていない。ということは，「半径×半径」を求める方法があるという意味である。

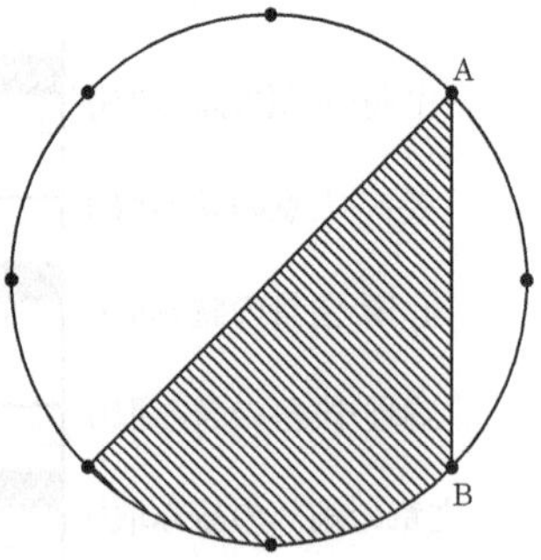

【問題】

右図のように，円周を8等分する点がある。
AB＝2cmのとき，斜線部分の面積は何cm^2か。

【考え方】

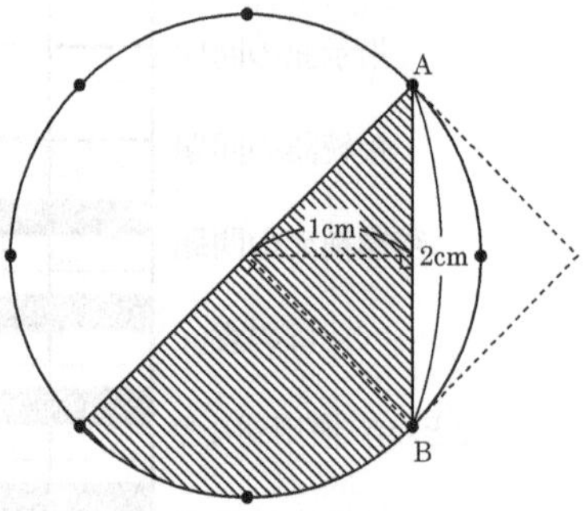

半径×半径
…右図より，$2\times1=2(cm^2)$

ここがポイント

したがって，求める面積は

$2\times3.14\div4+2\times1\div2=$

$1.57+1=2.57(cm^2)$

理　科　5　問3

第1回の大問は6題で，物理，化学の各分野から2題ずつ，生物，地学の各分野から1題ずつの出題であった。その中で鍵となる問題として5の問3を挙げる。

本問は植物の蒸散に関する問題で，問1は蒸散に関連する植物のからだのつくりについて基本用語を問う問題，問2は蒸散に関する実験について，蒸散している部分・蒸散量を求める典型的な問題，問3は5種類の植物について，葉の表側と裏側それぞれの1mm^2あたりの気孔の数と，葉の裏側1mm^2あたりの気孔の数に対する表側1mm^2あたりの気孔の数の割合の一部が与えられた問題である。

問3の(1)は，表の気孔の数や割合の空欄を計算する問題となっている。空欄は3か所あるが，基本的な割合の計算(もとにする量・比べる量・割合の関係)を理解していればそれほど難しい問題ではない。計算ミスがないようにして確実に正解したい。問3の(2)は，(1)で完成させた表をもとにして考えていく問題である。ア～カの6つの選択肢から正しいものをすべて選ぶ問題であるため，すべての選択肢を吟味する必要がある。さらに注意が必要なのは，「表から考えられることについて」という点である。知識の問題でなく，「表から判断して正しいこと」が正解となるのでくれぐれも知識だけで判断してまちがえることがないようにしたい。また，算数で学習する「割合」を単なる公式暗記でなく意味まで理解していることも要求されている。きちんと理解している受験生であればそれほど難しい問題ではないが，知識が不完全だと苦戦することもあったかもしれない。このような形式の問題は今後も出題される可能性はあるので，与えられたものを正しく利用して判断することや，学習内容のしっかりとした理解が必要となろう。

社会 [2] 問19

本校では，基本的な知識事項の丸暗記だけでは対応できない「思考力」や「読み取り力」が試される問題が出題される。自分自身で持っている知識を活用したり，まとまった分量のリード文や資料データを読解することが求められている。このような力は一朝一夕では身につかないものなので，日々の継続的なトレーニングの積み重ねが不可欠となってくる。設問が変わってもしっかり対応できるような汎用性の高い力をつけることができるかが大切になってくる。

[2]問19の設問は，以上のような出題傾向を象徴している問題であり，過去問演習等で対策してきた受験生とそうでない受験生とではっきり差がつくことが予想される。形式に慣れていないと試験本番で焦ってしまう可能性がある。この設問は，「幕末開港後の貿易」に関する問題であるが，一定時間内に正確にできるかどうかがポイントとなってくる。「スピード」と「慎重さ」がともに求められる設問となる。本校の社会の問題は全体的に設問数が多く，この問題に必要以上に時間を割いてしまうと，制限時間切れになってしまう危険性もある。

この設問の配点自体が他の設問と比べて著しく高いということはないが，合格ラインに到達するためにはこのような問題で確実に得点することが求められ，「合否を左右する設問」といっても過言ではない。

国語 [一] 問2, [二]

[一] 問2

★合否を分けるポイント(この設問がなぜ合否を分けるのか？)

文章の内容を正しく読み取った上で，選択肢の文の細かい部分と照らし合わせながら検討し，正誤を判断する必要がある。

★この「解答」では合格できない！

(×)ア

→——①の直後に「負けてたまるか！　全部売り切ってやる！」とあるが，全部売り切ったからといって，お菓子職人として認めてもらえるわけではないので，選択肢の文は誤り。

(×)イ

→ワコはミスに責任を感じており，店に迷惑をかけたくないと思ってはいるが，——①の直前で差別的な「鶴ヶ島のひと事」を思い出し，——①の直後で「負けてたまるか！　全部売り切ってやる！」と考えており，この内容はウに合致している。

(×)エ

→浅野の立場を守ろうという気持ちは，文章中から読み取れない。よって選択肢の文は誤り。

★こう書けば合格だ！

(○)ウ

→――①の直前の「鶴ヶ島のひと事」とは，「女の菓子職人なんてあり得ねえって言ってんだ。どうせ……だからよ」である。この差別的な発言の悔しさを思い出し，「負けてたまるか！　全部売り切ってやる！」と考えている。この内容に，選択肢の文が合致している。

㈡

★合否を分けるポイント(この設問がなぜ合否を分けるのか？)

漢字の問題は，確実に得点する必要があるため。

★こう答えると「合格できない」！

(×)7　健設　　9　熱

→7「建設・建築」の「建」と「健康・健全」の「健」を区別しておくこと。

9　同訓異字「あつ(い)」は，「信頼が厚い」「部屋が暑い」「スープが熱い」のように使い分ける。

★こう書けば合格だ！

(○)7　建設　　9　厚

2024年度

★★★★★★★★★★★★★★★★★★★★★★★★

入　試　問　題

2024年度

城北中学校入試問題(第1回)

【算　数】（50分）〈満点：100点〉

【注意】1. 円周率が必要な場合には，3.14として計算しなさい。
2. コンパス・定規・分度器を使ってはいけません。

1 次の □ にあてはまる数を求めなさい。

（1） $\frac{65}{28}-\left(3-3\frac{4}{7}\times 0.4\right)\div 4\frac{8}{9}=\square$

（2） $\frac{1}{12}\div\left\{\left(0.25+\frac{1}{6}\right)\times\square-0.125\right\}=1\frac{1}{3}$

2 次の □ にあてはまる数を求めなさい。

（1） 下の図において，印のついたすべての角の大きさの和は □ 度です。

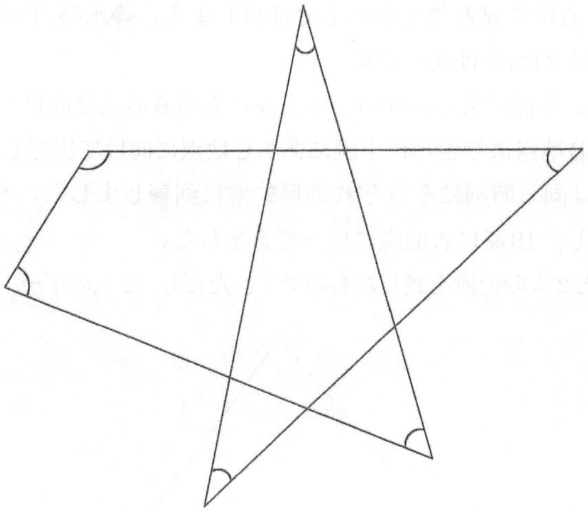

（2） 食塩水Aと食塩水Bがあり，AとBを同じ量ずつ混ぜると8%の食塩水ができ，Aを100 gとBを200g混ぜると9%の食塩水ができます。このとき，食塩水Aの濃度《のうど》は □ %です。

（3） 箱の中に5枚のカード [1], [2], [3], [4], [5] があります。
箱の中からカードを1枚引いて，そのカードを左から順に並べる操作をくり返し，3枚のカードを並べたところで操作を終えます。ただし，[4] を並べたときは，その時点で操作を終えます。カードの並べ方は全部で □ 通りあります。

(4) 下の図のように円周を8等分する点があります。

AB＝2cmのとき，斜線《しゃせん》部分の面積は ☐ cm^2 です。

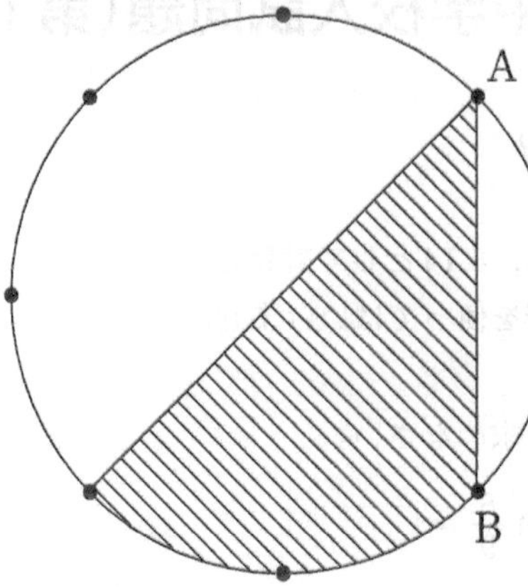

(5) 水が入った水そうに，一定の量で水を入れると同時にポンプを使って水をくみ出します。水そうを空にするには，5台のポンプでは60分かかり，7台のポンプでは30分かかります。14分以内に水そうを空にするには，最も少ない場合で ☐ 台のポンプが必要です。

3 一定の速さで流れる川を兄と弟がボートで往復します。静水時の兄のボートの速さは，弟のボートの速さより分速24mだけ速いです。

8時15分に弟が川の下流にあるA地点から上流にあるB地点に向けて出発しました。その6分後に兄がA地点からB地点よりさらに上流にあるC地点に向けて出発しました。8時30分に兄は弟を追いこし，2人は同じ時刻にそれぞれの目的地に到着《とうちゃく》しました。その後すぐに，2人ともA地点に向けて折り返し，10時にA地点に戻《もど》ってきました。

下のグラフは時刻と2人の位置を表したものです。ただし，2人のボートの速さは一定とします。

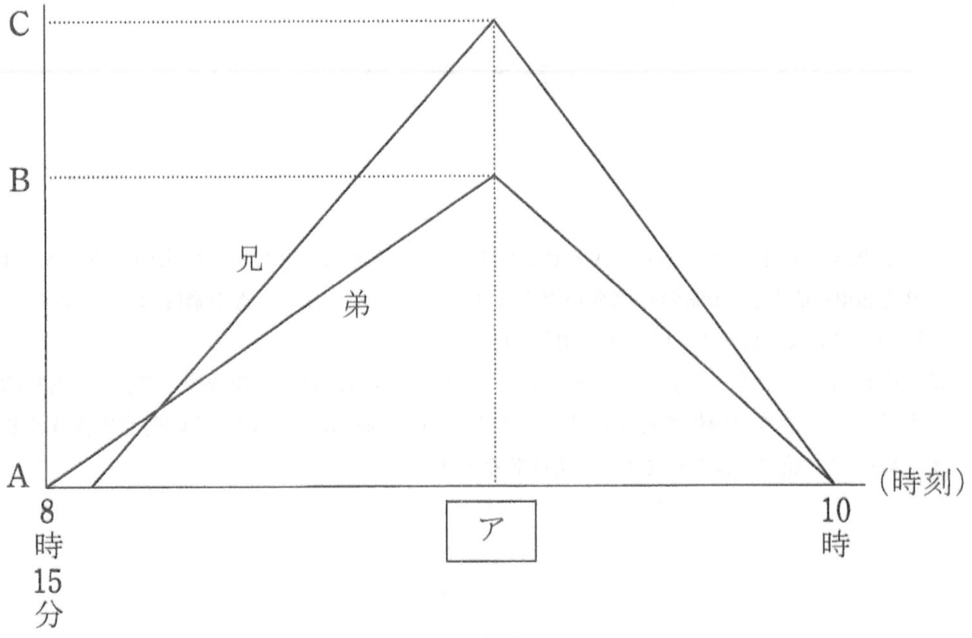

次の問いに答えなさい。

（1）　グラフの［ア］にあてはまる時刻を求めなさい。

（2）　弟が川を上る速さは分速何mですか。

（3）　B地点とC地点は何m離《はな》れていますか。

（4）　兄の静水時の速さは分速何mですか。

4　下の図のような底面が直角二等辺三角形の三角柱があります。辺BE上の点PはBP：PE＝1：3となる点で，点Qは辺CF上の点です。

5点D，E，F，Q，Pを頂点とする立体をVとし，立体Vの体積が15cm^{3}であるとき，次の問いに答えなさい。

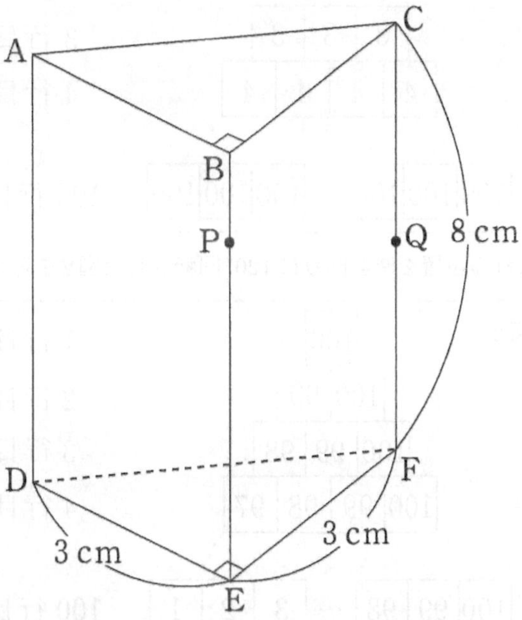

（1）　四角形EFQPの面積を求めなさい。

（2）　FQの長さを求めなさい。

（3）　立体Vを3点A，E，Fを通る平面で切断したときの切り口をTとします。三角形AEFと切り口Tの面積の比を求めなさい。

5　次の□にあてはまる数を答えなさい。

（1）　1＋2＋3＋…＋100を次のように工夫して計算します。

1 ＋ 2 ＋ 3 ＋…＋98＋99＋100

⇩

100＋99＋98＋…＋ 3 ＋ 2 ＋ 1

上の図のようにもとの式と数字の順番を入れかえた式を考えます。

2つの式を左から見ていくと，同じ順番にある数字は1と100，2と99，3と98，…となっています。

このことをいかして計算すると，1＋2＋3＋…＋100＝□です。

（2） 1×1＋2×2＋3×3＋…＋100×100を次のように工夫して計算します。

1×1＋2×2＋3×3＋…＋100×100は

1＋(2＋2)＋(3＋3＋3)＋…＋(100＋100＋…＋100)なので，

下の図1のように並べた正方形の中に入れた数字の合計と考えられます。

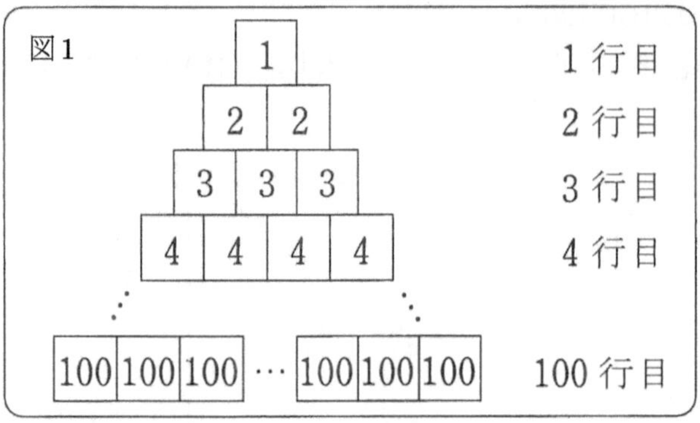

図1から数字の入れる位置を時計回りに120°回転させた図2を考えます。

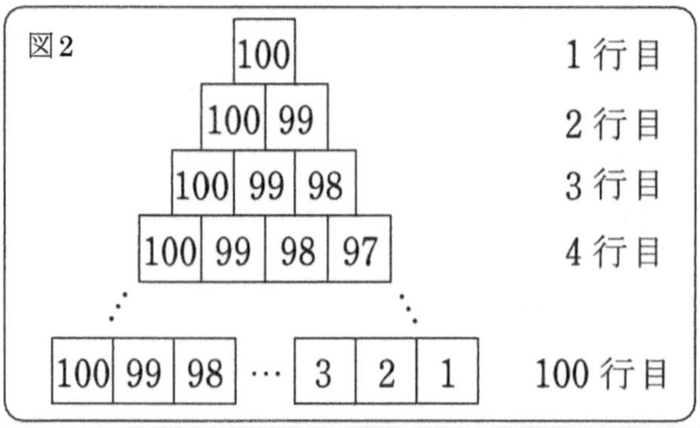

図2から数字の入れる位置を時計回りに120°回転させた図3を考えます。

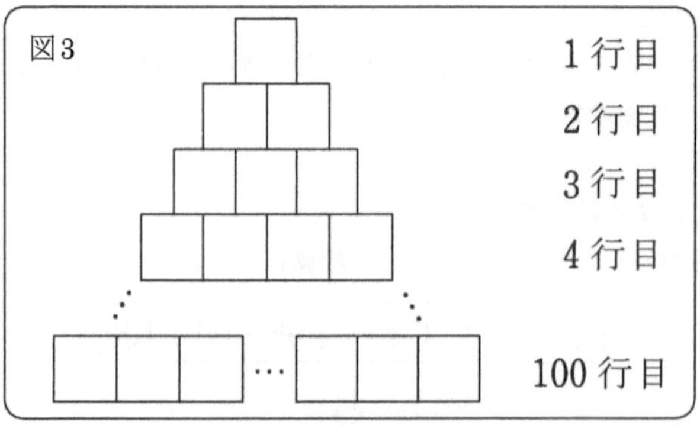

【必要であれば，数字を入れてください】

図1から図3の3つの図で，同じ位置にある正方形の中の数字をいくつか取り出して調べると下の表のようになりました。

	図1	図2	図3
3行目の左から2番目	3	99	ア
6行目の左から3番目	イ	ウ	エ
99行目の左から99番目	99	2	オ

表から推測できることと，正方形の個数を使って計算すると，
1×1＋2×2＋3×3＋…＋100×100＝ カ です。

【理　科】（40分）〈満点：70点〉

1　図のように，A君とB君が東西にのびる同じ直線上を移動しています。A君は5秒に10m進む速さで東向きに動いています。B君は必ずA君の東側にいるものとします。つぎの問いに答えなさい。

問1　A君は1秒間に何m進みますか。

問2　B君が止まっているとき，A君から見たB君の動きについてあてはまるものを，下の枠《わく》内のア～ケから1つ選び，記号で答えなさい。

問3　A君から見たB君がどちら向きに動いているかはわかりませんが，A君から見てB君は1秒間に1mの速さで動いているように見えました。B君の動きについて，あてはまるものを，下の枠内のア～ケからすべて選び，記号で答えなさい。

問4　A君から見たB君の動きについて，つぎの文章の[　①　]，[　②　]にあてはまるものを，下の枠内のア～ケから1つずつ選び，記号で答えなさい。

はじめは東向きに1秒間に1mの速さで動いているように見えたが，その速さが変化していって，西向きに1秒間に2mの速さで動いているように見えるようになった。これは，B君がはじめは[　①　]が，減速していったので，やがて[　②　]からである。

ア．東向きに1秒間に1mの速さで動いていた
イ．西向きに1秒間に1mの速さで動いていた
ウ．東向きに1秒間に2mの速さで動いていた
エ．西向きに1秒間に2mの速さで動いていた
オ．東向きに1秒間に3mの速さで動いていた
カ．西向きに1秒間に3mの速さで動いていた
キ．東向きに1秒間に4mの速さで動いていた
ク．西向きに1秒間に4mの速さで動いていた
ケ．止まっていた

2　救急車のサイレンを聞いていると，救急車が近づいてくるときには，もとの音よりも高い音に聞こえますが，通過して遠ざかっていくときにはもとの音より低い音に聞こえます。電車に乗って踏切《ふみきり》を通過するときには，踏切の音が，踏切に近づくときにはもとの音より高い音に，通過して遠ざかるときにはもとの音より低い音に聞こえます。このように，音の高さが変化して聞こえることがあります。このような音の高さの変化について，つぎの問いに答えなさい。

問１　音の高さの変化について説明したつぎの文章の[　①　]，[　②　]にあてはまることばを，ア～ウから１つずつ選び，記号で答えなさい。

音を出している物体が動いているときも，聞いている人が動いているときも，どちらもおたがいの距離が[　①　]ときに音がもとの音より高く聞こえ，反対のときにはもとの音より低く聞こえる。したがって，おたがいの距離が[　②　]ときには，音の高さも変化しない。

ア．近づく　　　　イ．遠ざかる　　　　ウ．変わらない

問２　動きながら音を出しているＢと，その音を聞いているＡがいます。Ｂが(１)，(２)のように動いているとき，Ａに聞こえた音の高さはどのように変化しますか。それぞれア～ケから１つ選び，記号で答えなさい。ただし，グラフのＦはＢが出していた音の高さで，グラフのたて軸《じく》は，上の方がより高い音を，下の方がより低い音をあらわしています。

(１)　図１のように，ＢはＡにまっすぐに近づいた後，すぐに向きを変えて同じ速さで遠ざかった。

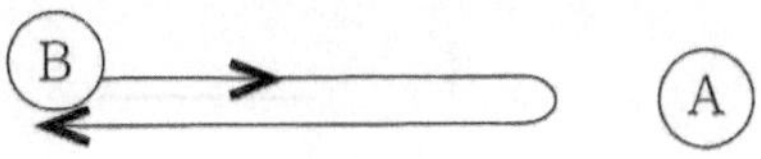

図１

(２)　図２のように，ＢはＡを中心として円をえがくように動いていた。

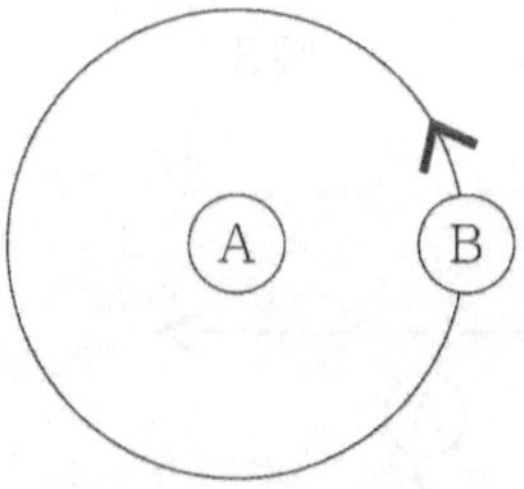

図２

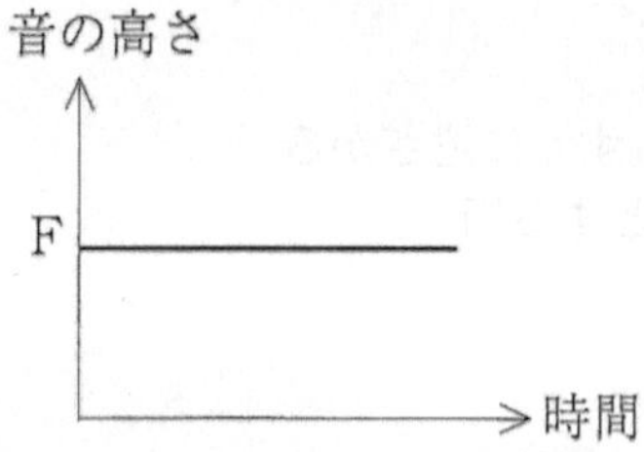

ア

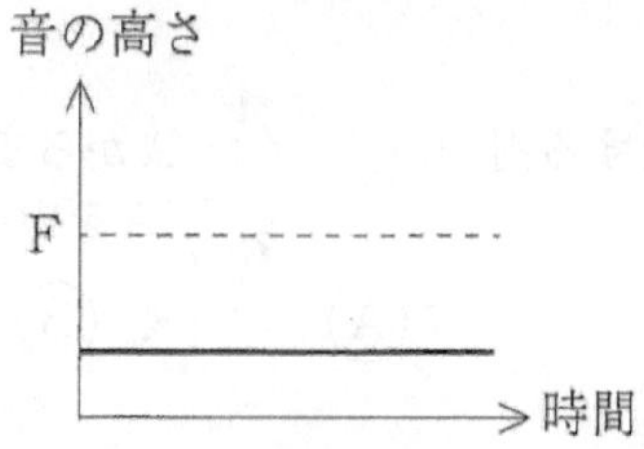

イ

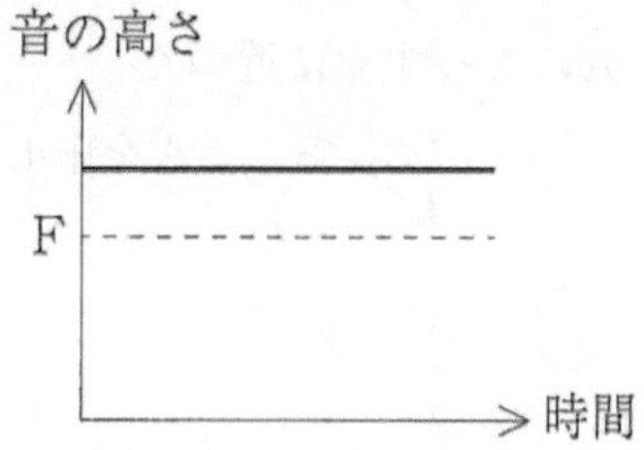

ウ

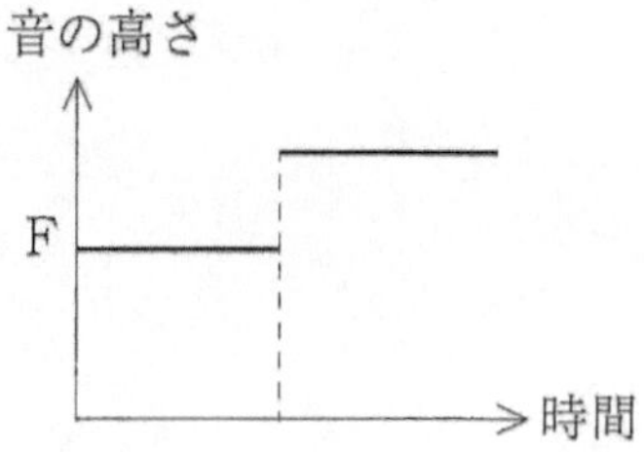

エ

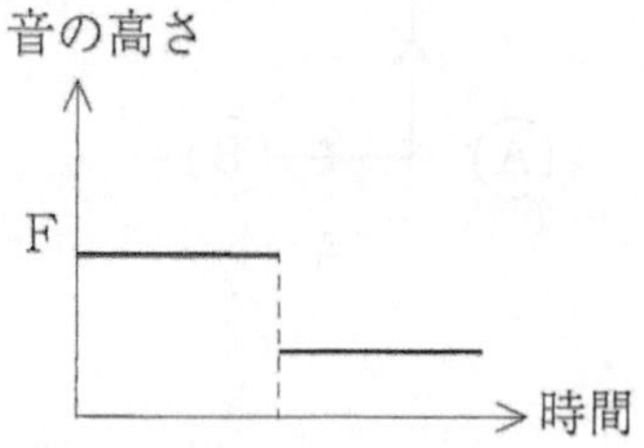

オ

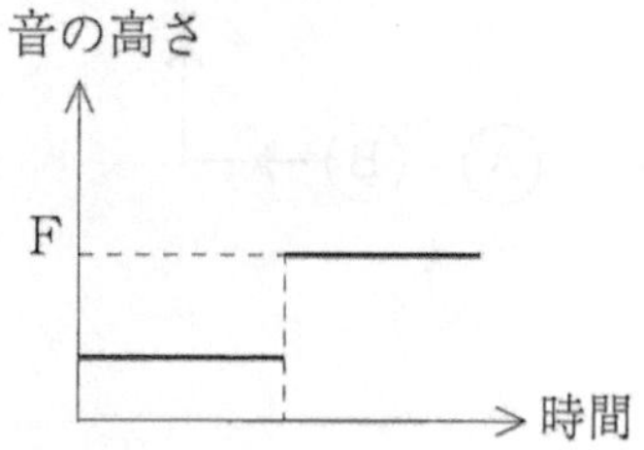

カ

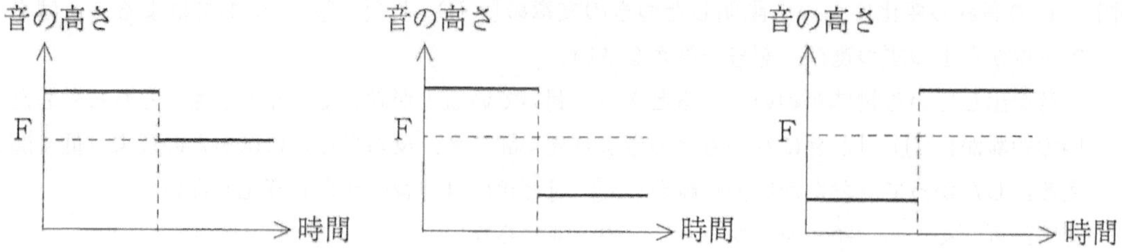

キ　　　　ク　　　　ケ

問3　Aに聞こえた音の高さが図3のように変化しました。Bはどのように動きましたか。ア～キから1つ選び，記号で答えなさい。ただし，グラフのFはBが出していた音の高さで，グラフのたて軸は，上の方がより高い音を，下の方がより低い音をあらわしています。また，Bは矢印の向きに同じ速さで止まらずに動き続けるものとします。

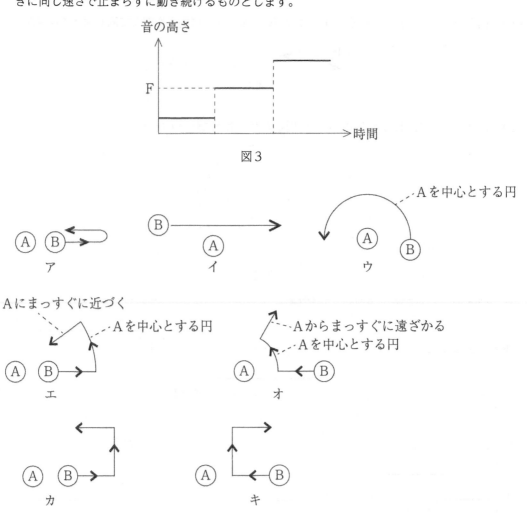

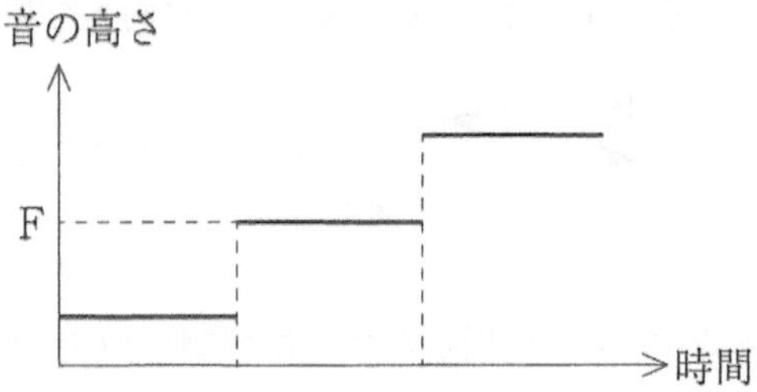

図3

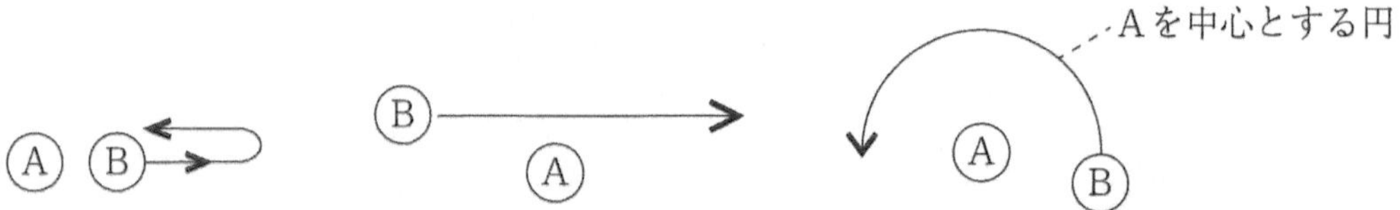

ア　　　　イ　　　　ウ

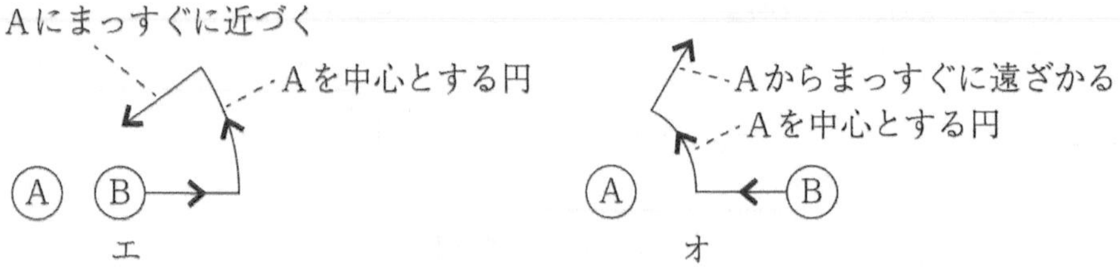

エ　　　　オ

カ　　　　キ

3 水と油のあたたまりやすさの違《ちが》いを調べるため，0℃の水100ｇと0℃の油100ｇをそれぞれ別のビーカーに入れ，同じように加熱したときの温度の変化を調べました。その結果は右のグラフのようになりました。このグラフを見て，つぎの問いに答えなさい。

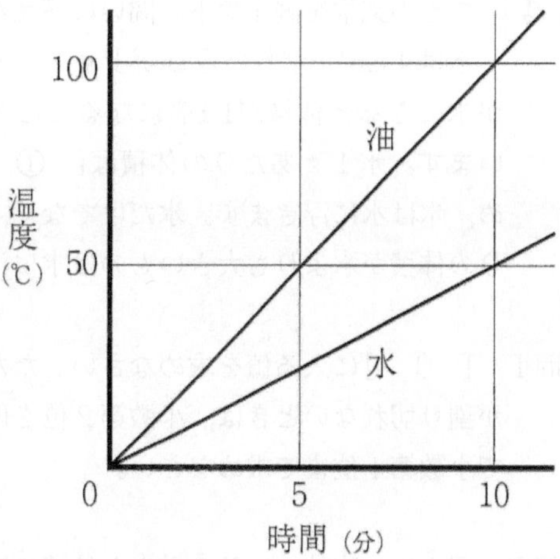

問１　水100ｇと油100ｇでは，どちらがあたたまりやすいですか。

問２　20℃の油200ｇと20℃の水100ｇをそれぞれ別のビーカーに入れ，同時に同じように加熱を始めました。油の温度が60℃になったときの，水の温度は何℃ですか。

問３　油の入ったビーカーの端《はし》を加熱したとき，ビーカーの中の油の動く様子《ようす》はどのようになりますか。あてはまるものを，つぎのア～エから１つ選び，記号で答えなさい。

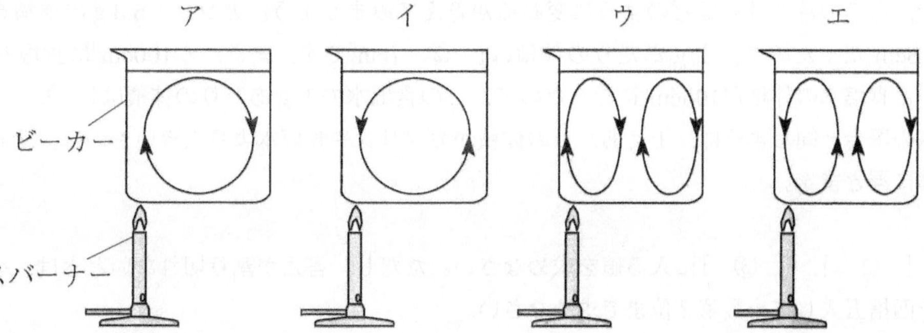

問４　図のように，80℃の水の中に，氷の入った試験管を入れました。このとき，水の動く様子はどのようになりますか。あてはまるものを，つぎのア～エから１つ選び，記号で答えなさい。

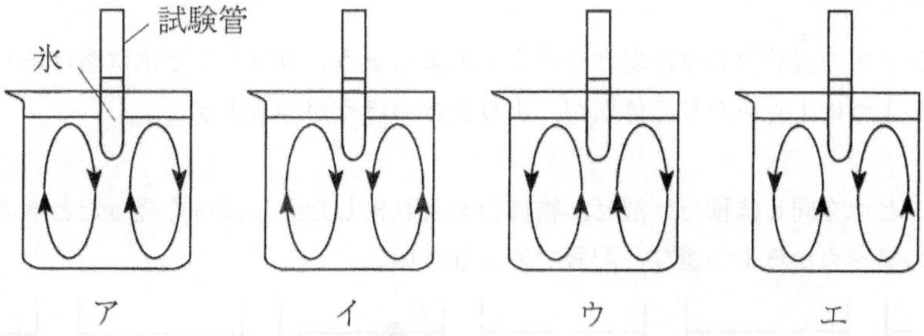

4 つぎの文章を読んで下の問いに答えなさい。

水は1 cm^{3}あたりの重さが1 gありますが，水が氷になると体積が1.1倍になることが知られています。氷1 gあたりの体積は[　①　]cm^{3}のため，氷は水に浮《う》きます。氷だけでなく，1 gあたりの体積が水よりも大きいものは水に浮きます。

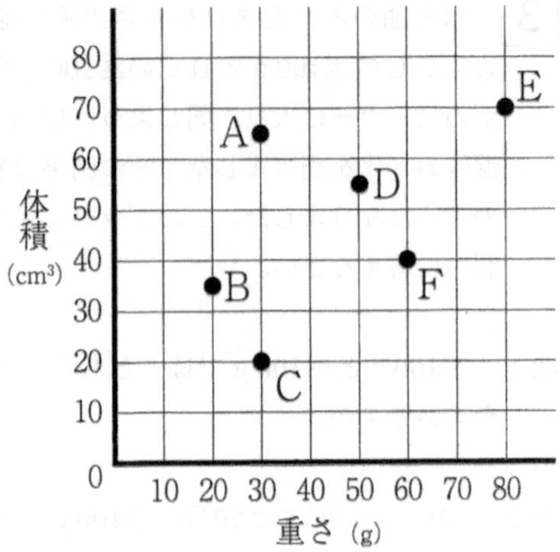

図1

問1　[　①　]に入る値を求めなさい。ただし，答えが割り切れないときは，小数第2位を四捨五入して小数第1位まで求めなさい。

問2　図1は，物体A～Fの重さと体積の関係をそれぞれ表したものです。水に沈《しず》むものをA～Fからすべて選び，記号で答えなさい。

同じ液体でも，ガソリンや食塩水は1 gあたりの体積が異なります。これらの液体を用いた場合，ものの浮き沈みはどのように変わるか考えてみましょう。ガソリン5.3 gの体積をはかると6.8cm^{3}だったので，1 gあたりの体積は[　②　]cm^{3}です。また，水100cm^{3}に食塩30 gを溶《と》かすと食塩水の体積が105cm^{3}になったので，この食塩水の1 gあたりの体積は[　③　]cm^{3}です。水の場合と同じように，1 gあたりの体積がガソリンや食塩水より大きいものは，それぞれの液体に浮きます。

問3　[　②　]，[　③　]に入る値を求めなさい。ただし，答えが割り切れないときは，小数第3位を四捨五入して小数第2位まで求めなさい。

問4　物体A～Fのなかで，1 gあたりの体積が[　③　]cm^{3}の食塩水には浮くが，水には沈むものを，A～Fから1つ選び，記号で答えなさい。

ガソリンと水を混《ま》ぜ合わせた場合を考えてみましょう。ガソリンと水は溶けあわないで，この場合も同じように1 gあたりの体積が，より大きいほうが浮きます。

問5　ガソリンと水を同じ体積だけ混ぜ，物体Dを入れました。しばらく経《た》ったときの様子《ようす》に近い図を，つぎのア～カから1つ選び，記号で答えなさい。

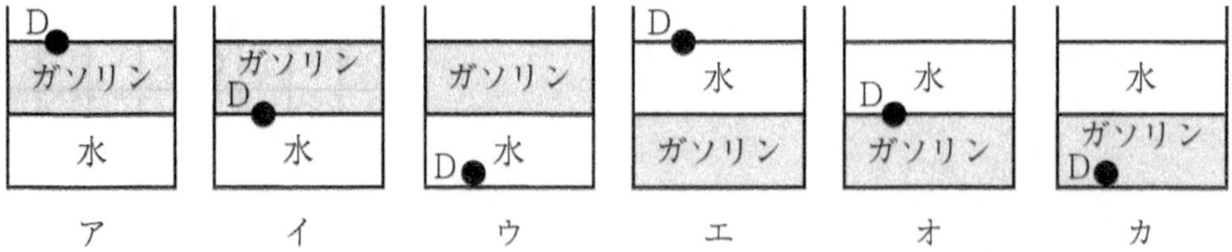

5 植物は，根から水を吸い上げ[　①　]を通って気孔《きこう》から気体の形で放出します。この気孔から水が放出される現象を(あ)蒸散《じょうさん》とよびます。(い)気孔の開き方は，[　②　]という向かい合う２つの細胞によって，調節されています。これによって蒸散量を変化させています。

問１　[　①　]，[　②　]にあてはまることばを答えなさい

問２　下線部(あ)について，つぎのような実験を行いました。同じ大きさの４本のメスシリンダーを用意し，その中に水を100mLずつ入れました。さらに，同じ枚数，同じ大きさの葉がついた植物の枝を４本用意し，下図のようにしてしばらく置きました。そして，それぞれのメスシリンダーに入っている水の量を測りました。

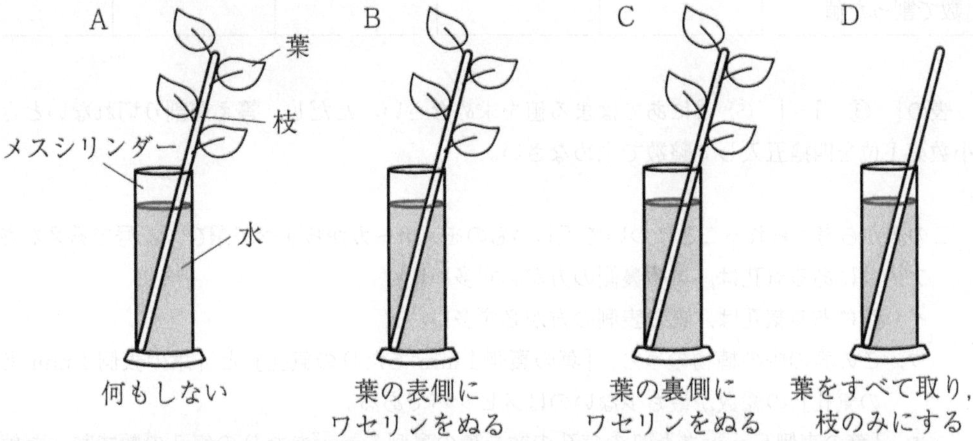

操作	A	B	C	D
実験前の水の量(mL)	100	100	100	100
実験後の水の量(mL)	76	82	92	98

（1）　Cは，つぎのア～エのどこから水が減少しますか。すべて選び，記号で答えなさい。

ア．葉の表からの蒸散　　イ．葉の裏からの蒸散　　ウ．枝からの蒸散

エ．水面からの蒸発

（2）　葉の裏からの蒸散量は何mLですか

問３　下線部(い)について，次の表は，さまざまな植物について，「葉の裏側1 mm^2あたりの気孔の数」，「葉の表側1 mm^2あたりの気孔の数」を数えたものと，「葉の表側1 mm^2あたりの気孔の数を葉の裏側1 mm^2あたりの気孔の数で割った値」をしめしたものです。

	植物名				
	ススキ	メヒシバ	ケイヌヒエ	クサヨシ	イヌムギ
葉の裏側1 mm^2あたりの気孔の数	450	[④]	170	100	50
葉の表側1 mm^2あたりの気孔の数	[③]	20	153	100	100
葉の表側1 mm^2あたりの気孔の数を葉の裏側1 mm^2あたりの気孔の数で割った値	0.08	0.16	0.9	1	[⑤]

(1) 表の[③]~[⑤]にあてはまる値を求めなさい。ただし，答えが割り切れないときは，小数第1位を四捨五入して整数で求めなさい。

(2) この表から考えられることについて正しいものを，ア~カからすべて選び，記号で答えなさい。

ア．葉にある気孔は，葉の裏側の方が必ず多い。

イ．葉にある気孔は，葉の表側の方が必ず多い。

ウ．この表の中の植物のうち，「葉の裏側1 mm^2あたりの気孔」と「葉の表側1 mm^2あたりの気孔」の総数が最も少ないのはメヒシバである。

エ．「葉の表側5 mm^2あたりの気孔の数を葉の裏側5 mm^2あたりの気孔の数で割った値」を計算しても，どの植物でも「葉の表側1 mm^2あたりの気孔の数を葉の裏側1 mm^2あたりの気孔の数で割った値」と同じ値になる。

オ．「葉の表側1 mm^2あたりの気孔の数を葉の裏側1 mm^2あたりの気孔の数で割った値」が大きいほど，1 mm^2あたりの葉の表側の気孔の数は少なくなる。

カ．「葉の表側1 mm^2あたりの気孔の数を葉の裏側1 mm^2あたりの気孔の数で割った値」が小さいほど，1 mm^2あたりの葉の表側の気孔の数は少なくなる。

6 自然界にはさまざまな現象があり，その現象が影響を与える範囲《はんい》と，その現象が続く時間の長さは，現象によって異なります。次の図は，横軸《じく》は「現象が続く時間の長さ」，たて軸は「現象が影響を与える範囲」をそれぞれ表し，これらのさまざまな現象をグラフにまとめたものです。ただし，このグラフのたて軸は上へ1目盛りあたり100倍，横軸は右へ1目盛りあたり100倍にそれぞれ増えていきます。

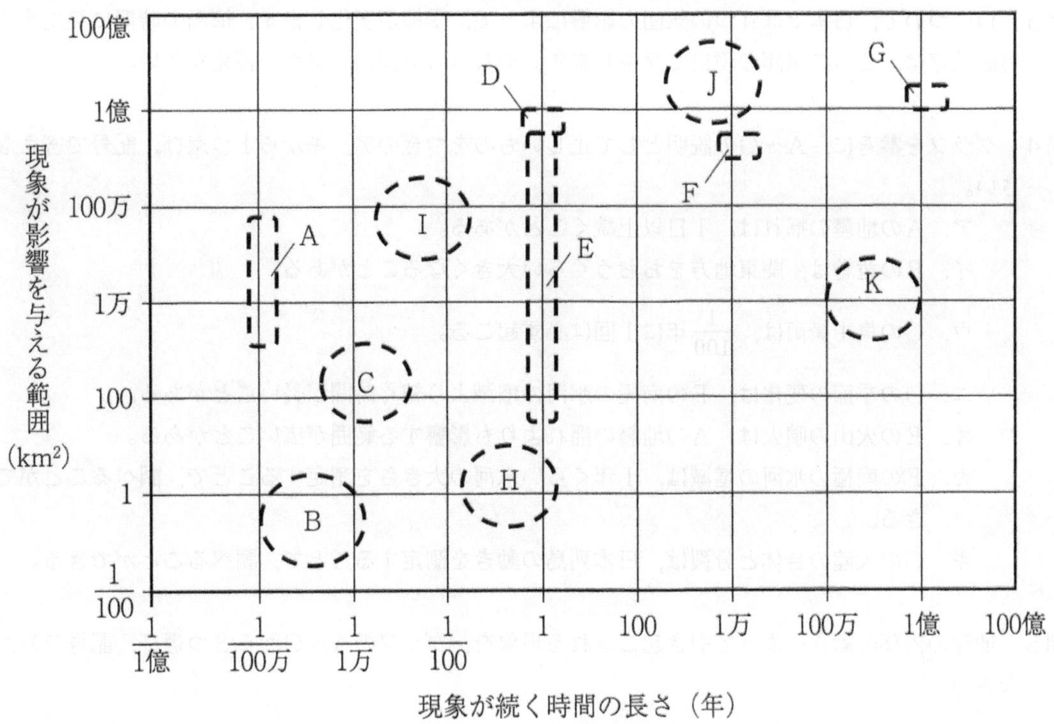

グラフ中のA～Gの現象について

A：地震《じしん》の揺《ゆ》れ

B：竜巻

C：集中豪雨

D：季節の変化

E：火山の噴火《ふんか》

F：南極の氷河の増減

G：大陸の合体と分裂《ぶんれつ》

グラフの横軸の文字は，以下の値を意味します

$\frac{1}{1\text{万}}=\frac{1}{10000}$

$\frac{1}{100\text{万}}=\frac{1}{1000000}$

$\frac{1}{1\text{億}}=\frac{1}{100000000}$

問１　現象が続く時間の長さが人間の寿命《じゅみょう》よりも長いものを，Ａ～Ｇからすべて選び，記号で答えなさい。

問２　Ａについて，地震の揺れにともなうことがらとして正しいものを，つぎのア～オから１つ選び，記号で答えなさい。

ア．地震波には初期微動《びどう》を引き起こすＳ波や，主要動を引き起こすＰ波などがある。

イ．地震の揺れの大きさは，マグニチュードで表される。

ウ．地震の揺れによって，津波が引き起こされることがある。

エ．液状化現象は，主に山の近くで起こりやすい。

オ．緊急《きんきゅう》地震《じしん》速報《そくほう》は，地震が発生してから発信しているため，間に合わないことがある。

問3　Dについて，日本では4つの気団の影響によって，季節が変化します。梅雨の時期に発生する梅雨前線は，2つの気団の境目で発生します。それらの気団の名まえを答えなさい。

問4　グラフを参考に，A～Gの説明として正しいものをつぎのア～キから1つ選び，記号で答えなさい。

ア．Aの地震の揺れは，1日以上続くことがある。

イ．Bの竜巻は，関東地方をおおうくらい大きくなることがある。

ウ．Cの集中豪雨は，$\frac{1}{100}$年に1回は必ず起こる。

エ．Dの季節の変化は，Fの南極の氷河の増減より続く時間が長いことがある。

オ．Eの火山の噴火は，Aの地震の揺れよりも影響する範囲が広いことがある。

カ．Fの南極の氷河の増減は，1年くらい氷河の大きさを測定することで，調べることができる。

キ．Gの大陸の合体と分裂は，日本列島の動きを測定することで，調べることができる。

問5　地球の内部の動きによって引き起こされる現象を，グラフのA～Gから3つ選び，記号で答えなさい。

問6　台風を表すグラフとして近いものを，グラフのH，I，J，Kから1つ選び，記号で答えなさい。

【社　会】（40分）〈満点：70点〉

1 次の文章は，城北中学野球部の新中学１年生ユウ君が，中学２年生のシュン君とヒロ君にクラブ活動について質問している夏合宿前（７月頃）の会話です。この会話文をよく読み，後の地図を参考にして，下記の設問に答えなさい。

ユ　ウ：「今週の公式戦は，どこで行うのですか？」

ヒ　ロ：「(　あ　)川の河川敷《かせんしき》だって。河川敷は暑いんだよな～。日光をさえぎるものがないんだよ。ユウ君，心しておいてね。」

シュン：「(　あ　)川は埼玉県戸田市と東京都板橋区の境界線だと，数年前の城北中学の入試でも出題されていたね。それはさておき，来週の公式戦は(　い　)川の河川敷だよ。」

ユ　ウ：「(　い　)川ですか？！　城北からは，ずいぶん遠いですね。」

ヒ　ロ：「(　い　)川は，東京都から見ると対岸が千葉県だからね。(　い　)川沿いは，たくさん野球場があって，公式戦が行われることが多いんだよ。」

シュン：「そういえば，(　い　)川区の(1)水害ハザードマップのインパクトが強いと話題になっていたな。『ここ(区内)にいてはダメです』と表紙に書いてあるとか。」

ヒ　ロ：「へぇ～。確かに(　い　)川区は(　あ　)川，(　い　)川，東京湾の三方に囲まれているし，標高も低いのかな？」

シュン：「(　い　)川区は，区内の７割が満潮時の水面より低い「海抜(　う　)地帯」らしいし，想定される最大規模の浸水がおこるとマンションの３～４階くらいまで水がくるんだって。水深10mくらいになるのかな。」

ユ　ウ：「10mか～。ところで，これまで行った試合会場で遠いところはどこですか？」

ヒ　ロ：「そうだな～。練習試合だったら，千葉県の船橋市，埼玉県の川越市，横浜市や川崎市とともに神奈川県の政令指定都市である(　え　)市などにも出かけたと顧問の先生方が言っていたな。全国大会出場校，関東大会出場校，都大会常連校などに胸を借りてきたんだって。」

ユ　ウ：「(2)千葉県に，埼玉県に，神奈川県ですか…。強いチームと対戦するために遠くまで行くのですね。公式戦は(　あ　)川や(　い　)川の河川敷で毎回試合を行うのですか？　あと，合宿も遠くへ出かけるのですか？」

シュン：「板橋区の大会なら板橋区内で行うし，東京都の大会になると，そうだな，先日は，あきる野市まで行ったかな～。(3)この20年間，合宿は学校で行ってきたから心配しないでね。」

ヒ　ロ：「あきる野市へはこれまでも何度も行ったらしいね。あきる野市の南に隣接する(4)八王子市で行うこともあれば，調布市の野球場へもよく出かけているよ。また，シュン君は合宿は学校だと言うけど，これまでには(　お　)県や長野県でも合宿を行ったことがあるんだよ。(　お　)県と言っても県庁所在地の宇都宮市じゃないし，長野県と言っても県庁所在地の長野市じゃないよ！　将来的には，もしかすると(5)新潟県で合宿をするかもしれないね。」

ユ　ウ：「あきる野！　八王子！！　これらの地域になると，(　あ　)川流域でもなく，(　い　)川流域でもなく，(　か　)川流域じゃないですか！！　合宿の件もありがとうございます。ぼくは新潟に行ってみたいな～。」

シュン：「思い返してみると，東京都北端の(　あ　)川，東端の(　い　)川そして南～南西端の(　か　)

　　　　川と，東京都の色々な所に出かけてきたんだね。」

ヒ　ロ：「20年前の城北中学野球部は，今よりも強くなくて，ここまで遠くには出かけてなかったらしいよ。遠くまで行くのは，強くなった証拠でもあるんだね！」

シュン：「よし，ユウ君も一緒に，(6)板橋区そして東京都優勝を目指していこう！！」

（『地理院タイル』より作成）

【注】上図は，「都道府県の境界」，「水部」および会話文で登場する地名のいくつかが記されている。「水部」とは，河川，湖や海など水がある場所のこと。上記会話文の（　あ　）川と（　か　）川は一部が記されているが，（　い　）川は記されていない。

問1　文中の空欄（　あ　）・（　い　），（　え　）～（　か　）にあてはまる正しい語句を，**漢字**で答えなさい。

問2　文中の空欄（　う　）にあてはまる正しい語句を，**カタカナ**で答えなさい。

問3　下線部(1)について説明した文として**誤っているもの**を，次のア～エから一つ選び，記号で答えなさい。

ア．集中豪雨などによって，石や土砂が一気に押し流される現象を土石流といいます。

イ．一般的に，河川から水があふれ氾濫《はんらん》することを洪水といいます。

ウ．大雨などで排水能力を超え，住宅や農地に水が浸《つ》かることを浸水といいます。

エ．台風や発達した低気圧の影響で，海面が異常に高くなることを津波といいます。

問4　下線部(2)について，次の表は千葉県，埼玉県，神奈川県の人口第1位～第3位の各都市の人口を示したものになります。表中のA～Cの組み合わせとして正しいものを，下のア～カから一つ選び，記号で答えなさい。

(単位：人)

県名	第1位の都市の人口	第2位の都市の人口	第3位の都市の人口
A	1,339,333	604,715	353,183
B	977,016	647,037	497,120
C	3,753,645	1,524,026	719,118

(総務省『令和5年1月1日住民基本台帳人口・世帯数，令和4年人口動態(市区町村別)』より作成)

ア．A－千葉県　　B－埼玉県　　C－神奈川県
イ．A－千葉県　　B－神奈川県　　C－埼玉県
ウ．A－埼玉県　　B－千葉県　　C－神奈川県
エ．A－埼玉県　　B－神奈川県　　C－千葉県
オ．A－神奈川県　　B－千葉県　　C－埼玉県
カ．A－神奈川県　　B－埼玉県　　C－千葉県

問5　下線部(2)について，次の表は千葉県，埼玉県，神奈川県の収穫量上位の野菜類を示しています。表中のA～Cの組み合わせとして正しいものを，問4のア～カから一つ選び，記号で答えなさい。

(表中の丸数字は収穫量の全国順位)

県名	野菜の品目名
A	大根⑤
B	白菜④，ほうれん草①，ねぎ①，きゅうり④
C	大根①，にんじん②，ほうれん草③，ねぎ②，きゅうり⑤

(農林水産省『作物統計調査　作況調査(野菜)確報　令和3年産野菜生産出荷統計』より作成)

問6　下線部(3)に関連して，城北中学野球部では合宿中は，練習後に近隣の銭湯《せんとう》を使わせてもらっています。ところが，近年，城北周辺の銭湯の数が減少しています。全国的に銭湯の数が減少している理由として**誤っているもの**を，次のア～エから一つ選び，記号で答えなさい。

ア．銭湯設備の老朽《ろうきゅう》化《か》が進み，設備を新しくする費用がまかなえないため。
イ．少子化の影響で中心客層である若年層が減り，銭湯の廃業《はいぎょう》が進んだため。
ウ．立地の良さや敷地《しきち》の広さなどを生かして，他業種への転換《てんかん》が進んだため。
エ．経営者の高齢化と後継者不足などで，やむを得ず店を閉じることになったため。

問7　下線部(4)に関連して，八王子市に興味を持ったユウ君は，図書館で八王子市について調べてみました。すると，次のような記述を見つけました。

「八王子市は東京都心から西へ約40km，神奈川県との都県境，関東平野と関東山地との境界部に位置しています。」

(出典：八王子市教育委員会(2020)『八王子の歴史文化　百年の計～はちおうじ物語～』)

この記述内容と16ページの地図を参考に，八王子市に**存在しない**と考えられる地図記号を，次のア～エから一つ選び，記号で答えなさい。

ア．

イ．

ウ．

エ．

問８　下線部(5)に関連して，次の４つの雨温図は新潟市，札幌市，仙台市，東京の雨温図を示しています。新潟市の雨温図として正しいものを，次のア～エから一つ選び，記号で答えなさい。

ア
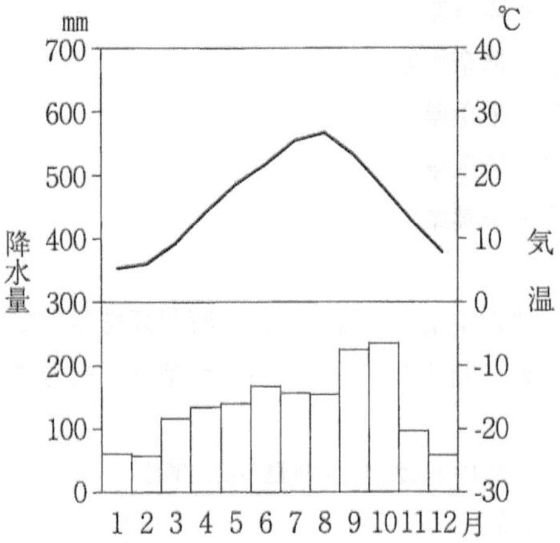

年平均気温：15.8℃　年降水量：1598.2mm

イ
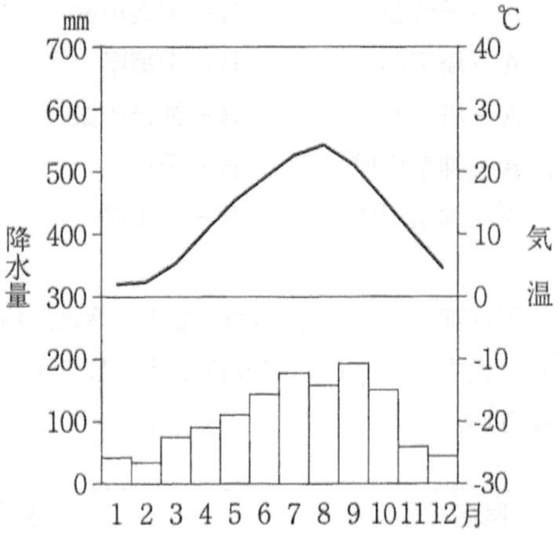

年平均気温：12.8℃　年降水量：1276.9mm

ウ
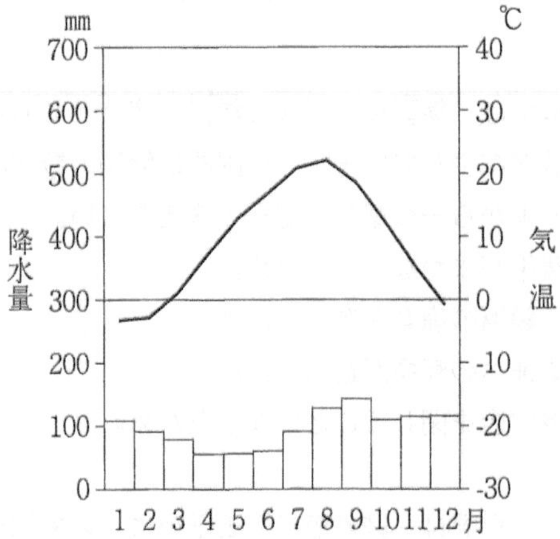

年平均気温：9.2℃　年降水量：1146.3mm

エ
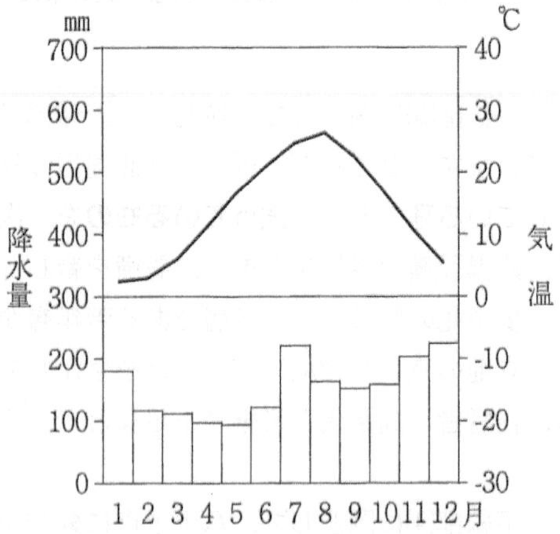

年平均気温：13.9℃　年降水量：1846.1mm

(国立天文台 編『理科年表2023』より作成)

問９　下線部(6)に関連して，八王子市に続いて板橋区にも興味をもったユウ君は，図書館で板橋区について調べてみました。すると，板橋区には多数の外国人の方々が居住していることがわかりました。次の表は，板橋区の国籍別外国人住民数を示しています。表中のＡにあてはまる国名を，下のア～エから一つ選び，記号で答えなさい。

（単位：人）

国籍	令和２年	令和３年	令和４年
Ａ	15,367	14,436	13,188
韓国・朝鮮	3,724	3,448	3,289
ベトナム	1,754	1,731	1,658
フィリピン	1,618	1,563	1,502
ネパール	1,259	1,261	1,334
総数	28,782	27,254	25,663

（出典：板橋区(2023)『令和４年度版区政概要』）

ア．アメリカ合衆国　　イ．ブラジル　　ウ．中国　　エ．ミャンマー

問10　下線部(6)に関連して，板橋区の人口が今後減少していく予測があることに驚いたユウ君は，板橋区の合計特殊出生率を調べてみました。すると，0.99でした。合計特殊出生率について述べた文として**誤っているもの**を，次のア～エから一つ選び，記号で答えなさい。

ア．合計特殊出生率は，１人の女性が一生の間に生む子どもの数に相当します。

イ．板橋区の合計特殊出生率は，日本の合計特殊出生率よりも低くなっています。

ウ．合計特殊出生率が高い都道府県は，沖縄県など西日本に多く分布しています。

エ．平均初婚年齢の低下が，合計特殊出生率の低下を招いています。

問11　先の会話文をすべて読むと，登場していない関東地方の県が２つあります。この２つの県のうち，東に位置する県名を，**漢字**で答えなさい。

2　次の天皇家に関する文章を読んで，下記の設問に答えなさい

現在の天皇は，神武天皇から数えて126代目となります。神武天皇が即位をしたのは紀元前660年の(1)２月11日とされています。この頃の日本は，縄文文化が長く続いていましたが，やがて朝鮮半島から米づくりが伝わり，(2)水稲耕作を基礎とする農耕文化が広がりを見せていました。その後，畿内に(3)ヤマト政権が誕生し，勢力範囲を拡大していきました。このヤマト政権の大王が天皇家の祖先と考えられています。

６世紀末に即位した推古天皇は最初の女性天皇でした。推古天皇は蘇我馬子や，おいの厩戸皇子と協力して，(4)国内外の政治や外交を行いました。

７世紀末，(5)大きな内乱に勝利した天武天皇の時代に天皇の神格化が進み，天皇の権威が高まりました。そして，(6)奈良時代には天武天皇の子孫が皇位を継承しました。

平安時代になると，(7)桓武天皇や嵯峨天皇は天皇中心の政治を進めましたが，その後は幼少の天皇を藤原氏が補佐し，天皇が成人してからも後見するという(8)摂関政治の時代になりました。

10世紀以降，律令制がゆるみ，中央・地方の治安が悪化していくなかで，台頭したのが武士団でした。武士団は次第に勢力を拡大し，(9)朝廷に加えて，西国の平氏，東国の源氏，奥州の藤原氏といくつかの勢力が割拠《かっきょ》しました。

そして，源頼朝が(10)鎌倉幕府をつくると，朝廷と幕府が協力して支配する体制がとられました。しかし，(11)後鳥羽上皇が挙兵し敗れると，鎌倉幕府の支配領域が西国まで及び，鎌倉幕府は朝廷の監視や皇位の継承にも干渉するようになりました。

14世紀前半，後醍醐天皇は（　あ　）鎌倉幕府打倒のために挙兵しました。その後，足利尊氏によって京都に(12)室町幕府がつくられ，再び武家政権の時代となりました。

戦国時代に(13)織田信長や豊臣秀吉，徳川家康が登場しますが，彼らは共通して天皇の権威を利用します。特に徳川家康は，(14)江戸幕府を開く一方で，天皇が他の大名に政治利用されないように，(15)厳しく統制しました。

(16)明治天皇は1889年に(17)大日本帝国憲法を発布し，立憲君主となりました。明治時代には，富国強兵や(18)産業革命が進みました。

大正天皇の時代に，ヨーロッパでは(19)第一次世界大戦が勃発《ぼっぱつ》しました。これに参戦した日本は，戦勝国としてパリ講和会議に参加し，五大国の一員となりました。

昭和天皇は1926年に即位し，1989年に崩御《ほうぎょ》するまで，激動の人生を歩みました。(20)長かった戦争に敗れた日本は，憲法を改正し，新憲法で天皇は象徴となり，主権者は国民となりました。そして2019年，現在の上皇は憲政史上はじめて生前退位しました。今まで見てきたように天皇は私たちの歴史において重要な役割を果たしてきたと言えるでしょう。

問１　下線部(1)は現在，国民の祝日となっています。この名称として正しいものを，次のア～エから一つ選び，記号で答えなさい。

ア．天皇誕生日　　イ．勤労感謝の日　　ウ．建国記念の日　　エ．春分の日

問２　下線部(2)について述べた文として**誤っているもの**を，次のア～エから一つ選び，記号で答えなさい。

ア．稲作が伝わると，竪穴式住居での定住生活が始まりました。

イ．稲を刈り取るのに，石包丁が使われました。

ウ．刈り取った稲は，高床倉庫に保管されました。

エ．稲作の様子を伝える遺跡に，静岡県の登呂遺跡があります。

問３　下線部(3)に朝鮮半島の国から養蚕・機織《はたお》りの技術や漢字や仏教が伝えられました。この国として正しいものを，次のア～エから一つ選び，記号で答えなさい。

ア．高句麗　　イ．高麗　　ウ．百済　　エ．新羅

問４　下線部(4)について，604年に十七条の憲法が制定されましたが，その内容として**誤っているもの**を，次のア～エから一つ選び，記号で答えなさい。

ア．和を尊び，争うことをやめなさい。

イ．仏教を信仰しなさい。

ウ．天皇の命令に必ず従いなさい。

エ．戸籍を作成し，戸籍に基づき人びとに土地を貸し与えなさい。

問５　下線部(5)について，壬申の乱の際，大海人皇子が戦勝祈願をした神社があります。これは天皇家の皇祖神を祀《まつ》る神社として，天武天皇によって整備されました。神社の名称として正しいものを，次のア～エから一つ選び，記号で答えなさい。

ア．伊勢神宮　　イ．住吉大社　　ウ．出雲大社　　エ．宇佐八幡宮

問６　下線部(6)について，この子孫に聖武天皇がいますが，聖武天皇の政策として正しいものを，次のア～エから一つ選び，記号で答えなさい。

ア．新しい都づくりを命じ，奈良盆地の北部に平城京をつくりました。

イ．凶作や疫病が流行する中，仏教の力で世の中を安定させようとしました。

ウ．武蔵国から銅が届き，和同開珎を発行して，貨幣の流通を促しました。

エ．僧の鑑真に命じて，奈良の東大寺に大仏を造立させました。

問７　下線部(7)の政策として**誤っているもの**を，次のア～エから一つ選び，記号で答えなさい。

ア．勘解由使《かげゆし》をおいて国司の不正を厳しく取り締まりました。

イ．遷都《せんと》にともない，平城京から寺院の多くを平安京に移転させました。

ウ．農民の負担を軽減するため，郡司の子弟などから兵士をとる制度をつくりました。

エ．坂上田村麻呂を征夷大将軍に任命し，蝦夷《えみし》平定を進めさせました。

問８　下線部(8)に関連して，次の歌とその説明を読んで，下記の設問に答えなさい。

こちふかば　におひおこせよ　梅の花　あるじなしとて　春を忘るな
(東風が吹いたら，匂いを大宰府の私のもとまでよこしてくれ，梅の花よ。主人がいないからといって，春であることを忘れるなよ。)

この歌は，901年，ある人物が藤原氏の陰謀《いんぼう》で大宰府に流される際，京都の家を出発する時に歌ったものとして伝えられています。この人物として正しいものを，次のア～エから一つ選び，記号で答えなさい。

ア．菅原道真　　イ．山上憶良　　ウ．紀貫之　　エ．阿倍仲麻呂

問９　下線部(9)について，次の写真と関係する勢力として正しいものを，下のア～エから一つ選び，記号で答えなさい。

（山川出版社『詳説日本史図録』第10版）

ア．朝廷　　イ．西国の平氏　　ウ．東国の源氏　　エ．奥州の藤原氏

問10　下線部(10)に関連して，鎌倉時代におきた以下の出来事を年代順に古い方から並び替えると，どのような順番になりますか。正しいものを，次のア～カから一つ選び，記号で答えなさい。

１．北条泰時が御成敗式目を制定しました。

２．元のフビライ＝ハンが日本に使者を派遣しました。

３．京都に六波羅探題を設置しました。

ア．１→２→３　　イ．１→３→２　　ウ．２→１→３

エ．２→３→１　　オ．３→１→２　　カ．３→２→１

問11　下線部(11)の命令で藤原定家らが編纂《へんさん》した和歌集を何といいますか。**漢字**で答えなさい。

問12　文中の空欄（　あ　）にあてはまる正しい文を，次のア～エから一つ選び，記号で答えなさい。

ア．将軍家の直系が断絶し，後継者争いが激しくなったのに乗じて，

イ．幕府を支えてきた有力守護大名同士の権力争いが激しくなったのに乗じて，

ウ．元寇の恩賞が不十分であり，御家人の幕府に対する不満が高まったのに乗じて，

エ．尊王攘夷を主張し，天皇親政を目指す反幕府勢力が全国に拡大したのに乗じて，

問13　下線部(12)に関連して，室町時代について述べた文として**誤っているもの**を，次のア～エから一つ選び，記号で答えなさい。

ア．３代将軍足利義満は，明と正式に国交を結び，日明貿易を開始しました。この貿易は勘合という合札を用いたため，勘合貿易とも呼ばれています。

イ．畿内やその周辺では，有力な農民の指導のもとで，寄合が開かれ，自治が行われました。村人自らが掟を定め，掟の違反者に対しては罰則を設けました。

ウ．1428年に近江の馬借が蜂起したのを契機に，人々が徳政を要求して酒屋や土倉などを襲《おそ》い

ました。これは山城国から畿内に広がったので，山城の国一揆といいます。

エ．琉球王国が成立し，その地理的条件を生かして明との朝貢貿易以外に，日本・朝鮮・東南アジアの国々とも盛んに中継貿易を行いました。

問14　下線部⒀について述べた文として正しいものを，次のア～エから一つ選び，記号で答えなさい。

ア．織田信長は宗教勢力と対立し，比叡山延暦寺を焼き打ちし，一向一揆やキリスト教を弾圧しました。

イ．豊臣秀吉は，太閤検地を行い，農民を年貢負担者として検地帳に記入しました。また，刀狩令を出して，兵農分離を進めました。

ウ．織田信長と同盟関係にあった徳川家康は，関ヶ原の戦いで豊臣秀吉を破りました。そして1603年に征夷大将軍に任命されました。

エ．この３人の中で，関白と太政大臣に任官しているのは織田信長と豊臣秀吉です。

問15　下線部⒁について，次の図は江戸幕府のしくみです。これに関して下記の設問に答えなさい。

【江戸幕府のしくみ】

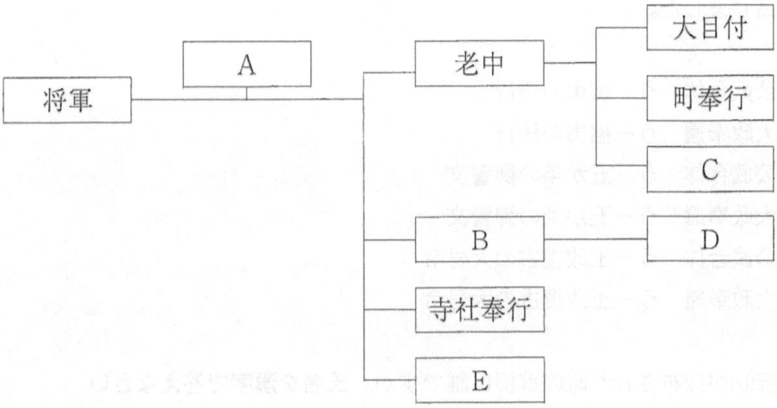

［１］図中のＡ～Ｄについて述べた文として正しいものを，次のア～エから一つ選び，記号で答えなさい。

ア．Ａには大老が入ります。常に１名が任命される最高職でした。

イ．Ｂには若年寄が入ります。老中の補佐をする役割でした。

ウ．Ｃには目付が入ります。旗本や御家人の監視をしました。

エ．Ｄには勘定奉行が入ります。幕府の財政を担っていました。

［２］図中のＥには京都の治安を維持し，朝廷や公家を監視するために設置された機関名が入ります。この機関を**漢字５文字**で答えなさい。

問16　下線部⒂に関連して，江戸幕府の対外政策を鎖国と呼ぶことがありますが，実際には対外関係をもっていました。このことについて述べた文として**誤っているもの**を，次のア～エから一つ選び，記号で答えなさい。

ア．宗氏の尽力で朝鮮との国交が回復し，宗氏は朝鮮との貿易独占権を獲得しました。

イ．琉球王国は島津氏によって征服されましたが，中国への朝貢貿易を続けました。

ウ．幕府は松前藩にアイヌとの交易独占権を認めました。和人とアイヌの交易がアイヌに不利になると，アイヌの族長シャクシャインらが戦いをおこしました。

エ．長崎ではオランダと中国と貿易を行っていましたが，明が滅亡すると中国商人との貿易は途絶えました。

問17　下線部⒃が即位をした1867年は激動の１年でした。下記の文章を読み，文中の空欄（　い　）・（　う　）にあてはまる語句の組み合わせとして正しいものを，次のア～カから一つ選び，記号で答えなさい。

討幕運動に直面した徳川幕府は，みずから朝廷に政権を返上して新政府での徳川家の地位を確保しようと，1867年10月（　い　）を朝廷に申し出ました。ところが薩摩・長州両藩は，12月に（　う　）を発して，幕府の廃止や新政府樹立を宣言し，その直後に徳川慶喜に官位や領地の返上を命じました。

ア．いー公武合体　うー攘夷の決行

イ．いー大政奉還　うー攘夷の決行

ウ．いー公武合体　うー五か条の御誓文

エ．いー大政奉還　うー五か条の御誓文

オ．いー公武合体　うー王政復古の大号令

カ．いー大政奉還　うー王政復古の大号令

問18　下線部⒄が発布された時の首相は誰ですか。氏名を**漢字**で答えなさい。

問19　下線部(18)に関連して，次の表は1885年と1899年における日本の輸出入品目の第１位から第３位を示しています。表中のＦとＧにあてはまる品目をそれぞれ**漢字**で答えなさい。

	輸出品(1885年)
第１位	Ｆ
第２位	緑茶
第３位	水産物

	輸入品(1885年)
第１位	Ｇ
第２位	砂糖
第３位	綿織物

	輸出品(1899年)
第１位	Ｆ
第２位	Ｇ
第３位	絹織物

	輸入品(1899年)
第１位	綿花
第２位	砂糖
第３位	機械類

(東洋経済新報『日本貿易精覧』より作成)

問20　下線部(19)について述べた文として**誤っているもの**を，次のア～エから一つ選び，記号で答えなさい。

ア．ドイツがポーランドに侵攻を開始したために，この大戦がはじまりました。

イ．戦車・飛行機・潜水艦・毒ガスなど新兵器が使用され，死傷者が増大しました。

ウ．大戦中に日本は，中国に対して二十一か条の要求を出しました。

エ．大戦中にロシア革命がおこり，レーニンが率いるソビエト政府が成立しました。

問21　下線部(20)に関連して，昭和時代におきた以下の出来事を年代順に古い方から並び替えると，どのような順番になりますか。正しいものを，次のア～カから一つ選び，記号で答えなさい。

１．太平洋戦争　　２．満洲(州)事変　　３．盧溝橋事件

ア．１→２→３　　イ．１→３→２　　ウ．２→１→３

エ．２→３→１　　オ．３→１→２　　カ．３→２→１

3　次の文章を読んで，下記の設問に答えなさい。

私たちが人間らしい暮らしを日々営んでいくためには，(1)暴力の危険や(2)差別にさらされていたり，自由な言動が制限されていたりしてはいけません。こうした事態を避《さ》けるべく，(3)現代の国際社会で採用されている考え方が，(　あ　)の尊重です。(　あ　)とは，人間が生まれながらにして持っている権利のことです。(4)日本国憲法で(　あ　)は，自由権，平等権，(5)社会権などに分けられ，これらは国民の(　い　)の努力によって保持していかなければならないと記されています。これは，(6)国民自身が政治に参加する必要があるということであり，そのための仕組みが整えられています。

問１　文中の空欄(　あ　)・(　い　)にあてはまる正しい語句を，それぞれ答えなさい。なお，(　あ　)は**漢字５文字**で，(　い　)は**漢字２文字**で答えなさい。

問2　下線部(1)に関連して，現在，世界ではウクライナ戦争をはじめ，各地で戦争や紛争が起こっています。戦争や紛争などによって，国を追われた人々のことを難民と言います。難民に関連する，以下の設問に答えなさい。

[1]難民の保護と救済《きゅうさい》を目的に設置された国際連合の機関の略称《りゃくしょう》として正しいものを，次のア～エから一つ選び，記号で答えなさい。

ア．UNHCR　　イ．ILO　　ウ．UNICEF　　エ．UNCTAD

[2]次のグラフは，日本へ難民の認定を求めた人の数(難民申請者数)と実際に難民と認められた人の数(難民認定数)を表しています。このグラフから読みとれることについて述べた文として正しいものを，次のア～エから一つ選び，記号で答えなさい。

日本の難民申請者数と難民認定数

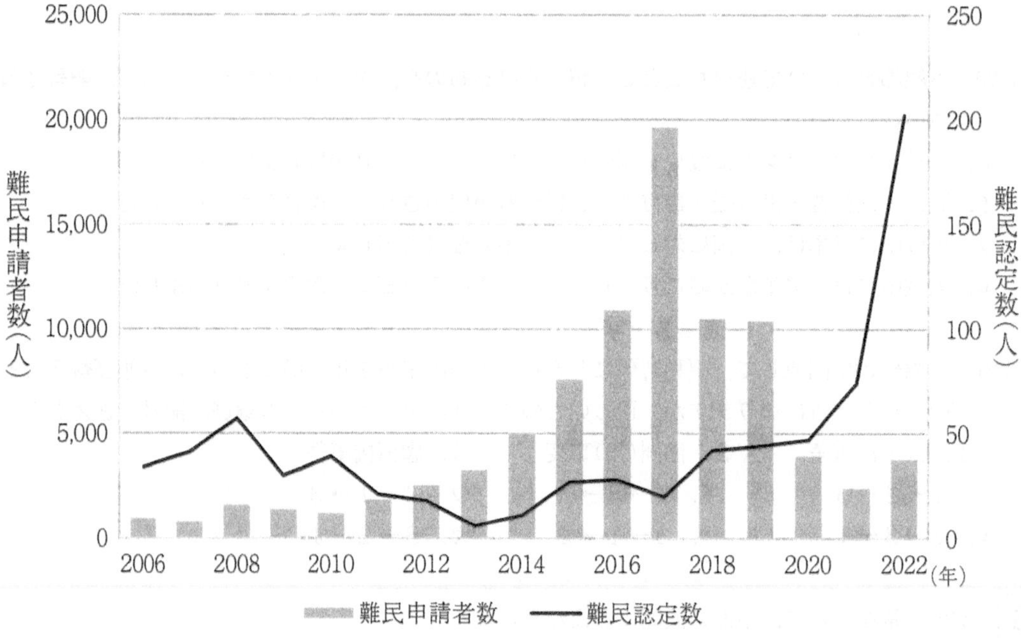

(第一学習社『最新政治・経済資料集』，法務省資料より作成)

(注)難民認定数には，不服申立てにより認定されたものを含みます。

ア．難民申請者数は2006年から2017年まで，毎年増加しています。

イ．2022年の難民認定数は前年と比べて大きく増加し，この年の難民申請者数の半数以上が難民として認定されています。

ウ．難民申請者数がはじめて1万人を超えたのは，東日本大震災の翌年の2012年です。

エ．新型コロナウイルス感染症の流行が起こった2020年以降，難民申請者数は大きく減っています。

問３　下線部(2)について述べた文として**誤っているもの**を，次のア～エから一つ選び，記号で答えなさい。

ア．世界人権宣言は，第二次世界大戦への反省から，国際的な人権保障と人種，性別，宗教などによる差別のない世界を目指し，1948年の国連総会で採択されました。

イ．日本国憲法では，すべて国民は法の下に自由であり，政治的，経済的又は社会的関係において，差別されないとする自由権が保障されています。

ウ．日本では1985年に男女雇用機会均等法が制定されましたが，生涯年収や管理職の男女比率など様々な面において，男女間の格差はいまだに解消されていません。

エ．特定の民族や国籍など，少数派や弱い立場の人々を激しく差別する言動を行うヘイトスピーチが一部の団体によって行われており，社会問題になっています。

問４　下線部(3)に関連して，以下の設問に答えなさい。

［１］第二次世界大戦後の国際社会について述べた次の文章を読み，空欄（　う　）～（　お　）にあてはまる正しい語句を，それぞれ答えなさい。なお，（　う　）・（　え　）は**漢字２文字**で，（　お　）は**漢字１文字**で答えなさい。

第二次世界大戦後の国際社会は，アメリカを中心とした資本主義諸国とソ連を中心とした社会主義諸国に二分されました。この対立は，直接米ソが戦争することはなかったため，（　う　）と呼ばれましたが，代理戦争という形で戦争になった地域がありました。1950年に始まった（　え　）戦争が代表的です。日本では，この戦争の勃発を機に，ＧＨＱによって再軍備を求められ，政府は警察予備隊を創設しました。

また，戦後，植民地支配されていた国々が多く独立しました。こうした国々はこれまでの資本主義諸国の勢力と社会主義諸国の勢力のどちらにも属さない意思を示したため，第（　お　）世界と呼ばれました。

［２］国際連合について述べた文として正しいものを，次のア～エから一つ選び，記号で答えなさい。

ア．総会では，１国につき１票が与えられており，重要案件の議決に関しては全会一致を原則としています。

イ．発展途上国の支援を行うために，信託統治理事会の指導の下，先進国によって政府開発援助が行われています。

ウ．安全保障理事会の常任理事国はアメリカ・ロシア・イギリス・フランス・中国であり，これら５か国は核兵器を保有しています。

エ．国際連合の活動資金である分担金は，日本が最も多く負担しています。

［３］現代の国際社会が抱えている問題とそれに対する取り組みについて述べた文として**誤っているもの**を，次のア～エから一つ選び，記号で答えなさい。

ア．環境問題に対処《たいしょ》していくために1992年にリオデジャネイロで開かれた地球サミットでは，「かけがえのない地球」というスローガンが掲《かか》げられました。

イ．発展途上国の多くは長年の植民地支配の影響で工業化が遅れたため貧しく，現在でも先進国との間に格差が残っています。

ウ．世界各地での紛争や戦争に対処するため，国連平和維持活動（ＰＫＯ）が活動しており，自衛隊もＰＫＯ協力法に基づいて参加しています。

エ．誰一人取り残さない持続可能な国際社会をすべての国が共に作っていくために，2015年９月の国連総会で，ＳＤＧｓ（持続可能な開発目標）が採択されました。

問５　下線部(4)の改正について述べた文として正しいものを，次のア～エから一つ選び，記号で答えなさい。

ア．憲法改正案は，公聴会で審議《しんぎ》してから，衆議院，参議院それぞれの本会議で話し合います。

イ．憲法改正案は，各議院で総議員の３分の２以上の賛成を得ると可決され，発議されます。

ウ．国会で発議された憲法改正案は，国民投票で３分の２以上の賛成を得る必要があります。

エ．改正された憲法は，国民の名で，内閣総理大臣によって公布されます。

問６　下線部(5)に関連して，次の文章は労働基準法の一部を抜き出したものです。この文章を読んで，次のア～エのうち，労働基準法に違反した扱《あつか》いを受けているとわかる発言として正しいものを，次のア～エから一つ選び，記号で答えなさい。

> 第32条
> ①使用者（雇《やと》い主《ぬし》）は，労働者に，休憩《きゅうけい》時間を除き１週間に40時間を超えて，労働させてはならない。
> ②使用者は，労働者に，休憩時間を除き１日に８時間を超えて，労働させてはならない。
>
> 第37条
> 使用者が，午後10時から午前５時までの間に労働させた場合，その時間の労働には，通常の労働時間の賃金に２割５分以上を上乗《うわの》せした金額を支払わなければならない。
>
> 第61条
> 使用者は，18才未満の者を午後10時から午前５時までの間，使用してはならない。
>
> 第68条
> 使用者は，生理日の体調不良により働くことが著《いちじる》しく難しい女性が休暇《きゅうか》を請求したときは，その者に生理休暇を与えなければならない。

（注）一部，簡易な表現に改めています。

ア．私は，月曜日から金曜日の午前９時から午後６時まで働いています。休憩時間は１日に１時間です。

イ．私は，大学入学後，コンビニでアルバイトをしています。通常の時給は1200円ですが，午後10時から午前５時までの深夜の時給は1500円です。

ウ．私は芸能事務所で働いています。午後10時になったので，生放送の番組に出演中の13歳の子役は帰宅させました。

エ．今日は生理による腹痛と頭痛がひどく会社を休みましたが，病気ではないため生理休暇は認められませんでした。

問７　下線部(6)に関連して，以下の設問に答えなさい。

[1]下線部(6)として，国民には政治に参加する権利が認められています。この権利のことを何といいますか。**漢字**で答えなさい。

[2]国会について述べた文として正しいものを，次のア～エから一つ選び，記号で答えなさい。

ア．国会は国の唯一の行政機関です。

イ．予算は衆議院から審議することも，参議院から審議することも可能です。

ウ．内閣総理大臣を衆議院が指名してから10日以内に参議院が指名しない場合，衆議院の議決が国会の議決となります。

エ．衆議院解散中に緊急の必要がある場合，参議院で臨時国会が開かれます。

[3]私たちの意見がより速やかに政治に反映されるのが，地方自治です。地方自治について述べた文として正しいものを，次のア～エから一つ選び，記号で答えなさい。

ア．地方公共団体の財源は，国に納められた税金が各自治体に配分される仕組みであり，各自治体が自主的に財源を確保することはできません。

イ．地方公共団体の首長や議員は，有権者が直接選挙で選びます。

ウ．条例の制定や改廃《かいはい》を有権者が請求することをリコールと言います。

エ．地方自治は，民主主義の根幹に立ち返ることができるという意味で，「民主主義の故郷」と言われます。

二

次の――線部のカタカナを、漢字に直しなさい。

1 秘境をタンボウする。
2 運動をして肩がイタくなる。
3 季節ごとの電力負荷《ふか》をヘイジュン化する。
4 今聞いた話はナイミツにしてほしい。
5 ダンチョウの思いで別れを告げる。
6 タグいまれな素質を持つ。
7 新しい校舎をケンセツする。
8 エンソウ会を開催《かいさい》する。
9 先生は彼にアツい信頼《しんらい》を寄せている。
10 毎月ザッシを購入《こうにゅう》する。

の中から選び、記号で答えなさい。

ア　常に最大限よい商品を提供するという職人の本分よりも、客においしいと言ってもらえたことへのよろこびを優先して考えてしまう点。

イ　外で売ることで饅頭の品質が落ちることに気づかなかった落ち度も、客においしいと言われたことで帳消しになると考えてしまう点。

ウ　店の評判を落としかねないお菓子であっても、自分が作ったものである以上は最後まで大切に扱うのが職人だと考えてしまう点。

エ　店を守るという使命にもとづいた曽我の言葉を無視して、自分の立場を危うくしてでも、お菓子を守りたいと考えてしまう点。

問8　――⑦「ワコははっとする」とありますが、ここからワコのどのような様子を読みとることができますか。40字以内で説明しなさい。

問9　――⑧「おまえの採用を決めたのは私だ。コネでおまえを預かったつもりはないぞ」とありますが、この言葉で曽我はどのようなことを小原に伝えようとしたのですか。その説明として最もふさわしいものを次の中から選び、記号で答えなさい。

ア　誠実にお菓子作りに向き合わず、コネに甘えるような人間を採用してしまった自分の行いを後悔しているということ。

イ　コネで採用したのではなく、自分が見込んで採用したのだから、それに見合う働きができるように努力するべきだということ。

ウ　社長と懇意《こんい》にしている者の息子《むすこ》でも、採用を決めたのは工場長である自分なのだから、自分の指示には従うべきだということ。

エ　社長とコネがあることに負い目を感じることなく、才能を見いだして採用した自分の前で自信を持って働けということ。

問10　――⑨「笑い続けている彼の目尻に涙が滲んでいた」とありますが、このときの小原の気持ちを80字以内で説明しなさい。

問11　次の文章は、とある中学校の生徒たちが本文末尾《まつび》の太線部について話し合っているものである。読んで、空欄《くうらん》［◆］に入る言葉を自分で考えて50字以内で書きなさい。

生徒A：ワコが作ったじょうよ饅頭は結局廃棄されてしまったけれど、自分で作ったお菓子を誰かに食べてもらえるうれしさはワコの心に残ったみたいだね。

生徒B：問題文はそこで終わっているけれど、この先ワコはどうなっていくんだろう？

生徒C：文章の途中《とちゅう》で、「生地をつくり、包餡しただけだ。なのに、こんなにも嬉しくて仕方がない。だったら、すべて自分でつくったお菓子を食べてもらうって、いったいどんな気分なんだろう？」（38ページ93行目）とワコは考えていたよね。このことから考えると、ワコはこれから［◆］と予想できるよ。

ⓒ「無粋な」

ア　人の気持ちがわからない　　イ　正しいけれども不愉快《ふゆかい》な

ウ　周りの状況《じょうきょう》を無視した　　エ　頑固《がんこ》で融通《ゆうずう》がきかない

問2　――①「ワコは、心を奮い立たせる」とありますが、このときのワコの気持ちの説明として最もふさわしいものを次の中から選び、記号で答えなさい。

ア　自分の失態により鶴ヶ島を失望させてしまったので、饅頭を売り切ってお菓子職人として認めてもらおうという気持ち。

イ　ミスをしたことに責任を感じており、店に迷惑をかけないために何としてでも饅頭を売り切って誠意を見せようという気持ち。

ウ　鶴ヶ島に差別的な発言をされたことを思い出して悔しくなり、饅頭をすべて売り切って見返してやろうという気持ち。

エ　無関係の浅野にまで責任を負わせる鶴ヶ島に憤《いきどお》りを感じ、必ず饅頭を売り切って浅野の立場を守ろうという気持ち。

問3　――②「幸福ないそがしさ」とありますが、どのような点が「幸福」なのですか。30字以内で説明しなさい。

問4　――③「なにを訊かれてもだんまりを決め込んだ」とありますが、それはなぜですか。その説明として最もふさわしいものを次の中から選び、記号で答えなさい。

ア　警官に連行されて店に迷惑をかけてしまうことに動揺《どうよう》しているから。

イ　この状況をどうにかして打破しようと必死で考えているから。

ウ　黙って待っていればそのうち浅野が来てくれると思っているから。

エ　奥山堂で働いていることを知られないように意識しているから。

問5　――④「肩を震わせながら」とありますが、「肩を震わせ」るという様子から、ワコがどのように思っていることが読みとれますか。その説明として最もふさわしいものを次の中から選び、記号で答えなさい。

ア　だまされた自分は悪くないのに理不尽に叱責《しっせき》する曽我に対して憤るとともに、上司に逆らって作業場で泣いている自分を情けなく思っていること。

イ　作業場で駄々をこねて泣きわめいたことを後悔《こうかい》するとともに、そんな自分を慰《なぐさ》めようと気遣《きづか》う鶴ヶ島の昔語りが胸に響《ひび》きありがたく思っていること。

ウ　自分が製作に関わった饅頭を捨てるように言われて悔しがるとともに、どうしたらよいかわからず泣くことしかできない自分をふがいなく思っていること。

エ　お客様においしいと言われたお菓子を捨てるように言われて落胆《らくたん》するとともに、追い打ちをかけるような鶴ヶ島の語りで孤《こ》独《どく》を感じ寂《さび》しく思っていること。

問6　――⑤「あえて憎まれ役になってくれた」とありますが、これは鶴ヶ島がどうしたことについて述べているのですか。50字以内で説明しなさい。

問7　――⑥「おまえの考え方は、あまりにも青く、ひとりよがりだ」とありますが、ワコの考え方のどのような点が「青く、ひとりよがり」なのですか。その説明として最もふさわしいものを次

「どうして饅頭の数で俺が嘘の伝令したことを、工場長に言いつけなかったんだ？」

小原が言う。

「そうやってクビになって、実家のお店に帰りたかった？」

ワコが言葉を返すと、彼が鼻で笑った。

「実家に帰ったって、俺の居場所なんてあるもんかよ」

小原がちょっと考えてから言葉を続けた。

「俺には兄貴がいた」

「いた？」

と訊くと、「交通事故で死んじまったんだ」と応える。

「出来のいい兄貴で、みんなが店を継《つ》ぐもんだと思ってた。ところが俺にお鉢《はち》が回ってくると、〝あいつなんかに……〟って陰口《かげぐち》が聞こえてきてな」

「それですねてるんだ」

「うんざりなんだよ、兄貴と比べられるのが！」

怒鳴ったあとで彼が黙《だま》り込《こ》んだ。そうして再び口を開く。

「俺の嘘の伝令はワコが黙ってくれてても、みんなには分かってたんだな」

それには応えず、ワコは言った。

「小原君て、やっぱりお菓子が好きなんだよね」

意外そうに彼がこちらを見る。

「さっき、お饅頭が床に落ちたら、手で汚れを払いながら拾ってたでしょ。これから捨てにいくはずのお饅頭なのに」

小原は無意識に自身がしたことに、今になって驚いていた。

「そういやあ、そうだな」

小原が声を上げて笑い出す。

「なにやってんだ、俺……」

⑨笑い続けている彼の目尻《めじり》に涙が滲《にじ》んでいた。

お菓子は廃棄《はいき》されてしまった。けれど、お客に食べてもらえるのがあんなに嬉しいなんて。それがワコの中に強く残った。

（上野歩《うえのあゆむ》『お菓子の船』より）

注1「浜畑」…奥山堂で包餡された饅頭を蒸す、蒸し方という作業を任されている職人。

注2「浅野」…奥山堂でワコに包餡のアドバイスなどをしてくれている先輩《せんぱい》。

注3「曽我」…奥山堂の工場長。

注4「赤ちょうちん」…居酒屋のこと。居酒屋の軒先《のきさき》に赤いちょうちんがつるされていることからこう呼ばれる。

問1　～～ⓐ～ⓒの本文中での意味として最もふさわしいものを次の中からそれぞれ選び、記号で答えなさい。

ⓐ「淡い」

ア　かすかな　　イ　弱気な

ウ　根拠《こんきょ》のない　　エ　鮮《あざ》やかな

ⓑ「たしなめる」

ア　厳しくしかる　　イ　ひどく困惑する

ウ　穏《おだ》やかに注意する　　エ　即座《そくざ》に尋《たず》ねる

「工場長が俺に教えようとしているのは、職人たちの扱い方だ。組織をどうまとめるかってことだ。今話したとおり、俺は自分の腕を磨くことだけを考えて生きてきたからな。そういう意味では、いろいろ学ばせてもらったよ。おかげで——」と鶴ヶ島が、しゃがんだままの小原を見やる。「性根《しょうね》の曲がったやつを目覚めさせるため、ひと芝居《しばい》打つことになったり。もっとも、やり方が荒《あら》っぽくて、ワコにはかわいそうな役を振っちまったが」

どういうこと？　それじゃ、今度のことは、浅野さんが言ってたとおりだったの？　——

「もしかしたら、ツルさんは、ワコに対して理不尽な仕打ちをすることで、小原の目を覚まさせようとしたのかも」

鶴ヶ島が珍《めずら》しく優しげな表情をワコに向ける。

「悪かったな」

ワコは戸惑《とまど》いながら、もはや涙が消えていた。

「ツル」と曽我が声をかける。「⑤おまえがあえて憎《にく》まれ役《やく》になってくれたのを知りながら、怒鳴りつけてすまなかった」

鶴ヶ島が、曽我のほうを向いた。

「奥山堂の菓子をなにより大事にしているあんたは、ワコに菓子を捨てろと言うに違いない、と俺は考えた。修業を始めて九ヶ月ほどであんなじょうよ饅頭をつくっちまう娘《むすめ》が、あんたに菓子を捨てろと言われ、どんな反応をするのか？　実は興味があった」

今度は彼が、ワコに視線を寄越《よこ》す。

「俺なら、売れ残った菓子、汚《よご》れた菓子は迷わず捨てる。ところがワコは、菓子を捨てるのが嫌だと泣いた」

ワコは泣いたことが恥ずかしくて、またうつむいてしまう。

「俺は今さっき〝悪かったな〟と、確かにおまえに謝った。一方でこうも思う。⑥おまえの考え方は、あまりにも青く、ひとりよがりだ。それに作業場で、絶対に涙を見せるべきではない」

彼が相変わらずこちらを眺《なが》めていた。

⑦「小僧の俺も、作業場では泣かなかったぞ。それが職人だ」

ワコははっとする。職人——ツルさんが、そう言ってくれた。

鶴ヶ島が、ゆっくりと足もとのほうを見やった。そこでは、まだ小原がしゃがみ込んでいる。

「おまえはどうなんだ小原？　おまえはこれから、菓子とどうやって付き合っていくつもりだ？」

小原が、くずおれるようにがくりと両手を床についた。

今度は、曽我が小原に向けて告げる。

⑧「おまえの採用を決めたのは私だ。コネでおまえを預かったつもりはないぞ」

仕事を終え店の裏口を出ると、外に小原が立っていた。

「みんなの前で泣いちゃって、カッコ悪い」

ワコは照《て》れ隠《かく》しに舌を覗かせると、彼の横を通り過ぎようとした。

とワコは言い返した。

「なんだと？」

さらに怒気《どき》を帯びた曽我の声は低くなった。

「お菓子を捨てるなんて嫌です！」

さらにワコは言う。

「〝おいしい〟って……お客さまから……、〝おいしい〟って言っていただいたお饅頭なんです」

ワコの頬《ほお》を涙《なみだ》が伝う。悔《くや》しかった。

曽我が背後を振り返って、「小原、おまえが捨ててこい！」と命令した。小原が、びくりと身体を震《ふる》わせてから、「はい」と聞こえるか聞こえないかの声で返事し、ワコのほうにやってくる。

小原がボックスを奪《うば》おうとすると、「イヤ！」ワコは身体を反転させた。小原と揉《も》み合《あ》う形になり、床《ゆか》にじょうよ饅頭がこぼれ落ちた。

「嫌です……捨てるなんて嫌です……」

ワコは泣いていた。小原がおろおろしながら饅頭を拾い集めている。ワコは、作業場で泣いている自分が情けなくて仕方がない。捨てたくないなら、どうしたい？　また戻って売りたい？　自分で食べたい？　駄々《だだ》をこねているのは分かっていた。それでも、突《つ》っ立《た》ったまま泣きやむことができない。

ふいに鶴ヶ島が、誰に向けてでもなく語り始めた。とても静かな口調だった。

「生まれた家が貧しくてな、俺は中学を出ると働かなきゃならなかった。甘《あま》いもんが食べられるだろうって、それだけで金沢《かなざわ》の菓子屋に住み込みで勤めたんだ。その店は流れ職人が入れ代わり立ち代わりやってきて、小僧《こぞう》の頃は泣かない日がないくらい厳しい扱《あつか》いを受けた。なにしろ入れ代わりが激しいもんだから、誰に付けばいいのかも分からない。俺は泣きながらも、必ず一人前になってやるんだって決心した。そのためには、仕事はとにかく自分で覚えていくしかない。目で盗《ぬす》むのはもちろん、少ない給料をやり繰《く》りしながら職人が酒を飲むのに付き合ったり、酔《よ》った職人を介抱《かいほう》することで親しくなって、つくり方や配合を教えてもらった。だから俺は、酒が飲めない頃から注4赤ちょうちんに出入りしてた。そうした店の焼き鳥やおでんが晩飯だった」

いつの間にか作業場のみんなが鶴ヶ島の話に耳を傾《かたむ》けているようだ。ワコも④肩《かた》を震わせながら聞いていた。

「勤め始めて四年もすると、すっかり仕事に慣れ、俺は次なる店の門を叩《たた》いていた。そうやって北陸だけでなく関西、関東と渡《わた》り歩《ある》いた。菓子は地域によってずいぶんと違う。東と西では甘さだって異なる。京の菓子は雅《みやび》な味だ。俺の師匠《ししょう》は、そんな中で出会った職人たちだ。誰というのではない、名もなく腕のよい職人とその菓子に接することで自分の技術を磨《みが》いてきた」

鶴ヶ島が曽我に顔を向けた。

「工場長、あんたもそのひとりだ」

曽我はなにも言わなかった。

ど、いや、簡素だからこそつくった者の技量が問われる。山の芋の処理の仕方、粉との混ざり具合、そうした総合的な技術の集積から成る饅頭だ」

　彼が笑った。

「――って、工場長からそう言われたよ、新入りの頃にな。俺が初めて生地からつくったじょうよ饅頭をハマさんところに持っていったら、蒸してくれなかったんだぜ」

　目の下のまつ毛が長い浜畑の顔を、ワコは思い浮かべた。

「ハマさんは、俺よかひとつ上なだけだが、腕《うで》が認められて早くから蒸し方《かた》、焼き方を任せられてる。だから、プライドが高い」

　浅野さんは、あたしを励《はげ》まそうとしてくれてるんだ。

「生地の具合を見、粉の加え方を塩梅《あんばい》し、空気を抱《だ》かせて、抱かせて混ぜる。すると、蒸した時、饅頭はふっくらと膨《ふく》らむ。皮が破れる寸前までな。ワコのつくったのは、そんなじょうよ饅頭だ。もちろん、ツルさんにも分かったはずだ。だからハマさんに蒸せって命じたし、外で売ってこいって無《む》茶《ちゃ》なことも言ったんだろう。商品に成り得るものだって認めたから。それに、もしかしたら……」

　と浅野が少し考えてから口を開く。

「……もしかしたら、ツルさんは、ワコに対して理不尽《りふじん》な仕打ちをすることで、小原の目を覚まさせようとしたのかも」

　あのツルさんが……。

「ひとつもらおう」

浅野がボックスから饅頭を摘《つ》まみ上《あ》げる。

「おっと、カネはあとでちゃんと払うからな」

　彼はひと口食べるごとに、「うまい、うまい」と言ってくれた。

　店の作業場では、[注3]曽我《そが》が待っていた。どうやら、交番から確認の電話があったらしい。

「おまえたちはいったいなにをやっているんだ!?」

　鬼《おに》の形相で怒鳴《どな》る。

「おい、ツル！　おまえ、どういうつもりで、こんなことをさせた!?」

　鶴ヶ島が無言で目を背《そむ》けている。

「おまえは奥山堂のお菓子をなんだと思っているんだ!?」

　その言葉に反発するように、鶴ヶ島が勢いよく曽我を見る。しかし、やはり黙ったままでいた。

　今度は曽我がワコに顔を向けた。こんなに恐《おそ》ろしい表情の曽我を見たことがなかった。いまだにボックスを駅弁売りのように首から下げたままのワコは、ぽかんとするばかりだ。

「すぐにその饅頭を捨ててこい！」

　ワコはなにを言われたのか理解できないでいた。

「外気に当てて乾燥《かんそう》し、路上の埃《ほこり》を被《かぶ》ったお菓子を売りつけるなんて、おまえは奥山堂の信用を傷つけかねないことをしたんだぞ！　そんなものさっさと捨ててしまえ！」

　曽我の言うことはもっともだ。しかし……。

「嫌です」

女性客のひとりが、「なによ、あんた！　お饅頭くらい売ったっていいじゃないのよ！」と警官に噛《か》みついた。

「そうよ、おいしいお饅頭を頂こうって時に、ⓒ無粋《ぶすい》なこと言わないの」

「いや、しかし、許可がないと」

　思わぬ反発に遭《あ》って、警官はしどろもどろだ。だが、すぐにワコのほうに向き直った。

「とにかくあなた、一緒に来て」

　そのまま交番に連行されてしまったワコは、③なにを訊かれてもだんまりを決め込んだ。店に迷惑《めいわく》をかけるわけにはいかない。大きなボックスを膝《ひざ》の上に置いてパイプ椅子《いす》に座《すわ》り、無言のままでいる。多くの人波が、外を往《ゆ》き過ぎた。

　先ほどの警官と、彼の上役らしい年配の警官が並んで立ち、こちらを見下ろしている。年配の警官が、「黙ったままで、いつまでこうしているつもりなんだね？」と、何度目かの同じ言葉を投げかけてくる。その時だった。

「あれ、ワコ、どうした？」

　作務衣姿の浅野が交番の中を覗き込んでいた。

「どうしてるかと思って、様子を見にきたら、おまえ、交番て……」

　すると上役の警官が、「あなたですか、この女性にあんなところで饅頭を売らせたのは？」と、浅野に詰問《きつもん》する。

「いえ、そういうことじゃないんですけど……あの……」

　すると浅野がなにか思いついたような顔になり、「新人が度胸をつけるための研修なんです」と、出任せの言い訳をした。

「この並びにある奥山堂の者です。本当に申し訳ありません」

　老舗《しにせ》の名店の者であることは、浅野の作務衣の胸に入ったネームで証明され、ふたりは目こぼししてもらった。「あそこで商売するには、道路使用許可の申請《しんせい》手続きが必要なんだからね」と再び念を押《お》されてから。

「なあワコ、じょうよ饅頭が三百って、ほんとは小原から嘘を伝えられたんだろ？」

　店に向かって歩きながら浅野が言う。首からボックスを下げたワコは、はっとして大柄《おおがら》な浅野を見上げた。

「みんな薄々《うすうす》気づいてるよ。小原を締《し》め上《あ》げて吐《は》かせ、クビにすれば簡単だ。けどな、小原の親父《おやじ》、小原菓寮《かりょう》の社長とうちの高垣《たかがき》社長はゴルフ仲間でな。自分のせがれを仕込んでくれって頼《たの》まれてんだ。いわば預りもんなんだよ、あいつは。だからそうもいかないんだ」

　浅野は小さく息をついてから、「小原のやつ、自分で変わろうとしないと、一生ダメなまんまだろうな」とため息のように呟《つぶや》く。

　ふたりでしばらく無言のまま歩いた。浅野がふと、ボックスに並んだ饅頭を見やって、「きれいにできたな」と優《やさ》しく言ってくれる。

「じょうよ饅頭ってな、基本を問われるお菓子だ。簡素だけさず売り込む。

「じゃ、ひとつもらおうかしらね」

「ありがとうございます！」

抑《おさ》えきれずに明るい声が出てしまう。

代金を受け取ると、ワコはトングで女性の手にじょうよ饅頭をひとつ載《の》せた。

「あら、おいしい！」

ひと口食べた女性の感想に、「ほんとですか？」思わず訊《き》き返《かえ》していた。

「やだよ、あんた。自分でつくったお饅頭を褒《ほ》められて、〝ほんとですか？〟ってことはないだろ」

「あ、いえ、そうじゃなくて……」

自分のお菓子をおカネを払《はら》って買ってくれるところを目にするのも、おいしいという声を耳にするのも初めての経験だった。それは、まさに天にも昇《のぼ》るような心地《ここち》である。ワコはしばらく、じょうよ饅頭をぱくつく女性の姿を一心に見つめていた。この饅頭は自分が蒸したわけではない。餡子《あんこ》も自分で炊《た》いたわけではなかった。生地《きじ》をつくり、包餡しただけだ。なのに、こんなにも嬉《うれ》しくて仕方がない。だったら、すべて自分でつくったお菓子を食べてもらうって、いったいどんな気分なんだろう？

「お饅頭食べたい！」

五歳くらいの男の子の声がした。眼鏡の女性が饅頭を食べる姿を見て、羨《うらや》ましくなったのだろう。

「おいしいよ」

と眼鏡の女性が男の子に向かって言う。

すると、母親らしい若い女性が、「ヒロトは、餡子なんて好きじゃないでしょ」とⓑたしなめる。けれど、ヒロトというその男の子は、「食べたーい」ときかなかった。

「仕方ないなあ」

母親がひとつ買ってくれる。

「ありがとうございます！」

母親から饅頭を受け取った男の子が、「おいしい！」と声を上げる。口の横に餡子を付けた男の子を見て、ワコは胸がいっぱいになった。

「私もひとつもらおうか」

年配のステッキをついた紳士《しんし》から声がかかる。

「こっちにもひとつ頂《ちょう》だい」

「俺もひとつ」

たちまち周りに人垣《ひとがき》ができた。

「ありがとうございます」「ありがとうございます」ワコは急にいそがしくなって慌てる。けれど、それは②幸福ないそがしさだった。

「ちょっとあなた、ここで商売する許可を取ってますか？」

突然《とつぜん》そう質問される。ワコが見やると制服を着た若い警察官だった。すぐ近くの交番からやってきたのだろう。

「あのう……あたし……」

ワコには応えるすべがない。

「はい」

ワコは応えて、手を動かし始めた。

しばらくして、「ワコ！」と蒸し場にいる鶴ヶ島から声が掛《か》かる。急いで向かった。

「おまえ、雷門《かみなりもん》の前に立って、じょうよ饅頭を百五十個売ってこい。店売りと同じく一個三百円で売るんだ。消費税分は勘弁《かんべん》してやろう」鶴ヶ島が続ける。「ただし、奥山堂の名前はいっさい出すな。その作務衣《さむえ》も脱《ぬ》いで、私服で売ってこい」

「あたしがですか？」

ワコは再び小原を見やる。彼《かれ》は手を止めて、じっと下を向いていた。

鶴ヶ島が言い放つ。

「いいか、全部売り切るまで帰ってくるな」

浅野に手伝ってもらい、じょうよ饅頭を並べた大きなボックスを太ひもで首から下げて、店の裏口から出る。う、重い。でも、自分の責任なんだ……。スタジャンにジーンズ姿のワコは、しょんぼりと雷門に向かう。ふと、先ほどの鶴ヶ島のひと言が思い起こされた。①ワコは心を奮い立たせる。負けてたまるか！　全部売り切ってやる！

年《とし》の瀬《せ》で、たくさんの参拝客、観光客が雷門通りを行《い》き交《か》い、仲見世《なかみせ》へと吸《す》い込《こ》まれていった。それとすれ違《ちが》うように、お参りを終えた人たちが雷門から出てくる。これだけの人が通るんだ、売れるかもしれない！　ⓐ淡《あわ》い希望も芽生えた。

雷門の傍《かたわ》らで、駅弁を売るようにボックスを下げているのだが、しかし誰《だれ》も振《ふ》り向《む》きさえしてくれない。じっと立っていると足もとから冷気が伝わってきた。ボックスには紙にマジックで「おいしい！　じょうよ饅頭　1個300円（消費税サービス）」と書いた紙をテープでとめている。浅野のアイディアである。

ワコは試みに、「お饅頭です」と言ってみる。しかし、それは蚊《か》の鳴くような声だった。今度は意を決して、「お饅頭でえぇす!!」と声を張り上げた。しかし緊張《きんちょう》のため、威嚇《いかく》するようになってしまう。近くを通った若い男性が、ぎょっとしてこちらに顔を向けた。ワコと目が合うと、逃《に》げるように立ち去る。

ワコは恥《は》ずかしさで顔を紅潮させつつも、「おいしいお饅頭ですよー」と声を出し続けた。「じょうよ饅頭ってなんだ？」とか、「ひとつ三百円なんて、ずいぶん高いわね」といった声が時折耳に入るだけで、ひとつも売れない。

それでも一時間以上経《た》った頃《ころ》だろうか、「じょうよ饅頭って、山の芋のお饅頭だよね？」と、年配の眼鏡をかけた女性が声をかけてきた。

「はい、そうです」

ワコは夢中で応える。

彼女《かのじょ》はボックスを覗《のぞ》き込《こ》むと、「あら、おいしそ」と笑《え》みを浮《う》かべた。

初めての好感触《こうかんしょく》に、「おひとついかがでしょう？」とすか

【国　語】（五〇分）〈満点：一〇〇点〉

【注意】解答するときには、句読点や記号も一字と数えます。

一　次の文章を読んで、後の問いに答えなさい。（設問の都合上、本文の一部を変更《へんこう》してあります。）

二〇歳《さい》の樋口和子《ひぐちわこ》（作中では皆《みな》に「ワコ」と呼ばれている）は、一九九二年三月に製菓《せいか》専門学校を卒業した。学校の和菓子《わがし》科で女子はワコ一人だけで、和菓子の世界は「男の世界だから苦労する」と先生からも言われていたが、浅草にあるお菓子屋の奥山堂《おくやまどう》に就職し、和菓子作りの修行《しゅぎょう》を始めて九ヶ月《かげつ》ほどになる。

ある日、同期の小原《こはら》から、その日に餡《あん》を包む饅頭《まんじゅう》の数を伝えられたが、実はそれは自分より先に職場の人たちに認められていくワコに対して焦《あせ》りを感じている小原による嘘《うそ》だった。その嘘のせいで、ワコは「じょうよ饅頭」と呼ばれる山《やま》の芋《いも》でできた饅頭を百五十個余分に包《ほう》餡《あん》してしまう。次の場面は、じょうよ饅頭を多く作ったことが判明して、現場を取り仕切る鶴ヶ島《つるがしま》に謝罪する場面である。

ワコは慌《あわ》てて謝《あやま》る。

「すみませんでした」

すると、鶴ヶ島の白目だけになった細い目がワコを捉《とら》えた。

「てめえ、仕事を舐《な》めてんだろ。だから、女の菓子職人なんてあり得ねえって言ってんだ。どうせ、嫁《よめ》に行くまでの腰掛《こしか》けのつもりなんだからよ」

これまでも女だということで差別され続けてきた。出勤するのが嫌《いや》だと感じる朝もあった。しかし、今の言葉だけは許せない。思わず、ぐっと睨《にら》み返《かえ》す。

「なにか言いたいことがあるのか？」

しかし失敗したのは自分だ。すぐに目を伏《ふ》せてしまう。

「おい、ハマ」

鶴ヶ島が隣《となり》にいる注1浜畑《はまはた》に呼びかけた。だが、その視線はワコを捉えたままである。

「このじょうよ饅頭を蒸《む》せ」

浜畑が驚《おどろ》き、弾《はじ》かれたように鶴ヶ島の横顔を見た。

「え、三百個全部ですか？」

「そうだ」

鶴ヶ島は相変わらずワコに顔を向けている。

「蒸し上がったら、俺《おれ》を呼べ」

ワコは包餡の作業台に戻《もど》ると、今度は注2浅野《あさの》に謝った。

「いったいどうしたんだ、あんなに数を間違《まちが》えるなんて？」

浅野に数を確認《かくにん》しなかった自分も悪い。もう一度、「すみません」と頭を下げた。

小原は黙《だま》って餡玉切りをしている。

浅野はそれ以上なにも言わず、「一緒《いっしょ》に黒糖饅頭を百五十つくろう」とだけ言った。

2024年度

城北中学校入試問題(第2回)

【算　数】（50分）〈満点：100点〉

【注意】 1. 円周率が必要な場合には，3.14として計算しなさい。

2. コンパス・定規・分度器を使ってはいけません。

1 次の□にあてはまる数を求めなさい。

（1） $\{(2024 \div \square - 3) \div 5 - 5\} \div 3 - 3 = 1$

（2） $105 \times \left(\frac{1}{3} - \frac{1}{5} + \frac{1}{7}\right) - \left\{0.6 \times \left(44 + \frac{11}{25}\right) - 1.2 \times 2.22\right\} = \square$

2 次の□にあてはまる数を求めなさい。

（1） りんごを箱につめるのに，1箱に10個ずつつめると8個余り，1箱に12個ずつつめると4個しか入らない箱が1箱と空の箱が2箱できます。このとき，りんごの個数は□個です。

（2） 8％の食塩水Aと20％の食塩水Bをいくらかずつ混ぜて15％の食塩水を作りました。AとBの混ぜる量の差が80ｇであったとき，Aは□ｇ混ぜたことになります。

（3） 白玉と黒玉を横1列に並べます。ただし，白玉は3個連続して並べることはできず，黒玉は2個連続して並べることはできません。このとき，3個の玉の並べ方は ① 通り，6個の玉の並べ方は ② 通りです。

（4） 正方形の折り紙を対角線で半分に切ったものを，下の図のように折ったとき，角アの大きさは□度です。

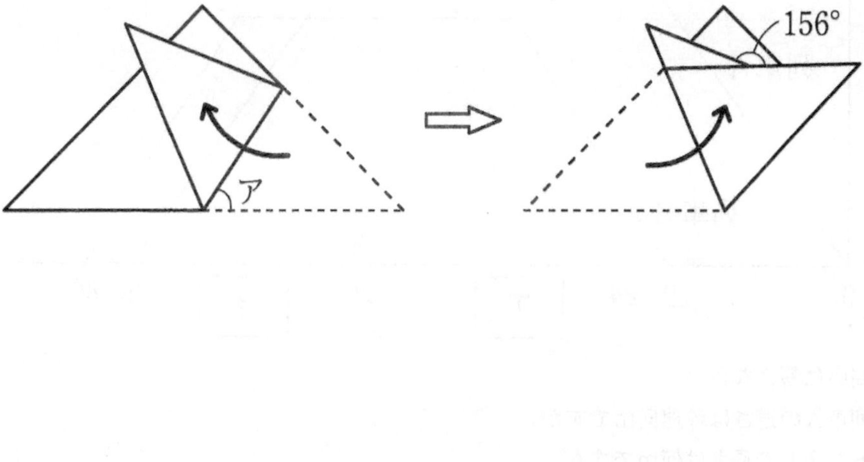

(5) 下の図のように，半径3cmの4個の円で作られた図形があります。この図形のとなり合う円はすべてぴったりとくっついています。
点Pを中心とする半径3cmの円がこの図形のまわりをすべらないように回転してもとの位置に戻《もど》るまで1周するとき，中心Pが動いた長さは □ cmです。

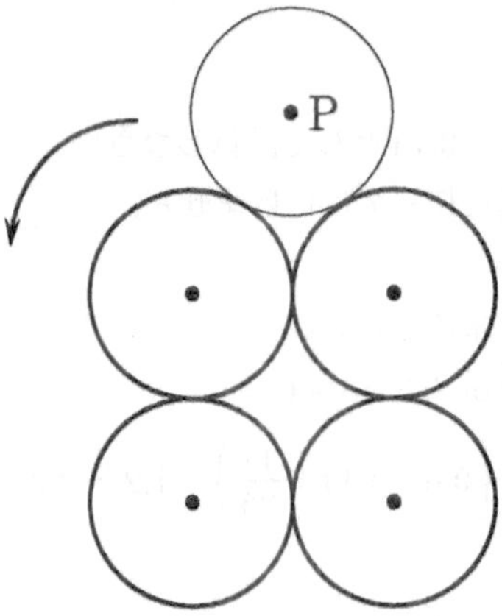

3 列車Aと列車Bがそれぞれ一定の速さで，反対方向からトンネルを通過します。先に列車Aがトンネルに入りはじめ，そのあと列車Bがトンネルに入りはじめました。下のグラフは，列車Aがトンネルに入りはじめてからの時間と，それぞれの列車がトンネルに入っている部分の長さの関係を表したものです。ただし，列車Aと列車Bの長さはともにトンネルの長さより短いものとします。

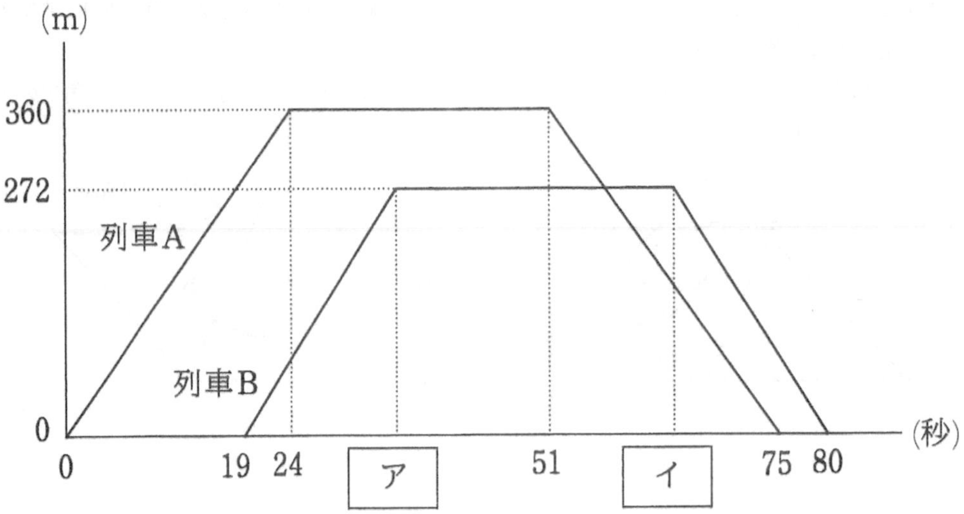

次の問いに答えなさい。

(1) 列車Aの速さは秒速何mですか。

(2) トンネルの長さは何mですか。

(3) グラフの ア ， イ にあてはまる数を求めなさい。

(4) 列車Aがトンネルに入りはじめてから，列車Aと列車Bがすれ違《ちが》い終わるまでの時間は何秒ですか。

4 右の図のように，上から順に1，2，3，……と番号が書かれたカードが積まれています。

この積まれたカードについて，以下の操作を①→②→①→②→①→……のように，残ったカードが1枚になるまでくり返し行います。

【操作】
① 一番上のカードを取りのぞく
② 一番上になったカードを積まれたカードの一番下に移動させる

例えば，上から順に1，2，3，4，5，6の6枚のカードが積まれている場合，
1回目の操作の後，積まれたカードの番号は上から　3，4，5，6，2
2回目の操作の後，積まれたカードの番号は上から　5，6，2，4
3回目の操作の後，積まれたカードの番号は上から　2，4，6
4回目の操作の後，積まれたカードの番号は上から　6，4
5回目の操作の①の後，残ったカードは1枚となり，その番号は　4
となります。

次の問いに答えなさい。

(1) 次の文章の [ア]，[イ] にあてはまる数を求めなさい。
最初に積まれたカードが2024枚であった場合，4回目の操作で取りのぞかれるカードの番号は [ア] で，1000回目の操作で取りのぞかれるカードの番号は [イ] です。

(2) 最初に積まれたカードが2024枚であった場合，最後に残るカードの番号について，次のように考えました。[ウ] ～ [カ] にあてはまる数を求めなさい。
最初に積まれたカードが8枚であった場合，最後に残るカードの番号は [ウ] です。また，最初に積まれたカードが16枚であった場合，最後に残るカードの番号は [エ] です。
最初に積まれたカードが35枚であった場合，3回目の操作の後に残ったカードの枚数が32枚になるので，最後に残るカードの番号は [オ] です。
以上のことをふまえると，最初に積まれたカードが2024枚であった場合，最後に残るカードの番号は [カ] です。

5 図1のように底面が正六角形の六角柱があります。

【図1】

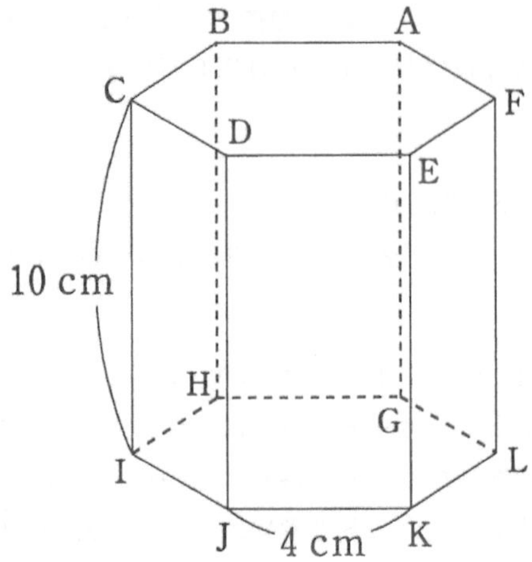

次の問いに答えなさい。

(1) ADの長さを求めなさい。

図1の六角柱において，図2のように6点B，D，F，G，I，Kを頂点とする立体をUとします。

(2) 立体Uを長方形ADJGで切ったときの切り口の面積を求めなさい。必要ならば，図3に切り口をかきこんで考えてください。

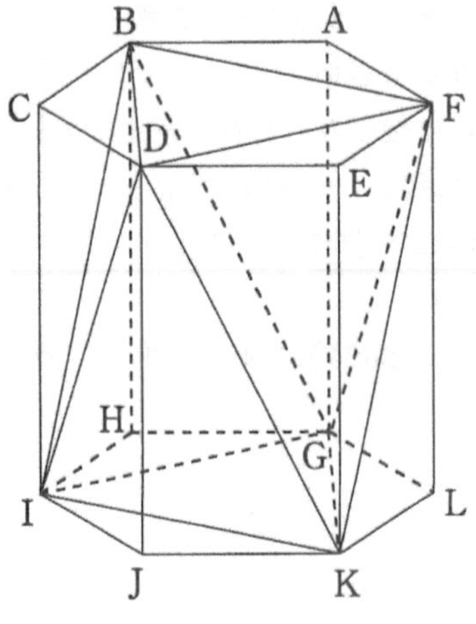

【図2】

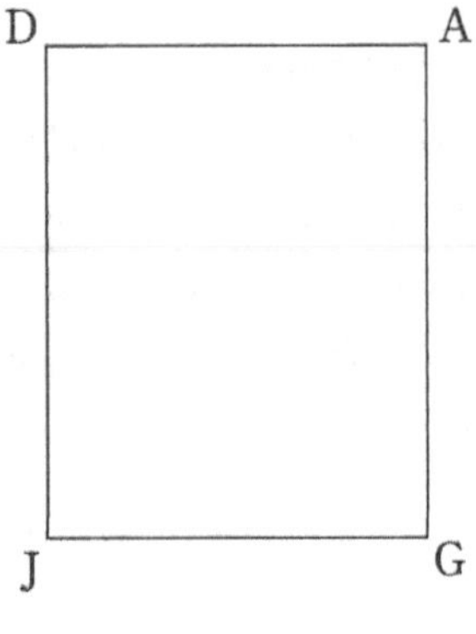

【図3】

図1の六角柱において，辺BC，辺EF，辺HI，辺KLの真ん中の点をそれぞれM，N，O，Pとします。図4のように6点A，M，N，O，J，Pを頂点とする立体をVとします。

（3） 立体Uと立体Vの重なった部分の立体を長方形ADJGで切ったときの切り口の面積を求めなさい。必要ならば，図5に切り口をかきこんで考えてください。

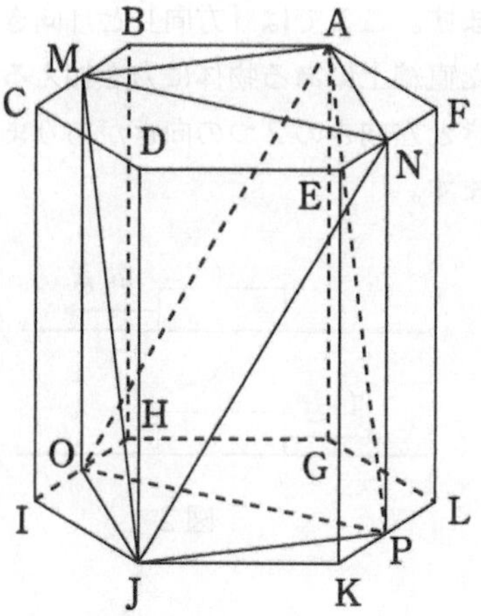

【図4】

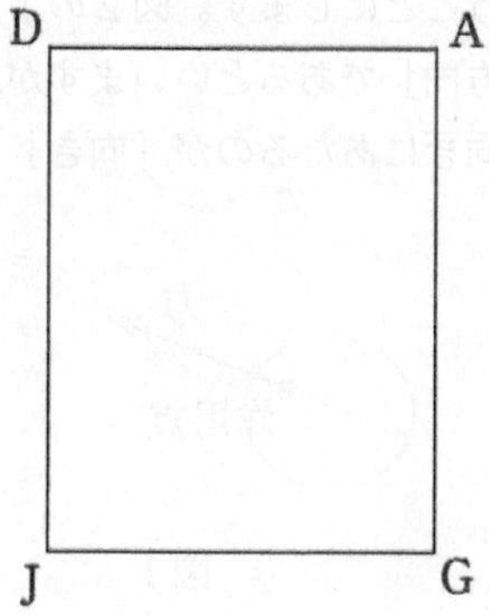

【図5】

【理　科】(40分)〈満点：70点〉

1 図１のように，力を矢印であらわしたときに，力が物体にはたらいている点を作用点といい，作用点を通って力の方向に引いた線を作用線といいます。ここでは「方向」と「向き」は別の意味で使うことにします。図２のように，左右にひいた直線上にある物体に力を加えるとき，力は同じ「方向」であるといいますが，直線上でも右向きと左向きの２つの向きがあります。この右向き左向きにあたるのが「向き」ということになります。

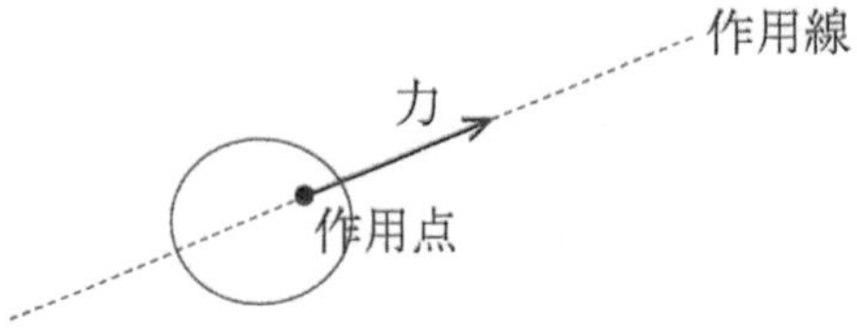

図１

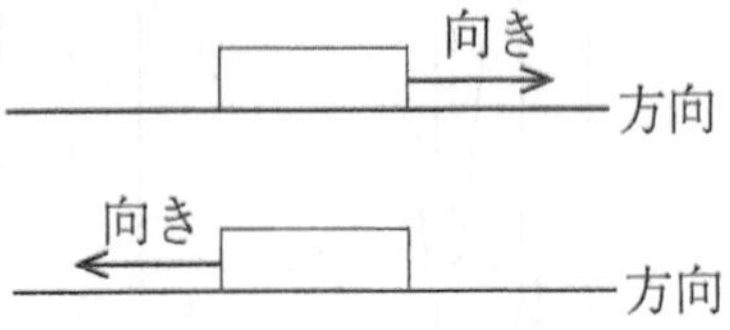

図２

Ｊ君とＫ君が「同じ力」とはどういう力なのかを，止まっている同じ物体に力を加えた例１～例４をもとにして，話し合っています。「同じ力」とは，物体にその力を加えたときに同じ動きになる力とします。例１～例４の力はすべて同じ大きさで，作用点は物体の中心か，物体の端《はし》の中点にあります。

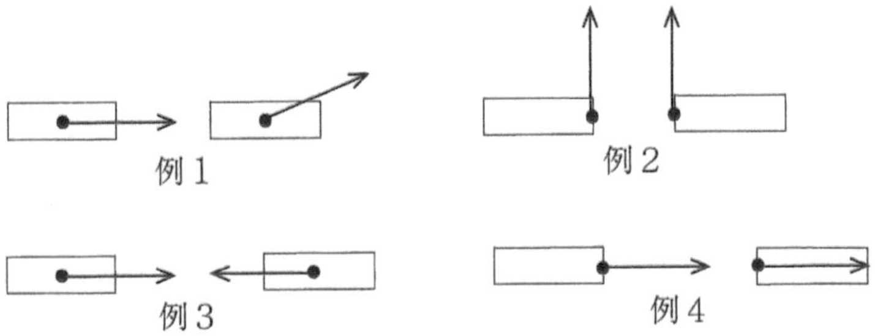

Ｊ君　力の大きさが同じだったら同じ動きになるよね。当然，[　Ａ　]も同じにしないといけないね。

Ｋ君　でもそれだけだったら，例１のときには力の大きさも[　Ａ　]も同じ力なのに別の動きになるよ。[　Ｂ　]をそろえる必要があるよね。それに[　Ｃ　]も同じにしないと例３のように反対向きに動いてしまうよ。

Ｊ君　[　Ａ　]の場所が違っていても，例[　①　]のときには同じ動きになるね。ということは[　Ａ　]の場所は関係ないんだ。

Ｋ君　でも例[　②　]のときには，[　Ｂ　]と[　Ｃ　]も同じなのにちがう動きになってしまうよ。[　Ａ　]が同じじゃないからかな。

Ｊ君　例[　①　]では同じで，例[　②　]では違っている条件を考えればいいわけだ。どちらも力の[　Ｂ　]と[　Ｃ　]は同じだけど，例[　②　]では[　Ｄ　]は同じじゃないね。

Ｋ君　ということは，[　Ｄ　]が同じだったらいいということになるんだ。もちろん力の大きさは同じじゃないといけないけどね。

J君　まとめると，「同じ力」というのは，大きさだけでなく，[　D　]と[　C　]が同じ力ということになるんだね。[　A　]は同じでなくてもいいんだ。

問1　[　A　]～[　D　]に当てはまる語句をそれぞれア～エから1つ選び，記号で答えなさい。

ア．作用点　　イ．作用線　　ウ．方向　　エ．向き

問2　[　①　]と[　②　]に当てはまる数字をそれぞれ答えなさい。

問3　例1～例4の中で，「同じ力」といえるのはどの例ですか。あてはまるものを例1～例4の中からすべて選び，数字で答えなさい。

問4　止まっている物体に力を加えるとき，ここでいう「同じ力」ではないのに2つの物体が同じ動きになる場合はどれですか。あてはまるものをつぎのア～エからすべて選び，記号で答えなさい。物体に直接に力を加える場合は物体の端の中点に加え，物体にひもをつけてひもの端を引く場合は，物体の端の中点にひもをつけているものとします。ただし，加える力はすべて同じ大きさです。

ア

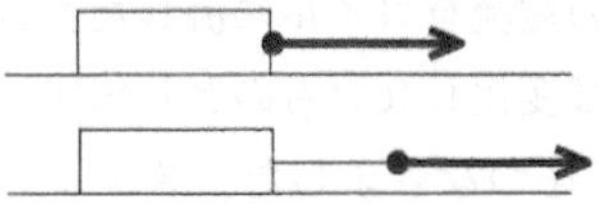

左図のように，力を物体に直接に加えて右向きに引いた場合と，物体にひもをつけて，その端を右向きに引いた場合。力の方向は同じものとします。

イ

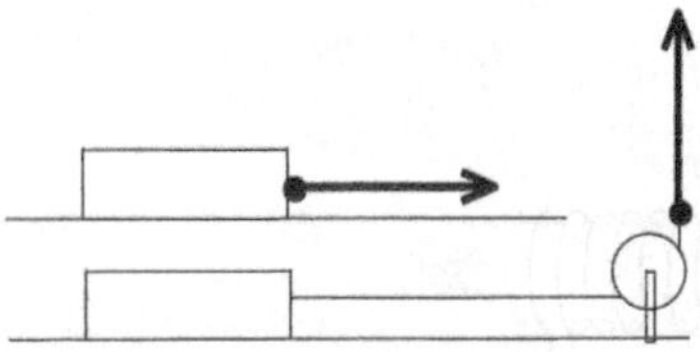

左図のように，力を物体に直接に加えて右向きに引いた場合と，物体にひもをつけて，その端を定かっ車を通して上向きに引いた場合。物体に直接に加えた力と，物体と定かっ車のあいだのひもは同じ方向とします。

ウ

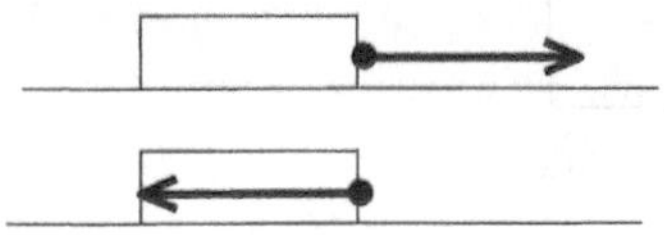

左図のように力を物体に直接に加えて右向きに引いたり，左向きに押したりしても物体が動かなかった場合。どちらの力も同じ方向にあるものとします。

エ

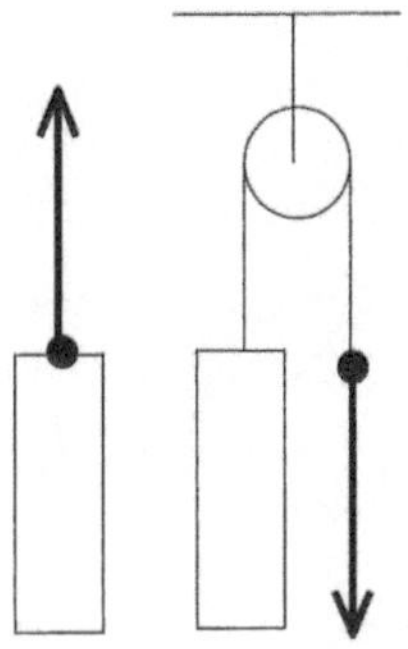

左図のように，力を物体に直接に加えて上向きに引いた場合と，物体にひもをつけて，このひもを定かっ車を通して下向きに引いた場合。

2 磁石《じしゃく》とばね，鉄心《てっしん》に巻いたコイルを使って図１のように電流計を作りました。つぎの文章はその仕組みを説明したものです。以下の問いに答えなさい。磁石と床の間のまさつは考えなくてよいものとします。

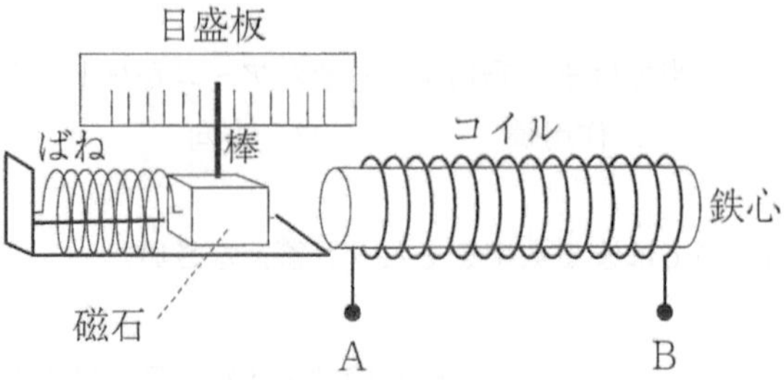

図１

鉄心に巻いたコイルに電流を流すと，コイルが電磁石となって左側にある磁石に磁力《じりょく》がはたらくため，磁石が左右に動きます。磁石はばねにつながっていて，ばねは壁に固定されているため，磁石にはたらいた磁力に合わせてばねが伸びたり縮《ちぢ》んだりします。磁石に軽い棒《ぼう》をつけて，その後ろに目盛《めもり》を書いた紙を床に固定しておけば，コイルに流れた電流の大きさに合わせて磁力が強くなり，磁石が動く距離《きょり》も大きくなります。このとき棒の位置にある目盛を読み取れば，電流の大きさをはかることができます。ただし，同じ大きさの電流をコイルに流したときに，電磁石と磁石の距離が変化しても，磁石が受ける磁力の大きさは変化しないものとします。

図２のように，電球に流れる電流をはかるため，電流計をつなぎました。スイッチを入れたら，磁石は図１から右向きに２目盛だけ動きました。

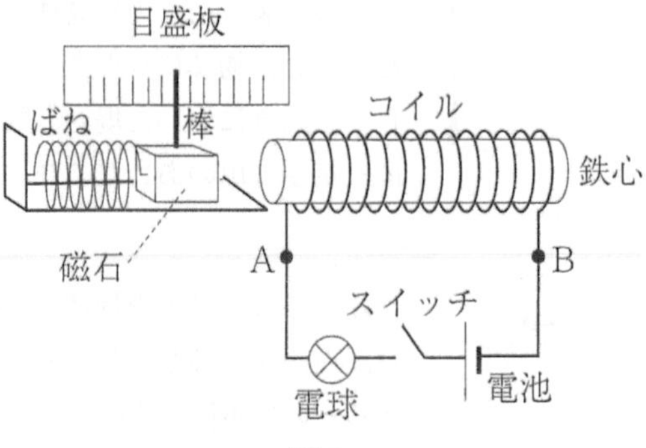

図２

問１　この電流計の磁石の右側はＮ極ですか，Ｓ極ですか。

問２　図２で，コイルに流れる電流と，コイルに発生する磁力の関係は図３のようになります。また，ばねにはたらく力とばねの伸《の》びの関係は図４のようになります。コイルに流れる電流と図１から棒が右に動いた分の目盛との関係をあらわすグラフはどのようになりますか。つぎのア～キから１つ選び，記号で答えなさい。

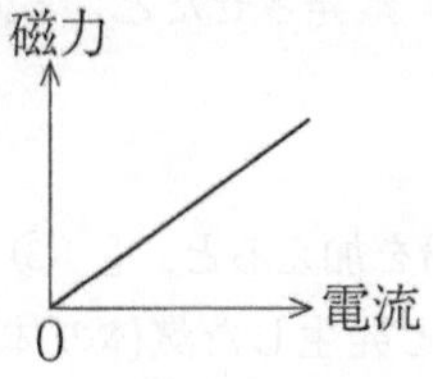

図３

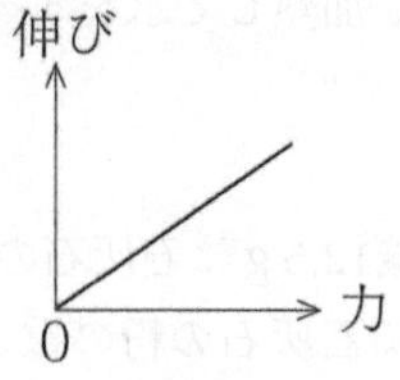

図４

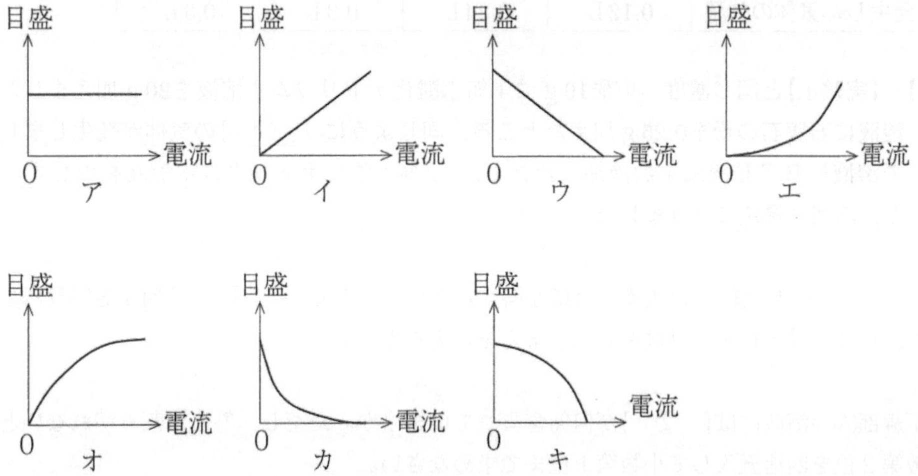

問３　つぎの(1)～(3)の回路について，Ｃ点を電流計のＡ点に，Ｄ点をＢ点につないだとき，図１から棒が動いた分の目盛はどうなりますか。電池と電球はすべて同じものです。それぞれア～クから１つずつ選び，記号で答えなさい。同じ記号を何回使ってもよいものとします。

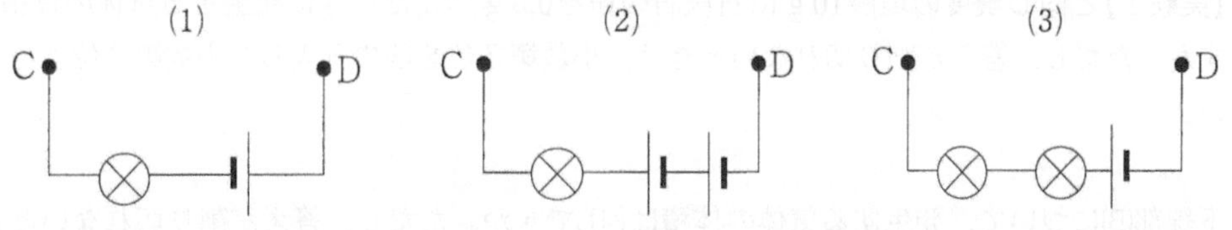

ア．右向きに１目盛　　イ．右向きに２目盛　　ウ．右向きに３目盛
エ．右向きに４目盛　　オ．左向きに１目盛　　カ．左向きに２目盛
キ．左向きに３目盛　　ク．左向きに４目盛

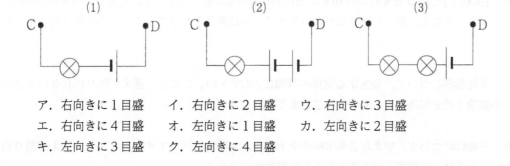

3 つぎの実験についての説明を読んで，下の問いに答えなさい。

【実験１】 ある濃度の塩酸2.5ｇにＢＴＢ溶液《ようえき》を数滴《すうてき》加えました。この溶液に１％水酸化ナトリウム水溶液を少しずつ加えていくと，20ｇ加えたときに溶液の色が緑色に変わりました。(A)この溶液５ｇを［　①　］にとり，加熱して水をすべて蒸発《じょうはつ》させたところ，［　②　］が0.065ｇ残りました。

【実験２】 【実験１】と同じ濃度の塩酸12.5ｇに石灰石の粉を加えると，［　③　］の気体が発生しました。この塩酸12.5ｇに加える石灰石の粉の重さと発生した気体の体積の関係を調べたところ，下の表のようになりました。

石灰石の粉の重さ	0.5ｇ	1.0ｇ	1.5ｇ	2.0ｇ
発生した気体の体積	0.12Ｌ	0.24Ｌ	0.3Ｌ	0.3Ｌ

【実験３】 【実験１】と同じ濃度の塩酸10ｇに１％水酸化ナトリウム水溶液を20ｇ加えました。この溶液に石灰石の粉を0.25ｇ加えたところ，同じように(B)［　③　］の気体が発生しました。この溶液にＢＴＢ溶液を数滴加えたあと，(C)２％水酸化ナトリウム水溶液を少しずつ加えると，溶液は緑色になりました。

問１　［　①　］～［　③　］に入ることばを答えなさい。ただし，［　①　］は適する実験器具の名まえを，［　②　］と［　③　］はものの名まえを答えなさい。

問２　下線部(A)の溶液には［　②　］が何％含まれていますか。ただし，答えが割り切れないときは，小数第２位を四捨五入して小数第１位まで求めなさい。

問３　【実験２】について，加えた石灰石の粉の重さと発生した気体の体積の関係を表すグラフを解答らんにかきなさい。グラフをかくときには，定規《じょうぎ》を使いなさい。

問４　【実験１】と同じ濃度の塩酸10ｇに石灰石の粉を0.5ｇ加えたときに発生する気体の体積は何Lですか。ただし，答えが割り切れないときは，小数第３位を四捨五入して小数第２位まで求めなさい。

問５　下線部(B)について，発生する気体の体積は何Lですか。ただし，答えが割り切れないときは，小数第３位を四捨五入して小数第２位まで求めなさい。

問６　下線(C)について，加えた２％水酸化ナトリウム水溶液は何ｇですか。ただし，答えが割り切れないときは，小数第１位を四捨五入して整数で求めなさい。

4 植物は，葉で[　①　]を行うことでデンプンなどの栄養分をつくります。葉でつくられた栄養分は[　②　]を通って植物全体に行きわたります。また，根を土の中に張りめぐらせ，水や肥料を吸収しています。植物を(A)種子から育てるとき，多めに種子をまき，ある程度育ったあとに，育ちが悪い植物を取り除きます。これは植物に光や水，肥料をじゅうぶんに行きわたらせるためで，この育ちの悪い植物を取り除く作業を「間《ま》引《び》き」といいます。

問1　[　①　]，[　②　]にあてはまることばを答えなさい。

問2　下線部(A)について，つぎの問いに答えなさい。

(1)　ダイズの種子では，植物が発芽し，[　①　]を行うまでの栄養分は，どの部分にたくわえられていますか。その部分の名まえを答えなさい。

(2)　ダイズの種子と同じ部分に栄養分がたくわえられている種子を，つぎのア～カからすべて選び，記号で答えなさい。

ア．アサガオ　　イ．オオバコ　　ウ．ホウセンカ　　エ．タンポポ
オ．ヘチマ　　カ．トウモロコシ

問3　図1のように，$1\,m^2$の枠《わく》A～Cを用意し，枠Aには10個，枠Bには50個，枠Cには100個のある植物の種子をまき，120日間育てる実験を行いました。図2のグラフは，横軸《じく》は「種子をまいてからの日数」，たて軸は「枠の中にある植物すべての重さ」をそれぞれ表したものです。ただし，光や水，土にふくまれる肥料はどの条件でも同じであり，まいた種子はすべて発芽し，120日目まですべて成長したものとします。また，枠の中にある植物すべての重さには種子の重さも含みます。

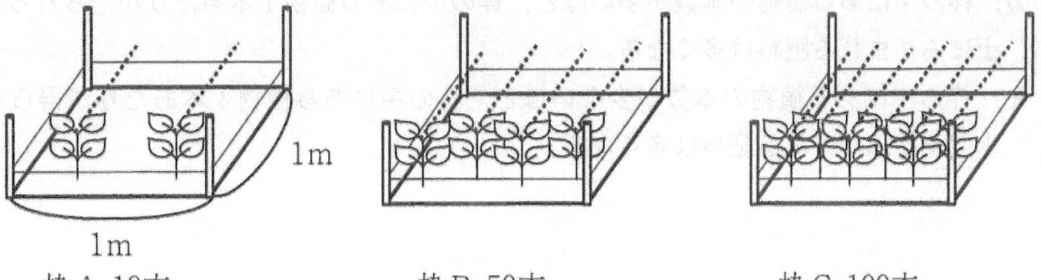

枠A 10本　　枠B 50本　　枠C 100本

図1

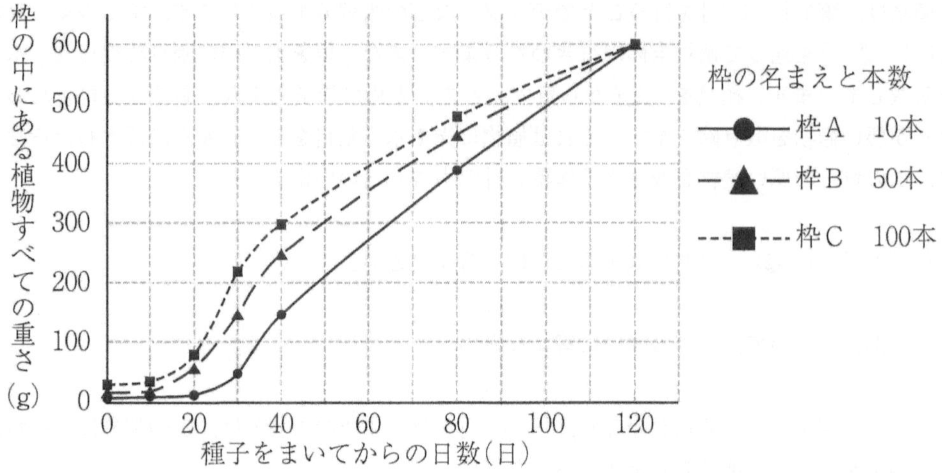

図2

(1) 種子をまいてから120日目では，枠A～Cそれぞれにある植物１本あたりの重さは，それぞれ何ｇですか。ただし，割り切れないときは小数第１位を四捨五入して，整数で求めなさい。

(2) この実験から考えられることとして正しいものを，つぎのア～キからすべて選び，記号で答えなさい。

ア．30日目では，枠の中にある植物すべての重さは，枠Aがもっとも重い。

イ．60日目では，枠の中にある植物すべての重さは，枠Bがもっとも重い。

ウ．120日目では，枠の中にある植物１本あたりの重さは，枠Aがもっとも重い。

エ．120日目では，枠の中にある植物１本あたりの重さは，枠Cがもっとも重い。

オ．枠の中にある植物すべての重さが100ｇをこえるのがもっとも早いのは，枠Cである。

カ．枠の中にある植物の本数が多いほど，枠の中にある植物１本あたりが得られる光や水，土にふくまれる肥料は多くなる。

キ．枠の中にある植物の本数が少ないほど，枠の中にある植物１本あたりが得られる光や水，土にふくまれる肥料は多くなる。

5 国立研究開発法人の宇宙航空研究開発機構(JAXA《じゃくさ》)は，2024年度に深宇宙探査技術実証機《しんうちゅうたんさぎじゅつじっしょうき》DESTINY＋《でぃすてぃにーぷらす》の打ち上げを計画しています。DESTINY＋は，いくつかの目的のために打ち上げられますが，その目的の１つに小惑星《しょうわくせい》ファエトンの調査があります。小惑星とは，惑星と同じように太陽の周りを公転し，惑星にくらべてとても小さな天体です。小惑星の多くは火星と木星のあいだを公転しています。小惑星ファエトンは，かつては彗星《すいせい》でした。ファエトンが彗星だったとき，ファエトンが通った場所には，ファエトンからちりなどがばらまかれました。そして，それが現在でも宇宙をただよっています。このちりの中を地球が通過するときに，ちりは地球の大気にぶつかって燃えて光ります。その光を，私たちはたくさんの流れ星として観測することができます。これが，現在ふたご座流星群《りゅうせいぐん》と呼ばれているものです。つまり小惑星ファエトンは，ふたご座流星群の生みの親なのです。

問１　小惑星の多くは，地球とほぼ同じ時期に誕生したと考えられています。地球が誕生してから，海ができるまでの地球のようすを説明したものとして正しいものを，つぎのア～オから１つ選び，記号で答えなさい。

ア．オゾン層がつくられた。
イ．表面の鉄分がさびて，地球全体が赤くなった。
ウ．キョウリュウの絶滅《ぜつめつ》があった。
エ．水素の大気がつくられた。
オ．地球の表面にマグマの海ができた。

問２　小惑星ファエトンは，遠い未来に地球の近くを通過すると予想されていて，地球にぶつかるかもしれない小惑星としても知られています。小惑星がぶつかると，クレーターができることがありますが，地球の表面には，月とくらべてクレーターが多くありません。その理由として**まちがっているもの**を，つぎのア～オから１つ選び，記号で答えなさい。

ア．地球は大きな磁石のように磁力があるから
イ．地球は植物が生えているから
ウ．地球には水があるから
エ．地球には活火山があるから
オ．地球にはプレートの動きがあるから

問３　図１は，ある彗星が太陽のまわりを公転するときのようすを表しています。この彗星がつくるガスの尾の向きを表した図として正しいものを，つぎのア～エから１つ選び，記号で答えなさい。ただし，矢印は彗星の公転の向きを表していて，は彗星がつくるガスの尾を表しています。

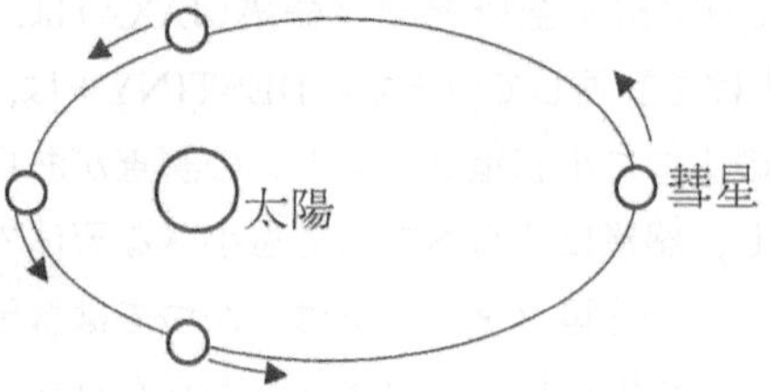

図1

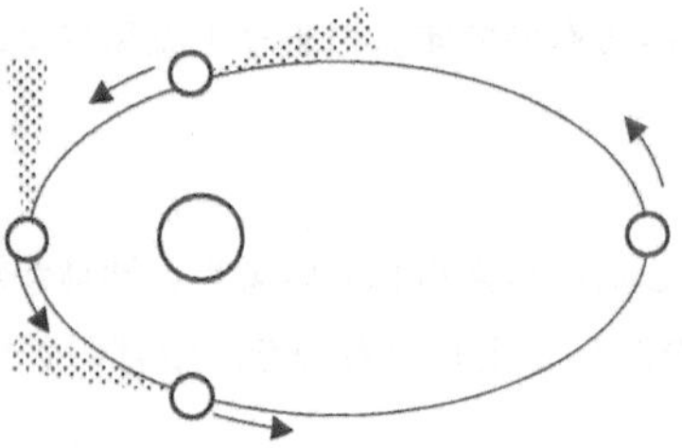

ア

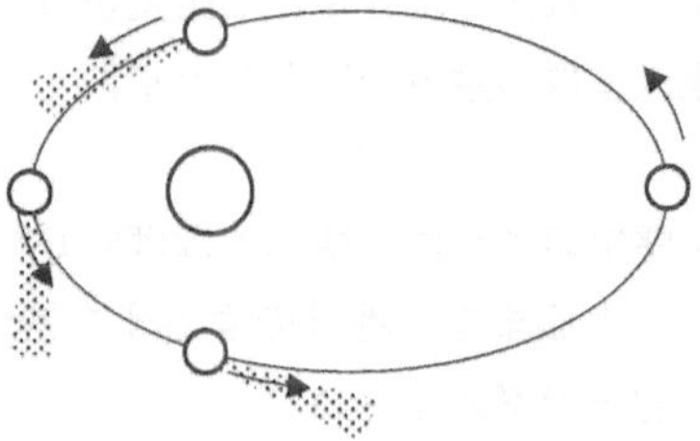

イ

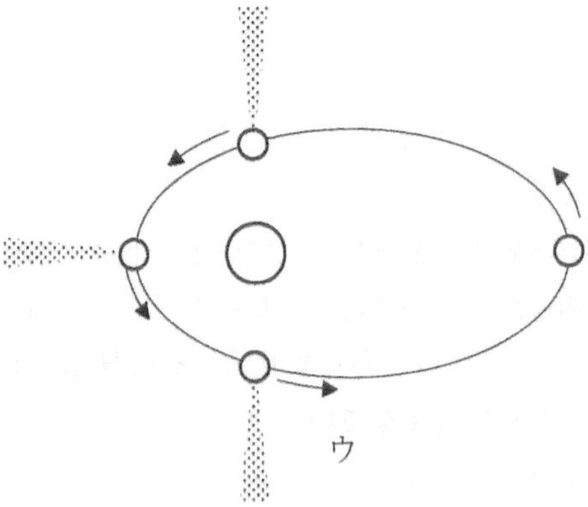

ウ

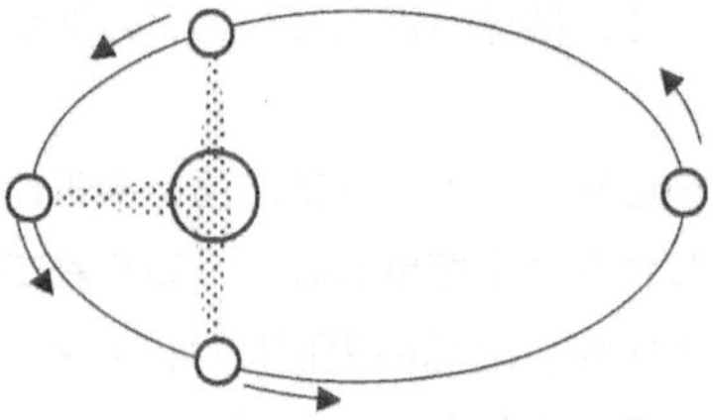

エ

今年は，12月14日にもっとも多くのふたご座流星群が流れる予定です。この日は，冬至の一週間前なので夜が長く，長い時間で観測を楽しむことができます。ただし，満月の前日のため月明かりがまぶしく，流星群を見つけにくいかもしれません。図2は，太陽と地球と黄道十二星座の位置をしめし，北極側から地球をみたものです。ただし，太陽，地球，黄道十二星座の間の距《きょ》離《り》や大きさは，正しく表されていません。

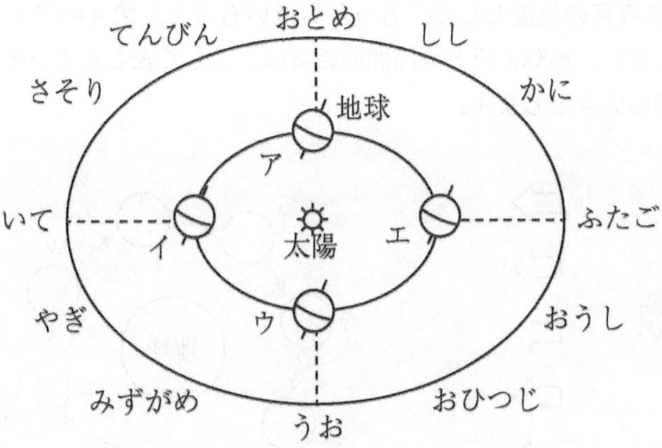

図2

問4　日本が冬至となる位置は，図2のア～エのうちどれですか。もっとも近いものをア～エから1つ選び，記号で答えなさい。

問5　図3は，今年の12月14日の地球と太陽の位置を表しています。この日，1日中ふたご座を見ることができない地球上の場所は，図3の中のどこですか。図3のア～オから1つ選び，記号で答えなさい。

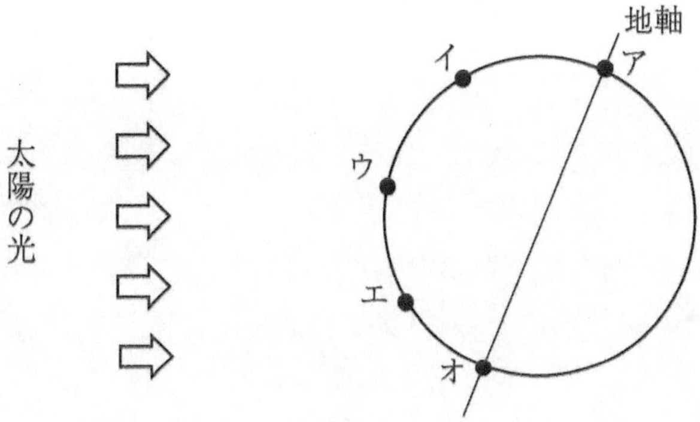

図3

問6　ふたご座流星群は，ふたご座から流れてくるように見えます。今年の12月14日に，ふたご座が南中する時間はいつごろですか。もっとも近いものを，つぎのア～オから1つ選び，記号で答えなさい。

ア．日の出ごろ
イ．日の入りごろ
ウ．正午
エ．真夜中
オ．1日中南中している

問7　今年の12月14日の月の位置として，もっとも近いものを，図4のア～クから1つ選び，記号で答えなさい。ただし，地球と月と太陽間の距離は，正しく表されていません。また，月が公転する向きは，矢印の向きとします。

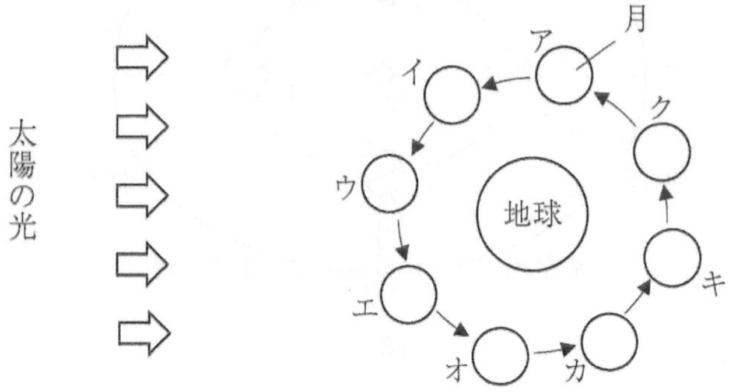

図4

【社　会】（40分）〈満点：70点〉

1 次の文章は，城北学園地理部の中学１年生ユウ君が，初めての夏合宿(調査地:東松島市，石巻市，仙台市など。2023年８月)に参加した際の会話です。登場するジョー君は高校２年生の部長，先生は地理部顧問の先生です。会話文をよく読み，後の地図を参考にして下記の設問に答えなさい。

〈場面１…１日目。仙台駅に向かう集合場所の東京駅にて。〉

ユ　ウ：「ぼくは板橋区民だから，集合場所が東京駅というのは進行方向と逆向きなんですよね。どうせなら(　あ　)駅を集合場所にしてくれたら良かったのに。」

ジョー：「はははは，城北は私立だし様々な場所から通学してきているからね。だけど，東京駅の方が始発だし，たくさんの部員が落ち着いて乗り込むこともできるんだ。」

ユ　ウ：「なるほど。その通りですね。そういえば，ぼくの父親が子どもの時は，(1)東北新幹線の始発駅は(　い　)駅だったと言っていました。」

先　生：「(　い　)駅といえば，６月に行った地理部の浅草巡検の集合・解散場所だったね。(　う　)川沿いから見る東京スカイツリーは圧巻《あっかん》だったね。」

ユ　ウ：「いやあ，巡検に参加するまでは，浅草が(　い　)駅の徒歩圏内であることを知りませんでした。(　う　)川沿いを歩いた時に，『荒川から分岐《ぶんき》して流れているんだぞ～』と先生に教えてもらったことを覚えています。」

〈場面２…１日目。マリンゲート塩釜(船乗り場)から，(2)震災(東日本大震災)の語り部さんの話を聞きつつ，船で(3)日本三景の一つである松島へ行きました。〉

ユ　ウ：「まず，マリンゲート塩釜の建物のなかに，「ここまで津波が来ました」の張り紙があることに驚《おどろ》きました。」

先　生：「当時は，塩釜港が津波に襲《おそ》われる場面もニュースであったよ。」

ユ　ウ：「また，被災した当事者である語り部さんの「語り」を直接聞くと，自分自身が頭でっかちになっていることに気付きました。ハザードマップという語句も存在も知っていても，実際にハザードマップを使った練習はしていなかったな…。」

ジョー：「(4)船から自分の目で実際に見る松島の景観は独特で興味深かったけど，ぼくもハザードマップを持って避難訓練をしなくてはならないと思ったよ。自分のためだけではなく，家族を守るためでもあるんだね。」

〈場面３…２日目。津波で多数の方々が亡くなった大川小学校にて。語り部さんと共に。〉

ユ　ウ：「(5)河口部からかなり離れているのに，ここまで津波が来たんですね。そして，コンクリートづくりの校舎がこうも破壊されるのか…。」

ジョー：「津波の威力《いりょく》はすさまじいな。とても泳いで逃げるなんてできないね。それにしても学校のすぐ裏が山なのになんで登らなかったんだろう。」

先　生：「語り部さんのおっしゃる通りで，津波などの水害の際には可能な限り遠くにある安全な場所へ移動する(　え　)避難だけではなく，自宅や近くの建物など高さのある場所へ緊急的に移動する(　お　)避難も考えていかなければならないね。また，日頃《ひごろ》から防災について知識を深め，同じような被害を二度と起こさないよう，周囲の人に伝えていく必要があるね。」

〈場面4…3日目。事前に下調べして，(6)仙台市内を巡検します。〉

ユ　ウ：「お世話になった宿では(7)海鮮三昧だったので，そろそろ肉が恋しいな。」

ジョー：「ユウ君，ある地域に出かけたら，その地域のものを味わうのは基本だよ。」

先　生：「中学入試の勉強で習ったこともあったんじゃない？」

ユ　ウ：「松島で食べた(8)牡蠣《かき》ラーメンは習った通りでした！」

ジョー：「確かに。宿で食べたお米の銘柄《めいがら》を聞いたところ，(　か　)だったよ。しかも宿の方々が栽培しているんだって。完全に習ってきた内容だね！」

ジョー：「さて，今日は(　き　)をつくりに行こう！　なぜなら宮城県の沖合には…。」

ユ　ウ：「(9)寒流と暖流の潮目があって，昔から水産業が盛《さか》んだからですね！！」

(「地理院タイル」より作成)

問1　文中の空欄(　あ　)について，中山道の宿場町としても知られる(　あ　)は，かつては「市」でしたが，2001年に隣接する浦和市，与野市と合併してさいたま市となりました。(　あ　)にあてはまる正しい語句を，**漢字**で答えなさい。

問2　文中の空欄(　い　)には，現在の山手線の駅名が入ります。会話文を参考にして(　い　)にあてはまる正しい語句を，**漢字**で答えなさい。

問3　文中の空欄(　う　)にあてはまる正しい語句を，**漢字**で答えなさい。

問4　文中の空欄(　え　)・(　お　)にあてはまる語句の組み合わせとして正しいものを，次のア～カから一つ選び，記号で答えなさい。

ア．(え)早期　(お)水平　　イ．(え)早期　(お)垂直

ウ．(え)水平　(お)早期　　エ．(え)水平　(お)垂直

オ．(え)垂直　(お)早期　　カ．(え)垂直　(お)水平

問５　文中の空欄(　か　)にあてはまる宮城県で多く生産される銘柄米の名称として正しいものを，次のア～エから一つ選び，記号で答えなさい。

ア．ひとめぼれ　　イ．森のくまさん　　ウ．はえぬき　　エ．ななつぼし

問６　文中の空欄(　き　)にあてはまる宮城県の名産品を説明した文として正しいものを，次のア～エから一つ選び，記号で答えなさい。

ア．サバ，イワシなどを原材料に，半月状に型取りした色が黒いゆでかまぼこ

イ．ホタルジャコなどを原材料に，皮や骨も入れて作る色が黒く薄い揚《あ》げかまぼこ

ウ．ヨシキリザメなどを原材料に，すり身と山芋《いも》を使った柔《やわ》らかいゆでかまぼこ

エ．スケトウダラなどを原材料に，すり身をささの葉に成形した焼きかまぼこ

問７　文中の下線部(1)に関連して，東北新幹線のうちユウ君が利用した区間に位置する都県の伝統的工芸品として**誤っているもの**を，次のア～エから一つ選び，記号で答えなさい。

ア．会津塗《ぬり》　　イ．益子焼　　ウ．南部鉄器　　エ．江戸木目込人形

問８　文中の下線部(2)に関連して，東日本大震災(東北地方太平洋沖地震)の原因について説明した文として正しいものを，次のア～エから一つ選び，記号で答えなさい。

ア．海側のプレートが陸側のプレートに沈み込み，陸側のプレートが反発したから。

イ．台風や発達した低気圧の影響を受け，海面が異常に高くなる高潮が発生したから。

ウ．東北地方の中央部に位置する奥羽山脈などで，火山活動が盛んになったから。

エ．都市直下の浅いところにある岩盤《ばん》(いわゆる活断層)が破壊され，ずれ動いたから。

問９　文中の下線部(3)に関連して，日本三景は松島，宮島，天橋立を指しています。このうち，天橋立が位置する府県名として正しいものを，次のア～エから一つ選び，記号で答えなさい。

ア．大阪府　　イ．兵庫県　　ウ．京都府　　エ．福井県

問10　文中の下線部(4)に関連して，一般に津波の被害を軽減したといわれる松島の地形を説明した文として正しいものを，次のア～エから一つ選び，記号で答えなさい。

ア．多様な生物を育む機能がある，干潮時に現れる遠浅の海岸が広がっています。

イ．半島の先端などから海に突き出た砂れきの州で，入江や湾を閉ざすようにのびます。

ウ．浅い海の海面下にある平坦面が海面上に現れた平野で，緩《ゆる》く海側に傾斜《けいしゃ》しています。

エ．多くの島が存在する海で，陸地が低下したり，海面が上昇したりすることで形成されます。

問11　下線部(5)について，この河口部を持つ河川の名称として正しいものを，次のア～エから一つ選び，記号で答えなさい。

ア．阿武隈川　　イ．北上川　　ウ．最上川　　エ．雄物川

問12　下線部(6)に関連して，次の４つの雨温図は仙台市，富山市，長野市，大阪市の雨温図を示しています。仙台市の雨温図として正しいものを，次のア～エから一つ選び，記号で答えなさい。

ア

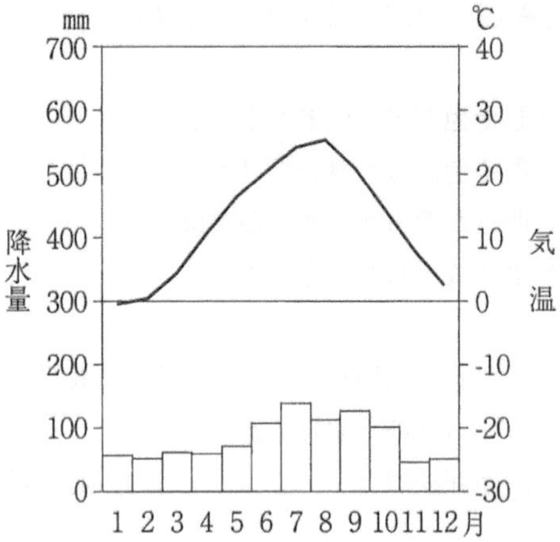

年平均気温：12.2℃　年降水量：965.1mm

イ

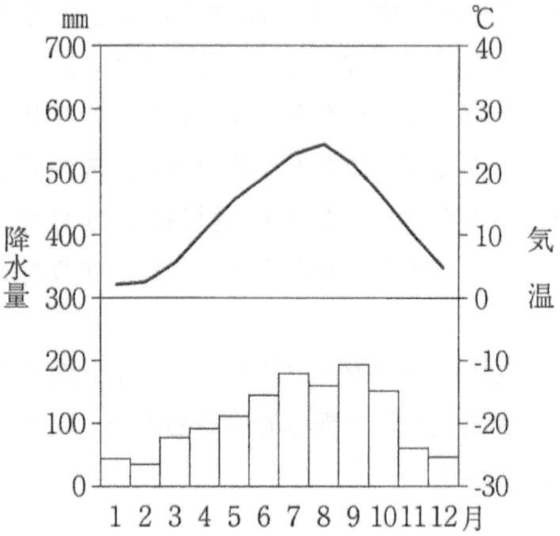

年平均気温：12.8℃　年降水量：1276.9mm

ウ

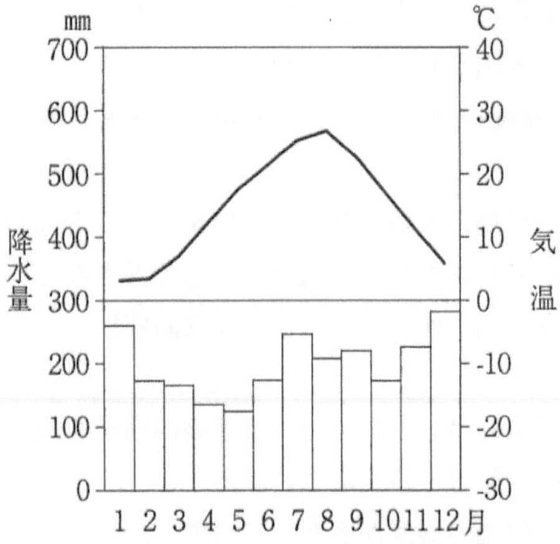

年平均気温：14.4℃　年降水量：2374.2mm

エ

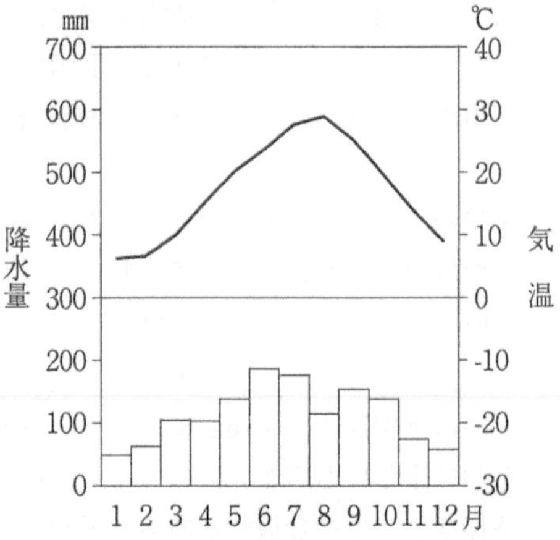

年平均気温：17.1℃　年降水量：1338.3mm

（国立天文台編『理科年表 2023』より作成）

問13　下線部(7)に関連して，ユウ君たちが宿泊した民宿の食事では，すぐ近くに位置する漁港で水揚げされた魚介類が豊富にならびました。次のグラフは日本の漁業種類別生産量の推移を示しています。このうち，沿岸漁業にあてはまるものを，グラフ中のア～エから一つ選び，記号で答えなさい。

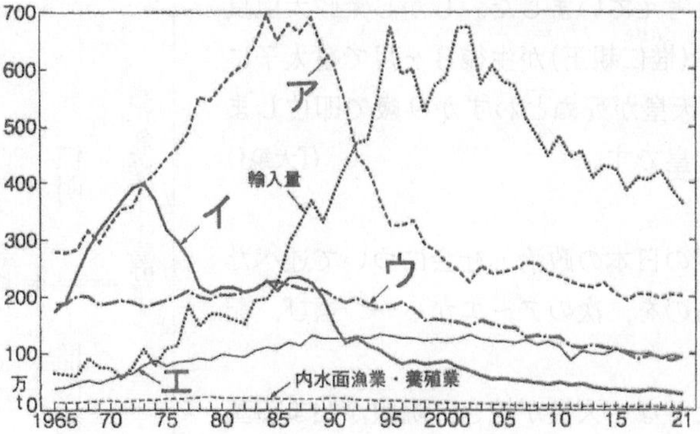

(出典：矢野恒太記念会編『日本国勢図会2023/24』)

問14　下線部(8)に関連して，次の表は海面養殖業における牡蠣《かき》類の収穫量を示しています。表中の空欄(　A　)にあてはまる正しい県名を，**漢字**で答えなさい。

順位	県名	割合(%)
1位	(　A　)県	58.5
2位	宮　城　県	15.5
3位	岡　山　県	8.9
4位	兵　庫　県	5.9
5位	岩　手　県	3.6

(農林水産省『令和４年漁業・養殖業生産統計』より作成)

問15　下線部(9)について，この地域の寒流と暖流の組み合わせとして正しいものを，次のア～カから一つ選び，記号で答えなさい。

ア．寒流：対馬海流　暖流：日本海流
イ．寒流：対馬海流　暖流：千島海流
ウ．寒流：日本海流　暖流：対馬海流
エ．寒流：日本海流　暖流：千島海流
オ．寒流：千島海流　暖流：対馬海流
カ．寒流：千島海流　暖流：日本海流

2 －1　９世紀後半の日本に関する次の文章【A】・【B】と系図をみて，下記の設問に答えなさい。文章は，分かりやすく直してあります。

【A】文徳天皇は，最も可愛がっていた第一皇子(惟喬《これたか》親王)を次の天皇にしたいと考えていました。しかし太政大臣良房の意見で，第四皇子(惟仁《これひと》親王)が生後８ヶ月で皇太子になり，(1)858年に文徳天皇が死ぬとわずか９歳で即位しました。これが(2)清和天皇です。　(『大鏡』)

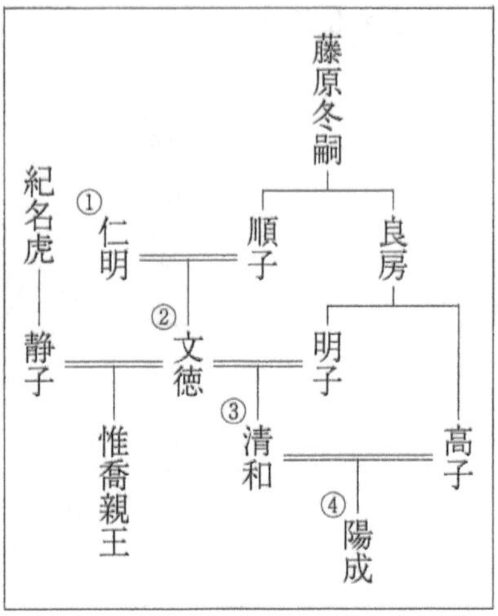

①〜④は天皇の即位順

問１　下線部(1)の時期の日本の政治・社会について述べた文として正しいものを，次のア〜エから一つ選び，記号で答えなさい。

ア．藤原氏を外戚としない天皇が続き，院政が始まる基盤が作られました。

イ．藤原氏が皇族以外で初めて摂政になり，摂関政治が始まる契機となりました。

ウ．前九年の役・後三年の役が相次いで起こり，朝廷で武士が権力を伸ばしました。

エ．公地公民制が崩れ口分田が荒廃したので，政府は開墾を奨励する法令を出しました。

問２　Aと系図を正しく読みとった文を，次のア〜エから一つ選び，記号で答えなさい。

ア．当時藤原氏には，次の天皇を左右するほどの発言力はまだありませんでした。

イ．当時は天皇といえども，跡継ぎを自分の意志で決めることはできませんでした。

ウ．第一皇子(惟喬親王)の母親は藤原氏の出身なので，天皇にはなれませんでした。

エ．第四皇子(惟仁親王)の母親は藤原氏の出身なので，天皇にはなれませんでした。

問３　下線部(2)の孫は，皇族から離脱して源氏(清和源氏)になりました。清和源氏に関して述べた文として正しいものを，次のア〜エから一つ選び，記号で答えなさい。

ア．源頼朝は平治の乱に勝利して，武士として初めて太政大臣になりました。

イ．源義経は後白河上皇に仕えて院政を支え，地頭を置く権利を与えられました。

ウ．源実朝が暗殺されて直系が途絶え，北条氏が執権として幕府の実権を握りました。

エ．源義家は平泉を根拠地にして強力な支配を確立し，中尊寺金色堂を造営しました。

【B】863年には越中・越後で大地震がありました。また全国的に大飢饉《ききん》で，疫病《えきびょう》も大流行し，多くの死者が出たので，朝廷は大祓《おおはらえ》(注１)を行いました。しかし効果がなかったので，(3)当時民間で行われていた御霊会《ごりょうえ》(注２)を初めて朝廷が行いました。

864年には富士山が大噴火して富士五湖の魚は死に絶え，多くの住居も火山岩で埋まりました。(4)肥後国の阿蘇山ではカルデラ湖の水が空中に飛散しました。そこでこの出来事を占うと，(5)隣国が侵攻する予兆という結果が出たので，北九州の防備を固めました。

869年には(　あ　)国で大地震があり，大きな津波が発生しました。871年には出羽国の鳥海山でも大噴火があり，876年には平安京で宮殿が焼失しました。　　(『日本三代実録』)

(注1)　疫病の流行・大規模な災害の際，世の中の罪や穢《けが》れを祓うために行われた儀式。

(注2)　疫病や災害の原因は，恨みを抱いて亡くなった人が怨霊《おんりょう》となって祟《たた》っているためだと考えた当時の人々が，怨霊を慰《なぐさ》め，鎮《しず》めるために行った儀式。

問4　下線部(3)の際に，怨霊として鎮魂《ちんこん》の対象になった人物として正しいものを，次のア～エから一つ選び，記号で答えなさい。

ア．保元の乱で後白河天皇に敗れ，讃岐に流罪になり，そこで死んだ崇徳上皇。

イ．急速な昇進を妬《ねた》まれ，無実の罪で太宰府に左遷《させん》され，そこで死んだ菅原道真。

ウ．長岡京建設責任者の暗殺に関与した罪を問われ，絶食して餓死した早良《さわら》親王。

エ．関東一円を支配し朝廷に対抗して新皇と名乗ったが，最後には討伐された平将門。

問5　下線部(4)は，現在の都道府県でいうとどこにあたりますか。都道府県名を**漢字**で答えなさい。

問6　下線部(5)として適切な国はどれですか。正しいものを次のア～エから一つ選び，記号で答えなさい。

ア．新羅　　イ．高句麗　　ウ．百済　　エ．朝鮮(李朝)

問7　869年の大地震は貞観地震といいます。空欄(　あ　)国の中でも，多賀城付近では海岸から約5㎞内陸にまで，三陸沿岸では9ｍの高さまで津波が到達したという推計もあります。2011年3月の東日本大震災では，それと同じか，それ以上の津波に襲われ，「貞観地震以来，1000年に一度の大津波」といわれました。

以上を参考にして，空欄(　あ　)にあてはまる正しい旧国名を，**漢字**で答えなさい。

2－2　次の文章【C】～【E】を読んで，下記の設問に答えなさい。

【C】下の地図は，(6)1570年に明で編纂《へんさん》された書物に載っている日本地図です。左端に大きく描かれている島々は五島列島で，五島列島が九州や四国よりも大きく描かれている点に，この地図の特徴があります。これは，(7)当時の明の人々が，日本の中でも，特に五島列島に強い関心を持っていたからだと考えられます。

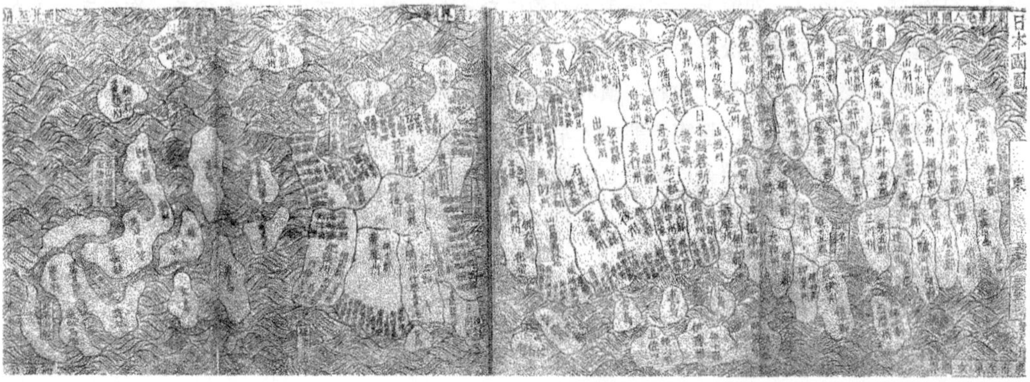

『籌海《ちゅうかい》図篇』（国立国会図書館デジタルアーカイブ）

問８　次のア～エと下線部(6)を年代順に古い方から並び替えた時，下線部(6)の次に起こった出来事として正しいものを，次のア～エから一つ選び，記号で答えなさい。

ア．江戸幕府が，スペイン船の日本への来航を禁止しました。

イ．フランシスコ＝ザビエルが日本に来航し，初めてキリスト教を伝えました。

ウ．足利義満が南北朝を統一し，明とも正式な国交を開いて日明貿易を始めました。

エ．九州のキリシタン大名が派遣した天正遣欧使節が，ローマ教皇などに面会しました。

問９　下線部(7)の理由として正しいものを，次のア～エから一つ選び，記号で答えなさい。

ア．日明貿易がさかんに行われていて，日本側の拠点が五島列島にあったから。

イ．室町幕府は，明や朝鮮との貿易を，五島列島の大名だけに認めていたから。

ウ．明では後期倭寇の被害が甚大で，中国人倭寇は，五島列島も拠点にしていたから。

エ．朱印船貿易が活発で，朱印船は五島列島から中国の港に向けて出航していたから。

【D】16世紀，東シナ海・南シナ海では交易が活発で，(8)明・朝鮮・日本・琉球・東南アジアの間で，様々な物産が取引されていました。この時期は，ヨーロッパの商人も豊かな交易品を入手するため，アジアにさかんに来航していました。

日本に初めて鉄砲をもたらした(　い　)商人も，直接(　い　)から来航したのではなく，中国人所有の貿易船に乗って各地で交易していて，種子島に着いたのです。

問10　下線部(8)に関連して，当時の日本の最大の輸出品として正しいものを，次のア～エから一つ選び，記号で答えなさい。

ア．生糸　　イ．綿織物　　ウ．銅銭　　エ．銀

問11　空欄(　い　)に入れるのに適切な国名を，**カタカナ**で答えなさい。

【E】1575年に，織田・徳川連合軍の鉄砲隊が武田の騎馬軍団を破った(　う　)の戦いが起こった。その古戦場にたつ愛知県新城《しんしろ》市の資料館周辺では，当時の鉄砲玉がみつかっている。そのうちの何個かは，原料の鉛《なまり》の成分が家康の管理下にあった市内の鉱山の鉛と一致した。また別の玉は，中国産やタイ産の鉛と成分が一致した。これらの玉は当時の布陣の位置関係から，全て徳川軍が撃ったものと考えられる。この時期に外国産の鉛を入手できたのは，(　え　)を直接支配した信長だけだ。…［中略］…火薬を作るためには硝石《しょうせき》が不可欠だが，硝石は国内では産出されないので，(　え　)の南蛮貿易が唯一の入手経路だった。

(2023年６月10日　朝日新聞電子版から抜粋して，分かり易く書き直しています。)

問12　空欄(　う　)にあてはまる正しい語句を，**漢字**で答えなさい。

問13　空欄(　え　)には，織田信長に屈服するまで戦国大名から独立し，会合衆《えごうしゅう》という有力商人達が自治を行っていた商業都市が入ります。この都市を**漢字**で答えなさい。

問14　前の文章Eから読みとることができる文として**誤っているもの**を，次のア～エから一つ選び，記号で答えなさい。

ア．鉄砲の玉は，国内で産出する資源だけでも作ることができました。
イ．鉄砲に使う火薬は，国内で産出する資源だけでも作ることができました。
ウ．徳川家康は，外国から輸入した鉛で作った鉄砲の玉を，合戦で使っていました。
エ．この合戦で使われた鉄砲の玉には，国内産の鉛も，外国産の鉛も使われていました。

2－3　日清戦争に関する次の文章【F】を読んで，以下の設問に答えなさい。

【F】開戦当時，日本国内では「(　お　)の改革・近代化を推進する日本と，(　お　)の近代化を妨げる清」との戦い，すなわち「文明と野蛮」の戦争であるという考え方が広まっていました。日本政府の宣戦布告の文書にも，「日本は(　お　)の独立のために戦う」と書かれていました。また戦争の契機は(　お　)での農民反乱で，主な戦場も(　お　)でした。戦争開始後，農民軍が再蜂起《ほうき》しましたが，日本軍はこれを鎮圧しました。

(9)下関条約によって日本に割譲されることになった(　か　)では，占領・統治のために派遣された日本軍に対して住民が蜂起し，１年近く戦闘が続きました。この戦闘で日本軍人は5,000人近くが戦病死し，(　か　)側も約14,000人が犠牲になりました。下関条約締結までの日清戦争における日本軍の戦病死者は約13,000人ですから，(　か　)での戦いは非常に大きな戦闘だったといえます。

問15　空欄(　お　)・(　か　)にあてはまる正しい語句を，次のア～カから一つずつ選び，記号で答えなさい。

ア．樺太　　　イ．琉球　　　ウ．満洲(満州)
エ．台湾　　　オ．朝鮮　　　カ．千島列島

問16　下線部⑼に関連して，日清戦争の結果について述べた文として正しいものを，次のア～エから一つ選び，記号で答えなさい。

ア．日比谷焼き打ち事件が起こり，民衆が政治に参加するようになりました。
イ．莫大《ばくだい》な賠償金をもとにして八幡製鉄所が建設され，重工業が発展しました。
ウ．鹿鳴館が完成し，ヨーロッパの風習・慣習を採り入れる欧化政策が推進されました。
エ．日本は国際社会で地位を高め，戦後創設された国際連盟の常任理事国になりました。

2 －４　2023年９月１日は，10万人以上の死者・行方不明者を出した関東大震災から，ちょうど百年目でした。次の文章【G】・【H】は，高校生が使用する教科書から，関東大震災に関する記述を抜き出したものです。これを読んで，下記の設問に答えなさい。

【G】戦後にヨーロッパ各国がアジアへの輸出を再開したことにより，日本は⑽戦後恐慌にみまわれた。1923年に発生した関東大震災では，朝鮮や中国の人々を蔑視《べっし》する社会意識もあらわとなった。通説的な見解は定まっていないが，朝鮮人は数百人から数千人，中国人は数百人が虐殺されたと推定されている。（東京書籍『詳解　歴史総合』）

【H】東京周辺では地震発生直後から様々な流言が飛び交い，混乱を極めた。このころ東京には土木工事のため朝鮮人労働者が多数来ていた。震災の夕方以降，彼らが井戸に毒を投げ入れ，放火や強盗をしているなどという根拠のないうわさが流れ，軍隊や警察，各地で組織された自警団が，朝鮮人を殺害した。犠牲者は数百名以上とみられている。（帝国書院『明解　歴史総合』）

問17　下線部⑽の時期の日本経済について述べた文として正しいものを，次のア～エから一つ選び，記号で答えなさい。

ア．日中戦争が長期化して生活必需品が不足し，砂糖やマッチが配給制になりました。
イ．日露戦争中は軍需品の生産が増加したため好景気になりましたが，戦後は需要が減って不況に陥《おちい》りました。
ウ．第一次世界大戦中はヨーロッパへの船舶の輸出が増加したため好景気になりましたが，戦後は需要が減って不況に陥りました。
エ．対華二十一か条の要求に反発して中国で日本商品ボイコット運動が起こったので，日本軍は満洲を占領して輸出を増やそうとしました。

問18　G・Hを読んで，３人の高校生が意見を出し合いました。３人のうち，下線部がG・Hを正しく読みとった発言，または歴史的事実に基づいた発言になっているのは誰ですか。正しいものを，次のア～クから一つ選び，記号で答えなさい。

城野：「関東大震災の時の朝鮮人や中国人殺害は，犠牲者数まで正確に明らかになっているんだね。多くの人が，聞き取り調査や，文書の研究をしたのだろうね。」

北野：「関東大震災の時の朝鮮人や中国人殺害の原因の一つに，根拠のないうわさが流されたことがあったのだね。2016年の熊本地震の時も，悪質な合成写真がＳＮＳで拡散され，投稿者が逮捕される事件があったね。悪質な噂に惑わされないことや，根拠のない情報を拡散しないことは，昔も今も変わらず重要だよね。」

高野：「当時朝鮮半島は日本の植民地だったから，朝鮮出身者に対する差別や偏見があったことも背景にあると思うよ。現代でも，ヘイトスピーチによる被害が問題になることはあるよね。他民族への蔑視をなくすことは，現代にも通じる課題でもあるね。歴史から学べることはたくさんあるんだね。」

ア．城野君だけが正しい　　イ．城野君と北野君が正しい　　ウ．３人とも正しい
エ．北野君だけが正しい　　オ．北野君と高野君が正しい　　カ．３人とも誤り
キ．高野君だけが正しい　　ク．城野君と高野君が正しい

2－５　満洲事変に関する次の文章【Ｉ】と資料【Ｊ】を読んで，下記の設問に答えなさい

【Ｉ】1931年，⑾南満洲鉄道が，⑿奉天(現在の瀋陽)郊外の柳条湖で爆破されました。これは関東軍(日本陸軍が南満洲鉄道を守るために，中国に駐留していた部隊)の謀略だったことが現在は明らかになっていますが，当時関東軍は「中国軍が爆破した」と発表して中国軍と戦闘を始め，短期間で満洲全土を占領しました。国内の大部分の新聞は，軍部の発表をそのまま報道し，関東軍の軍事行動を全面的に支持しました。

【Ｊ】

１．東京日日新聞の記者による1986年の回想。「(満洲事変勃発直後)我々の記者クラブで関東軍の大尉が『実はあれは関東軍がやったんだ』とこっそり耳打ちしてくれました。」

２．事変勃発で満洲に派遣された大阪毎日新聞の記者は，帰国後，友人らにこう言った。「鉄道爆破は日本軍が自ら爆破し，中国側の行為だと言って中国の兵営を占領したのだ。」「満洲で中国人が日本人を圧迫しているのは事実。」「それを排撃するという意味で，日本軍の行動もやむをえないことだ。」

３．軍に批判的な記事を書いた新聞社(例．仙台市の河北《かほく》新報社，長野県の信濃毎日新聞)は，軍の威嚇《いかく》や脅迫《きょうはく》を受けた。

４．満洲事変の直前には，軍に批判的な記事を掲載した新聞に対して，国民のボイコット(不買運動)が各地で起こっていた。

(『新聞と戦争』(朝日新聞社　2008年)から抜粋して，分かり易く書き直しています。
これは，朝日新聞社が戦前の報道を反省して出版した書籍です。)

問19　下線部⑾は日本の企業が中国で経営していた鉄道です。その理由として正しいものを，次のア～エから一つ選び，記号で答えなさい。

ア．日中戦争開始後，日本が中国東北部を占領したから。

イ．日清戦争後の下関条約で，中国の鉄道の経営権を譲られたから。

ウ．日露戦争後のポーツマス条約で，ロシアが中国に持っていた鉄道の一部の経営権を譲られたから。

エ．第一次世界大戦に参戦した日本が，ドイツが中国に持っていた鉄道の一部の経営権を譲られたから。

問20　下線部⑿の位置として正しいものを，右の地図中のア～オから一つ選び，記号で答えなさい。

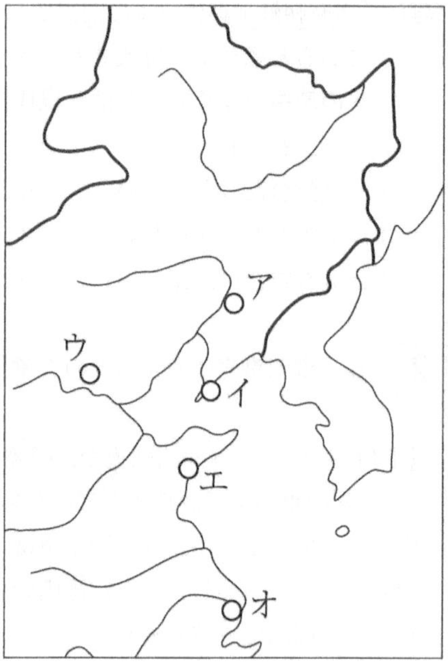

問21　Ｉ・Ｊから読みとれることを述べた文として，**誤っているもの**を，次のア～エから一つ選び，記号で答えなさい。

ア．多くの新聞・世論は関東軍の軍事行動に反対しましたが，軍部の威嚇により意見を封じられました。

イ．新聞社が関東軍の軍事行動を支持した背景には，中国に対する不満がありました。

ウ．関東軍の軍事行動を批判する記事を書くと，国民の不買運動を招く恐れがありました。

エ．新聞記者の一部は，関東軍の発表が真実でないことを知っていました。

3　次の文章【1】【2】を読んで，下記の設問に答えなさい。

【1】2023年の夏休み明けに，中学３年生の城田くんと北山くんは夏休みに訪れた裁判所について先生と話しています。

城　田：「夏休みの社会の宿題に取り組むために，(1)裁判所に行って裁判を傍聴《ぼうちょう》してきました。裁判所に入るのは初めてだったので，すこし緊張しました。」

北　山：「僕も城田くんと一緒に行き，(2)刑事裁判を傍聴しました。法廷の中に入ると，傍聴席から向かって左手側に(　あ　)の方がすでに座っていました。証言台をはさんで対面に座っている(　い　)の方と向き合っていて，空気が張り詰めていました。」

先　生：「実際に刑事裁判を傍聴してみてどうでしたか？」

城　田：「ドラマのような白熱した討論というよりも，決められた手順にしたがって，淡々と進めている印象を受けました。(　あ　)の方が，裁判の冒頭で事件のいきさつや背景を読み上げていたので，どのような事件かがわかりました。」

北　山：「(　あ　)と(　い　)と裁判官の方を含めた三者で協力しながら裁判を進めているように見えました。」

先　生：「中でも被告人を裁く立場にある裁判官は重い責任を背負っていますよね。また，その責任を果たすために，⑶裁判官には憲法で地位が保障されていますね。」

北　山：「将来，自分も⑷裁判員として誰かを裁く立場になるのかもしれないと想像すると怖くなりました。自分にそんなことができるかな。」

城　田：「そのためにも公民の勉強を一生懸命して，少しでも準備をしないとね。２学期も一緒に頑張ろう！」

問１　文中の空欄(　あ　)・(　い　)に，あてはまる正しい語句を，次のア～エから一つずつ選び，記号で答えなさい。

ア．被告人　　イ．裁判所書記官　　ウ．検察官　　エ．弁護人

問２　下線部⑴に関連する，以下の設問に答えなさい。

[１]裁判所の組織について述べた文として正しいものを，次のア～エから一つ選び，記号で答えなさい。

ア．日本国憲法では，皇室裁判所や軍法会議のような特定の身分の人だけを裁判する特別裁判所が置かれています。

イ．最高裁判所の裁判官は，長官を含めて15人の裁判官がいます。

ウ．下級裁判所の種類は，高等裁判所と地方裁判所と家庭裁判所の３種類です。

エ．裁判に関わる手続きや裁判所の中で行われる事務処理などについての規則は，国会が法律で定めます。

[２]次の図は日本の国会，内閣，裁判所の三権の関係の一部について示したものです。図中の空欄(　う　)・(　え　)にあてはまるものを，次のア～エから一つずつ選び，記号で答えなさい。

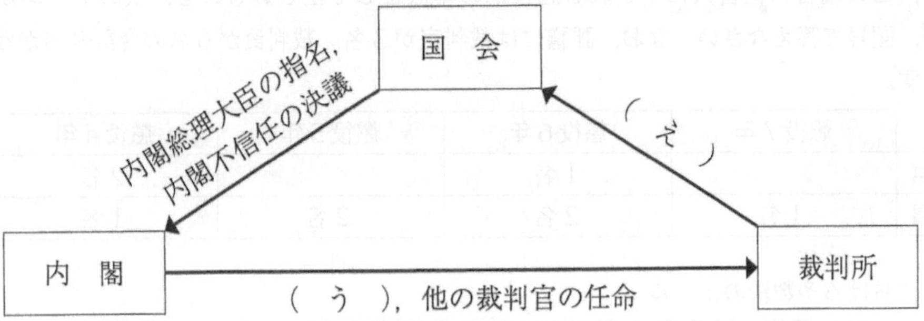

ア．衆議院の解散　　イ．最高裁判所長官の指名

ウ．違憲立法の審査　　エ．弾劾裁判所の設置と実施

問３　下線部⑵に関連する次の文章を読み，空欄(　お　)・(　か　)にあてはまる語句を，それぞれ**漢字**で答えなさい。なお(　※　)は，解答する必要はありません。

城田くんと北山くんは地方裁判所の刑事裁判を傍聴しましたが，もし被告人が地方裁判所の判決に納得がいかない場合，高等裁判所に(　※　)することができます。さらに，高等裁判所の判決に納得がいかない場合，最高裁判所に(　お　)することができます。このように１つの事件につき，原則として三回まで裁判を受けられます。これを(　か　)制といいます。

問４　下線部⑶に関連して，裁判官の地位について述べた文として正しいものを，次のア～エから一つ選び，記号で答えなさい。

ア．すべての裁判官は，最高裁判所の指揮の下に裁判を行うこととされています。

イ．ある裁判官が司法への信頼をいちじるしく損なうことをした場合，最高裁判所の命令で辞めさせることができます。

ウ．最高裁判所の裁判官は，国会の発議した国民投票において投票者の過半数がやめさせることに賛成した場合，裁判官をやめなければなりません。

エ．心身の故障によって職務を行うことができないと裁判で決定された裁判官は，裁判官をやめなければなりません。

問５　下線部⑷に関連する，以下の設問に答えなさい。

［１］次の裁判員裁判について説明した文章の空欄（　き　）にあてはまるものを，次のア～エから一つ選び，記号で答えなさい。

> 裁判員裁判は，国民が（　き　）の第一審に参加し，被告人が有罪か無罪か，有罪ならどのような刑罰にするかを裁判官と一緒に決める制度です。裁判官と裁判員として選ばれた国民が，評議を通じて判決を決めます。

ア．軽微《けいび》な刑事事件　　イ．軽微な民事事件　　ウ．重大な刑事事件　　エ．重大な民事事件

［２］ある裁判員裁判の評議で，被告人の懲役《ちょうえき》刑の年数について，表１のように意見が分かれたとします。次の裁判員裁判の評議における多数決のルールについて説明した文１～４を参考にして，この場合に被告人に下される懲役刑の年数として正しいものを，次のア～エから一つ選び，記号で答えなさい。なお，評議には裁判官が３名，裁判員が６名の合計９名が参加しています。

表１	懲役７年	懲役６年	懲役５年	懲役４年
裁判官		１名		２名
裁判員	１名	２名	２名	１名

評議における多数決のルール

> １．裁判員の意見は，裁判官と同じ重みを持ちます。
> ２．多数決における数の数え方は，裁判官と裁判員の意見を，被告人に最も重い罰になる意見から順に数えていきます。
> ３．最も重い罰になる意見が過半数に満たない場合は，その次に重い罰になる意見を順に加えていき，意見の数が過半数に達したところが結論になります。
> ４．ただし，結論は意見が過半数に達するまでに，裁判官と裁判員の意見がそれぞれ１名以上の意見を含んでいる必要があります。

ア．懲役７年　　イ．懲役６年　　ウ．懲役５年　　エ．懲役４年

【2】次の人口減少と高齢化に関する問6～問8の設問に答えなさい。

問6　日本の人口はこれから急激に減っていき，2056年には1億人を割り込むと予測されています。さらに，人口に占める65歳以上の人の割合が増加していく高齢化も進行していきます。日本の人口減少と高齢化に関連する次の図1～3を説明する文として正しいものを，次のア～エから一つ選び，記号で答えなさい。

図1　総人口の推移

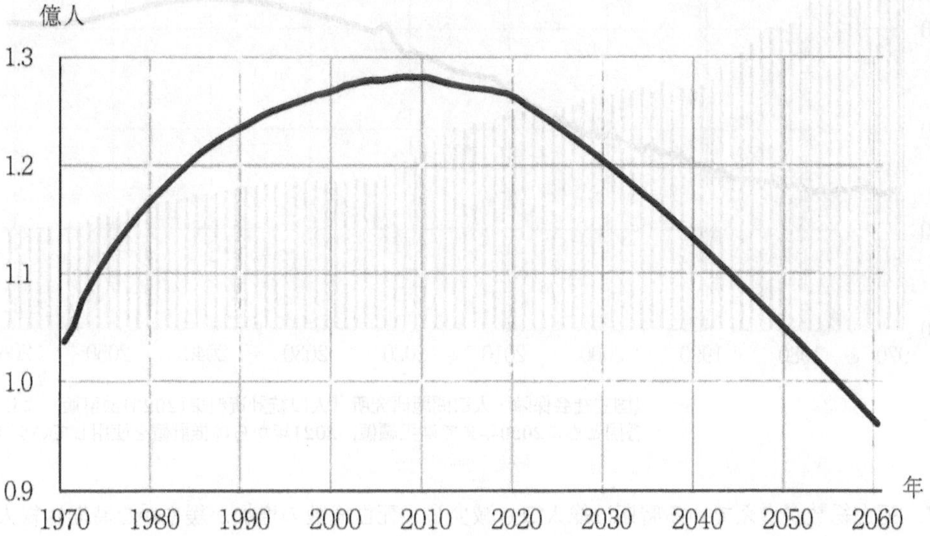

図2　高齢化率の推移

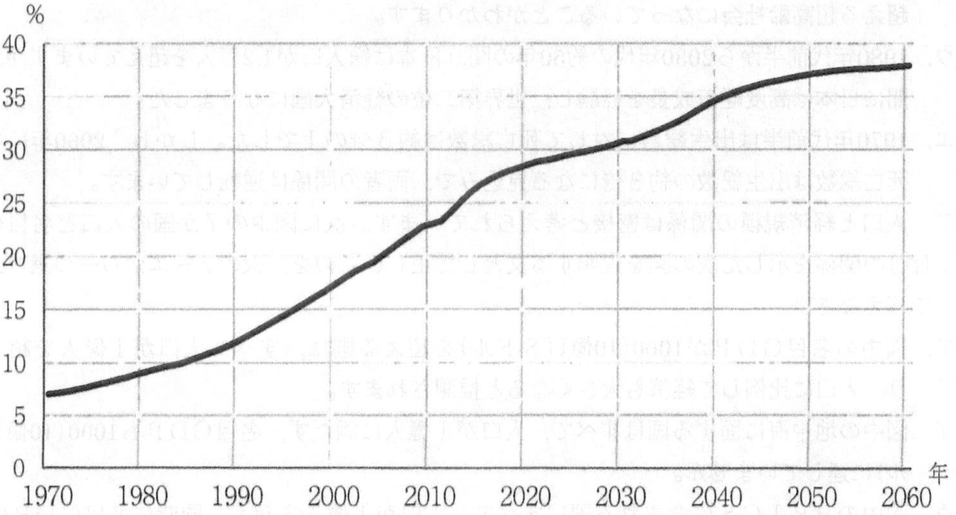

図3　出生総数(縦棒)と死亡総数(折れ線)の推移

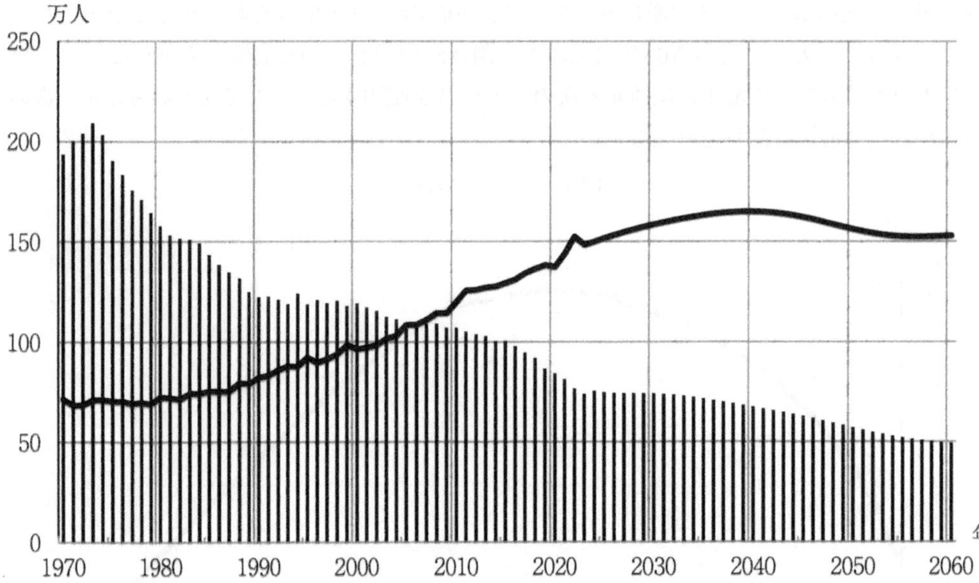

(国立社会保障・人口問題研究所『人口統計資料集(2023)改訂版』より作成
各図ともに2020年までは実績値，2021年からは推計値を使用しています。)

ア．死亡総数が増えている時期は総人口も減少し，死亡総数の増加が緩《ゆる》やかな時期は総人口の減少も緩やかになっています。

イ．2000年代には高齢化率が14%を超える高齢化社会になり，2030年代には高齢化率が30%を超える超高齢社会になっていることがわかります。

ウ．1980年代前半から2030年代の約50年の間，日本は総人口が1.2億人を超えていますが，その間に日本は高度経済成長を経験し，世界第二位の経済大国になりました。

エ．1970年代前半は出生総数に対して死亡総数は約３分の１でした。しかし，2060年になると死亡総数は出生総数の約３倍になる見込みで，両者の関係は逆転しています。

問７　人口と経済規模の関係は密接と考えられています。次に図中の７か国の人口と名目ＧＤＰ(注)の関係を示した次の図を説明する文として正しいものを，次のア～エから一つ選び，記号で答えなさい。

ア．図中の名目ＧＤＰが1000(10億ＵＳドル)を超える国は，すべて人口が１億人を超えており，人口に比例して経済も大きくなると推測されます。

イ．図中の地中海に面する国はすべて，人口が１億人に満たず，名目ＧＤＰも1000(10億ＵＳドル)に達していません。

ウ．図中のＢＲＩＣＳに含まれる国はすべて，人口が１億人を超え，同時に名目ＧＤＰは1500(10億ＵＳドル)を超えています。

エ．図中のＧ７に含まれる国はすべて，人口が１億人を超え，同時に名目ＧＤＰは1500(10億ＵＳドル)を超えています。

図　人口(縦軸)と名目GDP(横軸)の関係

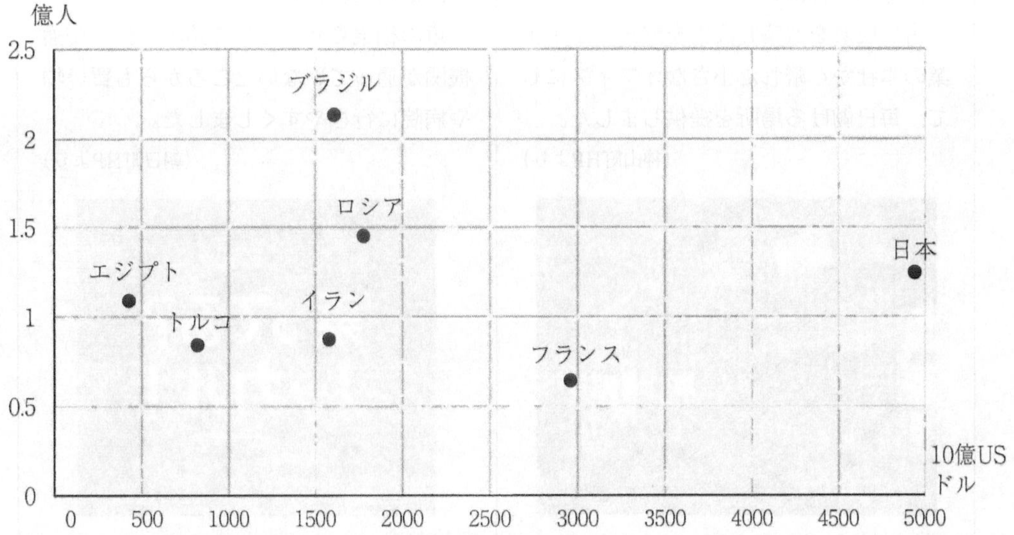

(United Nations, World Population Prospects 及び National Accountsより作成。2021年のデータを用いた。)

(注) その国の経済の大きさを表した指標です。アメリカの通貨を用いて経済の大きさを測ったので，単位はＵＳドルになっています。

問８　すでに日本の一部では地域住民の減少と高齢化による過疎《かそ》化が生じており，地域社会を自分たちで運営することも難しくなっている地域があります。過疎化に対処するための様々な施策が進められており，その例として次のア～エがあります。これらの施策の中で，次のＡとＢを目指す施策として正しいものを，次のア～エから一つずつ選び，記号で答えなさい。

Ａ．地域の外から移住して，住民になる「定住人口」を増やすことを目指す施策

Ｂ．様々な形で地域に関わる「関係人口」を増やすことを目指す施策

ア．徳島県神山町

古い民家を改築し設備を整え，ＩＴ企業の本社から離れた小さなオフィスにして，毎日働ける場所を提供しました。

（神山町HPより）

イ．富山県朝日町

車の相乗りサービスを始め，公共交通機関が通っていないところからも買い物や病院に行きやすくしました。

（朝日町HPより）

ウ．福井県鯖江市

眼鏡フレームの国内製造の約96％を占めていることから，「めがねのまちさばえ」と名乗っています。

（鯖江市HPより）

エ．奈良県明日香村

全国から田んぼや畑のオーナーを募《つの》って，出資してもらい，農作業体験や収穫物を提供する「あすかオーナー制度」を始めました。

（あすか夢耕社HPより）

二 次の――線部のカタカナを、漢字に直しなさい。

1 末はハカセか大臣かと評判の子であった。
2 彼にはどうも僕を買いかぶっているフシがある。
3 初詣《はつもうで》にいっておフダをもらってくる。
4 ようやく薬がキいて痛みが引いてきた。
5 週末にジョウキ機関車を見に行った。
6 かつて織物業は国のキカン産業であった。
7 失敗にくじけず、ゼンゴ策を講じた方がよい。
8 祖父との思い出を心にトめる。
9 未経験者にモンコを広げようとつとめる。
10 若手に重要な役割を与えたのはエイダンだった。

と、仕事を辞《や》める決心が鈍《にぶ》ったこと。

問6　――⑤「当時から溶けることのなかった氷が、ようやくじわじわと熱を持って心から流れていく感覚」とありますが、これはどのような気持ちであったと後から「僕」は解釈《かいしゃく》していますか。本文を最後まで読んだうえで、60字以内で説明しなさい。

問7　――⑥「体の内側で、何かが凍るような感覚が静かに生まれる」とありますが、この時の「僕」の様子を説明したものとして最もふさわしいものを次の中から選び、記号で答えなさい。

ア　自分のことを捨てた父ともう二度と会うことはないと思っていたのに、父の娘と同じ名前が呼ばれるのを聞いたことで、父と再会しかねないと焦《あせ》っている様子。

イ　渚という名前から父とその家族が同じ店を訪《おとず》れていることを予感して、凪斗と仲良く過ごす姿を先日大喧嘩《おおげんか》した父に見られてしまうと肝《きも》を冷やしている様子。

ウ　渚という父の新しい娘が楽しそうに店を駆《か》け回《まわ》る姿を見ていると、父にないがしろにされ続けた自分の過去が思い出され、彼女《かのじょ》への嫉妬《しっと》が高まっている様子。

エ　凪斗と過ごす時間を満喫《まんきつ》していたのに、父とその新しい家族が近くにいるかもしれないと疑念が生じたことで、父にまつわる負の感情が蘇《よみがえ》ってきている様子。

問8　――⑦「家族、楽しそうでいいね」とありますが、この時「僕」が父に対して抱《いだ》いているのはどのような気持ちですか。60字以内で説明しなさい。

問9　本文中の **X** に当てはまる言葉を本文中より5字以内で探し、抜《ぬ》き出《だ》して答えなさい。

問10　――⑧「凪斗の小学校受験の話だけどさ、やっぱり、一旦白紙にしてくれる?」とありますが、このように千沙登が述べたのはなぜですか。その説明として最もふさわしいものを次の中から選び、記号で答えなさい。

ア　凪斗の将来の可能性を広げてあげようと思って小学校受験を提案していたが、それは辛《つら》かった自分の小学校時代の経験を息子に投影しているだけだと気づき、凪斗がこの街で健《すこ》やかに暮らす道を考えてみたいと思ったから。

イ　凪斗には都会の小学校で質の良い教育を受けて欲しいと思っていたけれども、凪斗が自分たちのパン屋を継ぎたいと本気で考えてくれていることに感動し、この街で自分たちのできることをしていきたいと思ったから。

ウ　凪斗には小学校で嫌な思いをしてほしくないと思って受験を検討していたが、それは山間部の小学校で窮屈《きゅうくつ》さを感じながら過ごした自分のエゴだと分かり、海沿いの開放感あふれるこの街でなら大丈夫《だいじょうぶ》だと思えたから。

エ　小学校受験が凪斗のためになると信じていたけれども、それは地元の小学校で嫌な経験をしたという自分の過去がもたらしたエゴにすぎず、今の保育園を楽しんでいる凪斗にとって受験は間違《まちが》いだと思い直したから。

問11　――⑨「今度父親に会ったら、もう少し当時のことや今の育児の話を聞いてみようと思った」とありますが、父に対してこのように思ったのはなぜですか。80字以内で説明しなさい。

りを行う。

注2「デキ婚」…子供を授《さず》かったことをきっかけとして結婚《けっこん》に至ること。

注3「何発のゲンコツを浴びてきたと思ってる」…かつての父は家族らしいことを一切《いっさい》せず、事あるごとに「僕」に手をあげる偏屈《へんくつ》な人物だった。

注4「メタバース」…インターネット上の仮想空間で、そこでは現実の制約を超《こ》えて交流することができる。

注5「自分の両親が～取り除いてあげたくて」…以前、田舎《いなか》で育つとそのままその土地の価値観や仕事に縛《しば》られてしまうと心配する千沙登から小学校受験を提案されていた。

注6「エゴ」…自分の都合や欲求。

問1　本文中の（　ⓐ　）・（　ⓑ　）に当てはまる言葉として最もふさわしいものを次の中からそれぞれ選び、記号で答えなさい。

ⓐ　ア　息を呑《の》んだ　　イ　眉《まゆ》をひそめた
　　ウ　頬《ほお》を膨《ふく》らませた　　エ　声を弾《はず》ませた

ⓑ　ア　腑《ふ》に落ちて　　イ　鼻について
　　ウ　目を奪《うば》って　　エ　胸にせまって

問2　――①「なんだそれ」とありますが、この時の「僕」の気持ちを35字以内で説明しなさい。

問3　――②「パパ友みたいなこと、捨てた息子に言うんじゃねえよ」とありますが、この時の「僕」の気持ちを説明したものとして最もふさわしいものを次の中から選び、記号で答えなさい。

ア　母はただでさえ離婚によって深く傷ついているのに、父に新たな家族や娘《むすめ》がいると知ったらさらに傷つくのではないかと心配している。

イ　自分たちが開業したパン屋の様子を見に来たといいながらも、新しい家族の話ばかりでこちらの近況に興味を示さない父に苛立《いらだ》っている。

ウ　自分たちを捨てて新たな家族を作ったうえに、その子育ての面白《おもしろ》さを息子である自分に語りかけてくる父に強い拒絶感《きょぜつかん》を覚えている。

エ　まるで友達に子育ての面白さを語るような口ぶりの父を前にして、自分と父とが赤の他人になってしまったのだと寂《さび》しく思っている。

問4　――③「後部座席がガタガタと揺れる」とありますが、この表現からは**誰《だれ》の、どのような気持ち**が読みとれますか。30字以内で説明しなさい。

問5　――④「なんだか呪いにでもかかった気分だ」とありますが、ここでの「呪い」とはどのようなことについて述べたものですか。その説明として最もふさわしいものを次の中から選び、記号で答えなさい。

ア　息子には自分の仕事を継《つ》いで欲《ほ》しくないのに、彼《かれ》がその気だと知って未来への不安が生まれたこと。

イ　息子が粘土でパンを作ったことを無邪気《むじゃき》に報告してくれたのに、親として素直《すなお》に喜べなかったこと。

ウ　粘土工作という年相応の遊びを楽しむ息子に対して、もっと勉強して欲しいと考えてしまうこと。

エ　パンを作る仕事を楽しそうだと思ってくれる息子を前にする

もしくは、一人目の子育ての後悔《こうかい》を、二人目、三人目の時に **X** のように拭《ぬぐ》う、か。

父さんは、一体どんな気持ちで日々を生きているのだろうか。渚ちゃんのお世話をしているとき、頭の中に僕のことが浮かんだりしているのだろうか。

——子育てって、おもしろいな。

そんな台詞、どの口が言ってんだと、本気で思っていた。でも、きっと父さんは本当に、渚ちゃんへの育児をおもしろがっているんだろう。

過去の自分がしてやれなかったことを今になって実行する父と、過去の自分がしてもらえなかったことを今になって叶えていく僕。

二人とも、エゴで子育てをしている点において、そこまで大きな違いはないのかもしれない。

コーヒーマシンの電源を入れると、ガビガビと大きな音を立てる。準備が整うまでお皿でも洗おうとしたところで、千沙登が言った。

⑧「凪斗の小学校受験の話だけどさ、やっぱり、一旦《いったん》白紙にしてくれる?」

「え、どうして?」

キッチンに立った僕の隣に来ると、千沙登は空になったコーヒーカップを静かにシンクに置いた。

「もしかしたら、それも私の過去がもたらしてるエゴだったかもなあって。私、小学校が嫌で嫌でしょうがなくて。この同級生たちがこれからもずっと付き纏《まと》うんだって思ったら、耐《た》えられなかったんだよね」

スポンジを泡立《あわだ》てながら、千沙登の地元の空気を思い出す。山に囲まれた街は、確かに閉塞感《へいそくかん》を覚える瞬間があったかもしれない。

「何が正解かはわからないけど、凪斗は凪斗で、今があんなに機嫌よく優しい子に育ってるなら、そのままで楽しくいられるように、まずはこの街でできることからやってみようかなって思ったの」

千沙登のコーヒーカップをスポンジで擦《こす》る。泡《あわ》がカップを包んで、洗剤《せんざい》の匂《にお》いがツンと鼻に染《し》みた。千沙登は別のマグカップを取り出して、僕のぶんのコーヒーを淹《い》れようとしてくれている。

子供のため、と思っても、必ずどこかに自分の偏《かたよ》った考えが混じる。どの選択肢《せんたくし》が正しいかもわからないけれど、ただ凪斗が楽しく生きられる道を探して、試行錯誤《しこうさくご》していくしかない。暗中模索《あんちゅうもさく》の旅だけれど、きっと僕らもそうした道の先で、今に至っているわけだ。

淹れたてのコーヒーの匂いが広がる。

「子育てって、おもしろいね」と、千沙登が言った。

僕は本当だねと返して、⑨今度父親に会ったら、もう少し当時のことや今の育児の話を聞いてみようと思った。

(カツセマサヒコ「氷塊《ひょうかい》、溶《と》けて流れる」より)

注1 「フェイスブック」…SNSの一つ。オンライン上で近況《きんきょう》や情報のやりと

軽く息子の手を引っ張ると、今度はその手を優《やさ》しく握り返して「かえろ、かえろ」と言ってくれた。

　それから、僕も凪斗も後ろを振《ふ》り向《む》くことはなかった。

「まあ、親っていつだって、勝手なもんだよね」

　千沙登がホットコーヒーを口に近づけながら言った。お風《ふ》呂《ろ》上がりの髪《かみ》はまだ僅《わず》かに濡《ぬ》れていて、その前髪《まえがみ》から、砂場で遊ぶ凪斗の濡れた髪を思い出した。

「もちろん、子は子で勝手なもんだけどさ」

　自分で言って、納得する。そうだ。こっちだって三十を過ぎたくせに、いまだに親に難癖《なんくせ》つけてるだなんて、随分《ずいぶん》とガキみたいなことをしている。親は親、子は子。それぞれ役割をこなしているだけであって、結局はただの人間なのだから、完璧《かんぺき》なわけじゃない。

「でも、今日のそれは、怒《おこ》っていいよ。怒らなきゃダメだったよ」

「そうかな」

「うん。お義父《とう》さんも、きっと怒ってもらいたかったんだと思う」

「じゃあ、怒らなきゃよかったなあ」

　ふふふ、と千沙登が静かに笑う。二人だけのこの時間の笑いの種のひとつになったなら、まあまだマシか、とも思える。

「僕さ、子供ん頃《ころ》、ファミレス連れてってもらえなかったじゃん」

「うんうん、よくその話してるよね」

「そう。それで今日も、凪斗がお子様セットを頼んでさ、好きなおもちゃ選んでるときに、ああ今、自分がやってもらいたかったことを実現してんだなあって思って」

「うんうん、わかる」

「でしょ？　子供の頃は叶えてもらえなかったけど、大人になって、それを子供にしてあげられたときにね、自分の中で、何か救われた感じがあるんだよ。未来の自分が、過去の自分を救いにきたみたいにさ」

　僕はファミレスで凪斗の頭を撫でたときの感覚を思い出していた。あの時の、心が溶けるような気持ち。子を持つことを不安に思っていた時期もあるけれど、なんだかあの瞬間《しゅんかん》、本当の意味で報《むく》われた気がしたのだった。

「結局、私たちはそういうエゴで、子供を育ててるのかもしれないね」

　コーヒーカップを両手で包みながら、千沙登は言った。

「凪斗のためと思って行動していても、実はどこかで『過去の自分が憧れたこと』を優先して子に押《お》し付《つ》けている可能性があるわけじゃん。その憧れは凪斗の憧れではないかもしれないし、凪斗の成長においてそもそも不必要なものなのかもしれない。答え合わせはできないけど、きっと全《すべ》ての親はさ、純度百パーセントで目の前の子供を想《おも》うことなんかできなくて、どこかに過去の自分を、投影《とうえい》しちゃってるんだろうね」

（　ⓑ　）、言い訳がましい台詞に余計に腹が立つ。かつての無表情で寡黙《かもく》な父は、本当にどこにもいなくなってしまった。

「名前、なんて言うんだい？」

父が両膝《りょうひざ》に手をついて前屈《まえかが》みになると、凪斗は知らないおっさんを警戒《けいかい》したようで、僕の後ろに隠《かく》れてデニムをぎゅっと握《にぎ》った。

「凪斗だよ」

本人の代わりに渋々《しぶしぶ》名前を伝えると、露骨《ろこつ》に表情を明るくする。

「へえ、なぎとくんか！　渚と、名前が似」

「似てないよ。字が違うから」

出鼻を挫《くじ》いてやったが、それでも父さんは全く動じず、凪斗の顔を舐《な》めるように見続けている。

「いや、かわいいな。千沙登ちゃんに似た顔だ」

「怖がってるから。見ないであげて」

おもちゃの棚の上からフロアを見渡《みわた》すと、渚ちゃんがすぐ近くのテーブルにいた。凪斗と同じように、お子様セットのおもちゃのカゴを真剣に漁っている。先ほどの女性が、その様子を不思議そうに見ている。

⑦「家族、楽しそうでいいね」

「え、あ、まあ」

父は途端《とたん》にバツの悪そうな表情になった。

「昔はファミレスなんて絶対に行かなかったもんね」

その一言だけ強く放《ほう》り投《な》げて、店の入口に向かった。

凪斗は僕の手を強く握っていて、つまり僕の嫌悪《けんお》や警戒が、この子にも伝わってしまったのだと思った。入口の扉《とびら》を思い切り開けると、生暖かい空気が体にまとわりつく。凪斗の手を引いて階段を降りていくと、上から父さんの声がした。

「悪かったと思ってる」

凪斗が立ち止まって、父さんの方を向いていた。僕はその凪斗の瞳から、目が離せなかった。

「お前を育てていた時は、俺《おれ》は仕事ばっかりで、家事も育児も、全部母さんにやらせっぱなしで、そのことを、申し訳ないと思ってる。どこにも連れて行ってやらなかったよな。渚をどこかに連れ出すたびに、そのことを思い出してる。俺は、罪滅《つみほろ》ぼしで、あの子をいろんなところに連れてってやってるのかもしれない。前に、お前の店に行った時、そのことを謝《あやま》りたかったけど、うまく言い出せなかった。すまなかった」

腹から声を出して謝る父を、凪斗は不思議そうに見ていた。僕は、今になってそんなことを言われたところで何も変わりやしないし、一方的に謝罪して、許された気になりたいだけなこの人は、つくづくエゴ[注6]が強いなと目の前の父を軽蔑《けいべつ》するばかりだった。多少温厚《おんこう》で陽気なキャラクターになったとて人は簡単に変わりきれないし、根本的に自己中心的であることに変わりない。

「凪斗、帰ろ」

「何か聞こえる？」

「はい、これは、げんきにいきてますね」

「あ、元気に生きてますか。それはよかった」

「いちおう、おくすりをだしておきますね」

「あ、どうも。ありがとうございます」

「さんまんえんです」

「あ、三万円もするの？」

へへへ、と勝《か》ち誇《ほこ》ったように笑われた。

そうだよ、こういう時間。僕はこういう時間に、死ぬほど憧《あこが》れてたはずじゃんか。

凪斗のラーメンが運ばれてくると、それを小皿に移して、食べる姿を見守る。ついこの間まで自分じゃ何もできなかったのに、きちんとフォークを使って口まで運んでいく。一瞬《いっしゅん》で過ぎ去る時間のせいで、つい見落としがちになる子供の成長が、なぜだかクリアに視界に飛《と》び込《こ》んでくる。

食事を終えると千沙登に帰る旨《むね》を伝えて、店の入口へと向かった。

レジ前の待ちスペースには、またしてもお菓子《かし》やおもちゃが並べられた棚《たな》が置いてあって、凪斗は店の企《たくら》みにハマるように釘付《くぎづ》けにされている。

会計を済ませて声をかけようとしたところで、凪斗の隣《となり》に、突進《とっしん》しそうな勢いで女の子が駆《か》けてきた。

「渚」

母親と思われる人が、名前を呼びながら女の子を追ってくる。

渚？

不意に女の子の背丈《せたけ》を確認《かくにん》し、⑥体の内側で、何かが凍《こお》るような感覚が静かに生まれる。

母親と思われる人は、体に張り付くようなベージュのワンピースに、ナイキのスニーカーを合わせていて、僕よりも十は年上そうだけれど、どことなく生命力に溢《あふ》れていて、若々しく見えた。

「ほら、もうご飯来るから」

女の子の肩に手を置いて、母親がテーブルに戻るように促《うなが》す。その二人の姿から、目が離せなくなっている。女の子は、まさに凪斗と同い年くらいのように見える。

もしかして、もしかすると。

「渚、ラーメン来たよ」

横からのそのそと現れたのは、やはり先日会ったばかりの父だった。

「前に来たときに、すごくいい場所だなあと思って、渚も連れてきたいと思ってさ。平日の方が道も空いてると思って、幼稚園《ようちえん》を休ませて遊びに来たんだけれども。海が楽しかったみたいで、すっかり遅《おそ》くなっちまったもんで、夕飯を食べて帰ろうと寄ったら、いや、まさか、偶然《ぐうぜん》な」

父さんは新しい奥さんと渚ちゃんを先にテーブルに帰すと、一人ベラベラと喋《しゃべ》り始めた。大袈裟《おおげさ》な手振《てぶ》りがやけに

「おなかすいたあ」

海岸に面した国道沿いのファミレスに着くと、凪斗がソファの上を小さく跳《は》ねながら奥《おく》まで移動する。U字型のソファは本来六人以上のための席だろうけれど、たまたま空いていたらしく予約もしていないのに自然と通してもらえた。子供用のメニューがあったのでそれを滑《すべ》らせると、凪斗が背筋を伸《の》ばして、慌《あわ》ただしく視線を動かす。

「なに食べたい？　カレーもあるって。ラーメンも」

指を差して伝えてみるけれど返事はなく、大きな瞳《ひとみ》がさらに大きくなる。口が半開きになっていて、メニューを見る目の真剣《しんけん》さが伝わる。

「おこさまのやつは？」

「あ、これ、全部おもちゃついてくるって」

「あ、そうなんだ」

ソファの上でピョコッと一回跳ねた。

「どれにする？」

「らーめん」

「オッケー。飲み物は？　りんごジュースでいい？」

「かるぴすは？」

「ないみたい、ごめん」

「じゃあ、りんごでいい」

機嫌《きげん》を損《そこ》ねないでくれてよかった。店員の呼び出しボタンを押《お》すと、凪斗の希望したものとサイコロステーキを頼《たの》んだ。若い店員さんがすぐにおもちゃが詰《つ》まったカゴを持ってきてくれて、凪斗の前に置いた。

「一つ選んでいいってさ」と僕が言うより早く、おもちゃを漁《あさ》り始める。気に入ったものがあるとカゴから取り出して、よくよく見てはまた戻す。その行動を熱心に繰《く》り返《かえ》している。おもちゃを摑《つか》む小さな手は見るからに柔《やわ》らかく、自分の手を見てみれば連日のパン作りのせいか、ひどく荒れている。

父と子で、ファミレスに行く。

それが幼少期の自分には、叶《かな》えてもらえなかったことなんだと、なぜか今更になって気付いた。こんな些細《ささい》な日常が叶わなかった幼少期。凪斗の頭を撫《な》でると、⑤当時から溶《と》けることのなかった氷が、ようやくじわじわと熱を持って心から流れていく感覚があった。

僕は、親に、何をしてもらいたかったんだっけ。

何をされたくなかったんだっけ。

凪斗がおもちゃを選び終えて、僕に見せてくる。聴診器《ちょうしんき》を模したプラスチック製の玩具《おもちゃ》が、透明《とうめい》な袋《ふくろ》から取り出されていた。

「おー、お医者さんになるの？」

「はい、パパにわるいところがないか、みてみます」

「それは助かるなあ。最近いろいろ心配なんですけど」

「いたくないから、だいじょうぶです」

凪斗は両耳に聴診器を入れて、反対側の端《はし》を僕の胸に当てた。

徐々《じょじょ》に青が濃《こ》くなっていく景色を遠めに見ながら、ペダルを漕《こ》ぐ。小さな鳥の群れが絵でも描《えが》くように目の前の空を横切っていった。前方を見れば僕らと同じように、保育園帰りのママチャリたちが重たそうに先を走っている。

「凪斗、ちょっと寄り道してさ、今日は海のほうから帰ろうか」

　向かい風に乗せるように声をかけると、え、いくー、とすぐに返事があって、後部のシートがガタガタ揺《ゆ》れた。

「今日、ママがお店の仕事で忙《いそが》しいみたいだからさ、先に二人でご飯でいいって」

「はあい」

「で、たまには、外で食べない？」

「え、食べたーい！　おこさまのやつ！」

「おこさまのやつね、はいはい」

　③さらに後部座席がガタガタと揺れる。いつもの道を途中《とちゅう》で右折して、家に向かう方向とは反対に進む。十分も走れば、すぐに海沿いだ。

「このまえね、ほいくえんでね、ねんどつくった」

　凪斗が不意に、ゆっくりと記憶《きおく》を辿《たど》るように言った。いきなりなんのこっちゃ、と思うけれど、子供の脳みそは突然《とつぜん》過去を思い出したりすることがあるようで、今日のお昼ご飯を聞いても覚えていないのに、先週の記憶がふと蘇《よみがえ》って突然それを話してくれたりする。それがなんだか微笑《ほほえ》ましくて、何気ないエピソードを必死に話す様子をじっと観察してしまう。

「おおー、粘土《ねんど》、何作ったの？」

「えー、パン」

「おおー！　パン、いいね！」

注5
——自分の両親がパン屋だから、自分もその道をいく、なんて発想、取り除いてあげたくて。

　千沙登が言っていた台詞《せりふ》が、頭の中で再生される。こうやって粘土でパンを作っただけでその未来を案じてしまうのって、④なんだか呪《のろ》いにでもかかった気分だ。いいじゃん、親の仕事が楽しそうだって思ったから、パンを作ってくれたわけでしょ。もしくは、僕らを喜ばせたくてじゃん。それだけのことだ。

「おいしそうにできた？」

「うん、こんど、あげる」

「え、パパにくれんの？」

「あ、パパと、ママ」

「二個あんの？」

「うん。はんぶんこ」

「半分こか、オッケー了解《りょうかい》」

「なかよくたべるんだよー？」

　どこで習ったんだ、と尋《たず》ねたくなるようなことを口にされて、思わず笑ってしまう。

　海沿いの国道に出ると、片側が渋滞《じゅうたい》を起こしていて、道を赤く照らしていた。

今は新たな恋人《こいびと》との惚気《のろけ》話を聞かせてくるほど落ち着いたけど（そしてそんな惚気話を聞かされるのもまた一人息子としてはかなり複雑な気持ちになるけれど）、それでもきっと、母の怒りは活火山のごとく煮《に》えたぎったままだろうし、家族を捨てた父さんを憎《にく》んでいるに違《ちが》いない。

そんな状態の母さんに、今の父さんが言えることなんてほとんどないだろ。

「子供の写真、見る？」

「いや、いい」

だからなんでそんな楽観的なんだよ！

怒鳴《どな》りそうになるのをグッと堪《こら》える自分の理性に驚く。もはやこんな父親、ぶん殴ったって許されるだろ。注3何発のゲンコツを浴びてきたと思ってる。

「子供は、男の子だったっけ」

「そうだね」

フェイスブックに写真をあげるのはもうやめようと思った。

「うちは女の子だ。渚《なぎさ》っていうんだけどな。名前は、なんていうの？」

「言わない」

「え？」

「今さら、新たに家庭持って子供も作った父さんに、僕の子の名前なんて、知られたくない」

柵《さく》の向こうに広がる浜辺《はまべ》と海を見ながら、来た道を戻《もど》り始める。越《こ》してきて三年が経《た》つけれど、今日見た海が一番荒《あ》れていて、一番汚《きたな》かった。

父から受けたゲンコツを思い出す。

本当に怖《こわ》かったし、嫌《いや》だったのに、今の父さんの方が何倍も気持ち悪いし、近づきたくない。

足元を見れば浜辺の砂が風に乗って、歩道を白く汚《よご》していた。大きな橋の下には濁《にご》った川が流れていて、海と合流する河口の上をサギがゆっくりと歩いている。頭の中で、父親が一番傷つく言葉を探している。そんな状況《じょうきょう》にも嫌気《いやけ》がさす。

「まあ、別に、子供ができたことを伝えに来たんじゃなくて、お前が店を始めたって知ったから、それを見たかったのが本当の目的ではあるから」

「じゃあそれ、わざわざ言わなくてよかったじゃん」

「何を？」

「妹ができたとか。知らんし。ってなるよ、こっちは」

勝手にやっててくれよ。そっちの人生に僕を巻《ま》き込《こ》むんじゃないよ。昨今流行《はや》りの注4メタバースじゃないんだよ。絶縁《ぜつえん》した家族に飄々《ひょうひょう》とアプローチを仕掛《しか》けてくるなよ。

「そうか」と父さんの声がようやく小さくなって、しばらくしてから「子育てって、おもしろいな」と付け加えた。

②パパ友みたいなこと、捨てた息子に言うんじゃねえよ。

【中略】

後ろの席から、凪斗の歌声が微《かす》かに聞こえる。前まで気に入っていたディズニーの劇中歌とは違う曲で、僕はそれを聴《き》いたことがなかった。

【国　語】（五〇分）〈満点：一〇〇点〉

【注意】解答するときには、句読点や記号も一字と数えます。

一　次の文章を読んで、後の問いに答えなさい。（作問の都合上、本文の一部を変更してあります。）

「僕《ぼく》」は妻の千沙登《ちさと》と海沿いの街で小さなパン屋を営みながら、息子《むすこ》の凪斗《なぎと》と三人で生活をしていた。ある日突《とつ》然《ぜん》、五年前に母と離婚《りこん》し家族と縁《えん》を切っていた父が、「僕」たちの営むパン屋を訪《おとず》れ、自分に新たな子供がいることを報告する。

いや、マジで、どういうこと？　三十三年も一人っ子でいて、今更《いまさら》、妹？

理解したくても無理があった。父親の言動に、何一つ納得《なっとく》ができないでいる。

「いつ生まれたの、その子」

「今、四歳」

「え！」

「何？」

「同い年じゃん、うちの子と」

凪斗の顔が浮《う》かんだ。僕の子と父さんの子が、同い年？　自分の父親が、再婚《さいこん》して産んだ子だぞ？　①つまり自分の妹ってわけで？　それが、自分の子と同い年？　なんだそれ。

「ああ、フェイスブック[注1]で見たけど、やっぱり同い年なのか。え、今、保育園か？」

父さんは驚《おどろ》くどころか、嬉しそうに（　ⓐ　）。

「ああ、うん、保育園行ってる。え、本当に四歳なの？　じゃあ離婚して、すぐに生まれたってこと？」

「ああ、まあ、そのくらいだな」

なんで照《て》れ臭《くさ》そうなんだよ。この異常すぎる事態をなんだと思ってんだ。

「え、母さんは、このこと知ってんの？」

「いや、言えずにいてさ」

「だろうね。それでいいよ。言わなくていい。てか、絶対に言わないで」

七十近い元夫が、まさかのデキ婚《こん》[注2]かそれに近いタイミングで再婚してただなんて。マグマと化した母さんの怒《いか》りに、さらに燃料を焚《く》べることになってしまう。

「離婚した後とか、本当に大変だったんだよ、知らないでしょ」

壊《こわ》れてしまったかのように、ひたすら涙《なみだ》を流したり、時に叫《さけ》んだり、家の壁《かべ》を殴《なぐ》ったり。母さんがそんな状態から落ち着くまで、二ヶ月かかった。まだ凪斗も生まれていなかったし、僕も千沙登も店を始める前だったからどうにかなったけれど、その二ヶ月の間、母さんのそばからできるだけ離《はな》れないようにしていたのは正解だったと今では思う。あの時の母さんはやっぱり、普通《ふつう》じゃなかった。

MEMO

大切なことはメモしておこうネ！

第1回

2024年度

解 答 と 解 説

《2024年度の配点は解答欄に掲載してあります。》

＜算数解答＞

[1] (1) 2 (2) $\frac{9}{20}$

[2] (1) 360度 (2) 5％ (3) 41通り (4) 2.57cm^2 (5) 12台

[3] (1) 9時15分 (2) 分速36m (3) 1080m (4) 分速66m

[4] (1) 15cm^2 (2) 4cm (3) 21：13

[5] (1) 5050 (2) ア 99 イ 6 ウ 98 エ 97 オ 100 カ 338350

○推定配点○

[2] 各4点×5 他 各5点×16 計100点

＜算数解説＞

[1] (四則計算)

(1) $\frac{65}{28}-\left(3-\frac{25}{7}\times\frac{2}{5}\right)\times\frac{9}{44}=\frac{65}{28}-\frac{11}{7}\times\frac{9}{44}=\frac{56}{28}=2$

(2) $\square=\left(\frac{1}{12}\times\frac{3}{4}+\frac{1}{8}\right)\times\frac{12}{5}=\frac{3}{16}\times\frac{12}{5}=\frac{9}{20}$

重要 [2] (平面図形，割合と比，場合の数，ニュートン算)

(1) 角ア＋イ＋ウ＋エ＋オ＋カ…右図より，360度

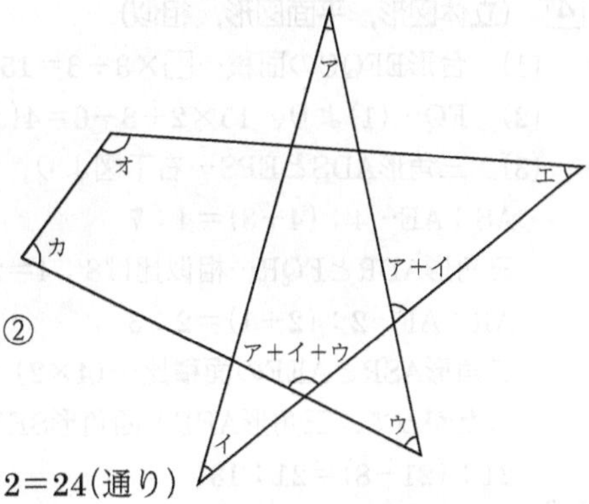

(2) サ…食塩水Aの濃度

シ…食塩水Bの濃度

サ＋シ…8×2＝16(％)－①

100g：200g…1：2

重さ×濃度の式…サ×1＋シ×2＝(1＋2)×9＝27 －②

②と①…シ＝27－16＝11(％)

したがって，食塩水Aの濃度は16－11＝5(％)

(3) [4]を除く4枚から3枚を選んで並べる場合…4×3×2＝24(通り)

1枚目が[4]の場合…1通り

2枚目が[4]の場合…4通り

3枚目が[4]の場合…4×3＝12(通り)

したがって，全部で24＋1＋4＋12＝41(通り)

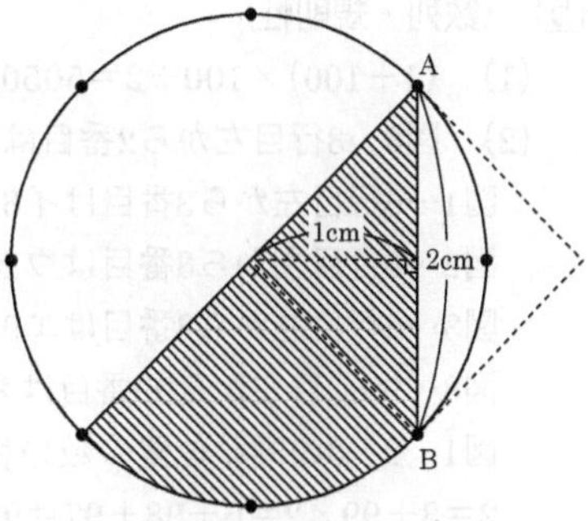

(4) 半径×半径…右図より，2×1＝2(cm^2)

したがって，求める面積は2×3.14÷4＋2×1÷2

＝1.57＋1＝2.57(cm^2)

(5) 1分間の給水量…(1×5×60－1×7×30)÷(60－30)＝3

最初の水そう内の水量…(7－3)×30＝120

水そうを14分間で空にする場合，1分間に水が減る水量…120÷14≒8.6

したがって，必要なポンプは9＋3＝12(台)

重要 3 **(速さの三公式と比，流水算，単位の換算，グラフ，割合と比)**

静水時の兄のボートの分速

…静水時の弟のボートの分速

よりも，分速で24m速い

兄のボートの上りの分速と

弟のボートの上りの分速の比

…グラフより，(30－15)：(30－21)

＝15：9＝5：3

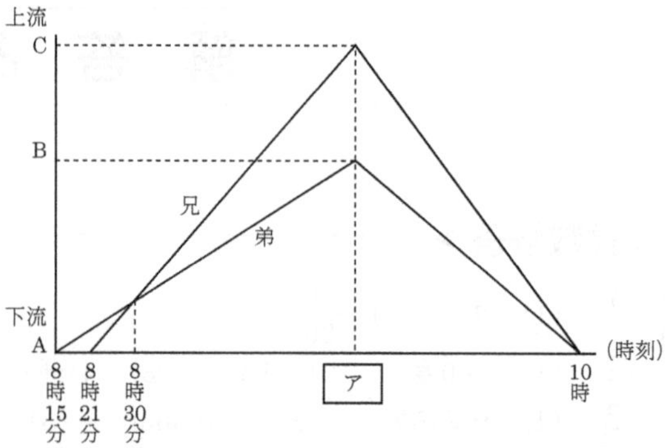

(1)　兄のボートの下りの分速－弟のボートの下りの分速…24m

8時30分からアの時刻までに兄のボートと弟のボートが移動した距離の差…BC

アの時刻から10時までに兄のボートと弟のボートが移動した距離の差…BC

したがって，アは(8時30分＋10時)÷2＝9時15分

(2)　兄のボートの上りの分速…24÷(5－3)×5＝60(m)

弟のボートの上りの分速…60÷5×3＝36(m)

(3)　兄がCまで移動した距離…(1)・(2)より，60×(75－21)＝3240(m)

弟がBまで移動した距離…36×(75－15)＝2160(m)

したがって，BC間は3240－2160＝1080(m)

(4)　弟のボートの下りの分速…(3)より，2160÷(60－15)＝48(m)

川の流れの分速…(2)より，(48－36)÷2＝6(m)

したがって，兄のボートの静水時の分速は60＋6＝66(m)

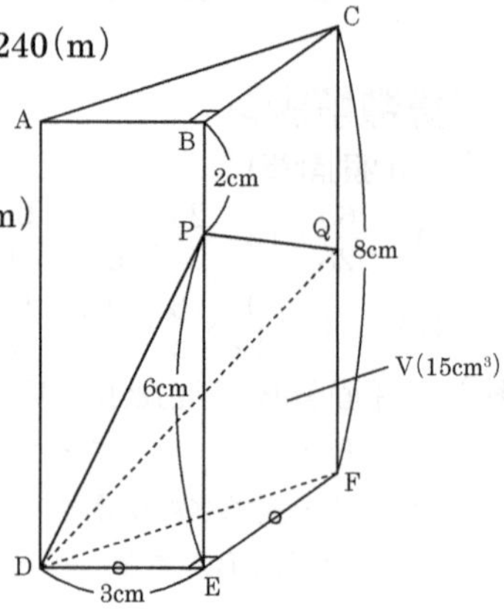

4 **(立体図形，平面図形，相似)**

重要 (1)　台形EFQCの面積…□×3÷3＝15(cm^3)より，15cm^2

(2)　FQ…(1)より，15×2÷3－6＝4(cm)

やや難 (3)　三角形ADSとEPS…右下図より，相似比は8：6＝4：3

AS：AE…4：(4＋3)＝4：7

三角形ADRとFQR…相似比は8：4＝2：1

AR：AF…2：(2＋1)＝2：3

三角形ASRとAEFの面積比…(4×2)：(7×3)＝8：21

したがって，三角形AEFと四角形SEFR(＝T)の面積比は

21：(21－8)＝21：13

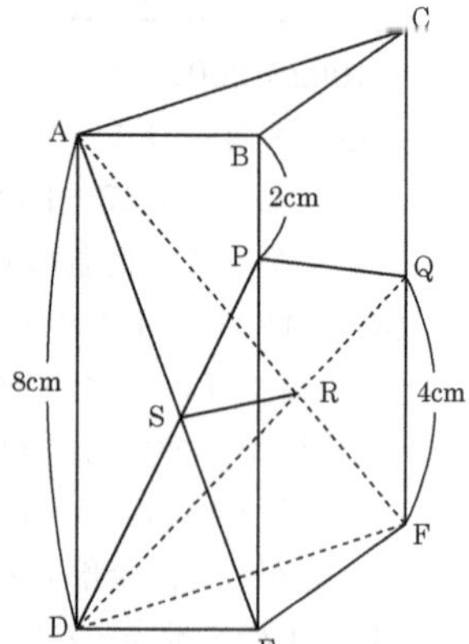

重要 5 **(数列・規則性)**

(1)　(1＋100)×100÷2＝5050

(2)　図3…3行目左から2番目はア99

図1…6行目左から3番目はイ6

図2…6行目左から3番目はウ100－2＝98

図3…6行目左から3番目はエ95＋2＝97

図3…99行目左から99番目はオ100

図1・2・3の同じ位置の数の和…1＋100×2＝3＋99×2＝6＋98＋97＝99＋2＋100＝201

	図1	図2	図3
3行目の左から2番目	3	99	ア
6行目の左から3番目	イ	ウ	エ
99行目の左から99番目	99	2	オ

したがって，(1)より，カは201÷3×5050＝338350

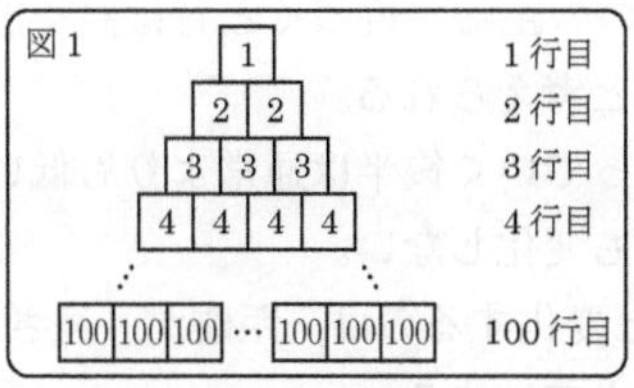

図1

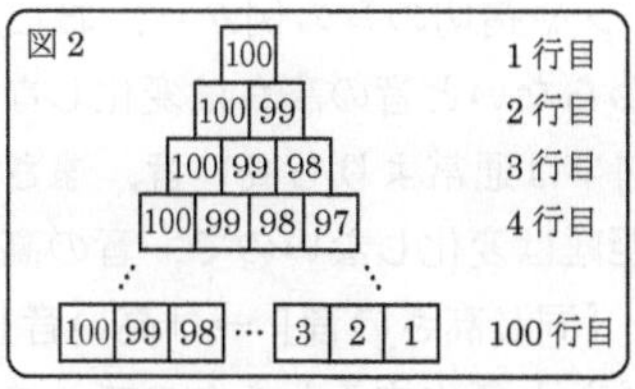

図2

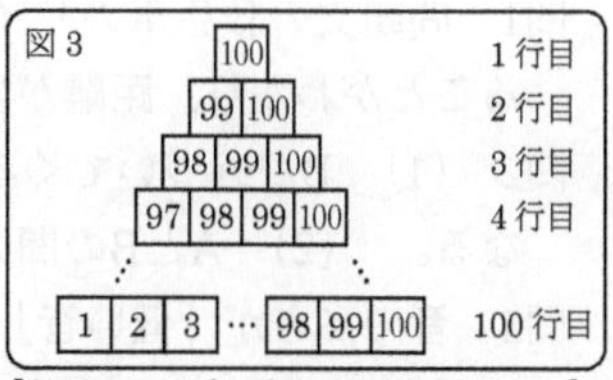

図3

【必要であれば，数字を入れてください】

★ワンポイントアドバイス★

難しい問題があるわけではないが，簡単に解ける問題も少ない。[2](5)「ニュートン算」は「1分1台の排水量を1」として式を作る型を覚えてしまおう。[4](3)は，「長さの比」から「面積比」を求める重要な問題である。

＜理科解答＞

[1] 問1 2(m)　問2 エ　問3 ア，オ　問4 ① オ　② ケ

[2] 問1 ① ア　② ウ　問2 (1) ク　(2) ア　問3 エ

[3] 問1 油　問2 60(℃)　問3 ア　問4 イ

[4] 問1 1.1　問2 C，E，F　問3 ② 1.28　③ 0.81　問4 E　問5 イ

[5] 問1 ① 道管　② 孔辺細胞　問2 (1) ア，ウ，エ　(2) 16(mL)
問3 (1) ③ 36　④ 125　⑤ 2　(2) ウ，エ

[6] 問1 F，G　問2 オ　問3 オホーツク海(気団)，小笠原(気団)　問4 オ
問5 A，E，G　問6 I

○推定配点○

[1] 各2点×5(問3完答)　[2] 各2点×4(問1完答)　[3] 問2 3点　他 各2点×3
[4] 各2点×6(問2完答)　[5] 問2(2) 3点　他 各2点×7(問2(1)，問3(2)各完答)
[6] 各2点×7(問1，問5各完答)　計70点

＜理科解説＞

[1] (物体の運動―相対速度)

基本 問1 10(m)÷5(秒)＝2(m)

問2 A君から見ると，B君が西向きに1秒間に2mの速さで近づいているように見える。

やや難 問3 A君から見たB君の動きは近づいているか，遠ざかっているかの2つが考えられる。A君は東向きに1秒間に2mの速さで進んでいるので，B君が東向きに1秒間に1mの速さで進んでいれば1秒間に1m近づき，B君が東向きに1秒間に3mの速さで進んでいれば1秒間に1m遠ざかる。

問4 問3より，はじめに東向きに1秒で1mの速さで動いて見えるのは，B君がA君から遠ざかっているときなので，①にはオがあてはまる。西向きに1秒間に2mの速さで見えるのはB君がA君に近づいているときで，A君が東向きに1秒間で2mの速さで動いているので，B君は止まっていることになる。よって，②にはケがあてはまる。

2 (音の性質―ドップラー効果)

問1　問題文の救急車のサイレンや踏切の音の例から，おたがいの距離が近づくと音は高く聞こえることがわかり，距離が変わらないと音の高さは変化しないと考えられる。

問2　(1)　Bが近づいてくる前半は通常よりも高い音，遠ざかっていく後半は通常よりも低い音となる。　(2)　AとBの間の距離は変化しないので，音の高さも変化しない。

問3　音の高さが「低い音」→「同じ高さの音」→「高い音」と変化するのは，距離が「遠ざかる」→「一定の距離」→「近づく」と変化するときなので，エがあてはまる。

3 (熱の伝わり方―水と油のあたたまり方)

基本　問1　グラフから，同じ時間で油のほうが大きく温度が上昇していることから，水より油のほうがあたたまりやすいことがわかる。

やや難　問2　グラフから，油100gは10分で100℃温度が上がり，同じ時間での上昇温度は重さに反比例するので，油200gは20分で100℃上がることになる。このことから，油200gが20℃から60℃になるのにかかる時間は20(分)×$\frac{(60-20)(℃)}{100(℃)}$＝8(分)である。水100gは10分で50℃上がるので，8分での上昇温度は50(℃)×$\frac{8(分)}{10(分)}$＝40(℃)であり，20℃の水は20＋40＝60(℃)になる。

重要　問3　液体をあたためると，あたためられた部分が上へ移動し，冷たい部分が下へ移動することで対流が生じて全体があたたまっていく。

重要　問4　液体を冷やすと，冷やされた部分が下へ移動し，あたたかい部分が上へ移動することで対流が生じて全体が冷えていく。

4 (密度―密度とものの浮き沈み)

問1　水が氷になると体積が1.1倍になることから，1gの氷の体積は1.1cm^3となる。

重要　問2　水に沈むのは1gあたりの体積が1cm^3よりも小さいものとなる。つまり，「体積÷重さ」の値が1より小さいものが水に沈む。図1より，これにあてはまるのは，C，E，Fである。

問3　②　6.8(cm^3)÷5.3(g)＝1.283…より，1.28　③　水100cm^3は100gでここに食塩30gをとかすと全体の重さは100＋30＝130(g)となる。よって，105(cm^3)÷130(g)＝0.807…より，0.81

重要　問4　問2より，水に沈むものはC，E，Fで，それぞれの1gあたりの体積は，C…20(cm^3)÷30(g)＝0.666…(cm^3)　E…70(cm^3)÷80(g)＝0.875(cm^3)　F…40(cm^3)÷60(g)＝0.666…(cm^3)　となる。よって，食塩水1gあたりの体積より1gあたりの体積が大きいEは食塩水に浮く。

問5　1gあたりの体積は，水が1cm^3，ガソリンが1.28cm^3，Dが55(cm^3)÷50(g)＝1.1(cm^3)である。1gあたりの体積が小さいものほど下へ沈み，大きいものほど上へ浮くことから，最も下には水，最も上にはガソリンがくることになり，上から順に，ガソリン→D→水の順となる。

5 (植物―蒸散)

基本　問1　①　根から吸い上げられた水は道管を通って運ばれる。　②　蒸散は気孔で行われ，気孔は孔辺細胞という2つの細胞に囲まれている。

重要　問2　(1)　ワセリンをぬった部分では蒸散が行われないので，操作Cでは，葉の裏側以外，つまり，葉の表(ア)・枝(ウ)・水面(エ)から水が出ていくことになる。　(2)　操作Aと操作Cでは，「葉の裏側にワセリンをぬる」という条件だけがちがうので，操作Aと操作Cの水の減少量の差が，葉の裏からの蒸散量を示す。それぞれの操作での水の減少量は，A…100－76＝24(mL)，C…100－92＝8(mL)なので，葉の裏からの蒸散量は24－8＝16(mL)である。

問3　(1)　③　③÷450＝0.08より，③＝0.08×450＝36　④　20÷④＝0.16より，④＝20÷

0.16＝125　⑤　⑤＝100÷50＝2

やや難　(2)　ア・イ…表と(1)より，表側のほうが多い植物も裏側のほうが多い植物もある。よって誤り。　ウ…表と(1)より「葉の裏側1mm^{2}あたりの気孔」と「葉の表側1mm^{2}あたりの気孔」の総数は，ススキ…450＋36＝486，メヒシバ…125＋20＝145，ケイヌヒエ…170＋153＝323，クサヨシ…100＋100＝200，イヌムギ…50＋100＝150　これらのことから，最も少ないのはメヒシバとわかる。よって正しい。　エ…面積を5倍にしたものどうしで計算しても割合は変わらない。よって正しい。　オ・カ…「葉の表側1mm^{2}あたりの気孔の数を葉の裏側1mm^{2}あたりの気孔の数で割った値」は表と裏の気孔の数の割合を表している。葉の表側の気孔の数は，表と裏の気孔の数の割合だけでなく裏側の気孔の数によっても変わるため，「葉の表側1mm^{2}あたりの気孔の数を葉の裏側1mm^{2}あたりの気孔の数で割った値」だけで表側の気孔の数を比べることはできない。よって誤り。

6　(気象・地形の総合―自然現象の影響範囲)

問1　人間の寿命はおよそ100年なので，グラフで現象が続く時間の長さが100年よりも長いものとなり，A～Gの中ではF，Gがあてはまる。

重要　問2　ア…初期微動はP波，主要動はS波によって引き起こされる。
イ…地震のゆれの大きさは震度で表され，マグニチュードは地震の規模を表す。
ウ…津波は地震のゆれではなく，地震発生の原因となった海底のプレートの動きで起こる。
エ…液状化現象は，主に埋め立て地で起こりやすい。

基本　問3　初夏のころ，日本の北東海上にある冷たく湿ったオホーツク海気団と，日本の南東海上にある暖かく湿った小笠原気団の境目で停滞前線(梅雨前線)ができる。

問4　ア…1年は，60(秒)×60(分)×24(時間)×365(日)＝31536000(秒)より，約3000万秒なので，グラフで地震のゆれの期間である約$\frac{1}{100\text{万}}$年は，3000万÷100万＝30秒程度である。
イ…グラフから，竜巻の範囲は1km^2(＝1km×1km)弱で，関東地方に比べてはるかにせまい。
ウ…グラフからは現象の起こる頻度は判断できない。
エ…グラフから，DよりもFのほうが現象が続く時間が長いことがわかる。
カ…グラフから，Fの続く時間が1万年程度であることがわかり，1年くらいの氷河の測定では判断することは難しいと考えることができる。
キ…グラフから，Gの現象は日本列島の面積(約38万km^2)よりはるかに大きいことがわかる。

問5　B，C，Dはおもに大気による現象，Fは地表の水による現象である。

問6　台風の寿命は長くても数週間程度であることから，H～Kのうちでは現象が続く時間が$\frac{1}{100}$年(数日程度)のIであると考えられる。

★ワンポイントアドバイス★

問題文や実験結果などを読み取って思考力を問う問題が比較的多いので，やや複雑な設定の問題に慣れておこう。計算問題も出題されるが計算そのものは複雑ではないので，すばやく正確に計算できるようになっておこう。

＜社会解答＞

1　問1　(あ)　荒(川)　(い)　江戸(川)　(え)　相模原(市)　(お)　栃木(県)
(か)　多摩(川)　問2　ゼロメートル　問3　エ　問4　ウ　問5　カ　問6　イ
問7　ア　問8　エ　問9　ウ　問10　エ　問11　茨城(県)

2　問1　ウ　問2　ア　問3　ウ　問4　エ　問5　ア　問6　イ　問7　イ
問8　ア　問9　エ　問10　オ　問11　新古今和歌集　問12　ウ　問13　ウ
問14　イ　問15　[1]　イ　[2]　京都所司代　問16　エ　問17　カ
問18　黒田清隆　問19　F　生糸　G　綿糸　問20　ア　問21　エ

3　問1　(あ)　基本的人権　問1　(い)　不断　問2　[1]　ア　[2]　エ　問3　イ
問4　[1]　(う)　冷戦　(え)　朝鮮(戦争)　(お)　三　[2]　ウ　[3]　ア
問5　イ　問6　エ　問7　[1]　参政(権)　[2]　ウ　[3]　イ

○推定配点○

1　問1　(あ)・(い)・(え)・(お)・(か)・問2・問11　各2点×7　他　各1点×8
2　問11・問15[2]・問18・問19F・G　各2点×5　他　各1点×18
3　問1(あ)・(い)・問4[1](う)・(え)・問7[1]　各2点×5　他　各1点×10
計70点

＜社会解説＞

1　**(日本の地理－日本地理の総合問題)**

問1　(あ)　荒川は秩父山地に源を発し，埼玉県を貫流して東京湾に注ぐ河川である。　(い)　江戸川は千葉県と茨城，埼玉両県および東京都の境界を流れ東京湾に注ぐ利根川の支流である。
(え)　相模原市は2010年に政令指定都市となった。　(お)　会話文中に「県庁所在地の宇都宮市」という文言がある。　(か)　多摩川は東京都を北西から南東に貫流し，下流部では神奈川県との境界をなす河川である。

基本　問2　海抜ゼロメートル地帯とは，海岸付近で地表標高が満潮時の平均海水面よりも低い土地のことをいう。

重要　問3　エ　津波は台風ではなく地震発生と関連する現象である。

問4　第1位の都市の人口の多い順に神奈川県，埼玉県，千葉県となる。

問5　ねぎが全国トップのBが埼玉県，品目が最も少ないAが神奈川県，残ったCが千葉県という流れで特定していきたい。

基本　問6　イ　「若年層」が不適。

問7　八王子市は内陸部なので，アの灯台はない。

問8　アは東京，イは仙台市，ウは札幌市となる。

重要　問9　表中の他の国々よりも圧倒的に多いことからウの「中国」と判断できる。

問10　エ　「平均初婚年齢の低下」が不適。

問11　茨城県は千葉県の北に位置している。

2　**(日本の歴史－古代から現代)**

基本　問1　アは2月23日，イは11月23日，エは3月20日となる。

問2　ア　竪穴式住居は稲作伝来前からある。

問3　古代日本と百済は良好な関係にあり，様々な文化や技術が伝来した。

問4　エ　戸籍を作成するようになったのは670年となる。

問5　イは大阪府，ウは島根県，エは大分県に位置する。

重要 問6　アは元明天皇の説明で，ウは平城京遷都前の出来事で，エは「鑑真」が不適である。

問7　イ「寺院の多くを平安京に移転」が不適。

問8　イは貧窮問答歌の作者，ウは新古今和歌集の作者，エは遣唐使である。

問9　この写真は中尊寺金色堂である。

問10　1は1232年，2は1268年，3は1221年の出来事である。

問11　新古今和歌集は古今和歌集が編さんされた300年後の1205年に編さんされた。

問12　アは鎌倉時代前半，イは応仁の乱，エは江戸時代末期の説明となる。

基本 問13　ウ「山城の国一揆」ではなく正長の土一揆である。

問14　ア「キリスト教」が不適。　ウ「豊臣秀吉」が不適。　エ「織田信長」が不適。

問15［1］ア「常に」が不適。　ウ・エ　Cに勘定奉行，Dに目付が入る。［2］京都所司代は譜代大名から任じられた。

重要 問16　エ「途絶えました」が不適。

問17　公武合体は朝廷と幕府の協力体制をさし，攘夷は外国勢力を排斥することをさす。また，五箇条の御誓文は1868年3月に発布された。

問18　黒田清隆は第2代内閣総理大臣である。

重要 問19　生糸は幕末開港後から昭和戦前期まで長らく日本の輸出品のトップとなっていた。製糸業とともに紡績業が発展し，明治中期には綿糸が主要な輸出品の一つとなっていった。

問20　ア　第二次世界大戦の説明となる。

問21　1は1941年，2は1931年，3は1937年の出来事である。

3　(政治ー「人権」を起点とした問題)

問1（あ）基本的人権の尊重は日本国憲法の三大原則の一つである。（い）不断の努力とは，日頃から途切れさせることなく継続するような努力のことをいう。

基本 問2［1］アは国連難民高等弁務官事務所，イは国際労働機関，ウは国連児童基金，エは国連貿易開発会議の略称である。［2］ア「毎年増加」が不適。　イ「半数以上」が不適。ウ「2012年」が不適。

重要 問3　イ「自由権」が不適。

問4［1］（う）冷戦は1989年のマルタ会談で終結した。（え）朝鮮戦争のほかに，ベトナム戦争も冷戦の代表例となる。（お）第三世界とはアジア，アフリカ，ラテンアメリカなどの発展途上国で占められている。［2］ア「全会一致」が不適。　イ「信託統治理事会」が不適。エ「日本」ではなくアメリカ合衆国である。［3］ア「かけがえのない地球」が掲げられたのは国連人間環境会議である。

基本 問5　ア「公聴会で審議してから」が不適。ウ「3分の2以上」ではなく過半数である。エ「内閣総理大臣」ではなく「天皇」である。

問6　エ「病気ではない～」が労働基準法に違反している。

問7［1］参政権には，決定的参政権と請願権とがある。［2］ア「行政機関」ではんく「立法機関」である。　イ「参議院から審議することも」が不適。　エ「臨時国会」ではなく緊急集会である。［3］ア「各自治体が～」が不適。　ウ「リコール」が不適。　エ「民主主義の故郷」ではなく「民主主義の学校」である。

★ワンポイントアドバイス★

本校は制限時間に対して問題量が多いため，日頃から時間配分を意識しながら実践演習を積んでおこう。

＜国語解答＞

一 問1 ⓐ ア ⓑ ウ ⓒ ア 問2 ウ 問3 (例) 多くの人から，自分のお菓子を求められている点。(23字) 問4 エ 問5 ウ 問6 (例) 性根が曲がった小原の目を覚まさせるために，理不尽にも余ったお菓子をワコに売りに行かせたこと。(46字) 問7 ア 問8 (例) 女である自分が，鶴ヶ島から職人として認められていることに気づき，おどろく様子。(39字) 問9 イ 問10 (例) 優秀な兄と比較されることに嫌気がさしてお菓子作りにまじめに向き合ってこなかったが，本心ではお菓子が好きだと気づかされ，今までの自分の行いを情けなく思う気持ち。(69字) 問11 (例) すべて自分の手で作ったお菓子をお客においしいと言ってもらえるように，お菓子作りの修行に励んでいく(48字)

二 1 探訪 2 痛 3 平準 4 内密 5 断腸 6 類 7 建設 8 演奏 9 厚 10 雑誌

○推定配点○

一 問3・問6・問8・問10・問11 各8点×5 他 各5点×8

二 各2点×10 計100点

＜国語解説＞

一 (小説―語句の意味，心情理解，表現理解，内容理解，主題)

基本 問1 ⓐ 「淡い」には，薄い・あっさりしている，などの意味がある。 ⓑ 「たしなめる」には，しかる・いましめる，などの意味がある。 ⓒ 「粋」は，いき(粋)である，という意味。「無粋」は，いきでないこと。

問2 直前の「鶴ヶ島のひと事」とは，「女の菓子職人なんてあり得ねえって言ってんだ。どうせ……だからよ」である。ワコはこれを言われた悔しさを思い出し，「負けてたまるか！ 全部売り切ってやる！」と考えている。

問3 じょうよ饅頭が複数の人に売れている場面であることから考える。

問4 鶴ヶ島から「奥山堂の名前はいっさい出すな」と言われていたこと，――⑤の直後で「店に迷惑をかけるわけにはいかない」と考えていることに注目。

問5 ワコは，饅頭を捨てろと言われて，捨てるのが嫌で泣いている。これをふまえて考える。

重要 問6 鶴ヶ島が，「性根の曲がったやつ(＝小原)を目覚めさせるため，ひと芝居打つことになった」と言っていることに注目。

問7 鶴ヶ島が，「俺なら，売れ残った菓子，汚れた菓子は迷わず捨てる。ところがワコは，菓子を捨てるのが嫌だと泣いた」と言っていること，ワコが菓子を捨てたくない理由は，「お客様さま」から「〝おいしい〟って言っていただいた」からであることに注目。

問8　「女の菓子職人なんてあり得ねえって言ってんだ。どうせ……だからよ」と言った鶴ヶ島が，ワコのことを「職人」と言っていることから考える。

問9　コネで雇ったのではない，ということは，努力や実力を期待して雇ったということである。

や難 問10　「うんざりなんだよ，兄貴と比べられのが！」と言っていた小原が，自分がお菓子が好きだということに気づいた場面であることに注意する。

問11　ワコは将来，「すべて自分でつくったお菓子を食べてもらう」ということをするのではないかと考えることができる。

二 (漢字の書き取り)

1 「探訪」は，ある場所や事柄を探し求めること。　2 「痛」の部首は「やまいだれ」である。　3 「平準」は，平らにすること。　4 「内密」は，表向きにしないこと。　5 「断腸の思い」は，悲しみにたえないこと。　6 「類いまれだ」とは，同等なものが他に存在しないほど優れていること。　7 「建設」は，建物や組織を新たにつくりあげること。　8 「奏」の字形に注意する。　9 同訓異字「あつ(い)」は，「信頼が厚い」「部屋が暑い」「スープが熱い」のように使い分ける。　10 「雑」は「九＋木＋隹」である。

★ワンポイントアドバイス★

小説は文章が長めであるうえ，細かい読み取りが必要とされる。ポイントを的確に読み取れる力をつけるため，ふだんから小説の読書を心がけよう！語句の意味なども，こまめに辞書を調べるなどして，基礎力をつけることが大切！

第2回

2024年度

解　答　と　解　説

《2024年度の配点は解答欄に掲載してあります。》

＜算数解答＞

1　(1)　23　(2)　5

2　(1)　208個　(2)　200g　(3)　①　4通り　②　9通り　(4)　57度
　(5)　62.8cm

3　(1)　秒速15m　(2)　765m　(3)　ア　35　イ　64　(4)　53.75秒

4　(1)　ア　7　イ　1999　(2)　ウ　8　エ　16　オ　6　カ　2000

5　(1)　8cm　(2)　$60cm^2$　(3)　$33\frac{1}{3}cm^2$

○推定配点○
2，4　各5点×12　他　各4点×10　計100点

＜算数解説＞

1　(四則計算)

(1)　□＝2024÷{(12＋5)×5＋3}＝23

(2)　$35-21+15-\left(\frac{132}{5}+\frac{33}{125}-\frac{333}{125}\right)=29-24=5$

重要 2　(差集め算，割合と比，場合の数，平面図形，図形や点の移動)

(1)　12個入りの箱…右表より，(10×3＋8−4)÷(12−10)＝17(箱)
したがって，リンゴは10×(17＋3)＋8＝208(個)

⑩……⑩⑩⑩⑩　＋　8
⑫……⑫④

(2)　右図…色がついた部分の面積が等しく，Aの重さとBの重さの比は(20−15)：(15−8)＝5：7
したがって，Aの重さは80÷(7−5)×5＝200(g)

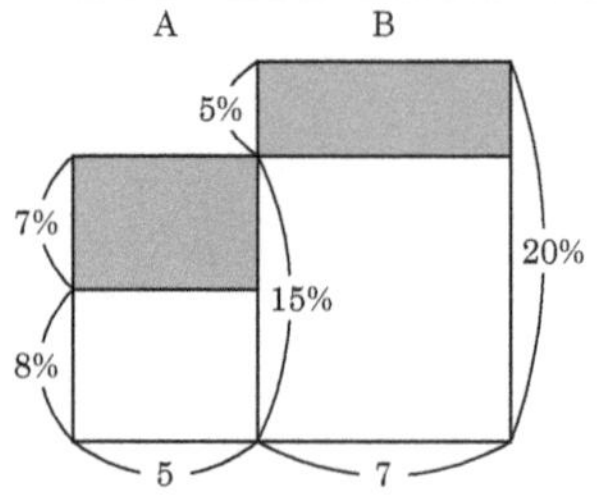

(3)　白玉…3個連続して並べられない
黒玉…2個連続して並べられない

3個の並べ方
○2個と●1個の並べ方…3通り
○1個と●2個の並べ方…1通り
したがって，全部で4通り

6個の並べ方
○4個と●2個の並べ方…5通り
○3個と●3個の並べ方…4通り
したがって，全部で9通り

(4)　下図

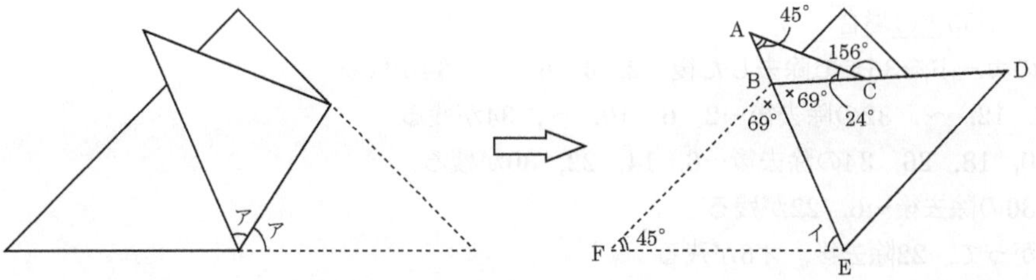

角DBE＝角FBE…45＋180－156＝69(度)
角イ…180－(45＋69)＝66(度)
したがって，角アは(180－66)÷2＝57(度)

(5)　右図…12×3.14÷360×150×4＝20×3.14
＝62.8(cm)

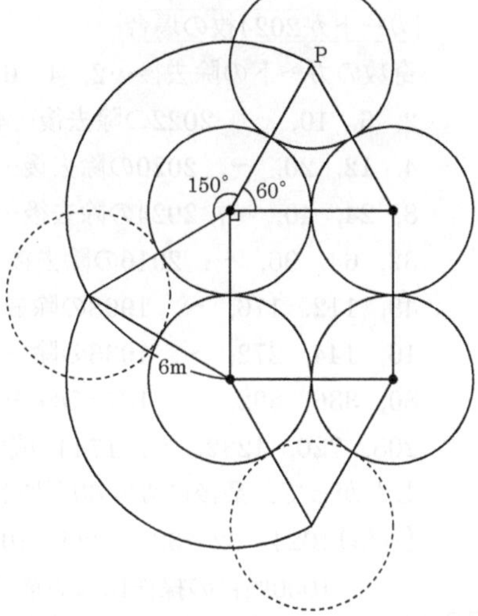

3 **(速さの三公式と比，通過算，旅人算，グラフ)**

列車A・B…反対方向から進み，AがBよりも早くトンネルに入る
グラフ…Aがトンネルに入ってからの時間と各列車がトンネル内にある部分の長さの関係を表す

基本 (1)　Aの秒速…グラフより，360÷24＝15(m)

(2)　Aの長さ…グラフより，360m
トンネルの長さ…(1)より，15×51＝765(m)

重要 (3)　Bがトンネルに入り始めてトンネルから出るまでに走った距離
…(2)とグラフより，765＋272＝1037(m)
Bがトンネルに入り始めてトンネルから出るまでの時間
…80－19＝61(秒)
Bの秒速…1037÷61＝17(m)
ア…19＋272÷17＝35(秒)
イ…19＋(1037－272)÷17＝64(秒)

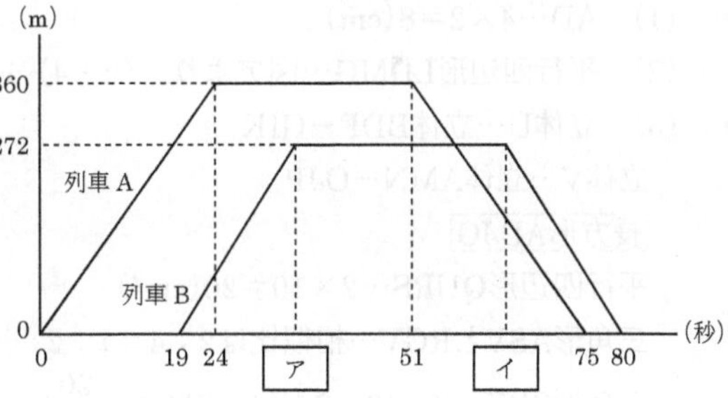

やや難 (4)　(1)～(3)より，(765＋17×19＋360＋272)÷(15＋17)＝53.75(秒)

4 **(数の性質，規則性)**

カード…上から順に1から始まる番号が書かれたカードが積まれている
操作…①・②を反復する
操作①…一番上のカードを除去する
操作②…除去後，一番上になったカードを一番下に移す

重要 (1)　カード…2024枚
4回目の操作で除去されるカードの番号ア…4番目の奇数7
1000回目の操作で除去されるカードの番号イ…1000番目の奇数，2×1000－1＝1999

やや難 (2)　カードが8枚で最後に残るカードの番号ウ…4番目の偶数8

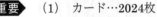

カードが16枚で最後に残るカードの番号エ…8番目の偶数16

カードが35枚の場合

奇数のカードを35まで除去した後…2, 4, 6, ～, 34が残る

4, 8, 12, ～, 32の除去後…2, 6, 10, ～, 34が残る

2, 10, 18, 26, 34の除去後…6, 14, 22, 30が残る

14, 30の除去後…6, 22が残る

したがって, 22除去後, オ6が残る

【別解】32＝16×2＝35－3, 3回目の操作による最下位のカード…2×3＝6→オ6

カードが2024枚の場合

奇数のカードの除去後…2, 4, 6, ～, 2024(1012枚目)が残る

2, 6, 10, ～, 2022の除去後…4, 8, 12, ～, 2024(506枚目)が残る

4, 12, 20, ～, 2020の除去後…8, 16, 24, ～, 2024(253枚目)が残る

8, 24, 40, ～, 2024の除去後…16, 32, 48, ～, 2016(126枚目)が残る

32, 64, 96, ～, 2016の除去後…16, 48, 80, ～, 2000(63枚目)が残る

48, 112, 176, ～, 1968の除去後…16, 80, 144, ～, 2000(32枚目)が残る

16, 144, 272, ～, 1936の除去後…80, 208, 336, ～, 2000(16枚目)が残る

80, 336, 592, ～, 1872の除去後…208, 464, 720, ～, 2000(8枚目)が残る

208, 720, 1232, ～, 1744の除去後…464, 976, 1488, 2000(4枚目)が残る

したがって, 最後にカ2000が残る

【別解】1024＝32×32＝2024－1000

1000回目の操作による最下位のカード…2×1000＝2000→カ2000

5 (平面図形, 相似, 立体図形, 割合と比)

基本 (1) AD…4×2＝8(cm)

重要 (2) 平行四辺形LDMG…図アより, (2＋4)×10＝60(cm^2)

やや難 (3) 立体U…立体BDF－GIK

立体V…立体AMN－OJP

長方形ADJG

平行四辺形QURS…2×10＝20(cm^2)

三角形ASVとRGV…相似比は2：4＝1：2

三角形SRV…2×10÷2÷(1＋2)×2＝$\frac{20}{3}$(cm^2)

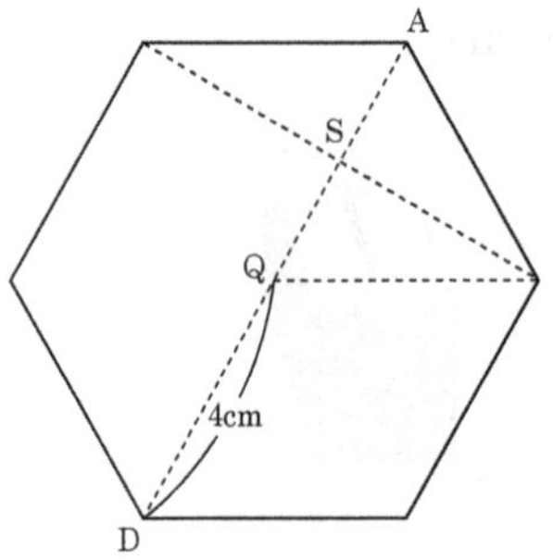

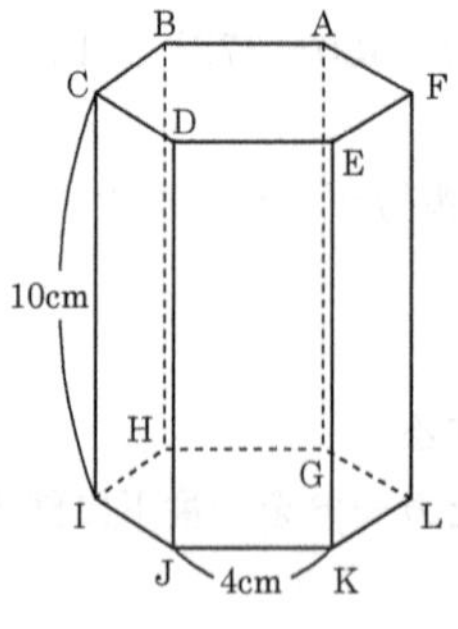

図ア

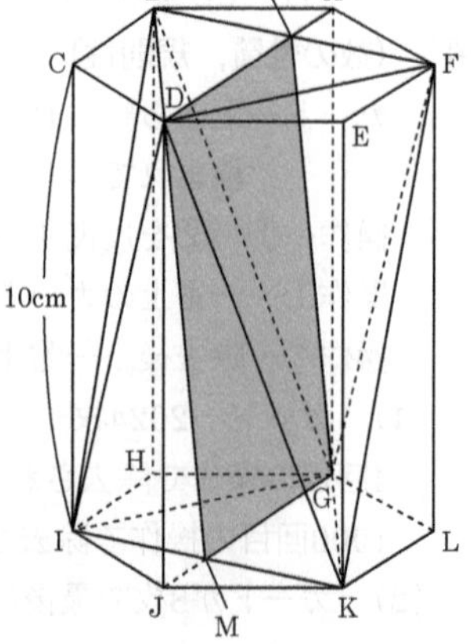

したがって, 切り口の面積は20＋$\frac{20}{3}$×2＝$\frac{100}{3}$(cm^2)

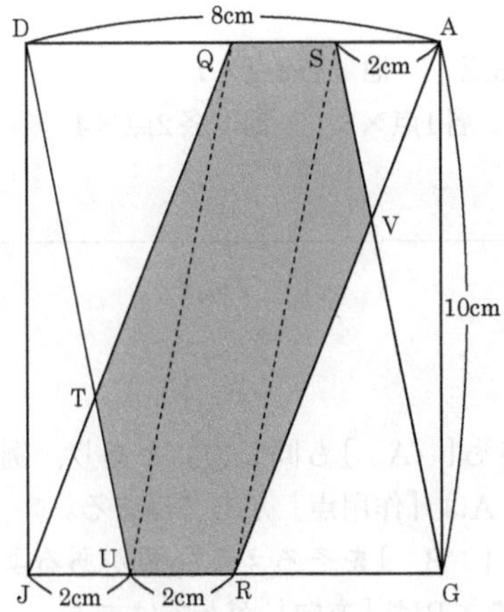

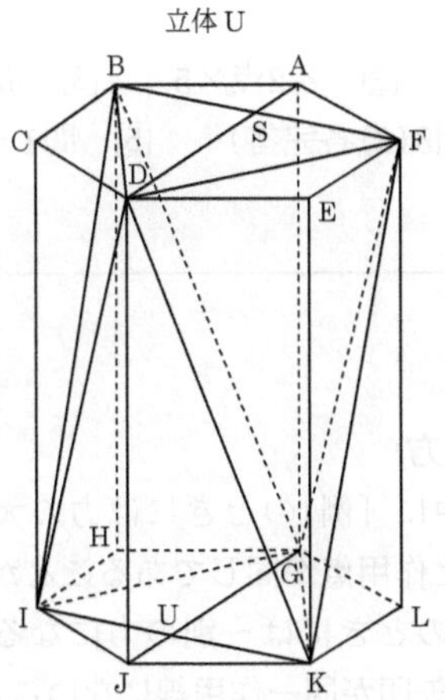

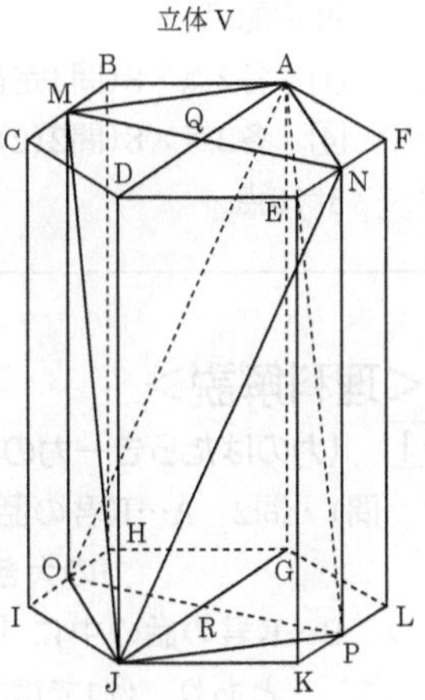

★ワンポイントアドバイス★

[3](4)「列車A・Bがすれ違い終わるまでの時間」，[4](2)「カード35枚の場合」「カード2024枚の場合」，[5](3)「重なった部分を長方形ADJGで切った切り口の面積」は難しい。解きやすい問題から，解いていこう。

＜理科解答＞

[1] 問1 A ア B ウ C エ D イ 問2 ① 4 ② 2 問3 4[例4]
問4 イ，ウ，エ[イ，エ]

[2] 問1 N(極) 問2 イ 問3 (1) カ (2) エ (3) ア

[3] 問1 ① 蒸発皿 ② 食塩[塩化ナトリウム] ③ 二酸化炭素 問2 1.3(%)
問3

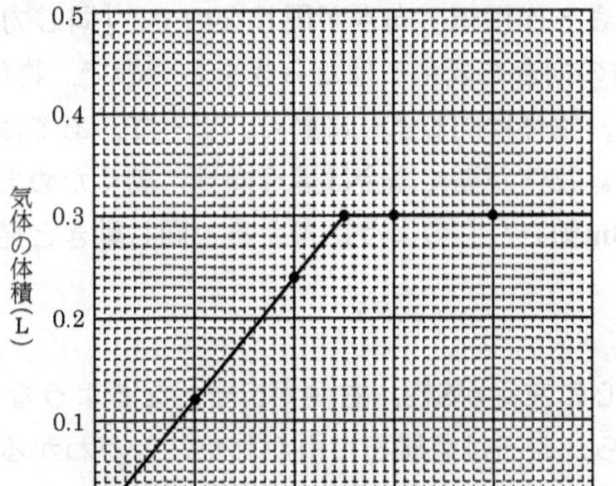

問4 0.12(L) 問5 0.06(L) 問6 20(g)

[4] 問1 ① 光合成 ② 師管 問2 (1) 子葉 (2) ア，イ，ウ，エ，オ[ア，ウ，エ，オ] 問3 (1) 枠A 60(g) 枠B 12(g) 枠C 6(g) (2) ウ，オ，キ

[5] 問1 オ 問2 ア 問3 ウ 問4 エ 問5 オ 問6 エ 問7 キ

○推定配点○

[1] 各2点×8(問4完答)　[2] 各2点×5　[3] 問3 3点　他 各2点×7

[4] 各2点×8(問2(2)，問3(2)各完答)　[5] 問1～問3 各1点×3　他 各2点×4

計70点

＜理科解説＞

[1] (力のはたらき―力の表し方)

やや難 問1・問2　A…K君の話の中に「例1のときには力の大きさも〔　A　〕も同じ力」とあり，例1は，力の大きさと作用点が同じであることから，Aは「作用点」があてはまる。

B…K君の話の中に「例1のときには～別の力になるよ。〔　B　〕をそろえる必要があるよね。」とあり，例1では力の矢印が同一作用線にないことから，Bは「方向」があてはまる。

C…K君の話の中に「〔　C　〕も同じにしないと例3のように反対向きに動いてしまうよ。」とあり，例1と例3での2力の向きの関係から，Cは「向き」があてはまる。

①…J君の話の中に「〔　A　〕(作用点)が違っていても，例〔　①　〕のときには同じ動きになるね。」とあり，作用点が違うときに同じ動きになるのは，力の大きさと向きが同じときなので，①には例「4」があてはまる。

②…K君の話の中に「例〔　②　〕のときには，〔　B　〕(方向)と〔　C　〕(向き)も同じなのにちがう動きになってしまうよ。」とあることから，②には，力の矢印がともに上向きになっている例「2」があてはまる。

D…J君の話の中に「どちらも力の〔　B　〕(方向)と〔　C　〕(向き)は同じだけど，例〔　②　〕(4)では〔　D　〕は同じじゃないね。」とあることから，図2で，同じになっていないのは力の作用線なので，Dには「作用線」があてはまる。

問3　J君の最後の話から，「同じ力」は，力の大きさが同じで，作用線(D)と向き(C)も同じであればよいので，例1～4のうちで同じ力といえるのは例4だけとなる。例1は力の向きが違い，例2は力の作用線が違い，例3は力の向きが違うので，いずれも同じ力ではない。

問4　ア…力の作用点は違うが，力の大きさ・作用線・向きが同じなので，「同じ力」になるからあてはまらない。　イ・エ…定滑車は力の向きを変えるはたらきをもつので，物体に対しては，力の大きさ・作用線・向きが同じとなり，物体は同じように動く。よって，あてはまる。　ウ…力の向きが違うため同じ力にはならない。物体が動く場合は違う向きに動くためあてはまらないが，「物体が動かなかった」を「物体が0m動いた」のように考えると同じ動きと見なすこともでき，あてはまるとしてもよい。

[2] (電流のはたらき・ばね―電磁石・ばね)

重要 問1　図2のコイルに電流が流れると，鉄心の左側がS極，右側がN極となるような電磁石ができる。磁石が右向きに2目盛動いたことから，磁石は電磁石に引かれたことがわかる。磁石はことなる極どうしが引き合うので，磁石の右側はN極である。

問2　図3より，電流の大きさと磁力は比例関係にあることがわかり，図4からばねを引く力とばねの伸びは比例関係にあることがわかる。これらのことから，電流の大きさとばねの伸びは比例関係にあるとわかる。

重要 問3　(1)　図2と比べて，電池の向きが異なるだけなので，電磁石のN極とS極が逆になり，流れる電流の大きさは変わらず電磁石の磁力の大きさは変わらない。よって，図2のときとは逆の左向きに2目盛動く。　(2)　図2と比べて，電池の向きは同じで電池の個数が2個になっているので，電磁石の極は変わらず，流れる電流の大きさが2倍になって電磁石の磁力の大きさは2倍になる。よって，図2のときと同じ右向きに，2(目盛)×2＝4(目盛)動く。　(3)　電池の個数が変わらず豆電球が2個になると，回路に流れる電流は半分になる。このことから，図2と比べて電磁石の極は変わらず磁力は半分になる。よって，図2のときと同じ右向きに，2(目盛)÷2＝1(目盛)動く。

3　**(水溶液・気体―中和・気体の発生)**

重要　問1　①　液体を加熱して蒸発させるときは蒸発皿を使う。　②　BTB溶液を加えた塩酸に水酸化ナトリウム水溶液を加え，緑色になった水溶液は，ちょうど中和して中性になっている。このとき，混合液は食塩水(塩化ナトリウム水溶液)となっていて，水溶液から水をすべて蒸発させると食塩(塩化ナトリウム)だけが残る。　③　塩酸に石灰石を加えると二酸化炭素が発生する。

基本

重要　問2　溶液5g中に0.065gの食塩が含まれているので，濃度は0.065(g)÷5(g)×100＝1.3(%)

やや難　問3　発生する気体は0.3Lまでなので，石灰石xgのときに気体が0.3L発生したとすると，1.0(g)：0.24(L)＝□(g)：0.3(L)　□＝1.25(g)となり，石灰石が1.25gまでは，石灰石の重さと発生する気体の体積は比例し，それ以上では気体は0.3Lで一定となる。

問4　問3より，塩酸12.5gとちょうど反応する石灰石は1.25gなので，同じ濃度の塩酸10gとちょうど反応する石灰石は1.25(g)×$\frac{10(g)}{12.5(g)}$＝1.0(g)である。このことから塩酸10gに石灰石0.5gを加えるとき，石灰石はすべて反応することがわかる。石灰石1.0gが反応すると0.24Lの気体が発生するので，石灰石0.5gが反応したときに発生する気体の体積は0.24(L)×$\frac{0.5(g)}{1.0(g)}$＝0.12(L)

やや難　問5　実験1より，塩酸2.5gと1%水酸化ナトリウム水溶液20gがちょうど中和するので，塩酸10gに1%水酸化ナトリウム水溶液20gを加えると，未反応の塩酸が10－2.5＝7.5(g)残る。塩酸7.5gとちょうど反応する石灰石は1.25(g)×$\frac{7.5(g)}{12.5(g)}$＝0.75(g)なので，塩酸7.5gに石灰石0.25gを加えると，石灰石はすべて反応し，発生する気体の体積は0.24(L)×$\frac{0.25(g)}{1.0(g)}$＝0.06(L)

やや難　問6　問5より，塩酸10gのうち2.5gが水酸化ナトリウム水溶液と反応し，2.5gが石灰石と反応したため，未反応の塩酸は10－2.5－2.5＝5(g)である。塩酸2.5gとちょうと反応する1%水酸化ナトリウム水溶液が20gなので，塩酸5gと反応する1%水酸化ナトリウム水溶液は40gである。水酸化ナトリウム水溶液の濃度を2倍にすると，ちょうど中和するのに必要な水酸化ナトリウム水溶液の重さは半分になるので，加えた2%水酸化ナトリウム水溶液の重さは40(g)÷2＝20(g)

4　**(植物―種子の発芽と成長)**

基本　問1　植物は葉で光合成を行ってデンプンなどの栄養分をつくり，つくられた栄養分は師管を通ってからだの各部へ運ばれる。

重要　問2　①　ダイズは発芽のための養分を子葉にたくわえている。　②　トウモロコシは発芽のための養分は胚乳にたくわえている。また，オオバコは子葉に養分をたくわえているが，バコパ(ステラ)のように胚乳に養分をたくわえているオオバコのなかまもある。

問3　(1)　図2より，枠A，B，Cのいずれもすべての重さが600gなので，それぞれの1本あたりの重さは，A…600(g)÷10＝60(g)，B…600(g)÷50＝12(g)，C…600(g)÷100＝6(g)

(2)　ア・イ…図2から，30日・60日ともに植物全体の重さは枠Cがもっとも重いとわかる。よってどちらも誤り。　ウ・エ…(1)より，枠A，B，Cの植物1本あたりのおよその重さは，A…

60g，B…12g，C…6gなので，枠Aがもっとも重いとわかり，ウが正しく，エが誤り。　オ…図2より，植物すべての重さが100gをこえるのがもっとも早いのは枠Cである。よって正しい。カ・キ…枠全体での光や水，土に含まれる肥料の量は同じなので，植物の本数が少ないほど，植物1本あたりが得られる量は多くなる。

5　(天体―天体総合)

問1　マグマの海ができた後，地球の温度が下がって空気中の水蒸気が冷やされて海となった。

問2　地球は大きな磁石であり，クレーターをつくる原因となるいん石の中には鉄を多くふくむものもあるため，地球に磁力があることはクレーターが少ない理由にはならない。

問3　彗星がつくるガスの尾は主に氷なので，温度の低い太陽とは反対側にできる。

重要　問4　冬至のころはふたご座が太陽と反対向きにある。よって，エが冬至のころとなる。なお，アは春分，イは夏至，ウは秋分のころの地球の位置である。

重要　問5　地球は地軸を軸にして回転しているので，図3の場合，オは1日中太陽側にあるため，太陽と反対側にあるふたご座を見ることはできない。

基本　問6　ふたご座は太陽と反対側にあるため，真夜中に南中する。

重要　問7　満月は，月が地球から見て太陽の反対側にあるときに見えるので，満月の前日である12月14日の月はキの位置にあると考えられる。

★ワンポイントアドバイス★

実験や観察の結果をもとにしっかりと読んで考える必要がある問題が多く出題されているので，典型問題だけでなく，読解力や思考力を問うような問題にもふれて慣れておこう。

＜社会解答＞

1　問1　大宮(駅)　問2　上野(駅)　問3　隅田(川)　問4　エ　問5　ア　問6　エ
問7　ウ　問8　ア　問9　ウ　問10　エ　問11　イ　問12　イ　問13　ウ
問14　広島(県)　問15　カ

2　問1　イ　問2　イ　問3　ウ　問4　ウ　問5　熊本　問6　ア　問7　陸奥(国)
問8　エ　問9　ウ　問10　エ　問11　ポルトガル　問12　長篠　問13　堺
問14　イ　問15　(お)　オ　(か)　エ　問16　イ　問17　ウ　問18　オ
問19　ウ　問20　ア　問21　ア

3　問1　(あ)　ウ　(い)　エ　問2　[1]　イ　[2]　(う)　イ　(え)　ウ
問3　(お)　上告　(か)　三審(制)　問4　エ　問5　[1]　ウ　[2]　ウ
問6　エ　問7　ウ　問8　A　ア　B　エ

○推定配点○

1　問1～問3・問13～問15　各2点×6　他　各1点×9

2　問5～問7・問10～問13　各2点×7　他　各1点×15

3　問1(あ)・(い)・問3(お)・(か)・問4・問6　各2点×6　他　各1点×8

計70点

＜社会解説＞

1 (日本の地理－日本地理の総合問題)

基本 問1 さいたま市が誕生した2001年は平成の大合併が行われた時期となる。

問2 上野駅は東北方面のいわゆる「玄関口」の位置づけの駅となる。

問3 空欄う直後の「荒川から分岐」という文言に注目したい。

重要 問4 「遠くにある」「高さのある」という文言に注目したい。

問5 イは熊本県，ウは山形県，エは北海道の銘柄米である。

問6 アは静岡県，イは愛媛県，ウは東京・千葉県の名産品となる。

基本 問7 ウは岩手県の伝統工芸品である。

問8 イ・ウ・エの「高潮」「火山活動」「都市直下」いずれも原因とはならない。

問9 天橋立は京都府の北部に位置している。

問10 アは厳島神社，イは砂州，ウは海岸平野の説明となる。

重要 問11 アは福島県を北流し，ウは山形県を南北に貫流し，エは秋田県中部を流れている。

問12 アは長野市，ウは富山市，エは大阪市となる。

問13 アは沖合漁業，イは遠洋漁業，エは栽培漁業となる。

問14 牡蠣類の国内生産量は広島県と宮城県の上位2県で70％以上を占めている。

基本 問15 対馬海流は日本海側の暖流となる。

2 (日本の歴史－古代から現代)

問1 ア・ウは11世紀，エは10世紀の説明となる。

基本 問2 ア 「発言力～」が不適。 ウ 「藤原氏の出身」が不適。 エ 「天皇には～」が不適。

重要 問3 ア 「源頼朝」が不適。 イ 「源義経」が不適。 エ 「源義家」が不適。

問4 アは12世紀，イは9～10世紀，エは10世紀の人物となる。

問5 下線部(4)直後の「阿蘇山」も手がかりとなる。

問6 イ・ウは既に滅亡しており，エの建国は14世紀となる。

基本 問7 設問文の「三陸沿岸」という文言に着目したい。

問8 アは1624年，イは1549年，ウは1401年，エは1585年の出来事である。

問9 アは「日明貿易」が不適。 イ 「明」が不適。 エ 「朱印船貿易」が不適。

問10 ア・イ・ウは当時の輸入品であった。

問11 ポルトガル人によって日本に鉄砲が伝来されたのは1543年の出来事である。

重要 問12 長篠の戦いはその後の築城法や戦術に画期的な変化をもたらした。

問13 堺は現在の大阪府に位置している。

問14 イ 文章Eの最後の2行の内容と合致しない。

問15 (お) 日清戦争開戦時，朝鮮は清の属国であった。 (か) 台湾は日本の第二次大戦敗戦後まで日本の植民地であった。

基本 問16 ア 日露戦争の結果である。 ウ 鹿鳴館の完成は日清戦争勃発前である。 エ 国際連盟の設立は第一次世界大戦後である。

問17 ア 日中戦争は1937年に始まった。 イ 「日露戦争」が不適。 エ 「満州を占領」が不適。

問18 城野君の発言内の「明らかになっている」が不適。

問19 ア 「日中戦争後」が不適。 イ 「下関条約」が不適。 エ 「第一次世界大戦」が不適。

問20 「奉天」は遼寧省中央部の省都「瀋陽」の旧名である。

問21　ア　「反対」が不適。

3 （政治－「裁判」を起点とした問題）

重要　問1　冒頭陳述をするのは検察官で，被告人のために防御活動をするのが弁護人である。

基本　問2　[1]　ア　日本国憲法では特別裁判所の設置が禁じられている。　ウ　下級裁判所には簡易裁判所も含まれている。　エ　「国会が法律で定め」が不適。　[2]　(う)　弾劾裁判所の裁判員は衆参両院で7名ずつ選出する。　(え)　違憲立法の審査は憲法の最高法規性を保障する制度である。

問3　三審制は裁判を慎重に行うための制度である。

問4　ア「最高裁判所の指揮」が不適。　イ　「最高裁判所の命令」が不適。　ウ　「国民投票」が不適。

問5　[1]　民事事件とは私法上の法律関係において生起する事象に関する事件である。　[2]　最も重い懲役7年から意見を順に加えていき，懲役5年のところで過半数になる。

基本　問6　ア　死亡総数と総人口がともに増加している時期がある。　イ　「高齢化社会」ではなく「高齢社会」である。　ウ　「その間に～」が不適。

問7　ア・イ・エ　「すべて」が不適。

問8　A　ア　「毎日働ける」に着目したい。　B　エ　「全国から～」に着目したい。

★ワンポイントアドバイス★

本校は制限時間に対して問題量が多いため，日頃から時間配分を意識しながら実践演習を積んでおこう。

<国語解答>

一　問1　ⓐ　エ　ⓑ　イ　問2　(例)　父が再婚して産まれた子供と「僕」の息子が同い年であることに驚く気持ち。(35字)　問3　ウ　問4　(例)　凪斗の，外食をしておこさまセットを頼めることを喜ぶ気落ち。(29字)　問5　イ　問6　(例)　幼少期父親に叶えてもらえなかったことを大人になって自分の子どもにしてあげたことで，過去の辛い経験が報われたという気持ち。(60字)　問7　エ　問8　(例)　「僕」のことはどこにも連れて行ってくれなかったのに，新しい家族とファミレスで楽しそうに過ごしていることを嫌悪する気持ち。(60字)　問9　罪滅ぼし　問10　ア　問11　(例)　父も「僕」も過去がもたらしたエゴで子育てをしつつも，それに向き合い面白がっている点で同じだと気づき，父への拒絶感が薄れて彼の言葉に耳を傾けてもよいと思えたから。(80字)

二　1　博士　2　節　3　札　4　効　5　蒸気　6　基幹　7　善後　8　留　9　門戸　10　英断

○推定配点○

一　問3・問6・問8・問10・問11　各9点×5　他　各5点×7

二　各2点×10　計100点

＜国語解説＞

一 (小説一空欄補充，心情理解，表現理解，内容理解，主題)

基本 問1　ⓐ「声を弾ませる」は，嬉しさや興奮のため，調子づいて勢いにのった声を出すこと。
ⓑ「鼻につく」は，嫌みに感じられること。

問2　直前の「凪斗の顔が浮かんだ。……自分の子と同い年？」に注目して，解答をまとめる。

問3　「家族を捨てた父さん」「今の父さんの方が何倍も気持ち悪いし，近づきたくない」「絶縁した家族に飄々とアプローチを仕掛けてくるなよ」などの表現に注目。

問4　「え，食べたーい！　おこさまのやつ！」という凪斗の言葉に注目。

問5　「自分の両親がパン屋だから，……取り除いてあげたくて」という千沙登の言葉は，凪斗がパン屋にとらわれることをよしとしない発言である。この言葉を思い出した「僕」は，息子の言葉を素直に喜べないでいる。

重要 問6　直前に，「父と子で，ファミレスに行く。それが幼少期の自分には，叶えてもらえなかったことなんだと，なぜか今更になって気付いた」とある。自分が叶えられなかったことを今，自分の息子にしてやることができて，「僕」は嬉しさを感じている。

問7　ファミレスで近くにいた女の子の名が「渚」であり，父の娘の名が「渚」であることに注目。

問8　――⑦のあとに「僕」が，「昔はファミレスなんて絶対に行かなかったもんね」と，父への皮肉を言っていることに注意する。

問9　「僕」がファミレスから出て階段で聞いた父の言葉の中に「罪滅ぼし」という言葉がある。「罪滅ぼし」は，善事を行なって過去の罪をつぐない滅ぼすこと。

問10　――⑧のあとの千沙登の発言を追って考える。

やや難 問11　「過去の自分がしてやれなかったことを今になって実行する父と，過去の自分がしてもらえなかったことを今になって叶えていく僕」や，「子供のため，と思っても，必ずどこかに自分の偏った考えが生じる。……暗中模索の旅だけれど，……」といった内容に注目して，解答をまとめる。

二 (漢字の書き取り)

1 「博」の右上の点を忘れずに書くこと。　2 「節」の音読みは「セツ」。熟語に「関節・節分」など。　3 「札」の音読みは「サツ」。熟語に「表札・改札口」など。　4 「効」の音読みは「コウ」。熟語に「効果・有効」など。　5 「蒸」の字形に注意すること。　6 「基幹」は，中心となるもの。　7 「善後策」は，うまく後始末をつけるための方策。　8 「心に留める」は，常に意識して忘れないでおくこと。　9 「門戸」は，出入り口。　10 「英断」は，優れた決断。

★ワンポイントアドバイス★

細かい読み取りを必要とする読解問題が出題されている。小説は文章が長めなので，ポイントを的確に読み取れる力をつけておこう。ふだんからの読書が大切だ。漢字の書き取りも問題数が多く，確実に得点することが求められる。

MEMO

大切なことはメモしておこうネ！

2023年度

★★★★★★★★★★★★★★★★★★★★★★★

入　試　問　題

2023年度

城北中学校入試問題（第１回）

【算　数】（50分）　＜満点：100点＞

【注意】　１．円周率が必要な場合には，3.14として計算しなさい。

２．コンパス・定規・分度器を使ってはいけません。

1　次の □ にあてはまる数を求めなさい。

⑴　$2\frac{3}{4}\div 0.125-\left(\frac{3}{5}+2\frac{1}{3}\right)\div\left(\frac{1}{9}+\frac{2}{15}\right)=\square$

⑵　$3\div\left\{2\times\left(1\frac{1}{4}-\square\right)+\frac{2}{3}\right\}=1\frac{1}{5}$

2　次の □ にあてはまる数または比を求めなさい。

⑴　３％の食塩水100ｇ，６％の食塩水150ｇ，８％の食塩水 □ ｇを混ぜると，７％の食塩水になります。

⑵　下の図は，大きさの異なる２つの正六角形です。角アの大きさは □ 度です。

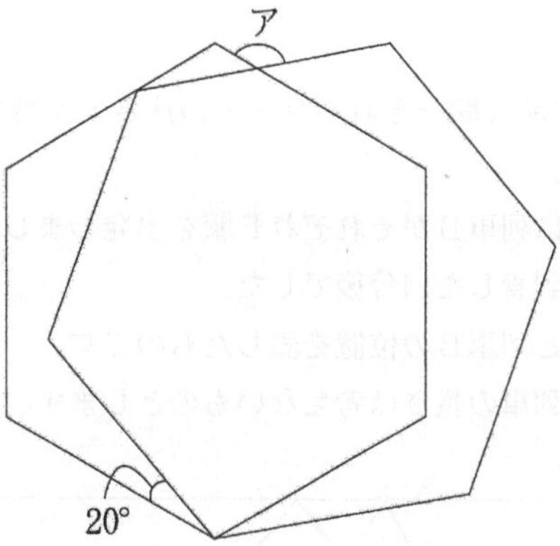

⑶　１辺の長さが２㎝の正方形ABCDの頂点Ａに長さ８㎝のひもがついています。このひもを図の状態からピンと張ったまま，時計回りで正方形にすべて巻きつけます。このとき，ひもの先端《たん》Ｐが動いてできる線の長さは □ ㎝です。

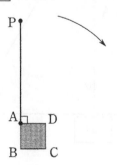

⑷　ある動物園の入口には開園時刻に600人の行列があり，毎分60人の人がこの行列に加わります。開園時刻に改札口を２ヵ所開けると行列はちょうど15分でなくなりました。開園時刻に改札口を［　　］ヵ所以上開けると行列は３分以内になくなります。

⑸　図の長方形ABCDにおいて，

AE：EB＝１：１，BF：FC＝１：２，CG：GD＝１：３

です。

このとき，EI：IG＝［　①　］で，三角形EHIの面積は長方形ABCDの面積の［　②　］倍です。

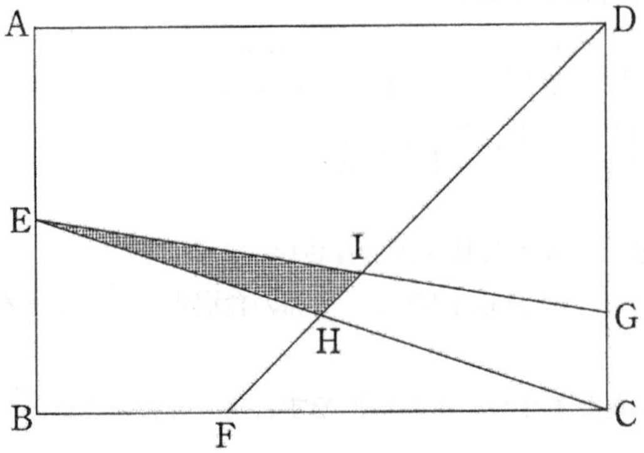

3　列車Aと列車BはP駅とQ駅の間をそれぞれ一定の速さで何度も往復します。列車Aと列車Bが走る速さの比は５：７です。

８時に列車Aが，８時８分に列車BがそれぞれP駅を出発しました。列車Aがはじめに Q駅に到《とう》着《ちゃく》したのは，列車BがQ駅に到着した14分後でした。

下のグラフは時刻と列車Aと列車Bの位置を表したものです。

ただし，駅での停車時間と列車の長さは考えないものとします。

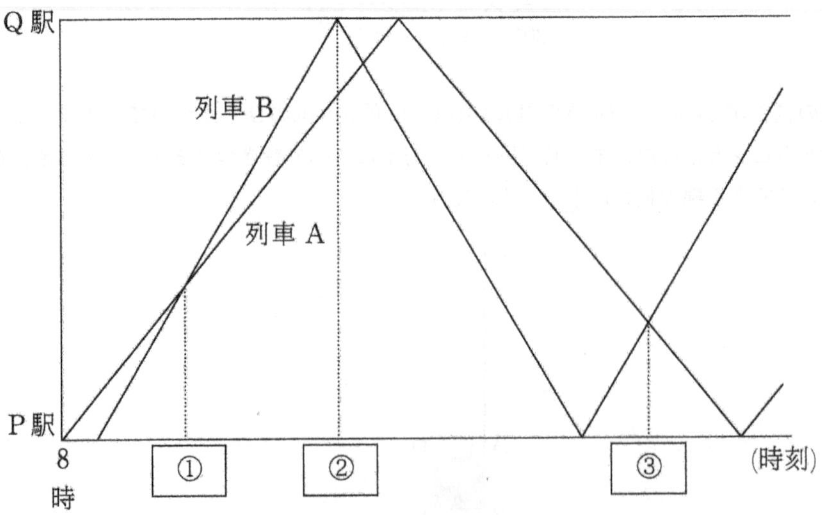

次の問いに答えなさい。

⑴　グラフの ① にあてはまる時刻を求めなさい。

⑵　グラフの ② にあてはまる時刻を求めなさい。

⑶　グラフの ③ にあてはまる時刻を求めなさい。

4　図１のような，長方形あ，正方形い，二等辺三角形うがあります。

図１

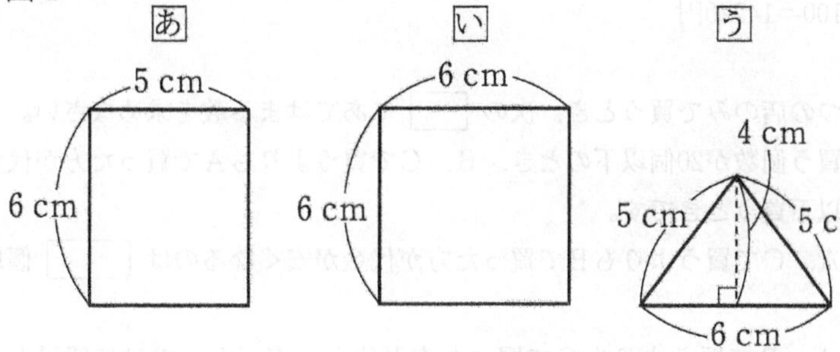

これらの図形を組み合わせて図２のような展開図を作り，これを組み立てた立体をＰとします。

図２

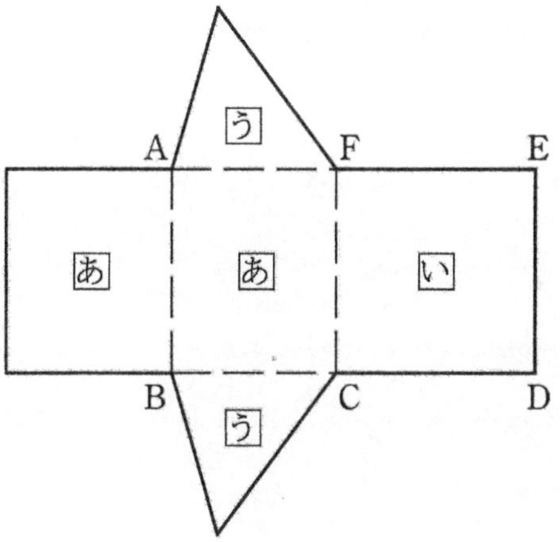

次の問いに答えなさい。

⑴　立体Ｐの体積を求めなさい。

⑵　立体Ｐの頂点Ｄから辺BC，辺AFを通って頂点Ｅまで糸で結びます。糸の長さが最も短くなるとき，その長さを求めなさい。

⑶　立体Ｐの頂点Ａ，Ｂ，Ｃ，Ｄを結んでできる立体をＱ，立体Ｐの頂点Ａ，Ｂ，Ｅ，Ｆを結んでできる立体をＲとするとき，立体Ｑと立体Ｒが重なっている部分の体積を求めなさい。

5　ある商品を，Ａ，Ｂ，Ｃという３つの店で売っています。

Ａでは１個450円で売っています。

Ｂでは，10個までは１個480円，10個を超《こ》えた分は１個450円，20個を超えた分は１個420円，30個を超えた分は１個400円で売っています。

例えばＢでこの商品を32個買ったときの代金は

$480\times10+450\times10+420\times10+400\times2=14300$円

です。

Ｃでは通信販《はん》売をしていて１個の代金は410円ですが，買った個数によって送料は異なり，10個までは500円，11個から20個までは700円，21個から30個までは900円，31個から40個までは1100円……のように10個ごとに送料が200円ずつ高くなります。

例えばＣでこの商品を32個買ったときの代金は

$410\times32+1100=14220$円

です。

この商品を１つの店のみで買うとき，次の □ にあてはまる数を求めなさい。

⑴　この商品を買う個数が20個以下のとき，Ｂ，Ｃで買うよりもＡで買った方が代金が安くなるのは □ 個以下買うときです。

⑵　この商品をＡ，Ｃで買うよりもＢで買った方が代金が安くなるのは □ 個以上買うときです。

⑶　この商品をＡ，Ｂで買うよりもＣで買った方が代金が安くなるのは18個以上 ［①］ 個以下と ［②］ 個以上39個以下買うときです。

【理　科】（40分）　＜満点：70点＞

[1]　２種類のばねをそれぞれいくつか用意し，図１のように天井につるしておもりをぶら下げました。このときのばねの長さとおもりの重さの関係を調べたところ，表１のようになりました。つぎの問いに答えなさい。ただし，ばねの重さは考えないものとします。

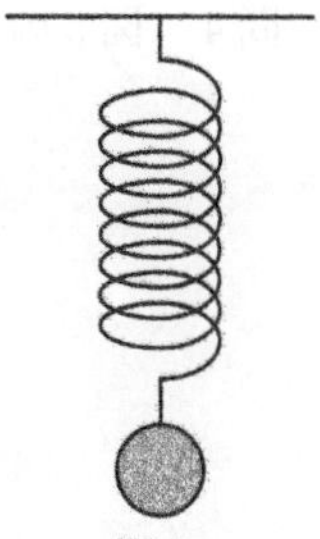
図１

表１：おもりの重さとばねの長さの関係

おもりの重さ（g）	0	10	20	30	…	②
ばねＡの長さ（cm）	15	18	21	24	…	③
ばねＢの長さ（cm）	20	22	①	26	…	34

問１　表１の空らん①～③に入る数値を，それぞれ答えなさい。

問２　図２，図３のようにばねとおもりをつなぎました，図２のばねの長さＸ，図３のばねの長さＹはそれぞれ何cmですか。ただし，ばねどうしをつなぐ棒の重さは考えないものとします。

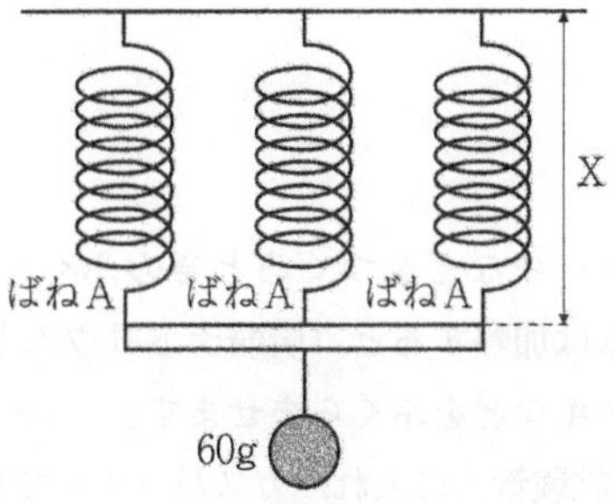

図２

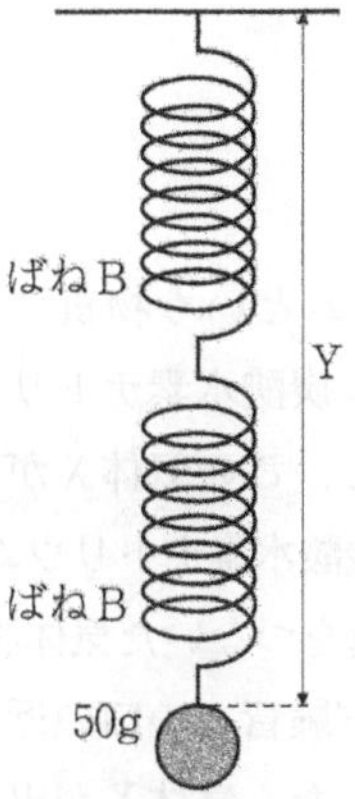

図３

問３　図４のようにばねとおもりをつないだところ，ばねＡとばねＢの長さの合計は75cmになりました。おもりの重さは何ｇですか。

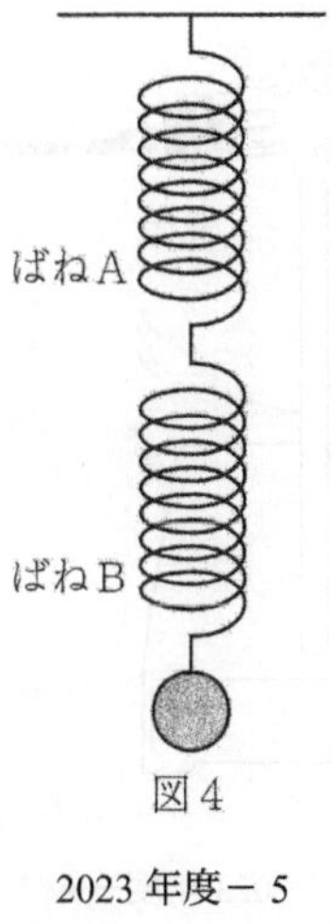

図４

つぎに，図5のようにばねAに1辺の長さが2 cmの立方体のおもりをつるし，水の中に入れました。ただし，水1 cm^3あたりの重さは1 gとします。

問4　図5のとき，ばねAの長さは21cmでした。立方体の重さは何gですか。

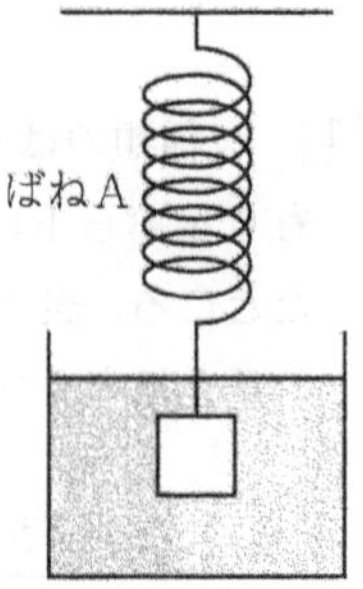

図5

問5　図5のばねAをばねBにつけかえ，図6のように立方体が体積の半分だけ沈《しず》むようにつるしました。ばねBの長さは何cmですか。

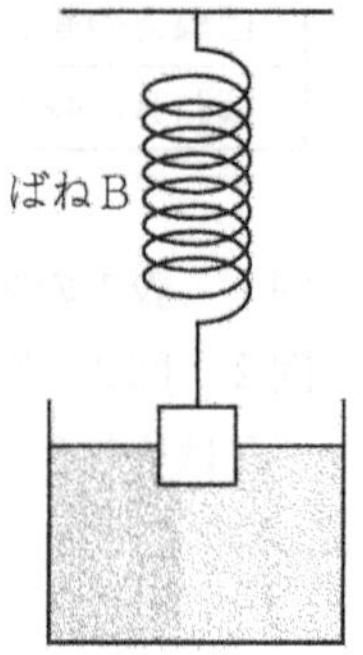

図6

2　炭酸水素ナトリウムという物質は，ケーキなどをつくるときのふくらし粉（ベーキングパウダー）の主成分です。炭酸水素ナトリウムは加熱すると，炭酸ナトリウムという粉状の固体の物質と水と気体Xに分解し，この気体Xがケーキなどをふくらませます。

下の図のように，炭酸水素ナトリウムを試験管Aに入れ，ガスバーナーで加熱して，出てきた気体Xはガラス管とゴム管をつないだ気体誘導管《ゆうどうかん》を用いて，試験管Bに入れた水溶液《すいようえき》Yに通しました。

しばらくすると，試験管Aの口の近くには液体がついてきました。また，試験管Bに入れた水溶液Yは白くにごりました。気体Xが出なくなったら，試験管Bから気体誘導管の先を抜いてから，ガスバーナーを消火しました。

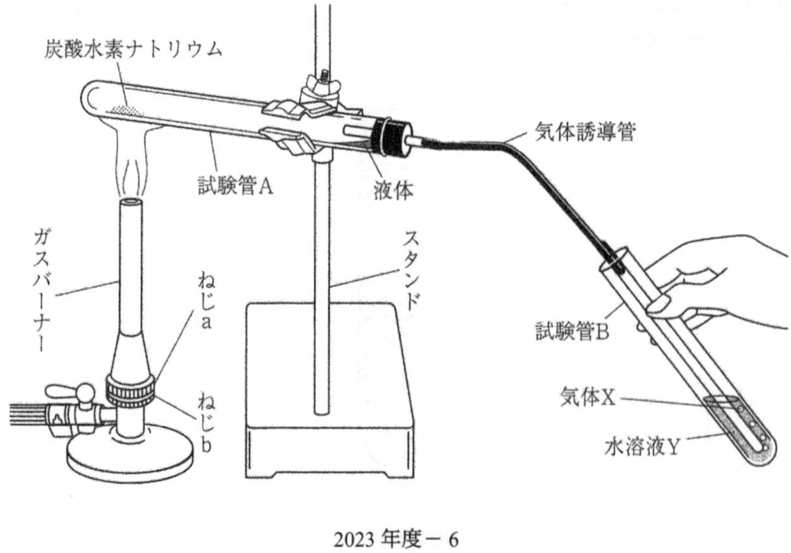

問１　試験管Ｂに入れた水溶液Ｙは何ですか。

問２　気体Ｘの説明として，正しいものをつぎのア～クからすべて選び，記号で答えなさい。

ア．空気中で２番目に多い気体である。

イ．空気中で３番目に多い気体である。

ウ．上方《じょうほう》置《ち》換《かん》で集めることができる。

エ．下《か》方《ほう》置《ち》換《かん》で集めることができる。

オ．植物が光合成をするときに必要な気体である。

カ．ものが燃えるときに必要な気体である。

キ．水に溶《と》かすと水溶液は酸性になる。

ク．水に溶かすと水溶液はアルカリ性になる。

問３　下線部について，つぎの問いに答えなさい。

⑴　ガスバーナーの消火の前に，試験管Ｂから気体誘導管の先を抜く理由を20字以内で答えなさい。ただし，数字や記号，句読点も１字と数えます。

⑵　ガスバーナーとその消火についての説明で，正しいものをつぎのア～オから２つ選び，記号で答えなさい。

ア．ねじａはガス調節ねじで，ねじｂは空気調節ねじである。

イ．ねじａは空気調節ねじで，ねじｂはガス調節ねじである。

ウ．ねじａをおさえながら，ねじｂを閉じてから，ねじａを閉じて消火した。

エ．ねじｂをおさえながら，ねじａを閉じてから，ねじｂを閉じて消火した。

オ．ねじａとねじｂを同時に閉じて消火した。

問４　試験管Ａの口の近くについた液体が水であることを確かめるために，実験装置が冷めてから，この液体を試験紙につけて確かめました。この試験紙の色の変化を説明した下の文中の［ ① ］～［ ③ ］に入ることばを，あとのア～クから，それぞれ１つ選び，記号で答えなさい。

液体を［　①　］につけたところ，［　②　］色の［　①　］が［　③　］色に変化したので，この液体は水であることがわかった。

ア．赤色リトマス紙

イ．青色リトマス紙

ウ．塩化コバルト紙

エ．白

オ．黄

カ．赤

キ．青

ク．紫《むらさき》

問５　炭酸水素ナトリウム8.4ｇを加熱して分解すると，炭酸ナトリウムが5.3ｇと水が0.9ｇできることがわかっています。このことを用いて，つぎの問いに答えなさい。ただし，答えが割り切れないときは，小数第２位を四捨五入して，第１位まで求めなさい。

⑴　このとき，気体Ｘは何ｇできると考えられますか。

⑵　気体Ｘの１Ｌあたりの重さが1.8ｇのとき，⑴の気体Ｘの体積は何Ｌですか。

3 下の図はヒトの血液循環《じゅんかん》系で，おもな内臓《ぞう》のつながり方をしめしています。

実線（――）と点線（-----）は，それぞれ同じ特徴《とくちょう》をもつ大きな血管で，矢印の向きは，血液の流れる向きをしめしています。また，内臓Ａ～Ｄのどれか１つが小腸《ちょう》です。

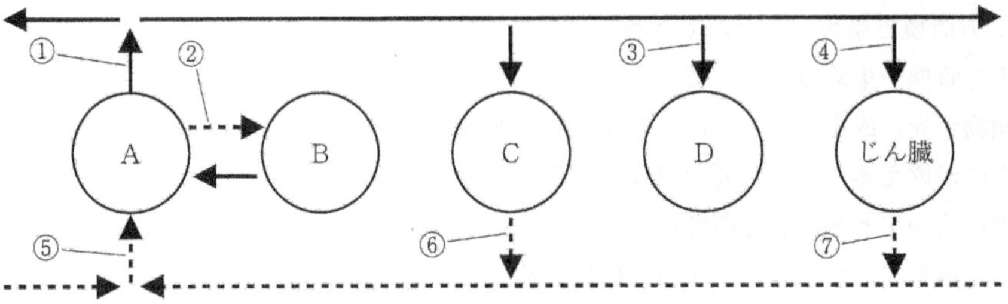

問１　内臓Ａの名まえを答えなさい。

問２　実線の矢印がしめしている血管の種類を，ア～エから１つ選び，記号で答えなさい。

ア．動脈《みゃく》

イ．静脈

ウ．酸素が多い血液が流れる血管

エ．酸素が少ない血液が流れる血管

問３　図には，大きな血管をしめす矢印が１つ不足しています。その矢印を，**実線または点線**の矢印で，図にかきなさい。

問４　問３の血管の名まえを答えなさい。

問５　不要物がもっとも少ない血液が流れる血管を，①～⑦から１つ選び，番号で答えなさい。

4 2023年８月13日に，太陽と金星と地球が一直線に並びます。図１のように，金星と地球は太陽を中心として，矢印の向きに円形に公転していて，この２つの惑星《わくせい》は，同じ面上で公転しているものとします。ただし，地球と金星が公転を１回するのにかかる時間は，それぞれ12か月，7.2か月とします。

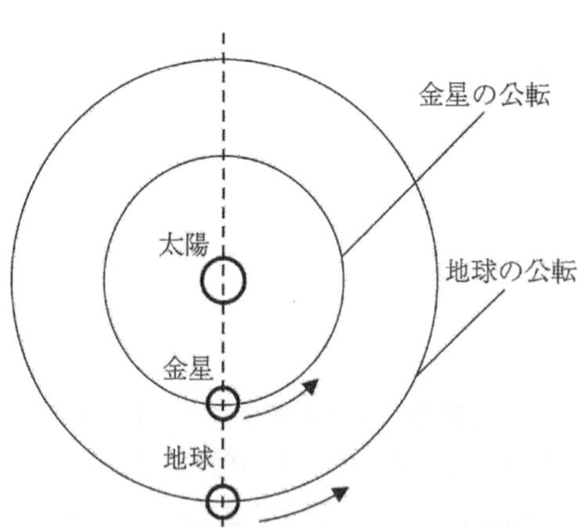

図１

図２のような，金星，地球，太陽がつくる角度Ａを考えます。金星，地球，太陽の位置関係が図３のようになるとき，角度Ａは最大になります。このときの角度Ａは46°でした。図３のとき，地球から見た金星は，図４のような大きさと形に見えました。

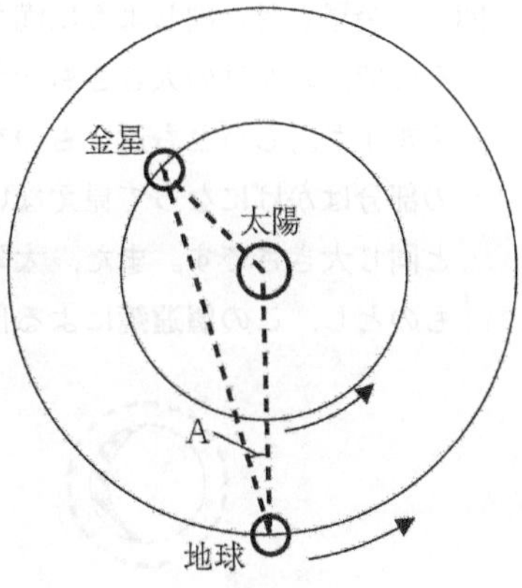

図２

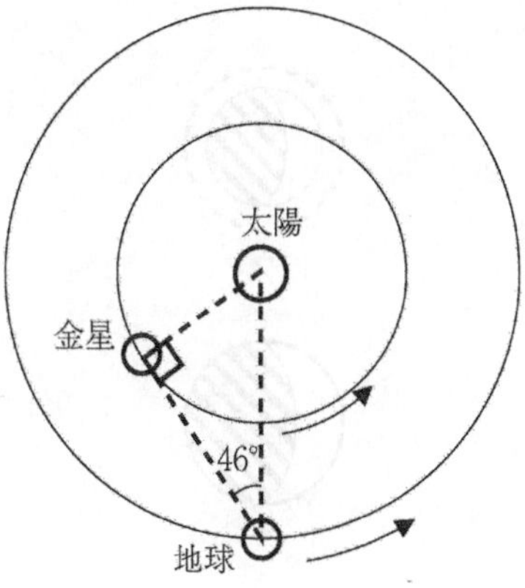

図３

図４

問１　地球は１か月で太陽のまわりを何度まわりますか。ただし，答えが割り切れないときは，小数第１位を四捨五入して，整数で答えなさい。

問２　前のページの図１から１か月後の，金星と地球がまわる角度の差は何度ですか。ただし，答えが割り切れないときは，小数第１位を四捨五入して，整数で答えなさい。

問３　図１から１か月後の正午，地球から南の空を見上げると，金星の位置はどこになりますか。もっとも近いものを，つぎのア～エから１つ選び，記号で答えなさい。ただし，○は太陽の位置を表しており，×は金星の位置を表しています。

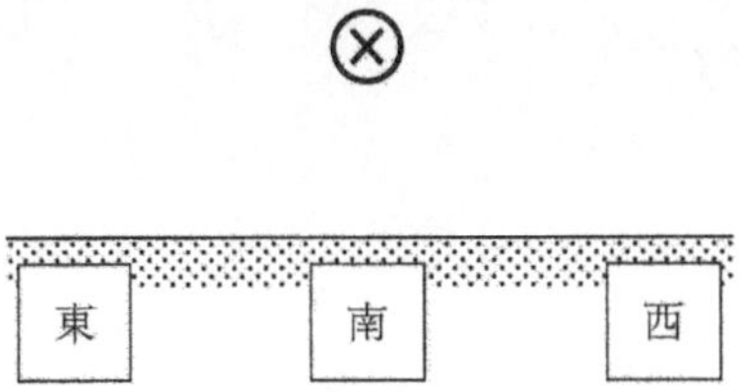

ア

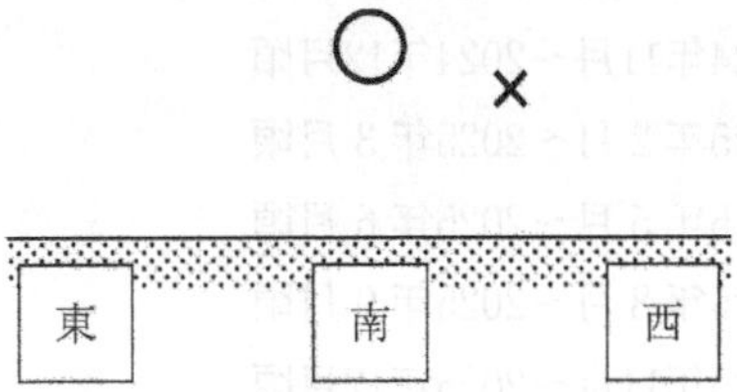

イ

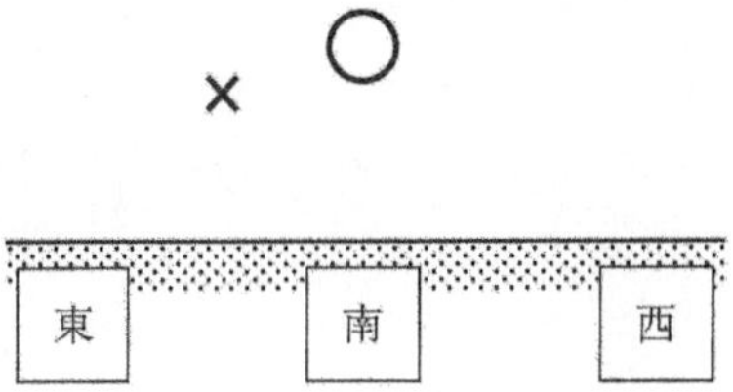

ウ

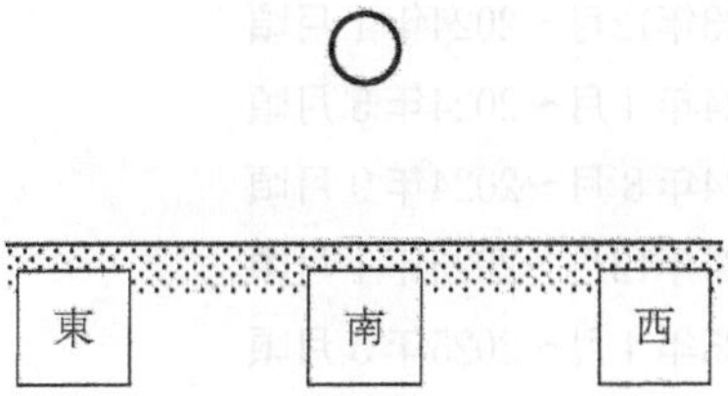

この空に金星はのぼっていない

エ

問４　金星も月と同じように満ち欠けをします。また，金星は月とは異なり，地球との距離《きょり》が変わるので，みかけの大きさも変化します。問３のとき，金星を望遠鏡で見ると，どのような形に見えますか。もっとも近いものを，つぎのア～ケから１つ選び，記号で答えなさい。ただし，斜線《しゃせん》の部分はかげになって見えない部分とし，破線（-----）の円とエ，オ，カは，前のページの図４と同じ大きさです。また，太陽がまぶしすぎることで，金星が見えないということは起こらないものとし，この望遠鏡による像は，上下左右が反対になっていないものとします。

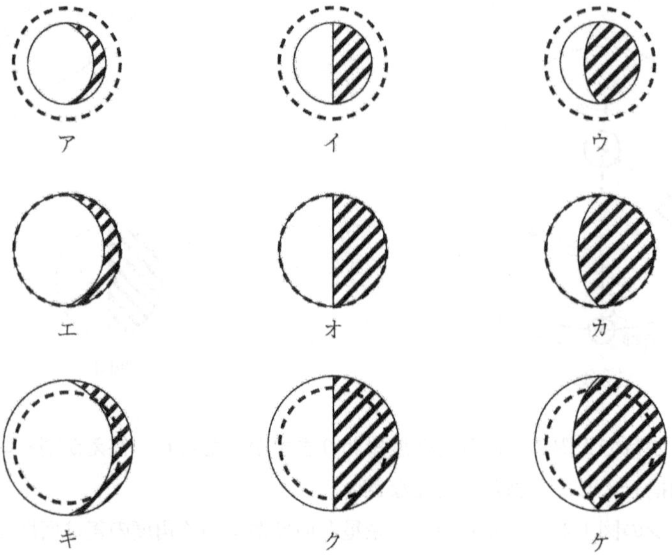

問５　2023年８月13日に，太陽と金星と地球が一直線に並んでから，つぎに同じように太陽と金星と地球が並ぶのはいつ頃ですか。もっとも近いものを，つぎのア～カから１つ選び，記号で答えなさい。

ア．2024年８月～2024年９月頃
イ．2024年11月～2024年12月頃
ウ．2025年２月～2025年３月頃
エ．2025年５月～2025年６月頃
オ．2025年８月～2025年９月頃
カ．2025年11月～2025年12月頃

問６　2023年８月13日以降で，前のページの図３のような位置関係になるのはいつ頃ですか。もっとも近いものを，つぎのア～カから１つ選び，記号で答えなさい。

ア．2023年12月～2024年１月頃
イ．2024年４月～2024年５月頃
ウ．2024年８月～2024年９月頃
エ．2024年12月～2025年１月頃
オ．2025年４月～2025年５月頃
カ．2025年８月～2025年９月頃

【社　会】（40分）　＜満点：70点＞

1　次の会話文は，城北中学校に通う中学３年生のユウくんと，その後輩の中学２年生のハヤトくんの夏休み後のある日の会話です。会話文を読んで，下記の設問に答えなさい。

ユ　ウ　「ハヤトくん，久しぶり。夏休み前に会って以来かな。元気かい？」

ハヤト　「ユウ先輩，こんにちは。僕は楽しい夏休みを過ごしました！今年は夏休みに入ってすぐに夏期林間学校に行けたことが印象に残っています！」

ユ　ウ　「僕たちはコロナ禍で宿泊学習にまだ行っていないから，うらやましいな！城北中学校の山荘が(1)長野県(2)大町市にあるね。印象に残っていることはあるかい？」

ハヤト　「天気も良くて，山荘での生活も快適でした。とくに(3)黒部ダムの迫力はすごかったです！ユウ先輩たちも11月に研修旅行に行かれますよね？」

ユ　ウ　「うん。(4)大阪府，(5)奈良県，(6)京都府を巡《めぐ》って研修をするんだ。研修旅行で行きたいところは夏休みに調べたよ。１学期の遠足の反省をいかさなくては。」

ハヤト　「遠足では何かあったんですか？」

ユ　ウ　「(7)東京スカイツリーなど(8)東京都のいろいろな場所を巡って勉強になったのだけど，行きたいところを詰め込み過ぎて，大変だったんだ。」

ハヤト　「ユウ先輩，知っていますか。中学３年生の遠足は，かつては(9)東京ディズニーランドや(10)千葉県富津市にあるマザー牧場に行ったこともあったようですよ。」

ユ　ウ　「それは知らなかったな。どうしてそんなこと知っているんだい？」

ハヤト　「昨年度の12月に受け取った城北学園80周年記念誌に書いてありました！」

ユ　ウ　「(11)80年の歴史を見ると城北学園のことがもっとわかりそうだね。僕ももう一度読んでみよう。」

問１　下線部(1)に関連して，次の表は面積の広い都道府県の上位５道県の面積，人口を示しています。長野県を示すものを，表中のア～エから一つ選び，記号で答えなさい。

道県	面積（km^2）	人口（万人）
北海道	83,424	522.5
ア	15,275	121.1
イ	13,784	183.3
ウ	13,562	204.8
エ	12,584	220.1

（矢野恒太記念会「日本国勢図会2022/23」より作成）

問２　下線部(1)に関連して，次のページのグラフは，長野県が生産上位となっている，ある作物の生産量を示しています。このグラフが示す作物として正しいものを，次のア～エから一つ選び，記号で答えなさい。

ア．ピーマン

イ．レタス

ウ．トマト

エ．りんご

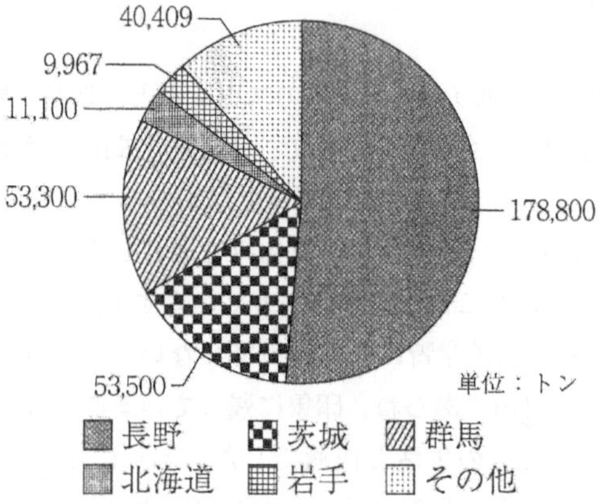

（農林水産省「令和３年度作況調査」より作成）

問３　下線部⑵に関連して，長野県大町市にある木崎湖は，本州を東北日本と西南日本に分ける大きな地溝帯である（　　　）の一部となっています。（　）にあてはまる語句を**カタカナ**で答えなさい。

問４　下線部⑶に関連して，下の図は，黒部ダム付近の地形図です。地形図中の地点Aの標高にもっとも近いものを，次のア～エから一つ選び，記号で答えなさい。

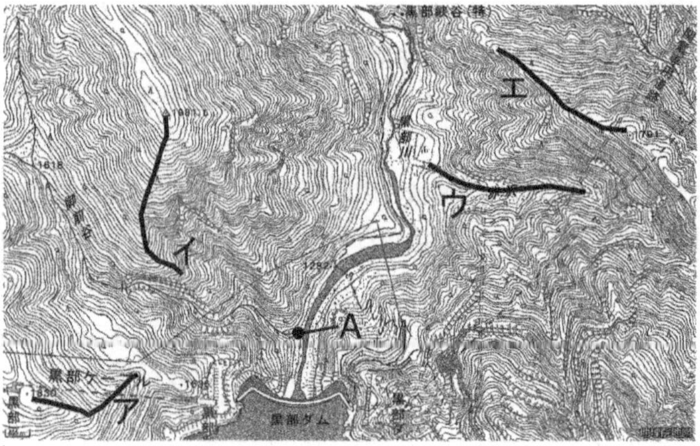

（地理院タイルを加工して作成）

ア．1280m～1300m　　イ．1380m～1400m
ウ．1480m～1500m　　エ．1580m～1600m

問５　問４の地形図中のア～エのうち，曲線のすべてが谷を示しているものを，地形図中のア～エから一つ選び，記号で答えなさい。

問６　下線部⑷に関連して，大阪府は伝統的な工業地帯で，中小規模の様々な業種の工業が分布しています。繊維《せんい》産業の盛んな大阪府の都市として正しいものを，次のア～エから一つ選び，記号で答えなさい。

ア．門真《かどま》　　イ．堺
ウ．東大阪　　エ．泉佐野

問７　下線部⑷に関連して，2019年，大阪府でＧ20大阪サミットが開催され，地球環境に関する議論が進められました。その中で海洋プラスチックごみ問題もとりあげられました。海洋プラスチックごみについて述べた文として，**誤っているもの**を，次のア～エから一つ選び，記号で答えなさい。

ア．プラスチックに代わり，ストローの材料に紙が使われることもみられます。

イ．ペットボトルのリサイクルは，ゴミの減少をもたらし，地球温暖化対策にもつながります。

ウ．細かなプラスチック片は，海水に溶けるため，粉砕《ふんさい》して廃棄《はいき》することが推奨されています。

エ．ポリ袋を有料化することで，廃棄されるポリ袋も減少することが想定されます。

問８　下線部⑸に関連して，奈良県には，人工の三大美林の一つに数えられる（　　　）すぎの産地が紀伊山地に分布しています。（　　）にあてはまる地名を，次のア～エから一つ選び，記号で答えなさい。

ア．吉野　　イ．木曽　　ウ．尾鷲《おわせ》　　エ．天竜

問９　下線部⑸に関連して，奈良県の大和郡山市などでは，農業用のため池を利用して，ある水産物の養殖が盛んになりました。その水産物として正しいものを，次のア～エから一つ選び，記号で答えなさい。

ア．真珠　　イ．かき　　ウ．うなぎ　　エ．金魚

問10　下線部⑹に関連して，京都府章を示したものとして正しいものを，次のア～エから一つ選び，記号で答えなさい。

問11　下線部⑸，⑹に関連して，次の京都府や奈良県の文化について述べた文のうち，**誤っているもの**を，次のア～エから一つ選び，記号で答えなさい。

ア．絹織物の西陣織や，陶磁器《とうじき》の清水焼は伝統的工芸品に指定されています。

イ．丹後半島の天橋立は，砂のたい積による地形が日本三景の一つに数えられる景勝地です。

ウ．京都府の法隆寺や奈良県の平等院は世界文化遺産に登録されています。

エ．京都府も奈良県も，かつての都があった地域は碁盤目《ごばんめ》状の街路となっています。

問12　下線部⑺について，東京スカイツリーがあるのは，東京都墨田区です。墨田区の位置として正しいものを，次の地図中のア～エから一つ選び，記号で答えなさい。

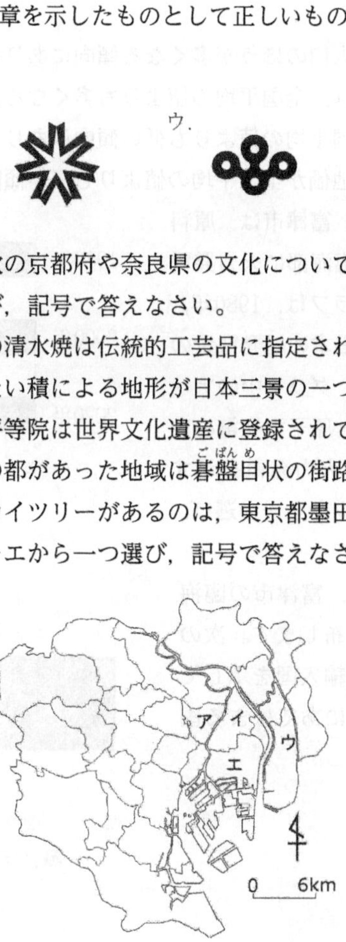

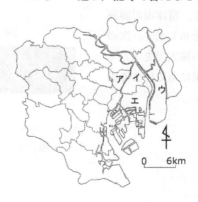

問13　下線部⑻に関連して，次のグラフは輸送機関別にみた，東京から日本各地への旅客輸送の形態を示しています。グラフ中のア～エは，東京－宮城，東京－大阪，東京－福岡，東京－鹿児島のいずれかです。東京－大阪を示すものとして正しいものを，グラフ中のア～エから一つ選び，記号で答えなさい。

＊　鉄道はJR線によるものを指す。

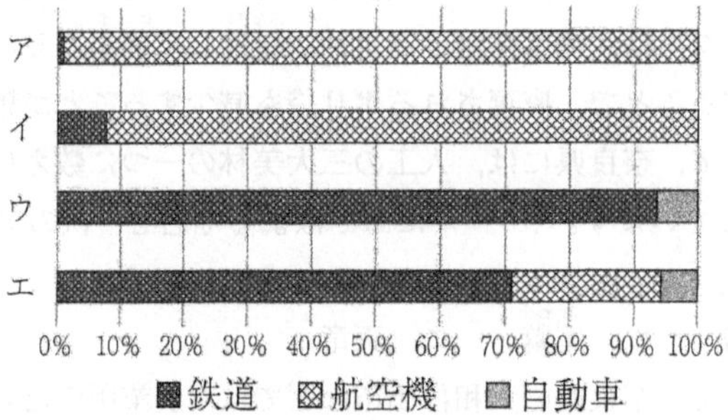

（国土交通省「旅客地域流動調査（2020年度）」より作成）

問14　下線部⑼は，千葉県浦安市に位置しています。千葉県浦安市のような大都市近郊の地域にみられる傾向について述べた文のうち，**誤っているもの**を，次のア～エから一つ選び，記号で答えなさい。

ア．昼間人口よりも夜間人口のほうが多くなる傾向にあります。

イ．１世帯あたりの人員は，全国平均の値よりも多くなる傾向にあります。

ウ．高齢者の割合は，全国平均の値よりも低い傾向にあります。

エ．住宅の開発が進み，地価が全国平均の値よりも高い傾向にあります。

問15　下線部⑽に関連して，富津市は，原料の輸入のしやすさから，臨海部に火力発電所が分布します。次のグラフは，1980年，2000年，2020年における日本の総発電量の割合の変化を示しており，グラフ中のア～ウは火力発電，水力発電，原子力発電のいずれかを示しています。火力発電を示すものを，グラフ中のア～ウから一つ選び，記号で答えなさい。

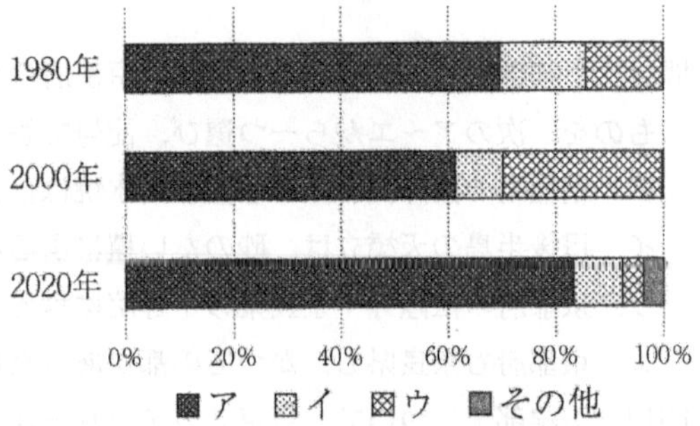

（矢野恒太記念会「日本国勢図会2022/23」より作成）

問16　下線部⑽に関連して，富津市の臨海部には，鉄鋼の工場も分布します。次のグラフは日本の鉄鉱石の輸入国を示しています。グラフ中のＡ国にあてはまる国名を答えなさい。

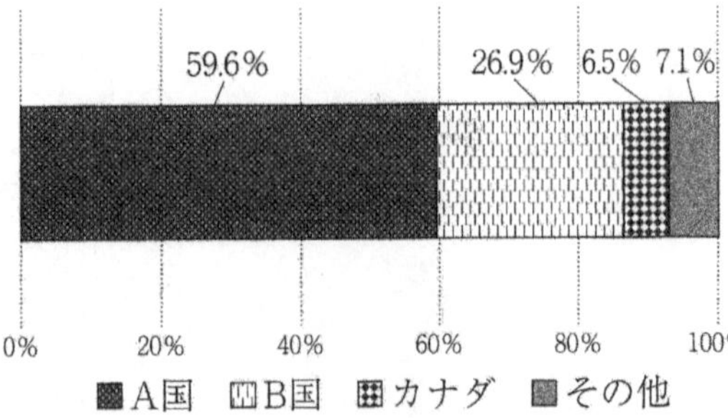

（財務省「財務省貿易統計（2022年）」より作成）

問17　下線部⑽に関連して，千葉県は，自然環境や立地の特徴をいかした野菜や花の栽培が盛んです。これについて述べた文として，**誤っているもの**を，次のア～エから一つ選び，記号で答えなさい。

ア．火山灰質の関東ローム層は，水はけがよく，畑作に適しています。

イ．利根川の水を利用する両総用水は農業用水にも用いられています。

ウ．消費地に近いため，鮮度の重要な野菜や生乳，鶏卵の生産が盛んです。

エ．冬は関東地方の中でも寒冷な地域であり，花の栽培に適しています。

問18　下線部⑾に関連して，次のグラフは今から約80年前からの日本の食生活の変化を示しています。グラフ中のア～エは，牛乳・乳製品，野菜，米，小麦のいずれかの一人一日あたりの消費量の推移です。米にあてはまるものとして正しいものを，グラフ中のア～エから一つ選び，記号で答えなさい。

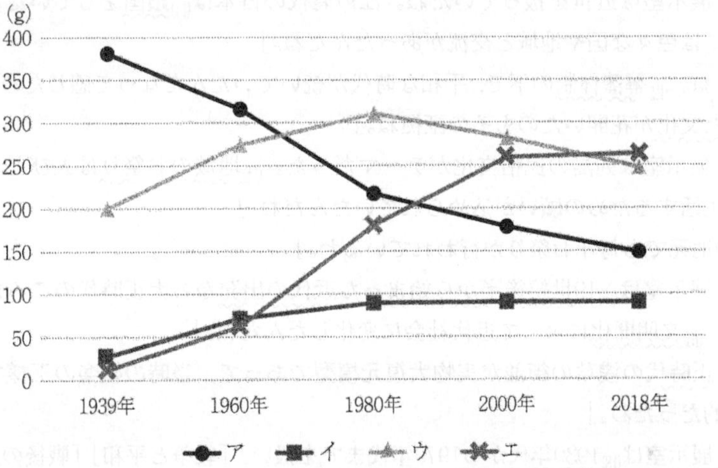

（矢野恒太記念会「数字でみる日本の100年（第７版）」より作成）

問19　下線部⑾に関連して，次のア～エの表は，日本における今から約80年前の1940年の輸出品目，輸入品目，2020年の輸出品目，輸入品目の上位５品目（金額）のいずれかを示しています。1940年の輸出品目の上位５品目を示したものを，ア～エから一つ選び，記号で答えなさい。

ア	
第１位	自動車
第２位	自動車部品
第３位	集積回路
第４位	鉄鋼
第５位	半導体等製造装置

イ	
第１位	生糸
第２位	綿織物
第３位	衣類
第４位	金属製品
第５位	魚介類

ウ	
第１位	原油
第２位	液化天然ガス
第３位	医薬品
第４位	通信機
第５位	衣類

エ	
第１位	綿花
第２位	石油
第３位	米
第４位	石炭
第５位	羊毛

（矢野恒太記念会「数字でみる日本の100年（第７版）」「日本国勢図会2022/23」より作成）

2　次の会話文は，中学１年生のハルト君とホノカさんが夏休みの自由研究のテーマを見つけるため千葉県佐倉市にある国立歴史民俗博物館を訪れた際のものです。次の会話文を読んで，下記の設問に答えなさい。

ハルト：「(1)国立歴史民俗博物館には６つの展示室があって，時代ごとに分けられているんだね。第１展示室は先史・古代を扱《あつか》っていたよ。この時代の(2)様々な遺跡を通して(3)人びとの生活の様子がよく分かったな。」

ホノカ：「(4)沖ノ島の祭場の実物大模型はとても迫力があって，神秘的だったわ。」

ハルト：「第２展示室は(5)平安時代から安土桃山時代までを扱っていたね。平安時代後期の(6)武士の成長や(7)鎌倉時代の都市の発達の様子が展示されていたね。また，(8)室町時代の(9)農業や手工業に従事する人びとの復元模型などもあった。」

ホノカ：「私は，(10)鉄砲の伝来が，国内に変化をもたらしたことがよく分かったわ。」

ハルト：「第３展示室は近世を扱っていたね。江戸時代の日本は(11)鎖国をしていたと習ったけど，実際には色々な国や地域と交流があったんだね。」

ホノカ：「そうね。(12)幕藩体制の下で，平和な時代が続いていたんだなって感じたわ。(13)町人を中心とした文化が花開いたのもその証拠ね。」

ハルト：「第４展示室は列島の民俗文化がテーマだった。(14)地域のお祭りは人びとが安心して，幸せに生活するための願いが込められていたんだね。」

ホノカ：「私の地元でも毎年お祭りが行われているわ。」

ハルト：「第５展示室は(15)19世紀後半から始まった近代の出発から大正時代のころまでを扱っていたね。(16)文明開化によって近代社会に変化したんだね。」

ホノカ：「(17)大正時代の浅草の街並が実物大復元模型であって，当時の娯楽の王様である映画館が印象的だったわ。」

ハルト：「第６展示室は(18)1930年代から1970年代までを扱い，「戦争と平和」「戦後の生活革命」という２つのテーマで構成されていたよ。」

ホノカ：「(19)戦争によって国民は様々な面で国家の統制を受けることになったんだね。」

ハルト：「さて，僕は第４展示室の民俗へのまなざしというコーナーに興味を持ったから，地方のお祭りなどを研究テーマにするよ！」

ホノカ：「私はそれぞれの時代における女性の立場や役割が気になったわ。だから，(20)女性の地位というテーマで調べてみることにするわ。」

ハルト：「どんな発見があるか，楽しみだね！」

ホノカ：「そうね，お互い頑張りましょう。」

問１　下線部(1)がある千葉県佐倉市に近い佐原の地（現在は香取市佐原）で江戸時代に名主を務め，晩年に全国を測量し『大《だい》日《に》本《ほん》沿《えん》海《かい》輿《よ》地《ち》全《ぜん》図《ず》』を作成した人物の氏名を**漢字**で答えなさい。

問２　下線部(2)について，弥生時代の遺跡として正しいものを，次のア～エから一つ選び，記号で答えなさい。

ア．登呂遺跡　　イ．三内丸山遺跡　　ウ．野尻湖遺跡　　エ．岩宿遺跡

問３　下線部(3)について，縄文時代の人びとは食べ物の残りかす，動物や人の骨，土器片などを一ヵ所に捨てていました。この場所は当時の人々のくらしを知る大切な遺跡となっていますが，このような遺跡を何といいますか。**漢字**で答えなさい。

問４　下線部(4)は日本列島と朝鮮半島との間に位置し，古代東アジアにおいて海を越えた交流が多く行われる中，航海の安全と交流の成就《じょうじゅ》を祈って祭祀《さいし》が行われました。この古代祭祀が行われていた４世紀から６世紀頃の日本について述べた文として**誤っているもの**を，次のア～エから一つ選び，記号で答えなさい。

ア．ヤマト政権は大王を中心に，豪族たちに氏と姓を与えて統制しました。

イ．大王や各地の豪族は，権力を示すため前方後円墳などの古墳をつくりました。

ウ．進んだ技術をもつ渡来人が，外交文書の作成などでヤマト政権に仕えました。

エ．儒教や仏教は，朝鮮半島の新羅を経由して日本に伝わりました。

問５　下線部(5)の時代の天皇を年代順に古い方から並び替えると，どのような順番になりますか。正しいものを，次のア～カから一つ選び，記号で答えなさい。

１．後三条天皇　　２．後白河天皇　　３．桓武天皇

ア．１→２→３　　イ．１→３→２　　ウ．２→１→３

エ．２→３→１　　オ．３→１→２　　カ．３→２→１

問６　下線部(6)について，下記の１～３の出来事を年代順に古い方から並び替えると，どのような順番になりますか。正しいものを，次のア～カから一つ選び，記号で答えなさい。

１．太政大臣となった平清盛は娘の徳子を高倉天皇の后《きさき》としました。

２．後三年の役が鎮圧された後，平泉を拠点に奥州藤原氏が栄えました。

３．平将門が関東のほとんどを支配下におき，みずからを新皇と称しました。

ア．１→２→３　　イ．１→３→２　　ウ．２→１→３

エ．２→３→１　　オ．３→１→２　　カ．３→２→１

問７　下線部(7)に元寇がおきましたが，そのようすを伝える『蒙古襲来絵詞《もうこしゅうらいえことば》』を描かせ，みずからの活躍を後世に残そうとした御家人の氏名を**漢字**で答えなさい。

問８　下線部(8)に設置された，将軍を補佐する役職として正しいものを，次のア～エから一つ選び，記号で答えなさい。

ア．老中　　イ．管領　　ウ．執権　　エ．連署

問９　下線部(9)に関連して，室町時代の農業や手工業について述べた文として**誤っているもの**を，次のア～エから一つ選び，記号で答えなさい。

ア．自治的な組織である惣村をつくり，話し合いによって村の運営を行いました。

イ．手工業が発達し，京都の西陣織など各地で特産品が生産されました。

ウ．定期市も賑《にぎ》わうようになり，月に３回開催《かいさい》されていたものが６回開かれるようになりました。

エ．干鰯《ほしか》や油かすなどの金銭を払って購入する肥料が登場し，生産性を高めました。

問10　下線部(10)について，鉄砲伝来に関連して述べた文として正しいものを，次のア～エから一つ選び，記号で答えなさい。

ア．鉄砲はイエズス会の宣教師であったフランシスコ・ザビエルが日本に伝えました。

イ．鉄砲はその後も，国内ではつくられず，ポルトガル商人から輸入しました。

ウ．織田信長は，鉄砲を戦いに取り入れて，長篠の戦いに勝利しました。

エ．織田信長は，鉄砲を大量に輸入する一方で，キリスト教の布教は認めませんでした。

問11　下線部(11)について述べた文として**誤っているもの**を，次のページのア～エから一つ選び，記号で答えなさい。

ア．長崎では，オランダやイギリスの商人と幕府が独占的に貿易をしました。

イ．朝鮮とは国交が断絶していましたが，対馬の宗氏の尽力で回復しました。

ウ．琉球王国は薩摩藩を介して，幕府に将軍就任を祝う使節などを派遣しました。

エ．松前藩はアイヌとの交易独占権を与えられ，次第にアイヌを従属させました。

問12　下線部⑿は，将軍と大名がそれぞれ土地と人民を支配する政治体制をいいます。大名に**含まれないもの**を，次のア～エから一つ選び，記号で答えなさい。

ア．親藩　　イ．旗本　　ウ．譜代　　エ．外様

問13　下線部⒀に関連して，江戸時代の文化作品とその作者の組み合わせとして**誤っているもの**を，次のア～エから一つ選び，記号で答えなさい。

ア．作品：『東海道中膝栗毛』　　作者：近松門左衛門

イ．作品：『南総里見八犬伝』　　作者：滝沢馬琴

ウ．作品：『富嶽《ふがく》三十六景』　　作者：葛飾北斎

エ．作品：『東海道五十三次』　　作者：歌川広重

問14　下線部⒁について，応仁の乱以降中断していたが，京都の町衆たちによって再興された，お祭りを何といいますか。**漢字３文字**で答えなさい。

問15　下線部⒂について述べた文として**誤っているもの**を，次のア～エから一つ選び，記号で答えなさい。

ア．国民を一つにまとめるために，士農工商の身分制度を廃止しました。

イ．国民全てに教育を受けさせることを目標に，各地に寺子屋を設置しました。

ウ．土地の所有権を明確にするため，地券を発行し地租改正を行いました。

エ．国民皆兵を目指して，満20歳以上のすべての男子に兵役の義務を課しました。

問16　下線部⒃の象徴の一つとして，条約改正を進める明治政府が1883年に東京日比谷に建てた下の図にある西洋式建築の建物の名称を何といいますか。**漢字３文字**で答えなさい。

（山川出版社 『詳説日本史図録』 第９版）

問17　下線部⒄におきた出来事について述べた文として**誤っているもの**を，次のア～エから一つ選び，記号で答えなさい。

ア．第一次世界大戦が勃発《ぼっぱつ》すると，日本は参戦しました。

イ．米が急激に値上がりしたため，米の安売りを求めて米騒動が起こりました。

ウ．原敬が，すべての閣僚を立憲政友会から選んだ，本格的な政党内閣を組織しました。

エ．普通選挙法が成立し，満25歳以上の男子すべてに選挙権が与えられました。

問18　下線部(18)の時代におきた下記の１～３の出来事を年代順に古い方から並び替えると，どのような順番になりますか。正しいものを，次のア～カから一つ選び，記号で答えなさい。

１．五・一五事件　　２．柳条湖事件　　３．盧溝橋事件

ア．１→２→３　イ．１→３→２　ウ．２→１→３

エ．２→３→１　オ．３→１→２　カ．３→２→１

問19　下線部(19)に関連して，1930年代後半～1940年代前半の日本について述べた文として**誤っているもの**を，次のア～エから一つ選び，記号で答えなさい。

ア．治安維持法により議会の承認なしに，国民を動員できるようになりました。

イ．軍事生産が優先され，生活必需品が不足し，配給制や切符制がおこなわれました。

ウ．サイパン島の陥落《かんらく》後，アメリカの爆撃機による本土空襲が激しくなりました。

エ．戦局の悪化により，大学生も徴兵される学徒出陣が行われました。

問20　下線部(20)に関連して，歴史上に登場する女性について述べた文として**誤っているもの**を，次のア～エから一つ選び，記号で答えなさい。

ア．持統天皇は天武天皇の仕事をひきつぎ，平城京へ遷都《せんと》しました。

イ．紫式部は国風文化を代表する『源氏物語』を完成させました。

ウ．北条政子は，「尼将軍」として源頼朝の御恩を，御家人に説きました。

エ．日野富子が自分の子を将軍の跡継ぎにしようとしたことが，応仁の乱のきっかけとなりました。

3　次の文章を読んで，下記の設問に答えなさい。なお憲法の条文は分かりやすく書き直してあります。

私たちが自由に人間らしく生きていくことができるように，日本国憲法では基本的人権の保障が明記されています。

具体的には，憲法11条で「この憲法が国民に保障する基本的人権は，侵すことのできない（　あ　）として現在と将来の国民に与えられる」，また13条で「すべて国民は個人として尊重される。（　い　）に対する国民の権利は（　う　）に反しない限り，立法その他の国政の上で最大の尊重を必要とする」と書かれています。

基本的人権には平等権，参政権，請求権，自由権，社会権の五つがあります。

平等権は，14条に「(1)すべて国民は法の下に平等であって，（　え　），社会的身分，門地《もんち》により，政治的，経済的，又は社会的関係において差別されない」とされています。

参政権は15条に「公務員の選定と罷免《ひめん》は国民固有の権利である。公務員の選挙は成年者による（　お　）選挙を保障する。選挙における投票の（　か　）は侵してはならない」と書かれています。

請求権は，17条「公務員の不法行為により損害を受けた時は，法律の定めにより国または公共団体に賠償を求めることができる」となっています。

自由権は，精神の自由，身体活動の自由，経済活動の自由に分けて具体的に多くの内容が定められています。精神の自由は，19条「思想及び良心の自由は侵してはならない」，20条「信教の自由は保障する」，21条「（　き　），その他一切の表現の自由は保障する」，23条「学問の自由は保障す

る」となっています。身体活動の自由は，18条「何人も奴隷《どれい》的拘束を受けない」，31条「何人も法律の定める手続きによらねば（　く　）もしくは自由を奪われたり刑罰を科せられたりはしない」となっています。経済活動の自由は，22条「何人も（　う　）に反しない限り，（　け　）の自由を有する」となっています。

社会権は，25条「すべて国民は（　こ　）で文化的な最低限度の生活を営む権利を有する」，26条「すべて国民は，その能力に応じてひとしく教育を受ける権利を有する」，27条「すべて国民は勤労の権利を有し，⑵義務を負う」，28条「勤労者の（　さ　）は保障する」となっています。

しかし，現実には人権の保障に反するような事件も多くありました。憲法25条の生存権の保障をめぐる裁判として有名なものに，1957年から10年間にわたり，当時の生活保護法が憲法25条に反していないかどうかを争った（　し　）訴訟があります。

日本国憲法が制定されてから75年が過ぎ，社会の状況も大きく変わりそれに伴って憲法に直接規定されていない「新しい人権」の保障が求められています。具体的には生活していくために必要なきれいな空気や水を保障する「⑶環境権」，国民が主権者として政治について正しい判断をするための「知る権利」，さらに私生活において他人に知られたくない秘密を守ったり，逆に他人に自分の正しい情報を知ってもらうための「（　す　）の権利」などです。

問１　文中の空欄（あ）にあてはまる語句を，次のア～エから一つ選び，記号で答えなさい。

ア．永久の権利　　　　イ．国民独自の権利

ウ．天皇が授けた権利　　エ．条件がついた権利

問２　文中の空欄（い）には次のア～エのうち三つがあてはまります。あてはまる語句として**誤っているもの**を，ア～エから一つ選び，記号で答えなさい。

ア．生命　　イ．自由　　ウ．国家　　エ．幸福追求

問３　文中の空欄（う）にあてはまる語句を，次のア～エから一つ選び，記号で答えなさい。

ア．国家の方針　　イ．個人の権利

ウ．公共の福祉　　エ．世界の平和

問４　下線部⑴に関連して，不当な差別に**あてはまらないもの**を，次のア～エから一つ選び，記号で答えなさい。

ア．Ａ国がＢ国に侵攻したという国際紛争のニュースの後に，あるレストランの店主が「Ａ国人はすべて入店お断り」という張り紙を貼りました。

イ．自宅の近くの遊園地には，障害のある人が待つことがなく入園できるように特別枠が設けられています。

ウ．ある大学の医学部は男子を多く採りたいので，受験生の男子と女子の合格点に差を設けています。

エ．ある企業は，採用に社長と同じ県の出身者を優遇しています。

問５　文中の空欄（え）には次のア～エのうち三つがあてはまります。あてはまる語句として**誤っているもの**を，ア～エから一つ選び，記号で答えなさい。

ア．人種　　イ．信条　　ウ．性別　　エ．収入

問６　文中の空欄（お）にあてはまる語句を，**漢字**で答えなさい。

問７　文中の空欄（か）にあてはまる語句を，次のア～エから一つ選び，記号で答えなさい。

ア．機会　　イ．秘密　　ウ．自由　　エ．公正

問８　文中の空欄（き）には次のア～エのうち三つがあてはまります。あてはまる語句として**誤っているもの**を，ア～エから一つ選び，記号で答えなさい。

ア．集会　　イ．抗議　　ウ．出版　　エ．言論

問９　文中の空欄（く）にあてはまる語句を，次のア～エから一つ選び，記号で答えなさい。

ア．生命　　イ．平和　　ウ．財産　　エ．名誉

問10　文中の空欄（け）には次のア～エのうち三つがあてはまります。あてはまる語句として**誤っているもの**を，ア～エから一つ選び，記号で答えなさい。

ア．居住　　イ．移転　　ウ．財産保有　　エ．職業選択

問11　文中の空欄（こ）にあてはまる語句を，**漢字**で答えなさい。

問12　下線部⑵の勤労の義務の他に明記されている国民の義務として正しいものを，次のア～エから一つ選び，記号で答えなさい。

ア．投票の義務　　イ．裁判員になる義務

ウ．納税の義務　　エ．兵役《へいえき》の義務

問13　文中の空欄（さ）には労働三権の内容があてはまりますが，労働三権の内容として**誤っているもの**を，次のア～エから一つ選び，記号で答えなさい。

ア．団体で経営する権利　　イ．団体で交渉する権利

ウ．団体で行動する権利　　エ．団結する権利

問14　文中の空欄（し）にあてはまる語句を，**漢字**で答えなさい。

問15　下線部⑶の環境権の一種だと考えられるものとして**誤っているもの**を，次のア～エから一つ選び，記号で答えなさい。

ア．嫌煙《けんえん》権　　イ．肖像《しょうぞう》権　　ウ．眺望《ちょうぼう》権　　エ．日照《にっしょう》権

問16　文中の空欄（す）にあてはまる語句を，**カタカナ**で答えなさい。

ウ　さっきの涙は久しぶりに会ったおばあちゃんと喧嘩《けんか》して後悔《こうかい》する思いからくるもので、今の涙はおばあちゃんが実は自分を心配してくれていたことを知って相反する感情を覚えたことによるものである。

エ　さっきの涙はおばあちゃんからひどい言葉をかけられたことによる怒りの思いからくるもので、今の涙は雪乃さんに優しくしてもらったことで嬉しさや安心感がこみ上げたことによるものである。

問９　本文中の X に当てはまる語句を、本文中から４字で抜き出して答えなさい。

問10　――⑧「そんな宮沢賢治の世界に、私は惹かれてやまないのだ」とありますが、それはなぜですか。80字以内で説明しなさい。

問11　――⑨「その目は潤んで光って見えた」とありますが、この時「おばあちゃん」はどのような気持ちであると考えられますか。最もふさわしいものを次の中から選び、記号で答えなさい。

ア　光都が宮沢賢治の作品をうまく紙芝居で表現できるのか怪《あや》しんでいたが、始まったとたんにその素晴《すば》らしさに引き込まれて驚《おどろ》きつつ、まだ信用しきれない気持ち。

イ　自分が光都に読み聞かせをする立場だったのが、今や成長した光都が自分のために紙芝居を見せてくれることに喜びつつ、少し寂《さび》しい気持ち。

ウ　勝手に光都の部屋に入ったことを怒《おこ》られて心配していたが、紙芝居を見せてくれるとわかって安心しつつ、楽しみに思う気持ち。

エ　自分が愛する宮沢賢治の作品の紙芝居を、愛する孫娘《むすめ》である光都が自分のために見せてくれたことに感動しつつ、その成長をうれしく思う気持ち。

二　次の――線部のカタカナを、漢字に直しなさい。

1　外交セイサクについて議論する。
2　上司の若い時のブユウデンなど、聞きたくもない。
3　今日は父がザイタク勤務の日だ。
4　シュウハ数さえ合わせれば、海の向こうのラジオ番組も聞ける。
5　交差点にあるヒョウシキの指示に従う。
6　ヒハンの声があがる。
7　外出をキョカされた。
8　久々に電話した友人と近いうちの再会をヤクした。
9　隣国《りんごく》と信頼《しんらい》関係をキズく。
10　ごみを投げスててはいけない。

イ　依頼されて準備した紙芝居の話題が出て、上手《うま》くできるか心配になったから。

ウ　休みを返上して帰省したことをねぎらってもらい、気が楽になったから。

エ　自信が無い紙芝居に対して過度に期待をされ、緊張《きんちょう》してしまったから。

問3　――②「暗い穴が開いたみたいだった。その穴に私が落ちていく」とありますが、この時の「私」はどのような気持ちですか。65字以内で説明しなさい。

問4　――③「その無神経さ」とありますが、どのような点が「無神経」なのですか。50字以内で説明しなさい。

問5　――④「大きな声で私を叱った」とありますが、それはなぜですか。最もふさわしいものを次の中から選び、記号で答えなさい。

ア　気持ちよく読んでいたのにもかかわらず、的外れな解釈《かいしゃく》をして泣き始めたから。

イ　せっかく読み聞かせをしてあげているのに全然寝ず、泣き出してしまったから。

ウ　自分のお気に入りの作品を読み聞かせたのに、泣いて嫌《いや》がってしまったから。

エ　作品の表面的な展開にとらわれて、本質的なところに気づけていなかったから。

問6　――⑤「雪乃さんが、ぷ、とこらえきれなくなったように笑った」とありますが、それはなぜですか。最もふさわしいものを次の中から選び、記号で答えなさい。

ア　おばあちゃんは光都が帰ってきたことを喜んでいるのに、光都はそのことに全く気付かずに機嫌《きげん》が悪いのではないかと気にしているから。

イ　おばあちゃんの体調不良は今に始まったことではないのに、光都が初めて知ったかのように本気で心配しているから。

ウ　おばあちゃんは光都の到着《とうちゃく》を楽しみにしていたために寝不足になっただけなのに、光都がおばあちゃんの体調が悪いのではないかと心配しているから。

エ　おばあちゃんは光都の到着が遅《おそ》く待ちくたびれてしまったのに、光都は自分に原因があることに気付かずおばあちゃんの体調を心配しているから。

問7　――⑥「かわいいひと」とありますが、雪乃さんはおばあちゃんのどのようなところを「かわいい」と感じているのですか。40字以内で説明しなさい。

問8　――⑦「さっきとは違う温度の涙が、食卓の上にぼとぼと落ちる」とありますが、「さっき」の涙と今の涙はそれぞれどのような涙ですか。最もふさわしいものを次の中から選び、記号で答えなさい。

ア　さっきの涙は自分の紙芝居を理解してもらえないことによる悲しい思いからくるもので、今の涙はおばあちゃんが自分のことを思ってくれていることを知って心が喜びに満ちたことによるものである。

イ　さっきの涙はおばあちゃんに否定の言葉をかけられて悔しい思いからくるもので、今の涙はおばあちゃんの自分に対する思いを知ったことでおばあちゃんへの複雑な思いがあふれ出したことによるものである。

て勝手に卑屈《ひくつ》になったりしないで。

私はおばあちゃんをベッドの上に座るよう促《うなが》す。怪訝《けげん》な顔をしながらも、おばあちゃんは素直《すなお》に腰を下ろした。

私はベッドの向かいに置かれたカラーボックスの上の小物をデスクに移動させた。紙芝居フレームをその上に載せて、舞台《ぶたい》を作る。

おばあちゃん、私、大きくなったよ。

もう泣き虫の小さな女の子じゃないよ。

自分で働いたお金で、家賃も食費も光熱費も払《はら》ってるよ。仕事がうまくいかなくて落ち込んだり、手痛い恋をしたり、だけどちゃんと立ち直ったよ。

ゴキブリのしとめ方や、里芋《さといも》の炊《た》いたんの美味《おい》しい作り方や、不安で押《お》しつぶされそうなひとりの夜の乗り越《こ》え方だって身につけたよ。だから。

「見ててよ」

私は何にでもなれる。どこへでも行ける。蟹《かに》になって沢《さわ》でささやき、象になって仲間を助け、鳥になって空を飛び、馬になって大地を駆《か》ける。

拍子木《ひょうしぎ》を鳴らす。カチカチ、カチカチ。

「風の又三郎、はじまりはじまりーっ」

どっどど　どどうど　どどうど　どどう、
青いくるみも吹きとばせ
すっぱいかりんもふきとばせ

おばあちゃんは幼い女の子みたいにちょこんと座って、紙芝居に魅《み》入《い》っている。

⑨その目は潤《うる》んで光って見えた。真っ暗な夜空で静かに輝《かがや》く、小さな星みたいに。

どっどど　どどうと　どどうと　どどう

私は声を張り上げ、おばあちゃんを物語の中に連れていく。

嵐《あらし》の日に現れた、風変わりな少年になって。

（青山《あおやま》美《み》智《ち》子《こ》「拍子木を鳴らして」より）

注　「マスター」…京都の画廊《がろう》オーナーで、様々な事業を起こしている知り合い。

問１　本文中の［ i ］～［ ii ］に当てはまる語句として最もふさわしいものを次の中からそれぞれ選び、記号で答えなさい。

i　ア　ケースワーク　　イ　オーバーワーク
　　ウ　ライフワーク　　エ　ソーシャルワーク

ii　ア　不安　　イ　自責
　　ウ　いらだち　　エ　ためらい

問２　――①「私は頬をゆるませる」とありますが、それはなぜですか。最もふさわしいものを次の中から選び、記号で答えなさい。

ア　自分が好きで取り組んでいる紙芝居を、楽しみに思ってもらえて嬉しかったから。

ないのよ。大好きか、どうでもいいか、どっちかなの」

私は顔を上げる。雪乃さんはふっくら笑った。

「毎日夕方になるとタヅさん、テレビで全国の天気予報を見ててね。東京は雨だねとか、寒くないかねとか、つぶやいてるの。首都圏《しゅとけん》の地震《じしん》速報なんて出ようものなら、それが震度2でも1でも、絶対安心だってわかるまで部屋をうろうろしてるのよ。光都ちゃん本人に訊《き》けばいいのにね」

そんなおばあちゃんの姿、想像もできなかった。

⑦さっきとは違う温度の涙が、食卓の上にぼとぼと落ちる。

私はおばあちゃんが……おばあちゃんが、嫌《きら》い、大好き、疎《うと》ましい、恋《こい》しい、背を向けたい、甘えたい。ぐちゃぐちゃだ、いつも。どうしようもない。

整理のつかない矛盾《むじゅん》を抱《かか》えながら、苦しくて、離れたくて。

その一方で、すごくすごく心配で、元気でいてほしくて。

星になったよだかは、今はもう、ただ静かに燃えている。平安のうちに。

だけど私は星じゃない。生きてる。この地の上で。

だから誰かの言動に傷ついてしまうし、同じように誰かを傷つけてしまう。

でも、[X]で必死に生きてたら、少しだけでもみんなを照らすことができるかな。それが私を「大丈夫《だいじょうぶ》」にしてくれるんじゃないかな。

またひとつ、きれいに皮を剥いた枇杷の実を、雪乃さんが私に向けた。

私は小さく首を振《ふ》る。

「自分で剥いてみる。ありがとう」

雪乃さんはにっこりとうなずき、手に持った実にかぷりと歯を当てた。

自分の部屋に戻ろうとして、入り口で私は足を止めた。

半分開いたドアから、おばあちゃんの後ろ姿が見える。

おばあちゃんは、紙芝居を手に取っていた。『風の又三郎《またさぶろう》』。ちょっとだけほほえんで、そのタイトルを愛《いと》おしそうに、そっとなでている。

宮沢賢治の作品は、ひとクセのある登場人物ばっかりだ。弱さも醜さも愚《おろ》かさも抱えた彼らの姿は、きれいごとがなくてなまなましい。

不条理でどこかさびしくて、でも清らかで豊かな自然の理《ことわり》。恵《めぐ》みを受けながら畏《おそ》れながら、自分ではどうしようもできない感情と対峙《たいじ》する。

⑧そんな宮沢賢治の世界に、私は惹かれてやまないのだ。

おばあちゃんの背中を見ていたら、なんだか笑《え》みがこぼれた。そしてひとつ息を吸い、私はドアを勢いよく全開させる。

「おばあちゃん、また勝手に私の部屋に入って！　断りもなく私のものに触《さわ》らないでよ」

おばあちゃんがギクリとこちらを向き、紙芝居からさっと手を離《はな》した。

「触ってへん。見てただけやで」

「うそばっか」

そうだ、こんなふうに、もっと言いたいことを言えばよかったんだ。

ケンカすればよかったんだ。黙って秘《ひ》めないで。小ばかにされてるなんおばあちゃんは本に目を落としたまま言った。

　そしてそれ以上の読み聞かせはしてくれず、横になったままひとりで読書を始めた。私は話しかけるのも申し訳なく、やることもなく、いつのまにか眠ってしまい、早朝に目が覚めたら隣でおばあちゃんが寝ていたのでびっくりした。

　せやからもう大丈夫なんや、よだかは。おばあちゃんのあの声は、今でも耳の底にいる。

　部屋にこもってから二時間ばかり経って、喉《のど》が渇《かわ》いたのでそっと台所に行った。居間におばあちゃんの姿はない。雪乃さんがすでに夕飯の仕込みをしていた。私は雪乃さんの隣に立つ。

「ごめん、やらせっぱなしで」

「いいのいいの。下ごしらえ、もう終わるから。枇杷《びわ》、食べる？」

　千葉の実家から送られてきたのだという。私が答える前に冷蔵庫から枇杷のパックを取り出し、ざるに実をあけてさっと洗った。私はもう一度、居間を確認してから訊ねる。

「………おばあちゃんは？」

「部屋でちょっと寝るって」

　やっぱり、どこか悪いんだろうか。私があんなこと言ったせいで、悪化したのかもしれない。

　もし。もしおばあちゃんが、病気だったら。心臓がドクドクと早打ちした。私は思い切って雪乃さんに切り出す。

「あの……おばあちゃん、もしかして体調がよくない、とか？」

　⑤雪乃さんが、ぷ、とこらえきれなくなったように笑った。

　きょとんとしていると、雪乃さんは枇杷をお皿に載せながら言う。

「ごめんごめん、笑ったりして。心配いらないわよ、珍《めずら》しくお昼寝してるだけ。健康診断《しんだん》もばっちり優秀で、骨密度年齢《ねんれい》なんて二十歳も若いんだから。もう、健康体そのものよ」

　雪乃さんは食卓《しょくたく》に座《すわ》った。私もそれに倣《なら》って向かい合う。彼女は枇杷をひとつ手に取ると、器用な手つきでするすると皮を剝《む》き始めた。

「タヅさんね、今日光都ちゃんが来るから、嬉しくて嬉しくて昨夜一睡《いっすい》もできなかったんだって。今朝だって何度も時計ばっかり見て、新幹線は予定通り走ってるかＪＲに確認の電話かけたり、家の外でちょっとでも物音がすると光都ちゃんじゃないかって窓からのぞいたりしてね。昼ごはんだって、何にしようかタヅさんがさんざん考えた献立《こんだて》よ」

　それは私もうすうす気づいていた。私の好物ばかりだったこと。あの執念《しゅうねん》ともいえる錦糸卵《きんしたまご》の細さは、おばあちゃんの手によるものだということ。きれいに皮の剝《む》けた実を、雪乃さんは私のほうに差し出す。

「なのに、光都ちゃんが来たらあんなツンツンした態度とって。私、もうおかしくて」

　私は枇杷を受け取る。みずみずしいその果肉は、口に含むと優《やさ》しくて甘《あま》くて、さっぱりした酸味も感じられた。雪乃さんみたいだな、とぼんやり思う。

「タヅさん、⑥かわいいひとよ。いつも光都ちゃんの話ばっかり」

「どうせ、悪口しか言わないでしょ」

　照れ隠《かく》しもあって、私はそう答えた。雪乃さんはちょっと首を傾《かたむ》ける。

「悪口っていうか。タヅさんって、自分にとって魅力《みりょく》のない人の話はしスムーズで、なによりもクラシックなデザインがすごくいい。お客さんを紙芝居の世界に惹《ひ》き込む、ムーディーな舞台《ぶたい》になってくれる。

持ってきた作品は、どれも宮沢賢治だった。

あんたに宮沢賢治なんか理解できるんかね。おばあちゃんに刺された棘《とげ》が抜けない。自分の中の、いちばん柔《やわ》らかいところを突かれた気がする。

宮沢賢治の読み解きが難しいことぐらい、私にだってわかっている。だから何作も、何度も何度も、読み込《こ》んだ。私なりに考えた。今だって、紙芝居を打つときはいつも考えてる。そして宮沢賢治の作品を、私は愛してる。子どものころから。

――九歳のときだった。

仕事が忙《いそが》しいなりに夜中には帰ってきていた両親が、あるとき出張になった。夕方から台風が来ていて、夜になると外でごうごうと大きな音がした。

お父さんもお母さんも、大丈夫かな。この家、吹き飛ばされちゃうんじゃないかな。電気を消すのも不安になって、私は自分の部屋を明るくしたまま、ベッドの中でまんじりともできずにいた。

閉じたドアの隙間《すきま》から光が漏《も》れていることに気づいたのだろう、おばあちゃんが入ってきた。

「眠《ねむ》れへんのんか」

おばあちゃんが言った。私が布団をかぶったままうなずくと、おばあちゃんは「弱虫な子やねえ」とぶつぶつぶやきながら行ってしまい、そしてすぐに戻ってきた。

「本でも読んだげるわ」

驚《おどろ》いた。おばあちゃんは、本を取りに行っていたのだ。掛《か》け布団をはがすと無理やり私の横にもぐりこんできて、老眼鏡をかけ、本を開いた。

そしておばあちゃんは、声に出して物語を読み始めた。

宮沢賢治の『よだかの星』だった。

おばあちゃんがそんなことをしてくれたのは初めてで、さらに思いのほかおばあちゃんの朗読は迫力《はくりょく》があって、私はどきどきしながら話を聞いた。

でも、そのときの私には、よだかはあまりにも苦しいキャラクターだった。姿が醜《みにく》いと言われたり、羽虫を食べることがつらかったり、よだかは何も悪くないのに、ただ優しいのに、ひどい目に遭《あ》ってばかりだった。星になるラストにいたっては、こわくて悲しくて、泣いてしまった。ただでさえ心細い夜に、おばあちゃんはなんでこの話を選ぶんだろうと思った。

するとおばあちゃんは、④大きな声で私を叱《しか》った。

「泣くんやない。よだかは、どんな鳥よりも美しいものになったんだ。なんでかわかるか。自分の力で必死に空をのぼったからやで！」

あれは絵本ではなかった。「宮沢賢治全集」のひとつで、文庫だった。おばあちゃんはそれを何度も繰《く》り返し読んだのだろう。表紙はもうよれよれだった。

「もう誰からも傷つけられへんし、誰のことも傷つけへん。ただみんなを照らしてる。せやからもう大丈夫なんや、よだかは」

おばあちゃんはうっすら目を開け「ああ」と答える。そして、台所に向かおうとする私に唐突《とうとつ》に言った。
「紙芝居、どんなのやってるんだい」
私は振《ふ》り返った。少し心が跳《は》ねた。おばあちゃんが、興味を持ってくれた。
「宮沢賢治《けんじ》」
私はその名前をくっきり縁《ふち》取るように答える。するとおばあちゃんは
「へえ！」と叫《さけ》んで突《つ》き放すように言った。
「あんたに宮沢賢治なんか理解できるんかね。難しいよ、賢治を読み解くのは。まして他人様《ひとさま》に読んで聞かせようなんて、たいそうなことやで」
ずくん、と胸の奥で大きな音がした。②暗い穴が開いたみたいだった。その穴に私が落ちていくのにも気づかず、おばあちゃんは饒舌《じょうぜつ》になる。
「大学に行って紙芝居をやり始めたって聞いたときもびっくりしたで。光都は小さいころからぴいぴいぴいぴい、よく泣く子やったし、バランス感覚が悪いのかしょっちゅう転ぶし、こないトロくて大丈夫かいなと思ってたからな。それが人前で演技するなんて、まあ、信じられへんわ」
小ばかにした笑い。いつものことだ。いつもの……。聞き流せばいい。
でもどうしても、できなかった。怒《いか》りなのか悲しみなのか、そのどちらもなのか、吹《ふ》きこぼれそうな熱い憤《いきどお》りを止められなかった。
「………なんでなの？」
しぼりだすようになんとかそこまで言い、真顔になったおばあちゃんに私は声をぶつける。
「なんでいっつもそうやって、私のやることにケチつけるの！」
おばあちゃんは眉《まゆ》をひそめた。
「光都が失敗せえへんように、教えたげてんのやないか」
「おばあちゃんは私がどれだけがんばってもぜんぜん認めてくれない。子どものころからずっとそうだった。さかあがりができるようになったときも、読書感想文が入選したときも、難関って言われてた高校に受かったときも、なんだかんだ、粗捜《あらさが》しばっかりして」
「さかあがりって、あんた。そんな昔のこと根に持ってたんか」
「持ってるよ、ずっと持ってるよ！③その無神経さが人をどれだけ傷つけてるか、おばあちゃんはぜんぜんわかってないんだよ！」
おばあちゃんは黙《だま》った。私も黙った。
耐《たえ》えられなくなって、私は居間を飛び出す。お茶の入った湯呑《ゆの》みを三つ、お盆《ぼん》に載《の》せて立っている雪乃さんの隣《となり》をすりぬけて。
自分の部屋で、私はベッドに寝《ね》転がってしばらくぼんやりしていた。涙《なみだ》がこぼれた。おばあちゃんに対するやるせなさが流れたあとは、ぴしぴしと［ ii ］の念にかられた。
おばあちゃんって、いくつだっけ。たしか八十二歳《さい》だ。今さらあんなこと言って嫌《いや》な空気にすることなかった。今度いつ会うかわからないのに。
我慢ができなくて悟《さと》った。私は、他のことはどうでも、これだけはおばあちゃんに肯定《こうてい》してほしかったのだ。
私は起き上がり、紙芝居セットの入った袋《ふくろ》に手を伸ばす。
東京から持ってきた木製の紙芝居フレーム。探して探して、こだわって、やっと見つけたお気に入りだ。ちょっと重いけど、絵の抜き差しが

【国　語】（五〇分）〈満点：一〇〇点〉

【注意】　解答するときには、句読点や記号も一字と数えます。

一　次の文章を読んで、後の問いに答えなさい。（作問の都合上、本文の一部を変更してあります。）

> 東京で働く光都《みつ》は、およそ五年ぶりに京都にある和菓子屋を営む実家に帰ることになった。光都は幼い頃は祖母のタヅに育てられたが、祖母は光都のやること全てに難癖《なんくせ》をつけるため、光都は窮屈《きゅうくつ》に思いながら過ごしていた。実家に帰ると叔母《おば》の雪乃《ゆきの》さんと祖母がいた。近所に住む雪乃さんは毎日のように掃除《そうじ》や食事の世話をしに来てくれており、偏屈《へんくつ》な祖母の世話を文句も言わずにしてくれ、光都は感謝している。
> 次の場面は、三人で昼食をとりながら会話をしている場面である。

「光都ちゃんの紙芝居《かみしばい》、楽しみねぇ。お休みのところ、ありがとうね」

雪乃さんに言われて①私は頬《ほお》をゆるませる。

進学した東京の大学で私は演劇サークルに入った。あるとき、新入生歓迎《かんげい》の余興でやった紙芝居が思いのほか楽しくて、私がやりたいのはこれだ！と思った。

自分ひとりでなんでも決められて、経費がほとんどかからないのも良かった。私が立って絵を抜《ぬ》いたり差したりするための、半径一メートルほどのスペースを用意してもらえれば、特に設備も要《い》らず外でも室内でもできるのだ。保育園や老人ホーム、地域のお祭りなど、こちらから働きかければ興味を持ってくれるところはたくさんあって、一度やるとまた来てくださいと声をかけてもらえることが多い。

それで私は、卒業後は通販《つうはん》オペレーターの仕事をしながら、［ i ］として紙芝居を続けている。

今回、帰省することになったのは、注マスターから話を聞いた雪乃さんに依頼《いらい》されたからだ。彼女は公民館でパートタイムで働いていて、こどもの日のイベントの一環《いっかん》としてぜひにとお願いされた。求められて嬉《うれ》しかった。だから張り切って準備してきたのだ。

お吸い物を一口飲み、私が雪乃さんに返事しようとしたところでおばあちゃんが言った。

「紙芝居なんて、今どき流行《はや》らへんやろ」

以前、私が雪乃さんとネット動画の話で盛り上がっていたら「流行りばっかり追って軽薄《けいはく》な」って言っていたじゃないか。この人は結局いちゃもんをつけたいだけなのだ。こうなると、おばあちゃんを前に紙芝居の良さや熱意を語る気になんて到底《とうてい》なれなかった。

私は黙ってとうがらしをかじる。おばあちゃんがしば漬《づ》けを噛《か》むブリブリという音が、食卓《しょくたく》に響《ひび》いていた。

食事を終えると、私は台所で雪乃さんと並んで雑談をしながら、食器を洗ったり拭《ふ》いたりした。後片付けをすませて居間に戻《もど》る。

おばあちゃんがロッキングチェアの背にもたれて目をつむっていた。軽く額に手を当てている。

今日最初に会ったときから思っていたけど、いまいち顔色がよくない。どこか具合が悪いんじゃないだろうか。胸のざわつきを抑《おさ》えながら私は訊《たず》ねる。

「おばあちゃん、お茶飲む？」

MEMO

大切なことはメモしておこうネ！

2023年度

城北中学校入試問題（第２回）

【算　数】（50分）　＜満点：100点＞

【注意】　1．円周率が必要な場合には，3.14として計算しなさい。

2．コンパス・定規・分度器を使ってはいけません。

1　次の □ にあてはまる数を求めなさい。

(1)　$\left(0.08\div\frac{1}{4}+\frac{2}{5}\div12.5\right)\div\frac{1}{5}-4\times\frac{1}{5}\div5=$ □

(2)　$17\times7+119\times4+2023\div17\times$ □ $+11.9\times70=2023$

2　次の □ にあてはまる数または比を求めなさい。

(1)　鉛《えん》筆が20本入るケースＡと32本入るケースＢがそれぞれ何個かあり，ケースＡの個数はケースＢの個数の２倍あります。□ 本の鉛筆をすべてのケースＡに入れると32本余り，すべてのケースＢに入れると128本余ります。

(2)　下の図のように，半円の弧と直線を組み合わせて作った図形があります。この図形の面積は □ cm^2 です。

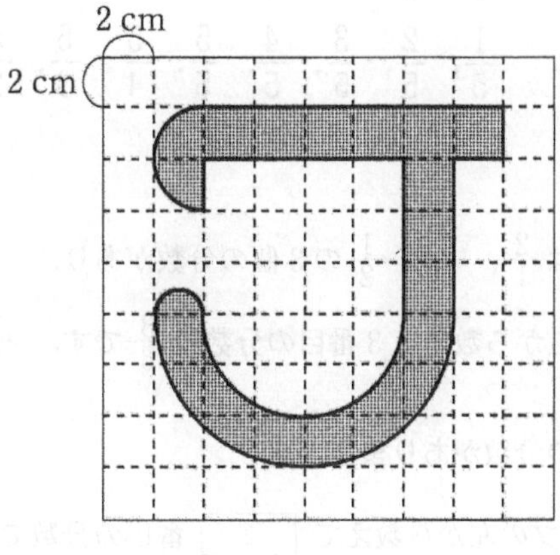

(3)　長さの比が３：５の２本のひもがあります。それぞれのひもで，たての長さが同じ長方形を作ったところ，面積の比が７：15になりました。このとき，面積が小さい方の長方形のたてと横の長さの比は □ です。

(4)　[0]，[1]，[2]，[3]と書かれたカードがたくさんあります。これらのカードを組み合わせて数字を作り，小さい方から並べていきます。

[0]，[1]，[2]，[3]，[1][0]，[1][1]，[1][2]，[1][3]，[2][0]，…

数字を[0]から[3][3][3]まで作って並べるとき，カードは全部で □ 枚必要です。

⑸　下の図のように，ひし形の中に点Oを中心とする円がぴったりと入っています。角アの大きさは □ 度です。

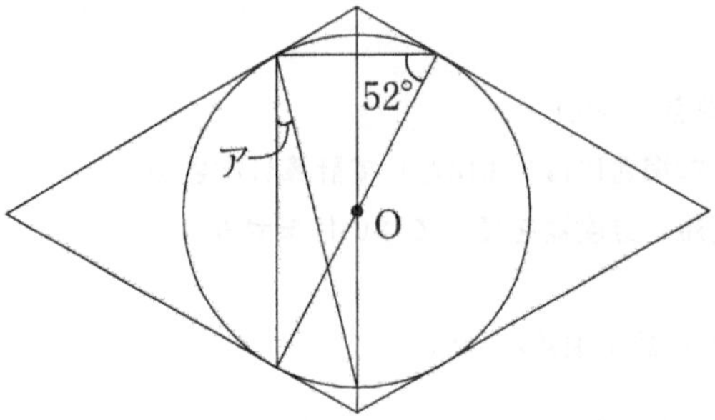

3　下のように分数がある規則にしたがって並んでいます。

第１グループ　$\frac{1}{1}$

第２グループ　$\frac{2}{1}$，$\frac{2}{2}$，$\frac{1}{2}$

第３グループ　$\frac{1}{3}$，$\frac{2}{3}$，$\frac{3}{3}$，$\frac{3}{2}$，$\frac{3}{1}$

第４グループ　$\frac{4}{1}$，$\frac{4}{2}$，$\frac{4}{3}$，$\frac{4}{4}$，$\frac{3}{4}$，$\frac{2}{4}$，$\frac{1}{4}$

第５グループ　$\frac{1}{5}$，$\frac{2}{5}$，$\frac{3}{5}$，$\frac{4}{5}$，$\frac{5}{5}$，$\frac{5}{4}$，$\frac{5}{3}$，$\frac{5}{2}$，$\frac{5}{1}$

⋮

例えば，第２グループには$\frac{2}{1}$，$\frac{2}{2}$，$\frac{1}{2}$の３個の分数があり，

第３グループの左から数えて３番目の分数は$\frac{3}{3}$です。

次の問いに答えなさい。

⑴　第８グループには何個の分数がありますか。

⑵　$\frac{7}{6}$は第 ［①］ グループの左から数えて ［②］ 番目の分数です。

□ にあてはまる数を求めなさい。

⑶　第１グループの$\frac{1}{1}$から第10グループの$\frac{8}{10}$までに，全部で何個の分数がありますか。

⑷　第24グループの分数のうち，整数になる分数と約分ができる分数を除くと，残りの分数は何個ですか。

4　Ａ君とＢ君がＰ町を同時に出発して，同じ道をそれぞれ一定の速さでＱ町まで歩きます。ただし，Ａ君はＢ君より速く歩きます。

Ａ君はＰ町から1800m離《はな》れたＲ地点でしばらく休みましたが，Ｂ君は休まずに歩き続けました。Ａ君はＢ君がＲ地点を通過した５分後に再び歩き始めたところ，Ｂ君より２分遅れてＱ町に到《とう》着しました。

下のグラフは，Ａ君とＢ君がＰ町を同時に出発した後の時間と２人の間の道のりの関係を表したグラフです。

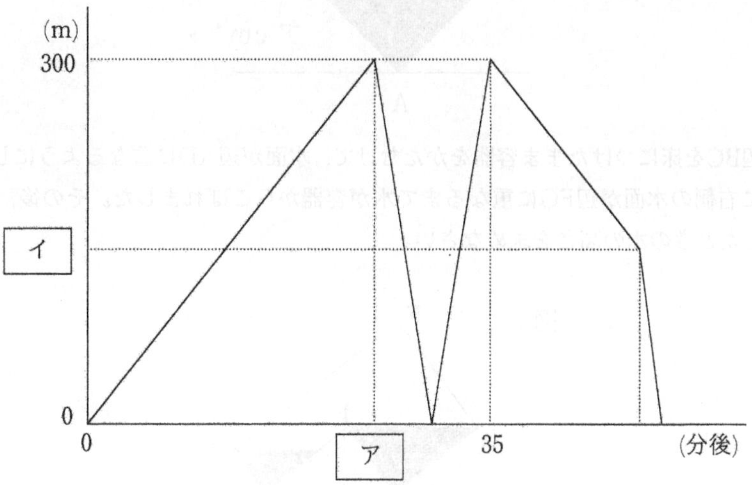

次の問いに答えなさい。

⑴　グラフの［ア］にあてはまる数を求めなさい。

⑵　Ａ君の歩く速さは毎分何mですか。

⑶　グラフの［イ］にあてはまる数を求めなさい。

⑷　Ｐ町からＱ町までの道のりは何mですか。

5　右の図のように，直方体の空の水そうに直方体のレンガをそれぞれの太線部分が重なるようにはめこみました。この容器を図１のように，長方形ABCDを水平な床《ゆか》の上に置き，高さ5.5cmまで水を入れました。ただし，容器をかたむけてもレンガは動かないものとし，図１の状態ではレンガの上に水は残らないものとします。

あとの問いに答えなさい。

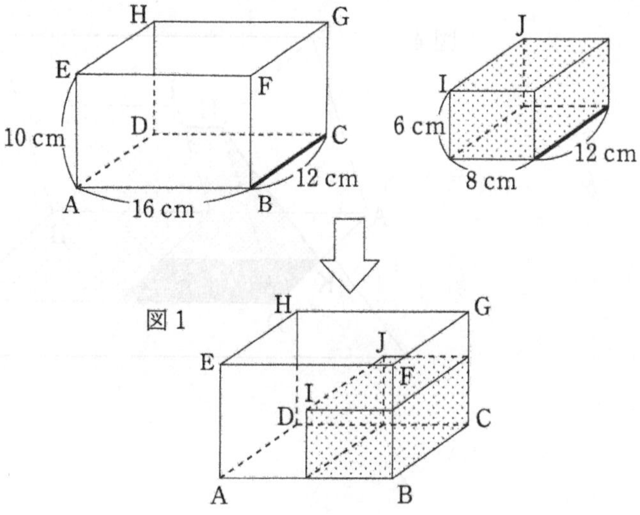

⑴　辺ADを床につけたまま水がこぼれないように容器をかたむけて，水面が辺EHに重なるようにしたところ，図２のようになりました。図２のアはいくらになるか求めなさい。

図２

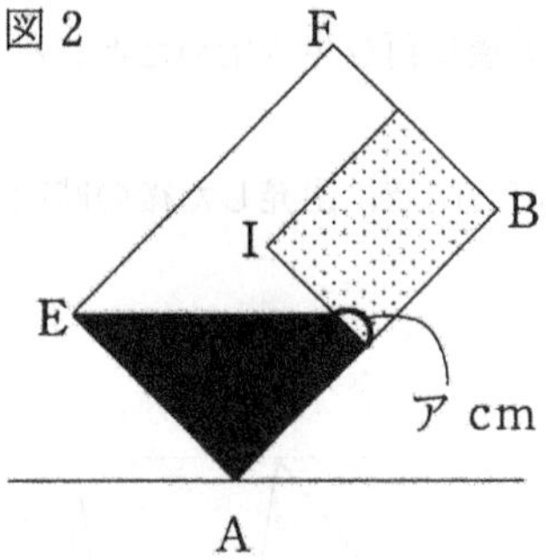

⑵　今度は辺BCを床につけたまま容器をかたむけて，水面が辺ADに重なるようにしたところ，図３のように右側の水面が辺FGに重なるまで水が容器からこぼれました。その後，容器を図１の状態に戻《もど》したときの水の高さを求めなさい。

図３

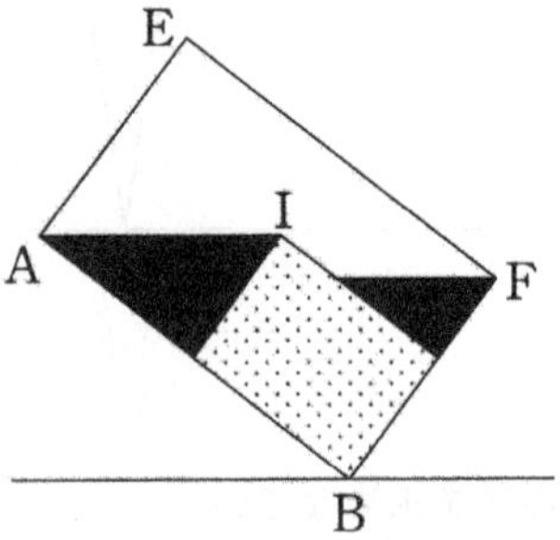

⑶　⑵の後に辺CDを床につけたまま水がこぼれないように容器をかたむけて，図４のように水面が辺GHに重なるようにしました。水面と辺ADが交わる点をKとするとき，DKの長さを求めなさい。

図４

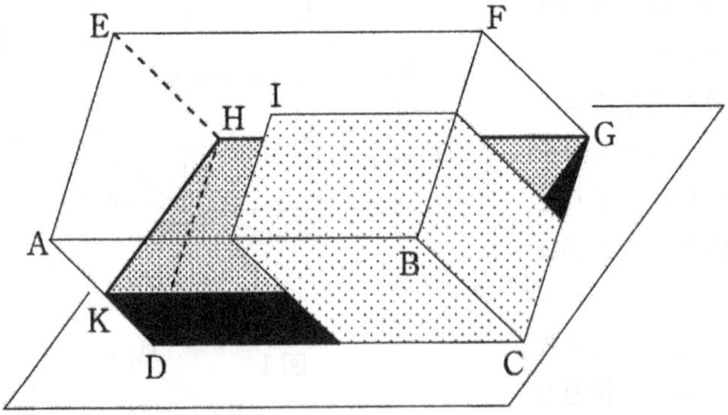

【理　科】（40分）　＜満点：70点＞

1　同じ豆電球と同じ乾電池をいくつか用意し，つぎの図１～４のような回路をつくりました。これらの回路について，つぎの問いに答えなさい。

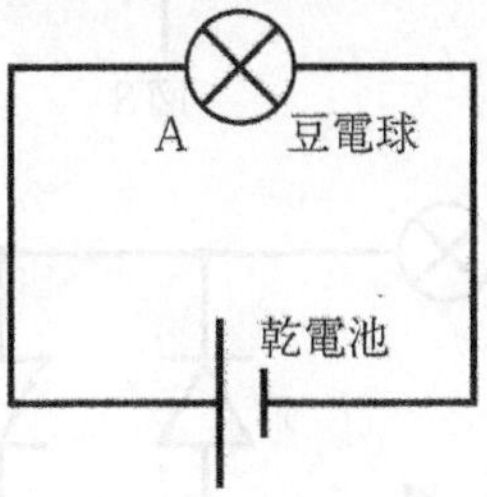

図１

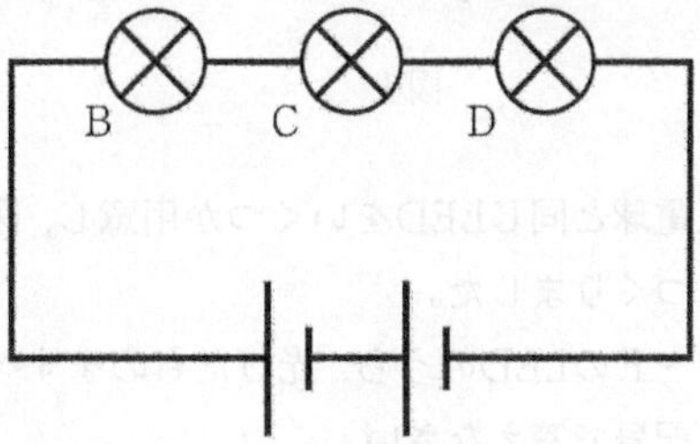

図２

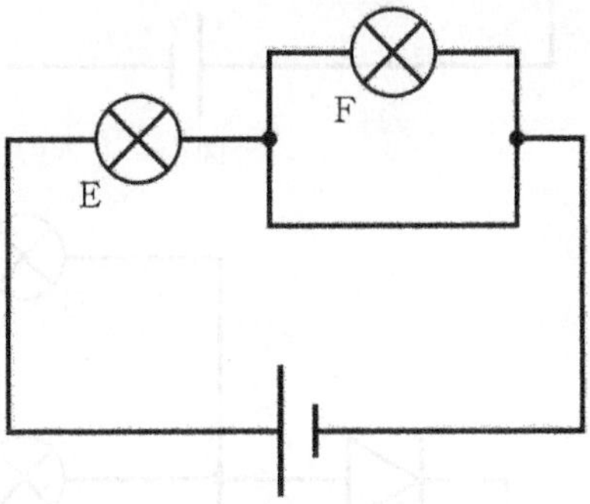

図３

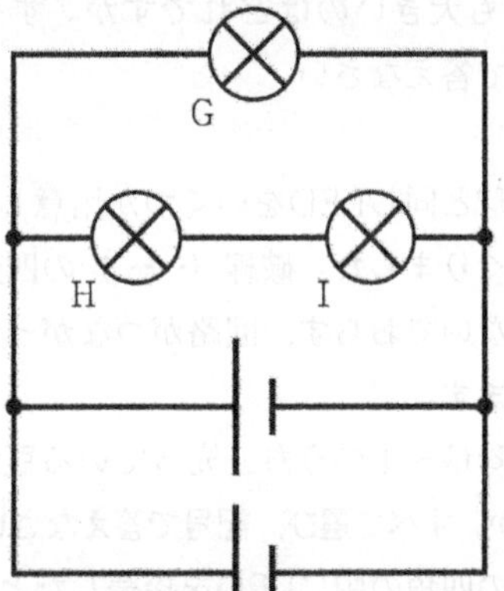

図４

問１　豆電球Ｂ～Ｉのなかで，豆電球Ａと同じ明るさの豆電球はどれですか。すべて選び，記号で答えなさい。ただし，あてはまる豆電球がない場合は，「ない」と答えなさい。

問２　豆電球Ｂ～Ｉのなかで，もっとも暗く光る豆電球はどれですか。すべて選び，記号で答えなさい。

問３　豆電球Ｂ～Ｉのなかで，豆電球が切れたとき，同じ回路内の他の豆電球の明るさを変化させる豆電球はどれですか。すべて選び，記号で答えなさい。ただし，あてはまる豆電球がない場合は，「ない」と答えなさい。

問４　図１～４の回路のなかで，豆電球がついている時間がもっとも長い回路はどれですか。図１～４の中から，あてはまる回路を１つ選び，番号で答えなさい。

2　近年，豆電球などにかわり，LED（発光ダイオード）が照明によく使われています。LEDを電気記号でかき表すと図１のようになり，図のように＋極，－極をつないだ場合のみ，矢印の方向にしか電流を流さないという特徴《とくちょう》をもっています。また，LEDと豆電球は同じはたらきをし，図２のLEDと図３の豆電球に流れる電流の大きさは同じであるとします。

（図１，図２，図３は次のページにあります。）

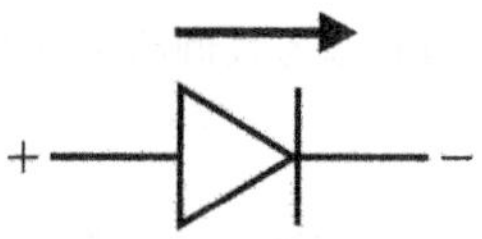

図１

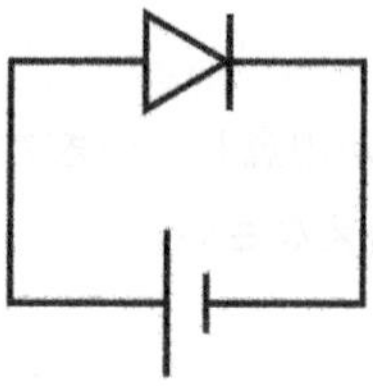

図２

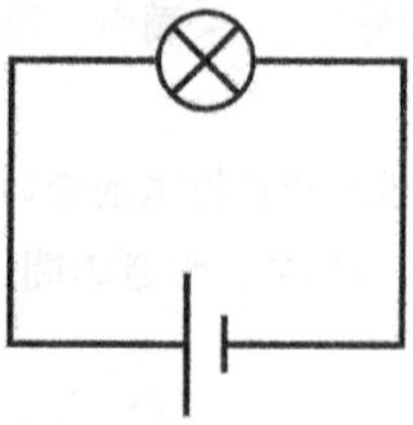

図３

同じ豆電球と同じLEDをいくつか用意し，図４の回路をつくりました。

問１　C～FのLEDのうち，光ったものをすべて選び，記号で答えなさい。

問２　A～Fの豆電球とLEDのうち，流れる電流がもっとも大きいのはどれですか。すべて選び，記号で答えなさい。

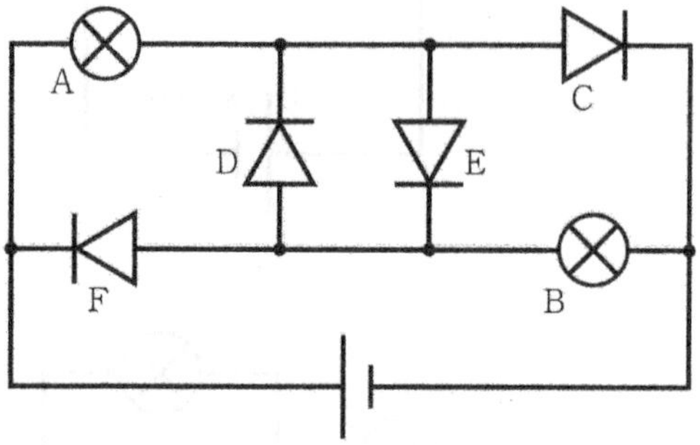

図４

同じ豆電球と同じLEDをいくつか用意し，図５の回路をつくりました。破線（-----）の四角の中には何もつないでおらず，回路がつながっていないものとします。

問３　豆電球G～Ｉのうち，光っている豆電球はどれですか。すべて選び，記号で答えなさい。

問４　破線の四角の中にLEDを接続したところ，豆電球はすべて光りました。LEDはどの向きに接続しましたか。つぎのア，イから選び，記号で答えなさい。

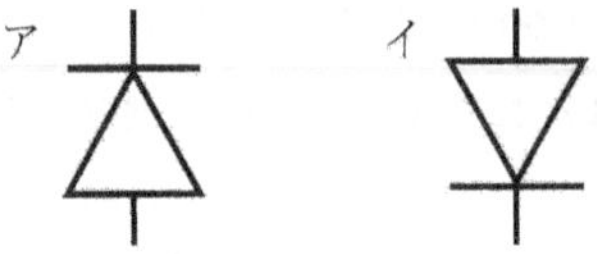

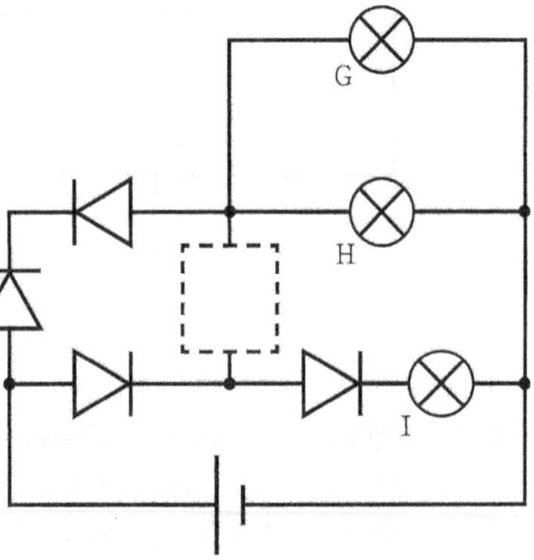

図５

3　実験装置A，B，C，D，Eに，ある濃度の塩酸を15mLずつ入れ，そこに，ある濃度の水酸化ナトリウム水溶液《すいようえき》を５，10，15，20，25mL入れてかき混ぜました。さらに，A，B，C，D，Eにアルミニウムを0.6ｇずつ加えて，発生する気体の体積（mL）を調べたところ，表のようになりました。

実験装置	A	B	C	D	E
入れた塩酸の体積（mL）	15	15	15	15	15
水酸化ナトリウム水溶液の体積（mL）	5	10	15	20	25
加えたアルミニウムの重さ（g）	0.6	0.6	0.6	0.6	0.6
発生した気体の体積（mL）	180	0	540	800	800

実験終了後の実験装置Ａ～Ｅの中を確認したところ，Ｂではアルミニウムが溶《と》けないでそのまま残っていて，ＡとＣでは一部が残っていました。ＤとＥではアルミニウムはすべて溶けてなくなっていました。

問１　実験装置Ｃで発生した気体について，正しい説明をつぎのア～クからすべて選び，記号で答えなさい。ただし，あてはまるものがないときは，「ない」と答えなさい。

ア．生物が呼吸で必要とする気体である。

イ．強いにおいがある。

ウ．水に溶かすと，水溶液は青色リトマス紙を赤色に変える。

エ．水に溶かすと，水溶液は赤色リトマス紙を青色に変える。

オ．空気より軽い気体である。

カ．水上置換《すいじょうちかん》で集めることができる。

キ．下方置換《かほうちかん》で集めることができる。

ク．燃えると二酸化炭素と水ができる。

問２　実験装置Ａ～Ｅについて，アルミニウムを入れる前の混合溶液にBTB溶液を入れて混合溶液の色を観察します。つぎの⑴，⑵の結果になるものを，それぞれすべて選び，Ａ～Ｅの記号で答えなさい。

ただし，あてはまるものがないときは，「ない」と答えなさい。

⑴　青色　　⑵　緑色

問３　この実験に用いたものと同じ塩酸15mLに，十分な量のアルミニウムを溶かすと，アルミニウムに溶け残りが見られました。気体は何mL発生すると考えられますか。ただし答えが割り切れないときは，小数第１位を四捨五入して，整数で答えなさい。

問４　アルミニウム0.6ｇを溶かすには，この実験で用いたものと同じ水酸化ナトリウム水溶液は何mL必要ですか。ただし，答えが割り切れないときは，小数第２位を四捨五入して，第１位まで答えなさい。

問５　この実験で用いたものと同じ塩酸と水酸化ナトリウム水溶液で，つぎの中和の実験をします。ちょうど中和するのに必要な水溶液はそれぞれ何mLですか。ただし，答えが割り切れないときは，小数第２位を四捨五入して，第１位まで答えなさい。

⑴　水酸化ナトリウム水溶液15mLと，ちょうど中和するのに必要な塩酸の体積（mL）

⑵　塩酸10mLに水を加えて15mLにした水溶液を，ちょうど中和するのに必要な水酸化ナトリウム水溶液の体積（mL）

問６　アルミニウムは塩酸にも水酸化ナトリウム水溶液にも気体を発生して溶けます。つぎのア～オの金属のうち，あとの⑴，⑵にあてはまるものを，それぞれすべて選び，記号で答えなさい。ただし，あてはまるものがないときは，「ない」と答えなさい。

ア．亜鉛《あえん》　　イ．金　　ウ．鉄　　エ．銅　　オ．マグネシウム

⑴　塩酸には気体を発生して溶けるが，水酸化ナトリウム水溶液には溶けない。

⑵　塩酸にも水酸化ナトリウム水溶液にも溶けない。

4 種子の発芽の３条件が，①空気，水，②適温であることは，みなさんよく知っていると思います。しかし，種子の発芽に，この３条件が必要なことは，実験によって確かめられるまでは，わかっていませんでした。

ここでは，発芽に必要な条件が，わかっていないものとします。

発芽に必要な条件の候補は，空気，水，適温，光，肥料の５つで，ここから，発芽に必要な条件を，調べる実験を考えます。

表には，その条件が「ある」ときに「○」を，その条件が「ない」ときに「×」を記入します。ただし，適温の「×」は「0℃」をしめしています。また，結果のらんには，発芽したら「○」を，発芽しなかったら「×」を記入します。

まず，実験１～３までの実験内容と実験結果を，表にまとめました。

表：発芽の条件を調べる実験とその結果

	空気	水	適温	光	肥料	結果
実験１	○	○	○	○	○	○
実験２	×	×	×	×	×	×
実験３	×	○	○	○	○	×
実験４						
⋮						

問１　下線部①の空気について，空気に含《ふく》まれる発芽に必要な気体は何ですか。気体の名まえを答えなさい。

問２　下線部②の適温としてもっともあてはまるものを，ア～エから１つ選び，記号で答えなさい。

ア．5℃　　イ．25℃

ウ．45℃　　エ．80℃

問３　発芽の３条件を，空気，水，適温の３つにしぼりこむには，実験はもっとも少ない数で，いくつまで行う必要がありますか。つぎのア～オから１つ選び，記号で答えなさい。

ア．実験４まで　　イ．実験５まで　　ウ．実験７まで

エ．実験９まで　　オ．実験11まで

問４　問３の実験を行ったときの実験内容と実験結果について，解答用紙の表の空らんに，「○」または「×」を記入し，表を完成させなさい。

ただし，表の空らんへの記入は，問３で選んだ答えの実験の数までとします。このため，問３でア～エを選んだ人は，実験の数に合わせて空らんができます。オを選んだ人は，すべてのらんに記入することになります。

問５　これらの実験結果から，発芽に必要な条件は，空気，水，適温の３つであることが予想されました。この予想が間違いないことを確かめるには，どのような実験を行い，どのような結果になればいいですか。解答用紙の表の空らんに，「○」または「×」を記入しなさい。

5　地震《じしん》波の伝わり方の違いから，地球の内側は一様《いちよう》ではなく，いくつかの層に分かれていることがわかっています。地球の表面から深さ約５km～60kmまでの層を地殻《ちかく》と呼びます。その下には深さ約2900kmまでマントルと呼ばれる層が広がっていて，中心には核《かく》と呼ばれる層があります。これらの層はそれぞれつくられている物質が違います。地球の半径を6400kmとして，つぎの問いに答えなさい。

問１　大陸をつくっている地殻は，おもに花こう岩でできています。花こう岩の特徴《とくちょう》として正しいものを，つぎのア～オから１つ選び，記号で答えなさい。

ア．マグマが急に冷やされてできた。　　イ．マグマがゆっくりと冷やされてできた。

ウ．化石を含むことがある。　　エ．はん状組織である。

オ．ふくまれる粒の大きさは直径２mm以上である。

問２　海の底にある地殻は，おもにげんぶ岩でつくられています。げんぶ岩の特徴として正しいものを，つぎのア～オから１つ選び，記号で答えなさい。

ア．炭酸カルシウムが固まってできた。

イ．火山灰が固まってできた。

ウ．かぎ層として利用しやすい。

エ．表面を観察すると，多くの鉱物が大きく成長している。

オ．流もん岩とくらべて，黒っぽい。

問３　問題で与えられている数字を参考に，地球の全体に対する地殻の厚さを表した断面図として，もっとも近いものを，つぎのア～エから１つ選び，記号で答えなさい。ただし，黒い部分は地殻を表しています。

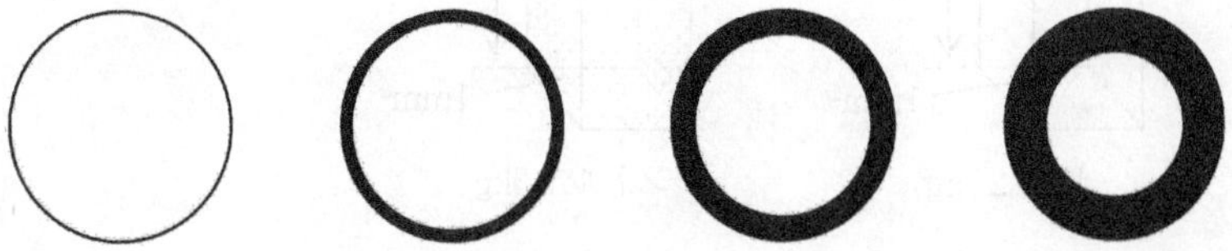

ア　イ　ウ　エ

問４　問題で与えられている数字を参考に，地球の全体に対する核の大きさを表した断面図として，もっとも近いものを，つぎのア～エから１つ選び，記号で答えなさい。ただし，破線（-----）は地球の表面を表していて，黒い部分は核を表しています。

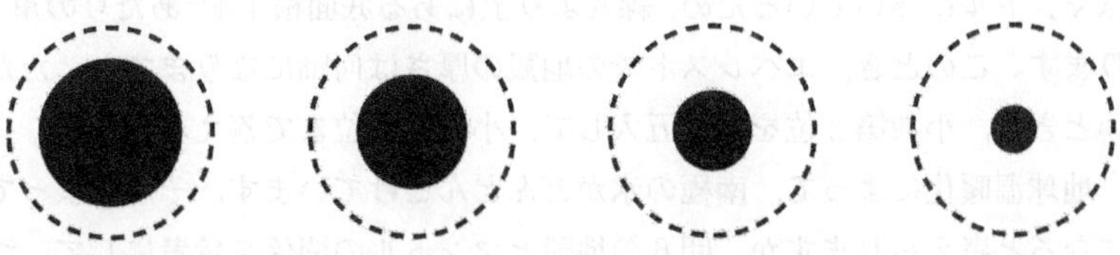

ア　イ　ウ　エ

地殻の厚さは場所によって違います。ここでは，標高が世界最高の山である，エベレストでの地殻の厚さについて考えます。

地殻はマントルの上に浮いていると考えることができ，エベレストの断面図を，次のページの図１のように表現します。ただし，次のページの図２にあるように，地殻とマントルの重さは，底面積を 1 mm^2，高さを 1 kmとしたとき，それぞれ2.7kg，3.3kgとします。また，エベレストの標高は 9 km，標高 0 kmでの地殻の厚さを10kmとし，大気や海の重さは考えないものとします。

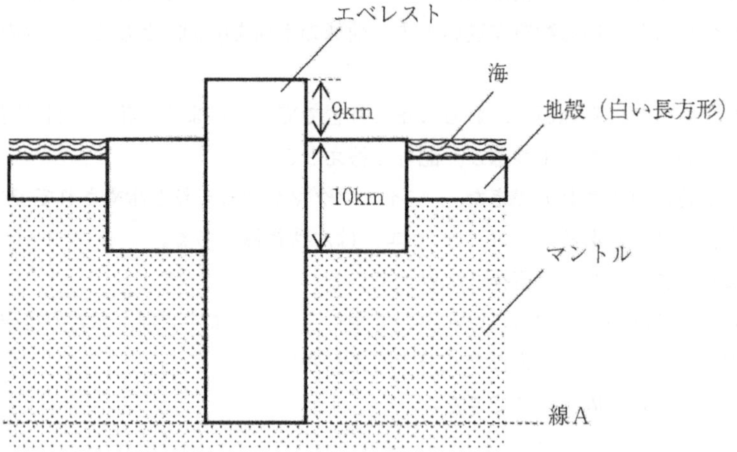

図1：エベレスト周囲の断面図

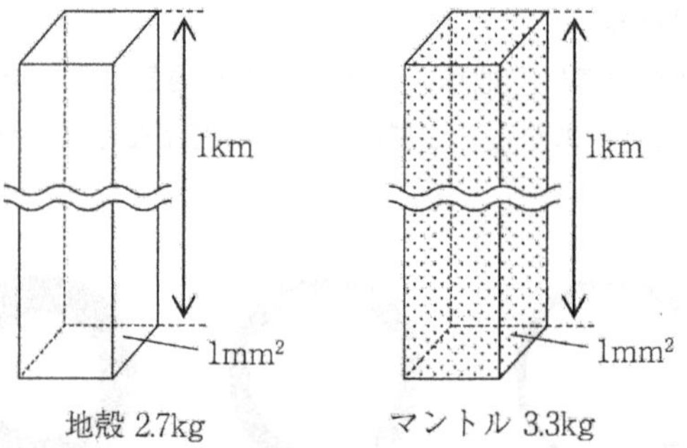

図2：地殻とマントルの重さ

問5　底面積が 1 mm^{2}で高さが22kmの地殻の重さと等しい，底面積が 1 mm^{2}のマントルは高さが何kmになりますか。ただし，答えが割り切れないときは，小数第1位を四捨五入して，整数で答えなさい。

問6　地殻はマントルに浮いているため，線Aより上にある底面積 1 mm^{2}あたりの重さは，どこでも等しくなります。このとき，エベレストでの地殻の厚さは何kmになりますか。ただし，答えが割り切れないときは，小数第2位を四捨五入して，小数第1位まで答えなさい。

問7　現在，地球温暖化によって，南極の氷がどんどんとけています。それによって，南極大陸はどのようになると考えられますか。問6の地殻とマントルの関係を参考にして，つぎのア～エから1つ選び，記号で答えなさい。ただし，ここでは氷の重さを考えるものとします。

ア．南極大陸は隆起《りゅうき》する。

イ．南極大陸は沈降《ちんこう》する。

ウ．氷がとけることが原因で，南極大陸が隆起したり沈降したりすることはない。

エ．氷のとけ方によって，隆起するのか沈降するのかが変わってくる。

【社　会】（40分）　＜満点：70点＞

1　次の文章を読んで，下記の設問に答えなさい。

2023年は，1923年に発生した関東大震災から100年の節目《ふしめ》の年です。近年，日本で発生した大きな地震について振り返ってみましょう。

1995年の(1)兵庫県南部地震は，(2)淡路島の北部が震源となった地震です。この地震では，建物の倒壊《とうかい》による大きな被害が生じました。

2011年には(3)東北地方太平洋沖地震による東日本大震災が発生しました。(4)岩手県，宮城県，福島県を中心とした太平洋沿岸を津波が襲《おそ》い，首都圏では多数の帰宅困難者がみられ，(5)液状化現象も発生しました。

2016年には，熊本地震が発生し，(6)熊本県を中心に，(7)大分県などにも大きな被害をもたらしました。

2018年の(8)北海道胆振《いぶり》東部地震は，北海道で初めて最大の(9)震度階級を記録しました。

いずれの地震も，人的被害のみならず，道路や航空路などが一時的に使用出来なくなるなど，(10)輸送網にも大きな被害をもたらしました。

プレート境界上に位置する日本では，今後も大きな地震災害が発生すると予想されます。

例えば，(11)フィリピン海プレートがユーラシアプレートの下に潜り込む深い溝に沿って大規模な地震が発生すると考えられています。この地震では，(12)関東地方から(13)九州地方にかけての広い範囲で大きな被害が予想されています。

さらに，南関東を震源とした首都直下地震の発生も想定されています。人口や経済が集中する(14)都心部が被災した際には，多額の経済損失が発生するとも指摘されています。

問1　下線部(1)にある場所や施設として**誤っているもの**を，次のア～エから一つ選び，記号で答えなさい。

ア．姫路城

イ．有馬温泉

ウ．潮岬

エ．阪神甲子園球場

問2　下線部(2)に関連して，日本は，淡路島北部の淡路市など12市を通る経線を時刻の基準としています。この経線は東経何度ですか。正しいものを，次のア～エから一つ選び，記号で答えなさい。

ア．東経120度

イ．東経125度

ウ．東経130度

エ．東経135度

問3　問2に関連して，地球上で経度の基準となる線を本初子午線といいますが，これはどこの国の天文台を基準として定められたものですか。正しいものを，次のア～エから一つ選び，記号で答えなさい。

ア．スペイン　　イ．イギリス

ウ．フランス　　エ．ドイツ

問４　下線部⑶に関連して，以下の図は，地域別の水稲の生産量割合を示したグラフです。ア～エはそれぞれ，東北，四国，北海道，北陸のいずれかです。東北を示すものを，次のア～エから一つ選び，記号で答えなさい。

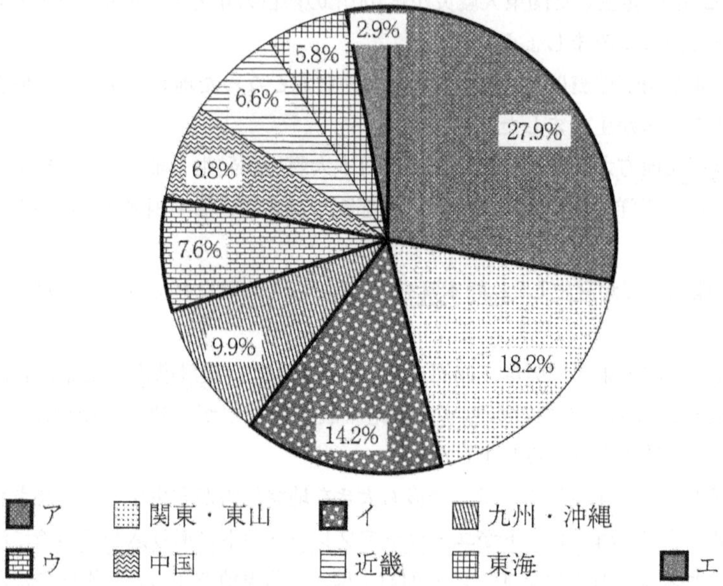

（農林水産省「令和３年作物統計調査」より作成）

注１）北陸は新潟・富山・石川・福井の４県

注２）関東は茨城・栃木・群馬・埼玉・千葉・東京・神奈川の７都県で，東山は山梨・長野の２県

問５　下線部⑷に関連して，以下の表は，岩手県，宮城県のそれぞれの県の面積，人口，産業別就業者の総数と割合を示したものです。この表について述べた文として正しいものを，次のア～エから一つ選び，記号で答えなさい。

県名	面積（km^2）	人口（万人）	産業別就業者の総数と割合			
			総数（万人）	第一次産業（%）	第二次産業（%）	第三次産業（%）
岩手県	15,275	121.1	63.6	10.8	25.4	63.8
宮城県	7,282	230.2	107.8	4.5	23.4	72.1

（総務省「令和２年国勢調査」，「令和元年労働力調査」より作成）

ア．２県のうち，工業や建設業が含まれる産業に従事《じゅうじ》している人の数が多いのは岩手県です。

イ．２県のうち，より人口密度が低いのは宮城県です。

ウ．２県のうち，農林水産業が含まれる産業に従事している人の数が多いのは岩手県です。

エ．就業者以外の人口は両県とも100万人を超えています。

問６　下線部⑷の３県のうち，東北三大祭りが開催される県はいくつありますか。正しいものを，次のア～エから一つ選び，記号で答えなさい。

ア．０　　イ．１　　ウ．２　　エ．３

問７　下線部⑸について説明した次の文章中の下線部のうち，**誤っているもの**をア～エから一つ選び，記号で答えなさい。

液状化現象とは，㈠埋め立て地や川や湖があった場所などの㈡地下水位が低い地盤《じばん》が，㈢地震による震動を受けて液体状になる現象のことで，㈣建物の倒壊などの被害を引き起こした事例がある。

問８　下線部⑹に関連して，熊本県の県庁所在都市である熊本市の雨温図として正しいものを，次のア～エから一つ選び，記号で答えなさい。なお，他の雨温図は，長野市，敦賀《つるが》市，福山市です。

ア

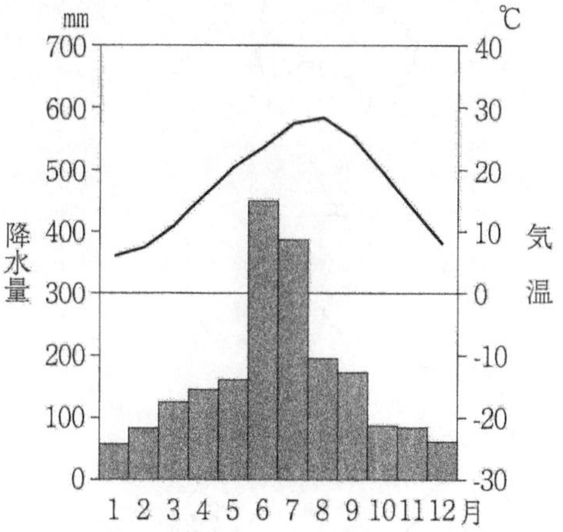

年平均気温：17.2℃　年降水量：2007mm

イ

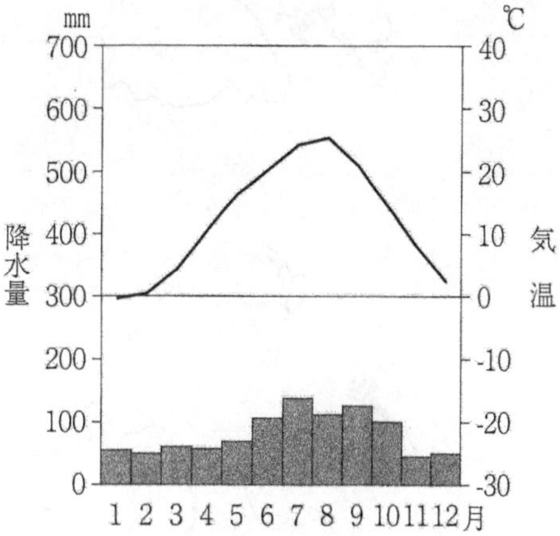

年平均気温：12.2℃　年降水量：965.1mm

ウ

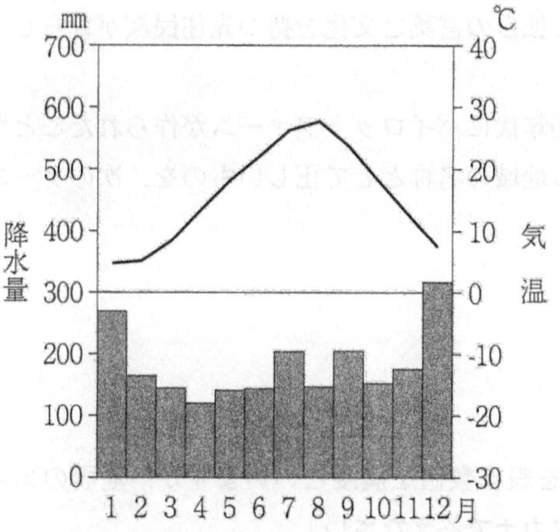

年平均気温：15.6℃　年降水量：2185.7mm

エ

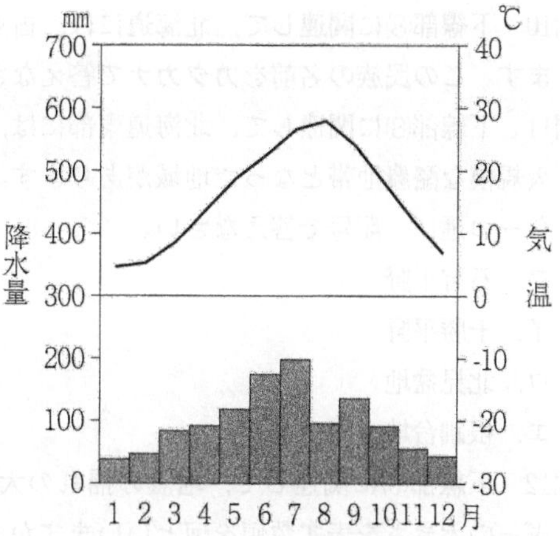

年平均気温：15.7℃　年降水量：1171.6mm

（気象庁データより作成）

問9　下線部⑺の形として正しいものを，次のア～エから一つ選び，記号で答えなさい。いずれも北が上を向いていますが，縮尺は同じであるとは限りません。

ア

イ

ウ

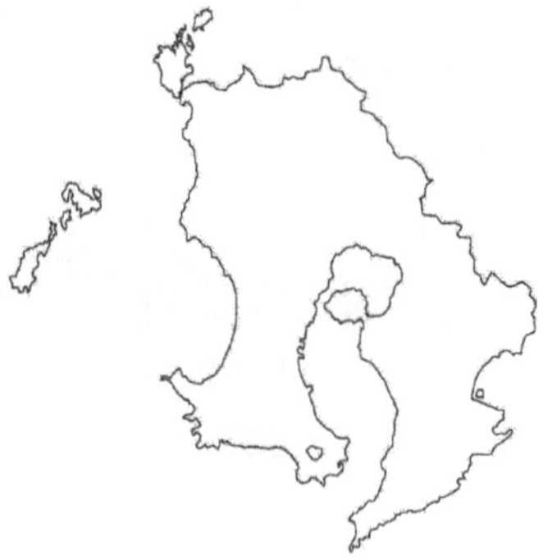

エ

問10　下線部⑻に関連して，北海道には，古くから独自の言葉と文化を持つ先住民族が暮らしています。この民族の名前を**カタカナ**で答えなさい。

問11　下線部⑻に関連して，北海道東部には，1950年代にパイロットファームが作られたことから大規模な酪農地帯となった地域があります。この地域の名称として正しいものを，次のア～エから一つ選び，記号で答えなさい。

ア．石狩平野

イ．十勝平野

ウ．北見盆地

エ．根釧台地

問12　下線部⑼に関連して，地震の揺れの大きさを表す数値を震度といいますが，地震のエネルギーの大きさを表す数値を何といいますか。**カタカナ**で答えなさい。

問13　下線部⑼に関連して，地震の揺れの大きさを表す気象庁震度階級は，何階級で表されますか。正しいものを，次のア～エから一つ選び，記号で答えなさい。

ア．5　　イ．7　　ウ．10　　エ．14

問14　下線部⑽に関連して，自動車やトラックなどによる輸送から，より環境負荷の小さい鉄道や船による輸送に転換することを何といいますか。**カタカナ**で答えなさい。

問15　下線部⑽に関連して，以下の表は日本の国内旅客《りょかく》輸送量と国内貨物輸送量の変化を輸送形態別に示したものです。表中のア～エは，鉄道，自動車，旅客船（内航海運），航空のいずれかです。鉄道を示すものを，次のア～エから一つ選び，記号で答えなさい。

	国内旅客輸送量（単位：百万人キロ）		国内貨物輸送量（単位：百万トンキロ）	
	1990年	2019年	1990年	2019年
ア	387,478	435,063	27,196	1,993
イ	51,624	94,592	799	933
ウ	6,275	3,076	244,546	169,680
エ	853,060	905,343	274,244	253,082

（矢野恒太記念会「日本国勢図会2022/23」より作成）

注１）内航海運は，国内貨物の海上輸送のこと

注２）単位の人キロは乗車人数×乗車距離を示し，トンキロは輸送重量×輸送距離を示す

問16　下線部⑾について，駿河湾から日向灘《なだ》沖にかけて位置する，この場所の名称を答えなさい。

問17　下線部⑾に関連して，フィリピンについて説明した文として正しいものを次のア～エから一つ選び，記号で答えなさい。

ア．キリスト教徒が多く，日本に対してはバナナやパイナップルの輸出が盛んです。

イ．エビの養殖が盛んで，日本はこの国から最も多くエビを輸入しています。

ウ．東南アジアで最も人口が多く，イスラム教徒が多いです。

エ．欧米諸国による植民地支配を受けなかった国で，仏教徒が多いです。

問18　下線部⑿について説明した文として**誤っているもの**を，次のア～エから一つ選び，記号で答えなさい。

ア．茨城県には，日本で２番目に面積の大きな湖があります。

イ．房総半島南部では，温暖な気候をいかした白菜の抑制栽培が盛んです。

ウ．東京から半径50㎞圏内には全国の人口の約３割が集中し，過密化が進んでいます。

エ．「日光の社寺」など，複数の世界遺産が登録されています。

問19　下線部⒀について説明した文として**誤っているもの**を，次のア～エから一つ選び，記号で答えなさい。

ア．大分県の八丁原《はっちょうばる》には，山がちな地形を利用した日本最大の水力発電所が立地しています。

イ．博多駅は山陽新幹線，九州新幹線の発着駅として九州の鉄道交通を支えています。

ウ．有明海はのりの養殖が盛んで，ムツゴロウの生息地としても知られています。

エ．八代平野は，水稲の裏作として，い草の生産が盛んな平野です。

問20　下線部⒁に関連して，都心部の地価下落などにより，都心部の人口が増加する現象を何といいますか。正しいものを，次のア～エから一つ選び，記号で答えなさい。

ア．ドーナツ化現象

イ．スプロール現象

ウ．都心回帰現象

エ．ヒートアイランド現象

2 私たちの生活において，物やサービスを売ったり，買ったりする時に，お金は欠かせないものです。近年は電子マネーの普及によって，より便利に売り買いが出来るようになりました。さて，私たちの歴史において，先人たちはお金とどのように関わってきたのでしょうか。次の文章【１】～【６】を読んで，下記の設問に答えなさい。

【１】 旧石器・縄文・弥生時代の日本では，貨幣《かへい》は使われていませんでした。しかし，原産地が特定される石器の原材料が各地でみつかっていることから，(1)縄文時代の人びとは，広い範囲で物と物の交換をしていたと考えられています。また，(2)卑弥呼を女王とする邪馬台国では物を交換するための市が存在したと(3)史料に書かれています。

問１ 下線部(1)の生活について述べた文として正しいものを，次のア～エから一つ選び，記号で答えなさい。

ア．マンモスなどの大型動物を求めて，移動しながら暮らしていました。

イ．神や精霊の信仰が生まれ，まじないや祈りのために埴輪がつくられました。

ウ．青銅器や鉄器の使用が始まり，農具や武器として使われました。

エ．木の実の煮炊《にた》きや保存のために土器がつくられるようになりました。

問２ 下線部(2)が239年に中国の皇帝に使いを送り，皇帝から授《さず》けられた称号を何といいますか。**漢字４文字**で答えなさい。

問３ 下線部(3)は中国で書かれた史料です。このように，この時代は中国の歴史書から日本の様子を知ることが出来ます。以下の１～３の史料を年代順に古い方から並び替えると，どのような順番になりますか。正しいものを，次のア～カから一つ選び，記号で答えなさい。（史料を一部わかりやすく直してあります。）

１．倭の奴国の王が光武帝にみつぎ物を持ってきたので，光武帝は金印を授けました。

２．倭には100余りの小国があり，楽浪郡を通して皇帝に使いを送る国がありました。

３．倭の五王は中国に使いを送り，朝鮮半島南部における軍事上の立場を有利にしようとしました。

ア．１→２→３

イ．１→３→２

ウ．２→１→３

エ．２→３→１

オ．３→１→２

カ．３→２→１

【２】 (4)天武天皇は，唐の銭貨にならって富本銭をつくりました。次いで，(5)律令体制を導入した朝廷は，和同開珎をつくりました。そして，銭貨を(6)平城京の造営に雇われた人びとへの給与の支払いなどに利用し，積極的に流通させようとしました。これ以降，12種類の銭貨を発行しましたが，流通の範囲は畿内とその付近に限られました。

問４ 下線部(4)について述べた文として正しいものを，次のア～エから一つ選び，記号で答えなさい。

ア．十七条の憲法を制定し，役人としての心構えを示しました。

イ．公地公民を基本方針として，全国的な戸籍である庚午年籍をつくりました。

ウ．最初の本格的な都城である藤原京を完成させ，遷都しました。

エ．壬申の乱で大友皇子に勝利し，飛鳥浄御《きよみ》原宮《はらのみや》で即位しました。

問５　下線部⑸について述べた文として正しいものを，次のア～エから一つ選び，記号で答えなさい。

ア．中央には二官八省が置かれ，神祇官で政治が話し合われました。

イ．全国は畿内と七道に分けられ，国司は世襲《せしゅう》で中央の役人が派遣されました。

ウ．６歳以上の男女に口分田が与えられ，亡くなると朝廷に返されました。

エ．成人した男女から兵士が選ばれ，九州北部を警備する防人を課されました。

問６　下線部⑹について，平城京跡の発掘によって役所間の連絡や荷札《にふだ》などに使われていた木の札が多数発見されました。これによって地方からどのような物が運ばれていたかを知ることが出来ます。この木の札を何といいますか。**漢字**で答えなさい。

【３】　⑺平安時代の後半，平氏によって積極的に宋との貿易が行われ，宋銭が大量に輸入されるようになりました。この宋銭は⑻鎌倉時代にかけて，広く流通し，貨幣経済の発展に大きく貢献しました。この結果，鎌倉時代には交通の要地に⑼定期市が立ったり，年貢が貨幣で納められたりするようになりました。また，借上と呼ばれる高利貸しも現れました。

問７　下線部⑺の貴族の邸宅《ていたく》は下の図のように，建物が廊下でつながり，庭には池や池に浮かぶ小島が設けられました。このような貴族の邸宅の造りを何といいますか。**漢字３文字**で答えなさい。

（山川出版社　『新日本史Ｂ』改訂版）

問８　下線部⑻の出来事について述べた文として**誤っているもの**を，次のア～エから一つ選び，記号で答えなさい。

ア．幕府は後鳥羽上皇と争った承久の乱に勝利し，京都に六波羅探題を設置しました。

イ．将軍を補佐する執権の地位についた北条泰時は，御成敗式目を定めました。

ウ．元寇後，御家人の経済的な困窮《こんきゅう》が深刻となり，永仁の徳政令が出されました。

エ．後醍醐天皇が挙兵すると，鎌倉幕府の御家人であった楠木正成が協力しました。

問９　下線部⑼の様子は，鎌倉時代に念仏の教えを説き諸国を巡《めぐ》り歩いて，時宗を広めた人物を描いた絵巻物にも描かれています。次のページの図はその絵巻物の一部です。この時宗の開祖となった人物として正しいものを，次のア～エから一つ選び，記号で答えなさい。

ア．一遍　　イ．法然　　ウ．親鸞　　エ．栄西

（山川出版社 『新日本史Ｂ』改訂版）

【４】 室町幕府の三代将軍(10)足利義満が日明貿易を始め，大量の明銭が輸入されました。これによって貨幣経済が進展し，(11)農業や商工業も発達しました。一方で，借金に苦しむ農民は団結して(12)徳政令を要求する一揆をおこしました。また，貨幣が不足して，質の悪い偽造貨幣がたくさんつくられ，流通の妨《さまた》げとなりました。そのため，(13)戦国大名は商業取引の円滑化に努力しました。

問10 下線部(10)が行ったこととして**誤っているもの**を，次のア～エから一つ選び，記号で答えなさい。

ア．半世紀以上にわたって南北朝の対立が続きましたが，1392年に統一しました。

イ．武士として初めて太政大臣に任ぜられ，京都室町に花の御所をつくりました。

ウ．文化にも関心が高く，能を大成した観阿弥・世阿弥親子を保護しました。

エ．東シナ海の中国や朝鮮の沿岸で略奪行為を繰り返す倭寇を取り締まりました。

問11 下線部(11)について手工業者や商人が寺社や公家に銭を納めるかわりに，商品の製造や販売の独占権を求めてつくった同業者組合を何といいますか。**漢字**で答えなさい。

問12 下線部(12)について，徳政令を要求した一揆として正しいものを，次のア～エから一つ選び，記号で答えなさい。

ア．山城の国一揆　　イ．正長の土一揆　　ウ．島原・天草一揆　　エ．加賀の一向一揆

問13 下線部(13)について，織田信長が行ったこととして**誤っているもの**を，次のア～エから一つ選び，記号で答えなさい。

ア．桶狭間の戦い　　イ．長篠の戦い　　ウ．山崎の戦い　　エ．延暦寺の焼き討ち

【５】 (14)江戸幕府が貨幣をつくり，流通させるようになると，戦国時代のような流通の妨げによる経済的な混乱はなくなりました。しかし，江戸では主に金貨が使用され，大阪では銀貨が使われていたため，東西の取引において，金銀を交換する(15)両替商の存在が欠かせなくなりました。また，江戸幕府は(16)貨幣の質を落とす改鋳《かいちゅう》をたびたび行いました。

問14 下線部(14)の政策として**誤っているもの**を，次のア～エから一つ選び，記号で答えなさい。

ア．徳川家光の時代に，参勤交代が武家諸法度に定められました。

イ．徳川綱吉の時代に，新井白石が生類憐《あわ》れみの令を出しました。

ウ．徳川吉宗の時代に，公平に裁判をするため，公事方御定書がつくられました。

エ．徳川慶喜の時代に，政権を天皇に返上する大政奉還が行われました。

問15 下線部(15)などの町人を題材とした『日本永代蔵』や『世間胸算用』などの作品を書いた作者

は誰ですか。氏名を**漢字**で答えなさい。

問16　下線部(16)について，幕府は江戸時代末に万延小判と呼ばれる貨幣をつくりました。この小判は金貨の品質を大幅に引き下げたものでした。幕府がこの小判を鋳造した結果として正しいものを，次のア～エから一つ選び，記号で答えなさい。

ア．物価が上がり，庶民の生活はたいへん苦しくなりました。

イ．物価が下がり，庶民の生活はたいへん楽になりました。

ウ．外国との貿易が活発となり，幕府は下田を再び開港しました。

エ．外国との貿易が停滞し，幕府は再び鎖国を行いました。

【6】　財務省は2024年度上半期を目処《めど》に，新しい日本銀行券を発行すると発表しました。新一万円券の肖像画は(17)渋沢栄一，新五千円券は(18)津田梅子，新千円券は(19)破傷風《はしょうふう》の治療法を確立した人物になります。また，新一万円券の裏には(20)日本の鉄道の中央停車場である東京駅丸の内駅舎が描かれます。これまでみてきたように，お金は私たちの生活と密接に関わり合い，経済活動を活発にしてきました。

問17　下線部(17)は明治時代以降の近代産業の発展に尽くした人物です。明治時代の近代産業の発展について述べた文として**誤っているもの**を，次のア～エから一つ選び，記号で答えなさい。

ア．政府は輸出品の生糸を生産するため，群馬県に富岡製糸場を建設しました。

イ．政府は日清戦争の賠償金の一部をあてて，八幡製鉄所を建設しました。

ウ．好景気を背景として海運業が発展し，成金と呼ばれる大金持ちが生まれました。

エ．急激な産業発展によって，足尾銅山では鉱毒による公害も発生しました。

問18　下線部(18)について述べた文として正しいものを，次のア～エから一つ選び，記号で答えなさい。

ア．岩倉遣外使節団の一行に加わり，帰国後は女子英学塾を設立しました。

イ．出征中の弟を心配し，日露戦争に反対する詩を発表しました。

ウ．女性の地位向上のために積極的に活動し，雑誌『青鞜《せいとう》』を発行しました。

エ．女性の生活や苦しみを『たけくらべ』などの小説にあらわしました。

問19　下線部(19)として正しいものを，次のア～エから一つ選び，記号で答えなさい。

ア．杉田玄白　　イ．北里柴三郎　　ウ．志賀潔　　エ．野口英世

問20　下線部(20)に関連して，1872年に初めて開通した鉄道は東京の新橋とどこを結んだものですか。正しいものを，次のア～エから一つ選び，記号で答えなさい。

ア．横浜　　イ．大阪　　ウ．神戸　　エ．仙台

3　次の文章【1】【2】を読んで，下記の設問に答えなさい。

【1】　2022年の9月のある日，生徒のシュンくんとリョウくんはこの夏の日本の政治について先生と話しています。

シュン：「7月に(1)参議院議員選挙がありましたね。期末試験の前日でしたが，気になって選挙特番を見てしまいました。」

先　生：「(2)物価の上昇や(3)円安への対応，安全保障が主な争点とされたね。」

リョウ：「選挙期間中に安倍元首相が亡《な》くなる事件も起こり，驚《おどろ》きました。」

シュン：「事件の後から(4)報道《ほうどう》の様子も大きく変わりました。」

先　生：「選挙の結果，与党《よとう》が参議院全体の過半数の議席を得たね。」

シュン：「改憲に前向きな政党の議席数が，(5)衆議院と参議院の両方で三分の二を超《こ》えたと新聞で読みました。(6)憲法の改正へむけて議論が進んでいくのかもしれないですね。」

リョウ：「８月には閣僚《かくりょう》を入れ替《か》えた第二次岸田(7)内閣が発足《ほっそく》しましたね。」

先　生：「内閣を改造した時は支持率が上がることが多いのに，むしろ下がってしまったね。」

シュン：「多くの国民が抱《いだ》く疑問に答えていないことが原因，という声もありました。」

リョウ：「(8)国会議員は国民の代表なので，疑問には責任をもって答えてほしいですね。」

問１　下線部(1)に関連して，日本の選挙制度について述べた文として正しいものを，次のア～エから一つ選び，記号で答えなさい。

ア．参議院議員選挙では，候補者が選挙区と比例代表の両方同時に立候補できます。

イ．参議院議員選挙では，選挙区から289人，比例代表から176人を選んでいます。

ウ．1994年に衆議院議員選挙は１つの選挙区から１人だけを選ぶ小選挙区制から，１つの選挙区から３～５人を選ぶ中選挙区制に変更されました。

エ．2019年の参議院議員選挙から，各政党の比例代表の候補者の中で優先的に当選させることができる「特定枠」が新たに設《もう》けられました。

問２　下線部(2)に関連して，次のグラフは日本の消費者物価指数《しょうひしゃぶっかしすう》の推移《すいい》（対前年比）を示したものです。グラフ中のＡ～Ｄの期間について述べた文として**誤っているもの**を，次のア～エから一つ選び，記号で答えなさい。

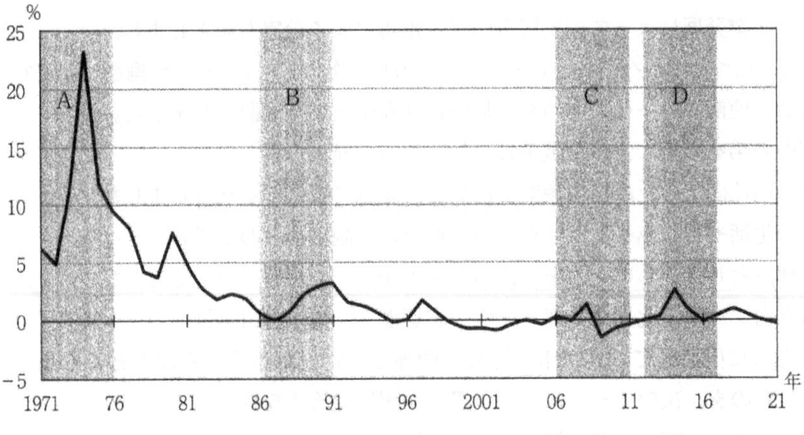

（総務省「消費者物価指数」より作成）

ア．Ａの期間には，第四次中東戦争によって生《しょう》じた第一次石油危機によって，急激《きゅうげき》に物価が上がりました。

イ．Ｂの期間には，インターネットの利用がそれぞれの家庭に広がったことによるIT革命によって経済成長し，それにともなって物価が上がりました。

ウ．Ｃの期間には，リーマンショックの後に起こった不況《ふきょう》にともなって，物価が下がりました。

エ．Ｄの期間には，いわゆるアベノミクスと呼ばれる経済政策が進められ，物価を上げることを目指しました。

問３　下線部(3)に関連して，日本の円とアメリカのドルの関係について述べた文として正しいものを，次のア～エから一つ選び，記号で答えなさい。

ア．1973年以降，円とドルの交換比率は，１ドル＝360円と決まっています。

イ．円安ドル高とは，ドルに対して円の価値が高くなることです。

ウ．円安ドル高は，日本の企業がアメリカの企業を買収することを後押しします。

エ．円安ドル高になると，日本からアメリカへ自動車を輸出するのが有利になります。

問４　下線部⑷に関連する以下の文章を読み，空欄（あ）（い）にあてはまる語句を，それぞれ答えなさい。なお，（あ）は**カタカナ**で，（い）は**漢字１文字**で答えなさい。

今起きている政治や経済，社会での出来事について広く国民に伝える役割を，ラジオやテレビ，新聞のような（　あ　）メディアが担《にな》っています。（　あ　）メディアは，世論に大きな影響を及ぼします。その影響の大きさから，（　あ　）メディアは第（　い　）の権力とも呼ばれます。

問５　下線部⑸について述べた文として正しいものを，次のア～エから一つ選び，記号で答えなさい。

ア．大日本帝国憲法でも，衆議院と参議院の二院制を採用していました。

イ．衆議院は，必ず参議院より先に法律案を審議することとされています。

ウ．衆議院が問責決議を可決すると，内閣は総辞職するか衆議院を解散しなければなりません。

エ．衆議院の解散中に国会の議決が必要になった場合，内閣は参議院に対して緊急集会を求めることができます。

問６　下線部⑹に関連して，次の表は日本における憲法改正の手順について説明したものです。正しい憲法改正の手順となるように，次のア～エを並び替え，記号で答えなさい。

憲法改正案の原案が衆議院議員100名以上，参議院議員50名以上の賛成で，国会に提出される。

↓

ア．国民投票が行われる。

イ．衆議院，参議院の憲法審査会で改正案の原案が審査・可決される。

ウ．国会が憲法改正の発議を行う。

エ．衆議院，参議院それぞれの本会議で，総議員の３分の２以上の賛成で可決される。

↓

投票総数の過半数の賛成で，憲法改正案が承認される。

問７　下線部⑺の仕事として**誤っているもの**を，次のア～エから一つ選び，記号で答えなさい。

ア．条約の承認

イ．最高裁判所長官の指名

ウ．天皇の国事行為への助言と承認

エ．臨時国会召集の決定

問8　下線部(8)に関連して，次のページのグラフ中のア～エは，日本，中国，アメリカ，フィンランドの国会議員に占める女性議員の比率（2022年4月時点）を示したものです。日本の比率を示したものとして正しいものを，次のア～エから一つ選び，記号で答えなさい。

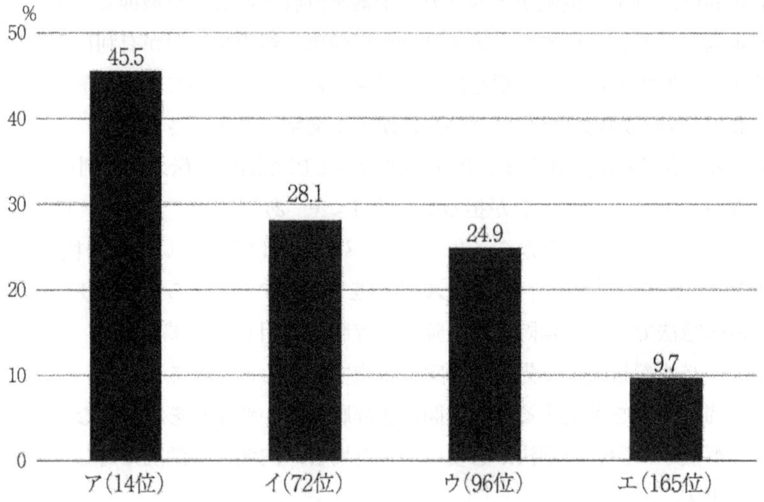

(IPU Parline, Monthly ranking of women in national parliaments より作成)

（注1）　日本は衆議院，他の国は下院または一院制議会における女性議員の比率を示しています。

（注2）　ア～エ横のかっこの中は，それぞれの国の国際順位（187カ国中）を示しています。

【2】　2022年2月にロシアからウクライナへの軍事侵攻が始まり，戦争と平和について日々考えさせられる1年でした。

第二次世界大戦終結後の世界は，どうすれば戦争を起こさないようにするか努力をしてきました。戦争を再び止めることができなかったという反省の下，国際平和の実現へ向けて新たに(9)国際連合が設立されました。

間もなくアメリカを中心とした西側資本主義陣営とソビエト連邦（以下，ソ連と表記）を中心とした東側社会主義陣営が対立する(10)冷戦が始まりました。両国の緊張《きんちょう》が高まり，(11)核戦争が勃発《ぼっぱつ》する一歩手前とされる出来事もありました。しかし，核戦争の危機は避《さ》けられ，1989年に両国は(12)冷戦終結を宣言しました。

しかし，その後も平和は訪《おとず》れませんでした。民族同士の争いや(13)テロ攻撃が起こり，世界では安全に日々の生活を営《いとな》むことさえできない地域が生まれ，(14)難民にならざるを得ない人がたくさんいます。どうすれば平和な世界を創り上げていけるか，すべての人に突きつけられている大きな課題です。

問9　下線部(9)の国際連合に関連する，以下の設問に答えなさい。

［1］　国際連合の組織について述べた文として正しいものを，次のア～エから一つ選び，記号で答えなさい。

ア．総会は，すべての加盟国で構成され，各国は分担金の割合に応じて投票数が割り当てられています。

イ．経済社会理事会は，世界保健機関やユネスコなどの専門機関と連携《れんけい》して，政治分野以外での様々な国際的な問題の解決に向けて国際協力をすすめていく組織です。

ウ．信託統治理事会は，かつて植民地だった地域の民族の自治・独立をすすめる組織で，現在もアフリカの国々を中心に支援しています。

エ．事務局は，国連の活動を管理・運営をする組織で，いまは潘基文《パンギムン》氏が事務総長を務めています。

［２］　安全保障理事会について述べた文として正しいものを，次のア～エから一つ選び，記号で答えなさい。

ア．安全保障理事会は，常任理事国と非常任理事国の合計17か国で構成されます。

イ．常任理事国は，アメリカ，イギリス，フランス，ロシア，イタリアの５か国です。

ウ．非常任理事国は３年ごとに，すべて入れ替わります。

エ．重要事項の決議には，すべての常任理事国を含めた９か国以上の賛成が必要です。

［３］　国連平和維持活動（PKO）について述べた文として正しいものを，次のア～エから一つ選び，記号で答えなさい。

ア．PKOは，国際連合憲章に定められた活動です。

イ．PKOの主な任務は，戦争が起こっている場所に国連軍を送って，平和を回復させることです。

ウ．PKOの仕事のひとつに，選挙に不正がないか監視する仕事があります。

エ．これまで自衛隊は，PKOに参加したことがありません。

問10　下線部(10)に関連して，次の冷戦時代の出来事１～３を，古い方から並び替えるとどのような順番になりますか。正しいものを，次のア～カから一つ選び，記号で答えなさい。

１．ベルリンの壁が崩壊する。

２．ソ連がアフガニスタンに侵攻する。

３．朝鮮戦争が始まる。

ア．１→２→３　　イ．１→３→２　　ウ．２→１→３

エ．２→３→１　　オ．３→１→２　　カ．３→２→１

問11　下線部(11)に関連する，あとの設問に答えなさい。

［１］　1962年に，ソ連がある国にミサイル基地を建設することに対してアメリカが抗議し，両国間の緊張が高まり世界が最も核戦争に近づいたとも言われる出来事が起こりました。この出来事を何と言いますか。

［２］　1996年に，爆発をともなうあらゆる核実験を禁止する条約が国連で採択《さいたく》されましたが，まだ正式に発効《はっこう》できていません。その条約の名称として正しいものを，次のア～エから一つ選び，記号で答えなさい。

ア．ＣＴＢＴ（包括的核実験禁止条約）　　イ．ＰＴＢＴ（部分的核実験禁止条約）

ウ．ＮＰＴ（核兵器拡散防止条約）　　エ．ＴＰNW（核兵器禁止条約）

問12　下線部(12)に関連して，冷戦の終結を宣言した時のソ連の指導者として正しいものを，次のア～エから一つ選び，記号で答えなさい。

ア．ゴルバチョフ　　イ．フルシチョフ　　ウ．スターリン　　エ．プーチン

問13　下線部(13)に関連して，2001年９月11日にアメリカ同時多発テロ事件が起こり，当時のブッシュ米大統領は，テロリストをかくまっているとしてある国を攻撃しました。このときアメリカが攻撃した国として正しいものを，次のページのア～エから一つ選び，記号で答えなさい。

ア．イラン　イ．アフガニスタン　ウ．インド　エ．パキスタン

問14　下線部⒁について述べた文として正しいものを，次のア～エから一つ選び，記号で答えなさい。

ア．難民とは，経済的に豊かな生活を求めて他国へ移った人のことをいいます。

イ．シリア内戦によって，多くの人が住む場所を追われ，難民となりました。

ウ．日本は，他の先進国と比べて多くの難民を日本に受け入れ，支援してきました。

エ．UNICEFは，難民の生活支援や問題の解決に取り組む国連の機関です。

3　ショメイ活動に参加する。

4　彼はホウヨウ力がある。

5　戦時中は都市部でトウカ管制が行われた。

6　二つの寺は近くにあるが、シュウハが異なる。

7　このままのやり方ではソウバン行き詰《づ》まることだろう。

8　大好きなミュージカルのセンシュウラク公演が取れた。

9　教員をヨび捨てにするとはけしからん。

10　問題の本質を捉《とら》えず、エダハにばかりこだわっている。

心を救うこととなってしまい、まるで母をだましてしまったかのような罪悪感を覚えている。

ウ　ほんとうはただ自己満足のために絵を描いているだけなのに、クレヨンをくれた人や母の無償の労働に報いるためにタンポポを描いたのだと自分自身に言い聞かせている愚《おろ》かさに気付き、言いようのない悲しみを抱いている。

エ　洪水という天災やボランティアの人の無理解という自分では避《さ》けようのない過酷《かこく》な運命にさらされてきたため、久しぶりに会った母がタンポポの絵を見て涙する姿を見ても、その純粋《じゅんすい》な気持ちを信じることができないでいる。

問5　――④「なんかこの絵は嘘っぽい」とありますが、「僕」はどのようなところをそう感じているのですか。50字以内で説明しなさい。

問6　――⑤「いや。いやいやいやいや、違う。そうじゃない」とありますが、ここで「僕」が感じ取った鈴音の勘違《かんちが》いとはどのようなものですか。40字以内で説明しなさい。

問7　――⑥「これは狩猟だ。獲物を捕まえろ。生け捕れ」とありますが、「僕」は何を「狩猟」にたとえているのですか。本文中の言葉を用いて45字以内で説明しなさい。

問8　――⑦「僕は拍子抜けして言った」とありますが、なぜ「拍子抜けし」たのですか。その理由を述べた文として最もふさわしいものを次の中から選び、記号で答えなさい。

ア　せっかく鈴音を実際の姿よりも美しく描くことができたというのに、感謝されるどころか些細《ささい》なミスを指摘《してき》されたから。

イ　泣いている鈴音の最高の瞬間《しゅんかん》を克明《こくめい》にとらえた会心の出来であると自信を持っていたが、その熱意を一笑《いっしょう》に付されたから。

ウ　これまでに感じたことのなかった強い情熱に突《つ》き動かされて絵を描いた結果、鈴音をさらに傷つけることになったから。

エ　出来たばかりの作品を目の前で見つめられることに緊張《きんちょう》していたが、鈴音が凝視《ぎょうし》していたのは意外な部分だったから。

問9　文中の空欄《くうらん》［X］・［Y］に当てはまる漢字一字として最もふさわしいものを次の中からそれぞれ選び、記号で答えなさい。なお、同じ記号を二度用いてはいけません。

ア　首　イ　腹　ウ　目　エ　鼻
オ　口　カ　足　キ　腰《こし》

問10　……部ⓐ「……この墨で汚されたのは、今の僕らそのものじゃないか」・ⓑ「削れ。削れ。削りだせ。これが僕だ。今の僕らだ。」とありますが、「今の僕ら」はどのような状況にあると読み取れますか。「スクラッチ」という言葉を用いて、80字以内で説明しなさい。

問11　次の文は、絵を描くことに対する「僕」の考え方の変化を説明したものです。空欄に当てはまる語を、(1)は本文中から9字で抜き出し、(2)は25字以内で自分で考えて、それぞれ答えなさい。

☆　**五年前の被災経験から［(1)］にこだわり続けてきたが、コロナ禍に見舞われたことでその「嘘」に気づき、［(2)］を描くことができるようになった。**

［二］　次の――線部のカタカナを、漢字に直しなさい。

1　大会で久しぶりにユウショウする。

2　作業コウテイ表のとおりに進めれば事故は起きなかった。

中から選び、それぞれ記号で答えなさい。

(A) 無造作に

ア いかにも安っぽい見た目で
イ みすぼらしい状態で
ウ 整えられていない様子で
エ 今にも壊《こわ》れそうな状態で

(B) けげんに

ア 目の前で起こっていることを不思議に
イ 相手が自分を無視することを不快に
ウ 自分の立場が危うくなることを不安に
エ 過去について問われないことを不可解に

(C) 僭越ながら

ア 勝手に例に出して恐縮《きょうしゅく》だが
イ これまで何度も言ってきたが
ウ わずらわしいことだが
エ 自分ごときがおそれ多いが

問2 ――①「家の現実とのギャップで、どうしていいのかわからなくなった」とありますが、「僕」が「どうしていいのかわからなくなった」のはなぜですか。その理由として最もふさわしいものを次の中から選び、記号で答えなさい。

ア 自分の家は校区の端っこにあるため、学校の被害状況がわからなかったから。
イ 自分は避難所となった公民館に寝泊まりしていたが、学校にはもっと大変な人たちがいることを知ったから。
ウ 自分の家は台風の被害を受け日常を失っていたが、学校では今まで通りの生活が続いていたから。
エ 一日中泥に埋まった家の片づけをしている母を置いて、自分は学校に行かなければならなかったから。

問3 ――②「なんでこんなところでも汚れを落とす作業をしてるんだよ」とありますが、このときの「僕」の気持ちを説明したものとして最もふさわしいものを次の中から選び、記号で答えなさい。

ア スケッチブックをくれたボランティアの人の親切心を、かえってわずらわしく感じている。
イ 洪水被害による泥を落とす日常に疲《つか》れており、クレヨンの汚れを見てさらにやりきれなくなっている。
ウ 公民館のクレヨンの汚れを落とす作業を、なぜ自分がしなくてはならないのかと不満に思っている。
エ 徹底的に汚れを落とさなければ気のすまない自分の性格に、自分自身で苦笑している。

問4 ――③「僕の胸に、苦い棘が刺さった」とありますが、このときの「僕」の気持ちを説明した文として最もふさわしいものを次の中から選び、記号で答えなさい。

ア 水害の悲惨《ひさん》さをありのままに描くことこそ絵描きとしての本分であるにもかかわらず、クレヨンをくれた人や母にいい顔をしたいばかりにきれいなタンポポを描いてしまったことに対し、はげしい後悔の念におそわれている。
イ クレヨンをくれた人のことを思い仕方なく描いたタンポポの絵を母に見せたことで、結果的に洪水の後片づけで疲れきっていた母の顔なのに」

「うん」

　それから僕はもう一度ティッシュの箱を鈴音に差し出した。鈴音は照れたように笑って、また盛大《せいだい》に鼻をかんだ。

　ぐちゃっと丸めたティッシュいくつかを、片手でわしっとつかんで、ごみ箱に捨て、捨てる勢いでごみ箱を蹴飛《けと》ばしてあわてて戻してから、鈴音が聞いてきた。

「これ、描くために黒く塗りつぶしたの？」

「いや、正直何を描くかは決めてなかったんだけどさ。塗りながら、スクラッチが、あぁ、スクラッチってこういう削り出しの技法の名前ね。それができるなぁとは思っていた。もとのあれは何か嘘っぽいって自分で思ってたから、やり直したかったし」

「嘘っぽい？　あのきれいな絵、好きだったのに。絵に見とれるって初めてだった。だから、汚しちゃって、ほんと、ほんっっと、悲しくて、辛《つら》くて、マジ自分いやになって、」

　言いながら鈴音がまた泣きそうになったので、僕は静かに言った。

「まぁ、おかげでこれが描けたんだし」

「だよな、私のおかげだよな」

「調子乗んなよ」

「すんません」

　鈴音がまた頭を下げた。

　いつまでたっても顔を上げないので、僕は、ちゃんと鈴音に体を向けて、

「いいよ」

と言った。

　鈴音はそっと顔を上げた。僕の目を見て、やっぱり気まずさは残っているのか、視線を外した。

「まぁ、いろいろ気をつけて動きなよ。鈴音の周りはやたら物が吹き飛ぶんだからさ」

「ですよねー」

　てへへ、と鈴音が笑う。

「その絵、展覧会出すんでしょ？　モデル料タダにしてあげるから、鼻水消さね？」

「断る」

　僕が言う。

「えー、なんでだよー。モデルデビューが鼻水デビューって」

　怒《おこ》ったような顔も、デジカメで撮る。

「何撮ってんだよ」

「あと、笑った顔もしてくれないかな？　泣いたり怒ったり笑ったりを混ぜた表情で描きたい」

　僕が言うと、鈴音はちょっと黙《だま》って、それからあふれるみたいに、顔中で、笑った。

（歌代朔《うたしろさく》『スクラッチ』より）

注１　「『暗闇の牛』」…「暗闇から牛を引き出す」（意味……区別がつきにくい。ぐずぐずして動作が鈍い）ということわざを踏まえた表現。

注２　「イーゼル」…キャンバスを立てておくスタンド。

問１　〰〰〰(A)・(B)・(C)のここでの意味として最もふさわしいものを次の

鈴音は、遠慮なしに、まぁさすがに顔は僕から背《そむ》けて、音をたてて鼻をかんだ。

それからもう一枚ティッシュを取って（その勢いでまぁ案の定ティッシュの箱を落としたりしながら）目元を豪快《ごうかい》に拭きながら僕を見た。

「……何描いてるん？」

「……もうちょい待って」

僕はきりがいいところまで削ると、キャンバスを見た。

ふうっと息を吐《は》く。

まだちょっとどきどきしている。

指先までもが熱を持っているように、赤くなっていた。

立ち上がって黄色いマスキングテープで鈴音の足元に、立ち位置の目印を張りつけた。それからキャンバスに戻って部のデジカメでモデル撮《さつ》影《えい》。

「いいよ、見ても」

絵を汚したという罪悪感があったんだろう、めずらしくおとなしくしていた鈴音がかけ寄《よ》るように僕のほうに回りこんだ。

また、息をのむ音がした。

キャンバスいっぱいに虹色の線を削り出したとき。

ピカソの『泣く女』っていう有名な作品は、ピカソの浮気《うわき》で泣く恋人をその場で描いたものっていう説を知って、なんだそれふつうにひどい男じゃないかって思ったけれど、(c)僭越《せんえつ》ながら今ならちょっとその気持ちがわかる気がした。

いや、別に恋人とか浮気とかそんなんじゃないけど。気持ちをまっすぐに爆発させている人の、パワーとか、そういうものが、僕は美しいと思った。

だったら、描くしかないじゃないか。

「……これ、うち？」

「だね」

鈴音はぽかんと口を開けたまま、じっと絵を見て、少し離れて全体を見て、また近づいてしっかり見て、絵から目を離すことなく、ほうっとため息をついた。

泣いたあとだからか、ほっぺたが赤くて、まつげがきらきらしている。

こんなにきらきらとした目でまじまじと絵を見られたことが僕にはなくて、少し照れくさいような、こわいような、そんな気持ちになってきた。

どう？　と聞きたい。そう思ったとき。鈴音がきゅっと僕を見た。

「鼻水まで描くことないじゃん！　きらっきらやん、鼻水！」

「はな……あぁ……鼻水、ね」

⑦僕は拍子《ひょうし》抜《ぬ》けして言った。

「ひどくね？　乙女《おとめ》の泣き顔勝手に描いたあげくに鼻水垂らしてるって！」

「乙女を描いた覚えはないなぁ」

「うわ、マジ腹立つっ！　いやがらせかよっ」

「いやがらせで描いたように見える？」

いつもの鈴音になって、ちょっとほっとしながら僕は言った。鈴音ははっと［　X　］をつぐんで、それからゆっくりと［　Y　］を横にふった。

「うん。すごい。すごいきれいだと思った。鼻水出てんのに。ひどいと、また鈴音が激《はげ》しく泣き出した。

まっくろ……真っ黒？　⑤いや。いやいやいや、違《ちが》う。そうじゃない。確かにきっかけはあの汚れだけど。そうじゃない。

僕は自分の意志で、この絵を黒く塗った。

そしてそれは、僕を少し救いもしたんだ。

どう説明すればいい？　僕は困って頭をかいた。それからふと、大声で泣いている鈴音の涙や鼻水が、西日できらきらしていることに気づいた。わんわん泣いている姿が、きれいだと思った。思ってしまった。悲しみや衝撃《しょうげき》に無になるんじゃない。もうまっすぐに、感情を爆発《ばくはつ》させている姿だ。

「……ちょっとここに立って」

僕は鈴音の腕《うで》を引いて、イーゼル[注2]の後ろに立たせた。鈴音は言われるままに立って、泣き続けた。

僕は絵の具セットから、パレットナイフを取り出す。

黒のキャンバスに手を置く。もう乾いている。大丈夫《だいじょうぶ》。

僕の毛穴がぶわっと一気に開いたような感覚になった。

……いける!!

そっと慎重に、それから静かに力をこめて、僕は黒を削り出していく。

パレットナイフを短く持った指先に伝わる、下絵の凹凸《おうとつ》に少しずつ引っかかる感覚。

足元にガリガリと薄く削られて落ちる黒のアクリルガッシュの細い破《は》片《へん》。

――スクラッチ技法。

黒い絵の具の中から、僕が描いていたあざやかな色合いが、虹色《にじいろ》が、細く細く顔をのぞかせる。

(b)削れ。削れ。削りだせ。

これが僕だ。今の僕らだ。

塗りつぶされて、憤《いきどお》って、うまくいかなくて、失敗して、大声で泣いてわめいて、かすかな抵抗《ていこう》をする。

僕の心臓はどきどきしてくる。体温が上がる。いいぞ。慎重につかみ取れ。決して逃《に》すな。対象を捉《とら》えろ、この鈴音の爆発を捉えろ、削り出し、描け。描け描け描け描け!!!

⑥これは狩猟《しゅりょう》だ。獲物《えもの》を捕《つか》まえろ。生《い》け捕《ど》れ。

こんな好戦的な気持ちで絵を描いたのは生まれて初めてだ。

何が変わるわけじゃないけれど、嘘をつくよりか、全力で泣いている鈴音のほうが、よっぽど生きている感じがする。

ああ、これだ。

僕は。

僕はこれが描きたい。

鈴音は、僕が何も言わずに手を動かしているので、(B)けげんに思ってきたようで、少しずつ呼吸が落ち着いてきた。

こちらをのぞきこもうと一歩踏《ふ》み出《だ》したので、

「そこ、動かないで」

と短く釘《くぎ》を刺す。

僕の鋭《するど》い声に、鈴音は少しとまどったように、その場で直立した。

ずるずると鼻水をすすり、ハンカチすら持っていないんだろう、手の甲《こう》で鼻のあたりをしきりにこするので、さすがにかわいそうになって、僕は部室のティッシュを箱ごと彼女の手の届く机にぽんと置いた。

う。

もしもあのとき、あの汚れをなかったことにして絵を描き直したりせず、汚れたクレヨンのまま、何もかも引き受けて、タンポポを描ききっていたら……。

あれからずっと、僕があざやかな色で塗りつぶしてふさいできたその内側には、一体どんな色たちがうごめいていたんだろう。

鈴音に汚されたこの絵を全部黒く塗ったとき、僕は満ち足りていた。

ああ。

アクリルガッシュが乾《かわ》くまで、しばらくこの黒さを眺《なが》めていたい。

これは真っ黒じゃない。僕は知っている。

この黒の下にたくさんの色彩が詰まっている。

どのくらいそうしていただろう。

窓からの日差しは傾《かたむ》いて、西日特有の、蜂蜜《はちみつ》のようにまろやかな光が、薄汚《うすよご》れたシンクに差しこんでいる。

がたん、と部室のドアが開いた。

部活が終わったばかりなんだろう。バレー部のネイビーブルーのユニフォームを着たままの鈴音がひどく青ざめた顔をして僕を見た。マスクを持ったこぶしを固く握《にぎ》りしめて、真夏なのに少し震えているようにも見えた。そして大股《おおまた》で、一直線に僕に近づいてきて、何かを言いかけて、急に凍《こお》りついたような顔になった。

視線の先には真っ黒なキャンバス。

「……!!」

息を吸いこむ音と同時に、鈴音は、破裂《はれつ》したように大声で泣き出した。

うわぁあああああああ

って、それこそ幼稚園《ようちえん》くらいの子どもがギャン泣きするみたいな勢いで。顔を真っ赤にして、ぼろぼろと、どこからそんな水分が出てくるんだろうっていう勢いで、大粒《おおつぶ》の涙も、いや、粒なんてもんじゃなくて滝《たき》みたいな涙も、鼻水も、大声も、のどの奥から、絞《しぼ》り出すように、叫ぶように。

「ごめっ…ごめん、…ごめんなざっ、…」

しゃくりあげながら鈴音が慟哭《どうこく》の合間にごめんなさいをくり返そうとする。

息が詰まって死んでしまうんじゃないかと僕はあわてた。

何より、こんな勢いで泣くなんて。鈴音が泣くなんて。

「いや、何。どうしたの？」

立ち上がって鈴音を落ち着かせようとするけれど、どうすればいいんだ？　あの猛獣《もうじゅう》鈴音といえど女子だぞ。一応女子相手だぞ。じいちゃんばあちゃんや子ども相手じゃないから、背中トントンとか、違うだろう。

僕は行き場を失った手を空中で、無様に右往左往させた。

「絵っ、……絵、汚して、だか、……だからそんなっ、」

まっくろぉおおお!!

エロー、……一本一本、絵の具をゆっくり指さしながらぼんやり考えていると、吹奏楽《すいそうがく》部の部員の一人がヤケでも起こしたんだろう。最近ものすごい勢いで流行《はや》りだしたアニメの主題歌を倍速で吹《ふ》き出《だ》して、サビのところで変な音が出て止まった。

ぎゃははは、と吹奏楽部の部員たちの笑い声が聞こえた。

これじゃ進めない。『僕を連れて進め』ない。

僕はちょっと噴《ふ》き出《だ》して、それから自分の指がたまたま止まった絵の具を見た。

黒。

僕がめったに使うことのない、黒だ。

この絵を描くにあたっては、一度も、一ミリだって使っていない、色。

あざやかで躍動感《やくどうかん》あふれる選手たち。

……実際のところ彼《かれ》らは、大会がなくなって、ふてくされて練習に身が入らなくなっている。

僕だってそうだ。

市郡展の審査がないっていうことが、思いのほか響《ひび》いていて、うまく絵か描けなくなっていた。

なんだかイライラして、それをモデルのせいにして、体育館で鈴音に言いがかりをつけた。無様でかっこ悪くて。

(a)……この墨《すみ》で汚されたのは、今の僕らそのものじゃないか。

僕はもう一度、練りこまれた墨をなぞる。

……あぁ、そうか。

僕の頭に詰《つ》まっていた、垂れこめたもやのようなものの中に、色あざやかな何かが差しこんだ。

それは細い細い線のようで、かぼそくて、……それでも。

僕は黒のアクリルガッシュを取り出した。箱入りのセットとは別の、一度も使っていなかった特大の黒チューブを金属製のトレーに乗せて、版画で使うローラーにべったりとつけた。

はじから慎重《しんちょう》に、しっかりと。

あざやかだった絵の上に転がしていく。黒く、黒く、黒く。

全部、全部、黒く。

不思議なことに、少しずつ、少しずつ、僕の気持ちは落ち着いていった。

そうだよな。

と、僕は思った。

そうだ、④なんかこの絵は嘘《うそ》っぽいって心のどこかでずっと思っていたんだ。

だったらいっそ真っ黒に塗りつぶせ。

そんな嘘なんて。嘘の塊《かたまり》なんて。

注1『暗闇の牛』ならぬ、暗闇の運動部員たち。

審査も体育祭での展示もないんなら、誰にも遠慮《えんりょ》することはないだろう。嘘をついてきれいな絵を描く必要だってないはずだ。

考えてみたら、僕はもう何年も嘘の絵ばかり描いていた気がする。

きっとそれは、あの五年前のタンポポからだ。

……あのとき僕が本当に描きたかったのは、どんな絵だったんだろその日の夜遅《おそ》く、公民館に戻ってきたお母さんが、表情を失《な》くした幽《ゆう》霊《れい》みたいだったお母さんが、僕の絵を見て、初めて、ぎこちなくではあったけれど、確かにゆっくり笑った。

ほっとしたような、救われたような。

あの絵はお母さんのために描いたんじゃなかった。

あの絵は誰《だれ》かを救うつもりで描いたんじゃなかった。

それなのに。

真っ黒なビー玉だったおかあさんの目に、すっと涙《なみだ》がにじんで、じんわりとこぼれ落ちた。

僕はお母さんに絵を差し出した。

お母さんは少し震《ふる》える手で受け取ると、そっと胸に押し当てた。

僕にはそれが、何かにすがりついているみたいに見えた。

③僕の胸に、苦《にが》い棘《とげ》が刺《さ》さった。

ひと月くらい避難生活が続いた。

ボランティアの人は、『もっと大変な人たちのところ』に行ったらしくて、あれからもう公民館にやって来ることはなかった。

お父さんとお母さんが、毎日の仕事や片づけの合間にどうにか気を取り直して、家を建て直さないとって思ったころには、大工さんの予約はどこもいっぱいだった。

施工《せこう》は年単位先になるなんて言われたことに絶望して、あきらめて、僕たち家族はお母さんの実家のほうに引っ越すことを選んだ。

……ああ、あれから五年経《た》つのか。

今になってまた、クレヨンみたいなオイルパステルで、似たような汚れた黄色が現れたのか。なんてことを思う。

あれから僕はずっと、あざやかな色ばかりを選んで描いてきた。

濁りのない、汚れのない、きれいで明るい色彩《しきさい》ばかりを。

誰もいないからマスクを外す。そっと息を細く、長く、吐《は》き出す。

マスクはきらいだ。特に絵を描くときは。曇《くも》り止めをつけていても、眼鏡がうっすらと曇って、目に映る色合いが濁る気がして。

ポケットのハンカチで眼鏡をきゅっと拭いてかけ直す。

この絵をどうしよう。

昔みたいに新しく描き直す、なんてことは、今までの労力的にもできないし、そもそも気軽なスケッチブックじゃなくて大きなキャンバスだから、取《と》り替《か》えもきかない。

汚れの部分だけをパレットナイフか何かで削《けず》り取《と》って、目立たないように上からもう少し明度の低いオイルパステルで塗り直す？

それとも、いっそアクリルガッシュで汚れ以外の部分も塗り足してみて、質感のアクセントにする？

まだなんとかなる。

でも、……なぜだかやる気がまったく起きない。

とりあえずアクリルガッシュの箱を開けたけれど、明度と彩度《さいど》の高いあざやかないつもの絵の具を、手に取る気が起こってこない。

バーガンディ、クリムゾン、ブラウン、オーク、レモンイエロー、イ

【国　語】〈五〇分〉〈満点：一〇〇点〉

【注意】　解答するときには、句読点や記号も一字と数えます。

一　次の文章を読んで、後の問いに答えなさい。（作問の都合上、本文の一部を変更してあります。）

> コロナ禍《か》により、大会が中止となったことで、バレーボール部のエース・鈴音《すずね》は心がすさんでいた。同様に、作品を出展する「市郡展《しぐんてん》」が審査《しんさ》なしの大会となったことで、美術部部長の千暁《かずあき》（＝「僕《ぼく》」）も、やる気を失っていた。ある日、千暁が体育祭のために描《えが》いた作品（競技中の生徒たちが描かれている）を、鈴音がうっかり汚《よご》してしまうが、謝罪《しゃざい》を受けた千暁はつい冷淡《れいたん》な態度をとってしまう。「市郡展」に出展したところで審査はされず、そもそも体育祭の開催《かいさい》さえ危《あや》ぶまれている中で、この作品をどうするべきか考えていた千暁は、ふと水害に遭《あ》った五年前のことを思い出した。

僕《ぼく》の学校で台風の洪水《こうずい》被害《ひがい》にあった生徒は意外と少なかった。

うちが校区の端《はし》っこにあったせいだろう。

学校はいつもどおりの『日常』が続いていた。

①家の現実とのギャップで、どうしていいのかわからなくなった。ずっと被災《ひさい》地域だけにとどまり続けるよりかはマシだったのかもしれないけれど。

避難所《ひなんじょ》になった公民館に寝泊《ねと》まりして、学校に行って、帰りはドロドロの家の片づけをする。

お母さんは基本朝から夜まで一日中泥《どろ》に埋《う》まった家の片づけをしていた。

お父さんは、病院の電子カルテが浸水《しんすい》のせいで見れなくなって、そのシステム復旧を泊《と》まりがけでしていた。病院でも徹夜《てつや》続きだったらしく、避難所に戻《もど》ってくることも、家の片づけをすることも、ほとんどできなかった。

僕は家よりもお母さんやお父さんが心配だった。

それから一週間くらいたったころ。

ボランティアの人が、僕が絵が好きだと知って、差し入れのスケッチブックを公民館に持ってきてくれた。けれども描《か》く画材がなくて、僕は公民館の事務所の奥《おく》でほこりをかぶっていた、クッキーか何かが入っていたであろう古い空《あ》き缶《かん》に入ったクレヨンを見つけ出した。

(A)無造作に入れられたクレヨンは、どれも短く折れていたり表面にほかの色がついたりしていた。

本当は、なんだか絵を描く気分にもなれなかった。

けれど、その人の厚意《こうい》を無下にするのも悪いと思って、お礼のつもりで、本当のところちょっとしかたなしにタンポポを描き始めた。

黄色のクレヨンは、缶の中にほかの色とごちゃまぜに入れられていたせいで、黒や青やいろんな色がついていて、塗《ぬ》ると所々《ところどころ》泥で汚《よご》れたような色になった。

汚れたものを見るのは、もう現実だけで十分だ。

濁《にご》った色にやるせなくなった僕は、クレヨンの表面をティッシュで徹《てっ》底的《ていてき》に拭《ふ》いた。②なんてこんなところでも汚れを落とす作業をしてるんだよ、って思いながらも。

すべてのクレヨンの汚れをきれいに落として、僕は新しい紙に、混じりっけのない純色で、タンポポを描いた。

第1回

2023年度

解　答　と　解　説

《2023年度の配点は解答欄に掲載してあります。》

<算数解答>

1　(1)　10　　(2)　$\frac{1}{3}$

2　(1)　550g　　(2)　140度　　(3)　31.4cm　　(4)　6カ所　　(5)　①　4：3　　②　$\frac{1}{28}$倍

3　(1)　8時28分　　(2)　9時3分　　(3)　10時13分

4　(1)　72cm^3　　(2)　15.6cm　　(3)　6cm^3

5　(1)　17個　　(2)　41個　　(3)　①　20個　　②　23個

○推定配点○

1，2　各5点×8　　他　各6点×10　　計100点

<算数解説>

1　(四則計算)

(1)　$\frac{11}{4}\times8-\frac{44}{15}\times\frac{45}{11}=22-12=10$

(2)　$□=1.25-\left(\frac{3}{1.2}-\frac{2}{3}\right)\div2=\frac{15}{12}-\frac{11}{12}=\frac{1}{3}$

重要　2　(割合と比，平面図形，図形や点の移動，ニュートン算)

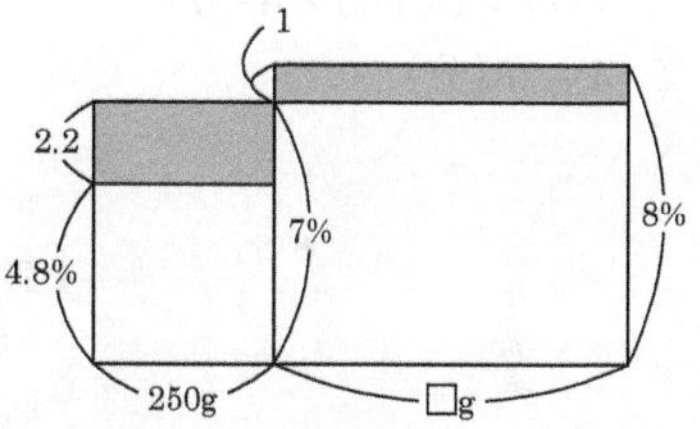

(1)　100g：150g…2：3

3％と6％の食塩水を2：3で混ぜたときの濃さ…(2×3＋3×6)÷(2＋3)＝4.8(％)

したがって，右図より，色がついた部分の面積が等しく□は(100＋150)×(7－4.8)÷(8－7)＝550(g)

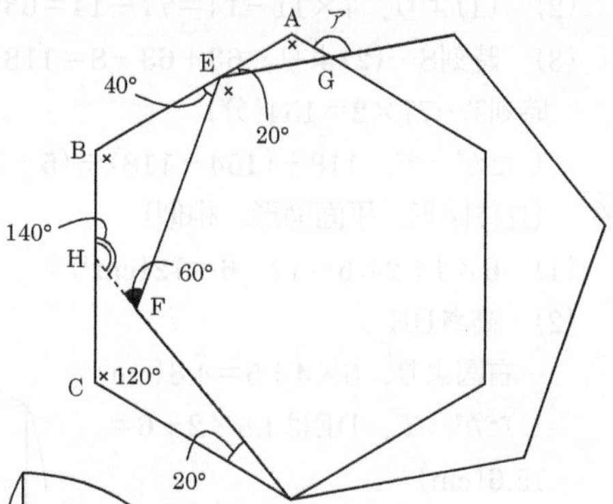

(2)　角FEB…360－(120＋140＋60)＝40(度)

角AEG…180－(40＋120)＝20(度)

したがって，角アは20＋120＝140(度)

(3)　右図より，(8＋6＋4＋2)×2×3.14÷4＝10×3.14＝31.4(cm)

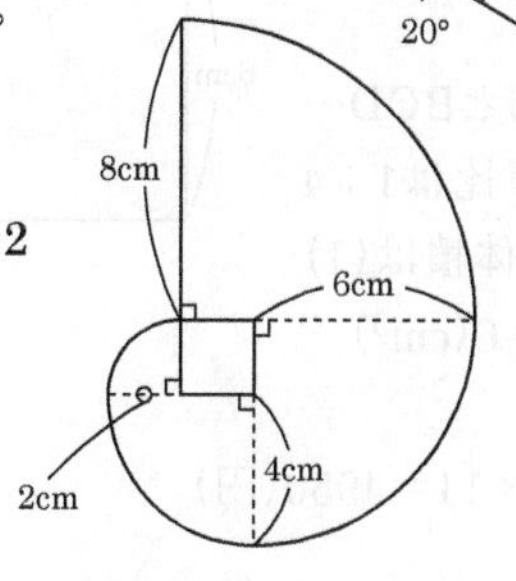

(4)　改札口1カ所を通る毎分の人数を△とする。

△×2×15＝600＋60×15

△…(600＋60×15)÷30＝20＋30＝50(人)

したがって，改札口は(600÷3＋60)÷50＝5.2(カ所)より，6カ所以上，開ける。

(5)　①　三角形EJIとGDI…相似比は4：3

したがって，EI：IGも4：3

② 三角形ECG…長方形ABCDの面積の

$\frac{1}{4}\div 2=\frac{1}{8}$

EI…EGの長さの$4\div(4+3)=\frac{4}{7}$

EH…三角形EJHとCDHは合同であり，ECの長さの$\frac{1}{2}$

したがって，三角形EHIの面積は長方形ABCDの$\frac{1}{8}\times\frac{4}{7}\times\frac{1}{2}=\frac{1}{28}$(倍)

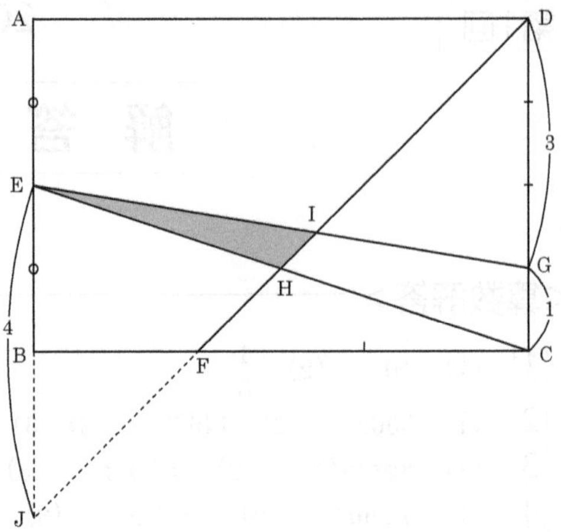

重要 3 **(速さの三公式と比，旅人算，グラフ，割合と比)**

(1) A・BのPQ間の時間の比

…7：5

AのPQ間の時間

…(8＋14)÷(7−5)×7

＝77(分)

頂点Pを共有する2つの三角形の相似比

…8：14＝4：7

したがって，①は8時台の77÷(4＋7)×4＝7×4＝28(分)

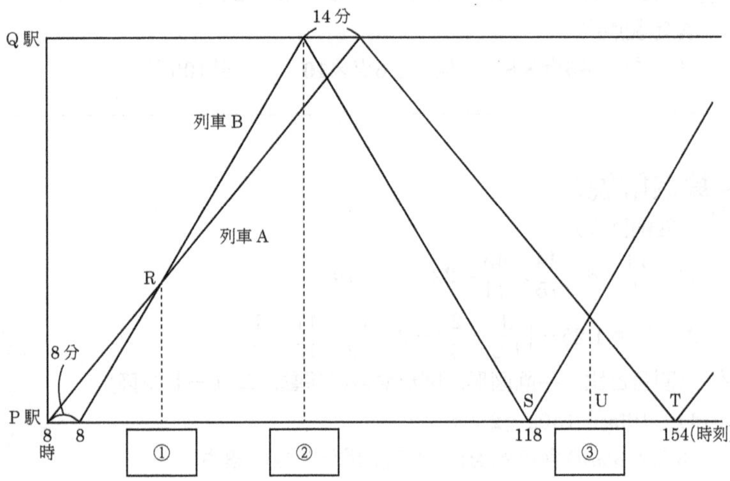

(2) (1)より，7×11−14＝77−14＝63(分)であり，②は8時63分＝9時3分

(3) 時刻S…(2)より，63＋63−8＝118(分)

時刻T…77×2＝154(分)

したがって，118＋(154−118)÷(5＋7)×5＝133(分)より，③は10時13分

4 **(立体図形，平面図形，相似)**

基本 (1) 6×4÷2×6＝12×6＝72(cm^3)

重要 (2) 高さDH

…右図より，6×4÷5＝4.8(cm)

したがって，DEは4.8×2＋6＝15.6(cm)

(3) 二等辺三角形KLJとBCD…

相似比は1：2，面積比は1：4

したがって，求める体積は(1)より，12÷4×6÷3＝6(cm^3)

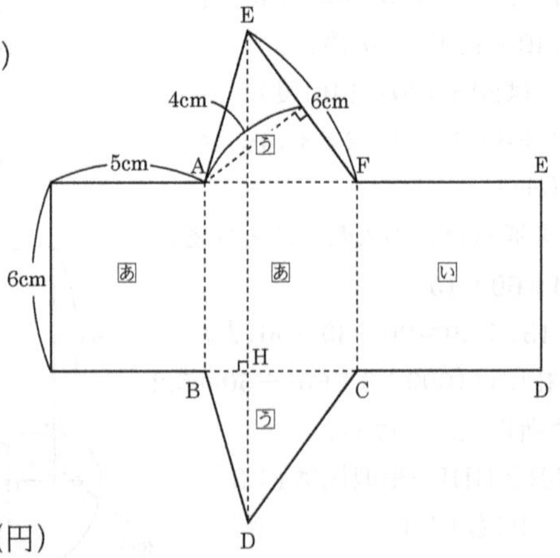

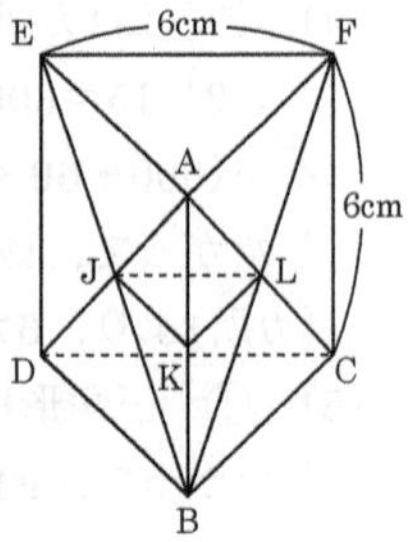

やや難 5 **(割合と比)**

(1) A店で11個…450×11＝4950(円)

B店で11個…480×10＋450＝5250(円)
C店で11個…410×11＋700＝5210(円)
A店で20個…450×20＝9000(円)
B店で20個…4800＋450×10＝9300(円)
C店で20個…410×20＋700＝8900(円)
したがって，右図より，頂点Pを共有する2つの三角形の相似比は(5210－4950)：(9000－8900)＝13：5であり，11＋(20－11)÷(13＋5)×13＝17.5(個)より，求める個数は17個

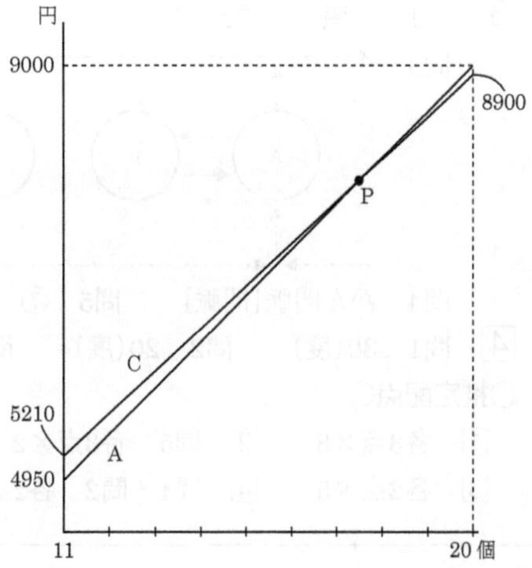

(2)　A店で30個…450×30＝13500(円)
B店で30個…9300＋420×10＝13500(円)
C店で30個…410×30＋900＝13200(円)
A店で40個…450×40＝18000(円)
B店で40個…13500＋400×10＝17500(円)
C店で40個…410×40＋1100＝17500(円)
したがって，B店で買ったほうが最も安いのは41個以上

(3)　A店で21個…9000＋450＝9450(円)
B店で21個…9300＋420＝9720(円)
C店で21個…410×21＋900＝9510(円)
したがって，(1)より，①は20個以下
右図において(2)より，頂点Qを共有する2つの三角形の相似比は(9510－9450)：(13500－13200)＝1：5であり，21＋(30－21)÷(1＋5)＝22.5(個)より，求める個数②は23個

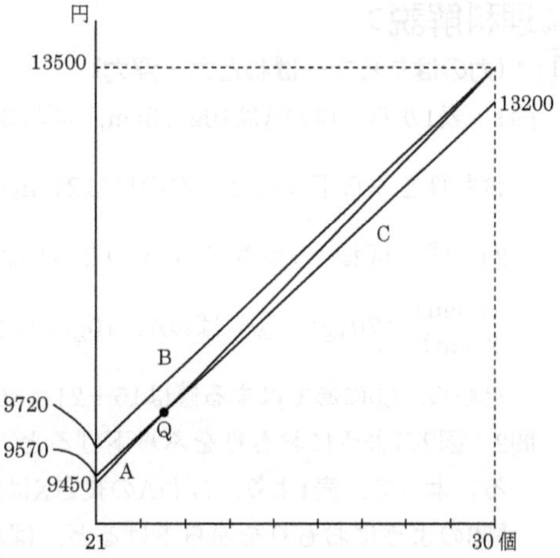

★ワンポイントアドバイス★

特に難しい問題があるわけではないが，簡単に解ける問題も少ない。2(5)「三角形の相似と面積」の問題はよく出題される問題であり，3「速さの三公式と比，グラフ」の問題，4「立体図形と相似」の問題も重要な問題である。

＜理科解答＞

1　問1　①　24　②　70　③　36　問2　X　21(cm)　Y　60(cm)
問3　80(g)　問4　28(g)　問5　24.8(cm)

2　問1　石灰水[水酸化カルシウム水溶液]　問2　エ，オ，キ
問3　(1)　(例)　水溶液Yが逆流するのを防ぐため。　(2)　イ，エ
問4　①　ウ　②　キ　③　カ　問5　(1)　2.2(g)　(2)　1.2(L)

[3] 問1　心臓　　問2　ウ

問3

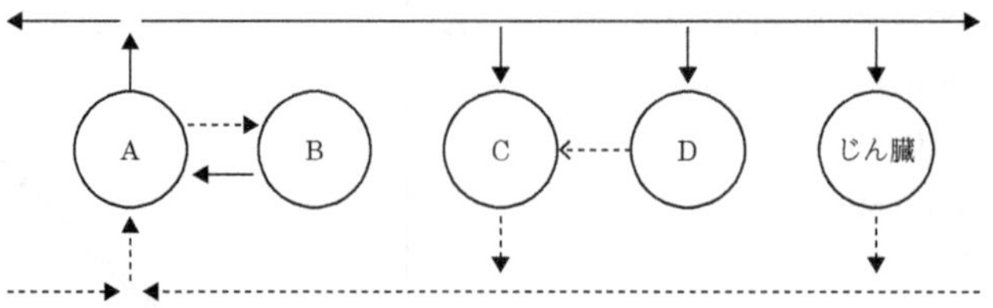

問4　かん門脈[門脈]　　問5　⑦

[4] 問1　30(度)　　問2　20(度)　　問3　イ　　問4　ケ　　問5　ウ　　問6　エ

○推定配点○

[1] 各3点×8　　[2] 問5　各3点×2　　他　各2点×7(問2，問3(2)各完答)

[3] 各2点×5　　[4] 問1・問2　各2点×2　　他　各3点×4　　計70点

＜理科解説＞

[1] (力のはたらき―ばねと力・浮力)

基本　問1　表1から，ばねAは10gで3cm，ばねBは10gで2cmのびることがわかる。　①　ばねBに20gのおもりをぶら下げたときののびは$2(\mathrm{cm})\times\frac{20(\mathrm{g})}{10(\mathrm{g})}=4(\mathrm{cm})$だから，①にあてはまる値は20＋4＝24　②　ばねBの長さが34cmのときののびは34－20＝14(cm)だから，おもりの重さは$10(\mathrm{g})\times\frac{14(\mathrm{cm})}{2(\mathrm{cm})}=70(\mathrm{g})$　③　ばねAに70gのおもりをぶら下げたときののびは$3(\mathrm{cm})\times\frac{70(\mathrm{g})}{10(\mathrm{g})}=21(\mathrm{cm})$だから，③にあてはまる値は15＋21＝36(cm)

重要　問2　図2のようにおもりをぶら下げると，ばねA1本には，それぞれ60(g)÷3＝20(g)の力が加わる。よって，表1より，ばねAの長さXは21cm。
図3のようにおもりをぶら下げると，ばねB1本には，それぞれ50gの力が加わる。よって，ばねBののびは$2(\mathrm{cm})\times\frac{50(\mathrm{g})}{10(\mathrm{g})}=10(\mathrm{cm})$だから，ばねB1本の長さは20＋10＝30(cm)となり，全体の長さYは30(cm)×2＝60(cm)となる。

重要　問3　図4のようにおもりをぶら下げると，ばねAとばねBのどちらにもおもりの重さによる同じ大きさの力が加わる。ばねAとばねBの長さの合計は75cmなので，ばねAとばねBののびの合計は75－(15＋20)＝40(cm)となる。また，ばねAとばねBに10gのおもりをぶら下げたときののびの合計は3＋2＝5(cm)である。これらのことから，おもりの重さは$10(\mathrm{g})\times\frac{40(\mathrm{cm})}{5(\mathrm{cm})}=80(\mathrm{g})$

重要　問4　水中にある物体は，その体積を同じ体積の水の重さに等しい浮力を受ける。1辺2cmの立方体の体積は2×2×2＝8(cm^3)だから，8cm^3の水の重さである8gの浮力を受ける。また，表1より，ばねAの長さが21cmのとき，ばねを引く力の大きさは20gである。これらのことから，立方体の重さは20＋8＝28(g)

問5　立方体が半分だけ水中にあるとき，立方体にはたらく浮力の大きさは$8(\mathrm{g})\times\frac{1}{2}=4(\mathrm{g})$であるから，ばねBを引く力の大きさは28－4＝24(g)となる。ばねBを24gの力で引いたときののびは$2(\mathrm{cm})\times\frac{24(\mathrm{g})}{10(\mathrm{g})}=4.8(\mathrm{cm})$だから，ばねBの長さは20＋4.8＝24.8(cm)

2 (気体の発生・性質―炭酸水素ナトリウムの加熱)

基本 問1　炭酸水素ナトリウムを加熱すると，炭酸ナトリウムと水と二酸化炭素に分かれる。発生した気体Xは二酸化炭素で，二酸化炭素には石灰水を白くにごらせる性質があるので，水溶液Yは石灰水である。

基本 問2　二酸化炭素は空気中の体積の割合で4番目に多く，空気より重いので下方置換で集めることができ，二酸化炭素の水溶液である炭酸水は酸性を示す。また，植物の光合成では，二酸化炭素と水から，でんぷんや酸素をつくり出している。

ア・イ　空気中の体積の割合で，最も多い気体はちっ素，2番目に多い気体は酸素，3番目に多い気体はアルゴンである。　ウ　上方置換で集めることができるのは，アンモニアなどの空気よりも軽い気体である。　カ　ものが燃えるときに必要な気体は酸素である。　ク　水溶液がアルカリ性を示す気体にはアンモニアなどがある。

重要 問3　(1)　ガスバーナーの火を消すと，試験管A内の温度が下がって内部の気体の圧力が低くなる。このとき，気体誘導管の先を試験管Bの中に入れたままだと，試験管B内の石灰水(水溶液Y)が試験管Aに向かって逆流してしまい，石灰水と試験管Aの温度差によって試験管Aが割れてしまうおそれがある。　(2)　ねじaは空気調節ねじ，ねじbはガス調節ねじである。点火のときはガス調節ねじ→空気調節ねじの順に開き，消化のときは逆に空気調節ねじ→ガス調節ねじの順に閉じる。

基本 問4　青色の塩化コバルト紙に水をつけると，塩化コバルト紙は赤色に変化する。なお，水は中性なので，リトマス紙の色は変化させない。

問5　(1)　炭酸水素ナトリウム→炭酸ナトリウム＋水＋気体X(二酸化炭素)となるので，気体X(二酸化炭素)の重さは，8.4－5.3－0.9＝2.2(g)　(2)　気体X(二酸化炭素)1Lの重さが1.8gなので，

2.2gの体積は$1(\mathrm{L})\times\frac{2.2(\mathrm{g})}{1.8(\mathrm{g})}=1.22\cdots$より，1.2L

3 (人体―ヒトの血液循環)

問1　内臓B，Cとじん臓に対して，血液が流れこみ，また，血液を送り出していることから，内臓Aは心臓であることがわかる。

重要 問2　実線の矢印は，器官Bから器官A(心臓)に流れこむ血液で，器官Aから器官C，D，じん臓へと送り出されていることから，器官B(肺)で酸素をとり入れ，全身に酸素を運ぶ血液であることがわかる。

問3・問4　小腸とつながる血管は，心臓から送られる血液が流れる血管と，肝臓へと送られる血液が流れる血管(肝門脈)がある。このことから，内臓Cは肝臓，内臓Dは小腸とわかり，DからCへ向かう血管を示す矢印が図に不足していることがわかる。また，心臓から送られた酸素が小腸で使われることから，DからCへの矢印は，酸素が少ない血液が流れる点線となる。

重要 問5　不要物は，じん臓で血液中からこし出されるので，じん臓を通過した直後の血管⑦を流れる血液が，不要物がもっとも少なくなる。

4 (太陽と地球―金星)

基本 問1　地球は12か月で1周(360度)動くので，1か月では360(度)÷12＝30(度)動く。

問2　金星は7.2か月で1周(360度)動くので，1か月では360(度)÷7.2＝50(度)動く。よって，1か月後の金星と地球の角度の差は50－30＝20(度)

やや難 問3　問2から，図Ⅰのように1か月後の金星は地球よりも20度多く公転していることから，地球から見て太陽よりも西側に見える。

図Ⅰ

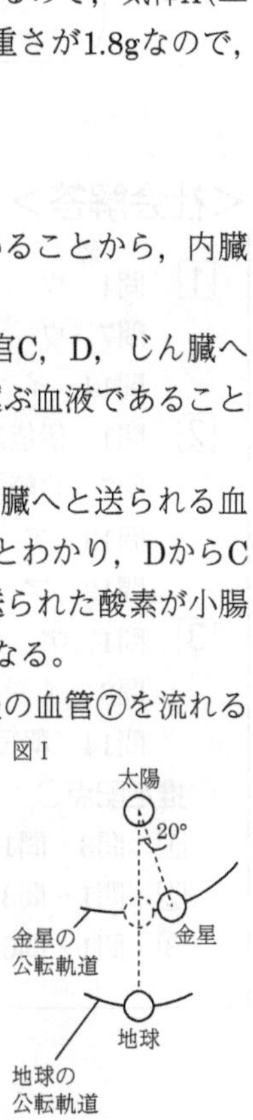

重要　問4　図Ⅱのように，金星，地球，太陽がつくる角度Aが46度のとき，金星，太陽，地球がつくる角度(角度Bとする)は，180－90－46＝44(度)となる。このとき，金星は図4のように太陽に向いている側半分がかがやいて見える。問3のときの角度Bは20度で，地球から見える金星のかがやいている部分は図3のときよりも少なくなり，地球との距離は短くなる。よって，問3のときの地球から見た金星は，図4より大きく見え，かげになっていて見えない部分が多くなる。

図Ⅱ

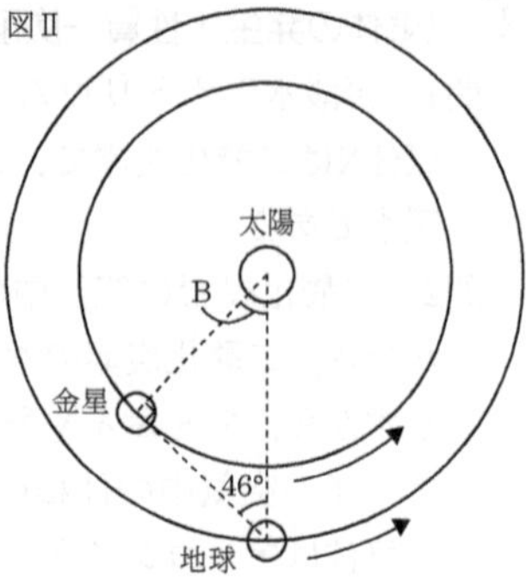

やや難　問5　金星，地球，太陽がつくる角度は1か月で20度ずつ大きくなっていくので，2023年8月13日の次に「地球－金星－太陽」と並ぶのは，角度の変化が360度になる360÷20＝18か月後＝1年6か月後の2025年2月～3月頃である。

やや難　問6　図3のような位置関係になるのは，図Ⅱで角度Bが44度になるときなので，金星と地球の公転する角度の差が360－44＝316(度)になるときである。よって，316÷20＝15.8より，2023年8月13日の約16か月＝1年4か月後の2024年12月～2025年1月頃である。

★ワンポイントアドバイス★

基本～標準レベルの問題が中心だが，与えられた条件や複数の知識を組み合わせて思考する必要がある問題も出題されるので，基本～標準レベルの内容を確実にした上で，いろいろなパターンの問題に取り組んでいこう。

＜社会解答＞

1　問1　ウ　問2　イ　問3　フォッサマグナ　問4　ア　問5　ウ　問6　エ
問7　ウ　問8　ア　問9　エ　問10　ア　問11　ウ　問12　イ　問13　エ
問14　イ　問15　ア　問16　オーストラリア　問17　エ　問18　ア　問19　イ

2　問1　伊能忠敬　問2　ア　問3　貝塚　問4　エ　問5　オ　問6　カ
問7　竹崎季長　問8　イ　問9　エ　問10　ウ　問11　ア　問12　イ
問13　ア　問14　祇園祭　問15　イ　問16　鹿鳴館　問17　ウ　問18　ウ
問19　ア　問20　ア

3　問1　ア　問2　ウ　問3　ウ　問4　イ　問5　エ　問6　普通　問7　イ
問8　イ　問9　ア　問10　ウ　問11　健康　問12　ウ　問13　ア
問14　朝日　問15　イ　問16　プライバシー

○推定配点○

1　問3・問16・問19　各2点×3　他　各1点×16
2　問1～問3・問7・問14・問16　各2点×6　他　各1点×14
3　問1・問6・問11・問12・問14・問16　各2点×6　他　各1点×10　計70点

<社会解説>

1 (日本の地理ー日本の地形と産業)

重要 問1 アは岩手県，イは福島県，ウは長野県，エは新潟県である。

問2 「長野・茨城・群馬」の上位3つで判定したい。また，抑制栽培を手がかりにするのも有効である。

問3 フォッサマグナは，本来は「大きな裂け目」という意味の言葉で，明治期に日本の地質を調べたドイツ人のナウマンによって命名された。

問4 地点Aの右上の「1282」の数字に注目する必要があり，それを含むアが正解となる。

問5 等高線が山頂に向かって張り出している場所が谷に相当するので，ウが正解となる。

問6 泉佐野市は大阪府南西部に位置し，明治期以降，繊維産業が盛んになり，特にタオルについては全国トップクラスの生産高となっている。

問7 ウ 世界的に海洋の「マイクロプラスチック」問題が懸念されている。

問8 イ・ウ・エはいずれもひのきの産地である。

問9 アは志摩半島，イは広島湾，ウは浜名湖が代表的な産地となる。

やや難 問10 ア 京都府章の中心は「平安京」をあらわしている。

基本 問11 ウ 法隆寺は奈良県に，平等院は京都府に位置している。

問12 墨田区は隅田川と荒川にはさまれたデルタ地帯の北部に位置している。

重要 問13 鉄道と航空機の比率が他よりも近いものを選ぶ必要がある。

問14 全国平均の値よりも「低い」傾向にある。

問15 イは水力，ウは原子力である。

問16 B国はブラジルである。

問17 エ 「寒冷」ではなく「温暖」である。

重要 問18 食文化の多様化により，日本での米の消費量は減少している。

問19 戦前の日本の二大輸出品が生糸と綿織物であることがおさえられていれば，正解のイを選べる。

2 (日本と世界の歴史ー古代から近代)

基本 問1 伊能忠敬は江戸の天文学者の高橋至時の門下生である。

問2 登呂遺跡は静岡県にある。

問3 モースによって発見された大森貝塚が特に有名である。

重要 問4 エ 「新羅」ではなく「百済」である。

問5 1は平安中期，2は平安後期，3は平安初期の天皇である。

問6 1は12世紀，2は11世紀，3は10世紀の出来事となる。

問7 竹崎季長は元寇時の恩賞として肥後国(現在の熊本県)に所領を得た。

問8 アは江戸時代，ウ・エは鎌倉時代に置かれた役職である。

問9 エは江戸時代の説明となる。

問10 ア フランシスコ・ザビエルはキリスト教を伝えた。 イ 「国内ではつくられず」が誤りである。 エ 織田信長はキリスト教を認めた。

問11 ア 「イギリス」ではなく「清」である。

問12 旗本は将軍家直属の家臣のなかで1万石以下で御目見以上の者をさす。

問13 ア 東海道中膝栗毛の作者は十返舎一九である。

問14 祇園祭は京都東山の八坂神社の例祭であり，現在まで続いている。

問15 イ 寺子屋が設置されたのは江戸時代である。

問16　鹿鳴館は1883年に外務卿の井上馨の提唱で，イギリス人建築家のコンドルによって建てられた。

問17　ウ　「すべての閣僚」の箇所が不適である。

問18　1は1932年，2は1931年，3は1937年の出来事である。

基本　問19　ア　治安維持法は1925年に制定された。

問20　ア　平城京へ遷都された時の天皇は元明天皇である。

3　（政治ー基本的人権）

問1　大日本帝国憲法下では，臣民の人権については法律の範囲内で認められていた。

基本　問2　環境権などの「新しい人権」は幸福追求権を根拠にしているといえる。

問3　基本的人権は無制限に認められているわけではない。

問4　イ　障害のある人に対する配慮について言及した内容となっている。

問5　法の下の平等の理念は，日本国憲法に限らず近代憲法の中核をなす原則である。

問6　普通選挙は制限選挙の対義語である。

問7　普通選挙・秘密選挙・平等選挙・直接選挙・自由選挙は選挙の5原則といわれている。

問8　表現の自由に該当するものを選べばよい。

問9　日本国憲法31条は，国家権力によって都合の悪い人を刑罰に処することを避ける内容となっており，生命および自由を保障するものなので，アが正解となる。

問10　財産権については日本国憲法29条に明記されている。

基本　問11　生存権は社会権の一つである。

問12　国民の三大義務は，勤労の義務・納税の義務・教育を受けさせる義務である。

重要　問13　労働三権は，団結権・団体交渉権・団体行動権である。

問14　朝日訴訟では生存権を実現に努めるべき指針であり，法的拘束力がないものであるという「プログラム規定説」が採用された。

問15　肖像権は，自己の容貌・姿態をみだりに写真・絵画・彫刻などにされたり，利用されたりすることのない権利である。

重要　問16　プライバシーの権利は，知る権利や表現の自由と対立的になることがある。

★ワンポイントアドバイス★

全体的に設問数が多いので，本校の過去問演習等を通して，時間配分をしっかり意識したトレーニングをしておこう。

＜国語解答＞

一　問1　i　ウ　ii　イ　問2　ア　問3　(例)　真剣に取り組んでいる宮沢賢治作品の紙芝居をおばあちゃんに認めてもらえることを期待したが，突き放すような言葉を受けて落ち込む気持ち。(65字)　問4　(例)　肯定してほしいという光都の気持ちを考えずに，どんな努力や成功についても認めようとしない点。(45字)　問5　エ　問6　ウ　問7　(例)　本心では光都を大切に思っているが，本人にはとげとげしい態度をとってしまうところ。(40字)　問8　イ　問9　自分の力　問10　(例)　欠点を抱えつつ豊かで厳しい自然に生き，自らのどうしようもできない感情と向き合う登場人物の姿が，疎ましくも愛しいおばあちゃんへの「私」の複雑な思いと重なるから。(79字)　問11　エ

二　1　政策　2　武勇伝　3　在宅　4　周波　5　標識　6　批判　7　許可　8　約　9　築　10　捨[棄]

〇推定配点〇

一　問3・問4・問7・問10　各10点×4　他　各5点×8

二　各2点×10　計100点

＜国語解説＞

一　(小説―空欄補充，心情理解，表現理解，内容理解，主題)

基本　問1　i　「ライフワーク」は，一生をかけてする仕事や事業。　ii　「自責」は，自分で自分を責めとがめること。

問2　――①のあとから，「私」は「紙芝居」が好きで盛んに取り組んでいることがわかる。その紙芝居を「楽しみ」だと言われて嬉しいのである。

基本　問3　おばあちゃんから，紙芝居について問われて「私」は「少し心が跳ねた」が，「あんたに………理解できるもんかね。……たいそうなことやで」と厳しい言葉を突きつけられて，心が落ち込んだのである。

問4　直前の「私」の言葉から，おばあちゃんのどのような点を「無神経」といっているのかをとらえる。

問5　直後のおばあちゃんの言葉が，エに合致している。

問6　――⑤は，「私」がおばあちゃんの体調を心配していることに対する雪乃さんの反応である。おばあちゃんは実は，「私」が京都に来るのが嬉しくて寝不足になった。それを知らずにおばあちゃんの体調を心配する「私」を，雪乃さんは面白く思ったのである。

問7　「なのに，光都ちゃんが来たらあんなツンツンした態度をとって。私，もうおかしくて」という雪乃さんの言葉から考える。

重要　問8　「さっき」の涙とは，「私」がおばあちゃんから否定された悔しさから，部屋で流した涙である。今の涙は，「おばあちゃんが，嫌い，大好き，疎ましい，……甘えたい」という複雑な気持ちから流した涙である。

問9　「よだか」のことを話したおばあちゃんの言葉，「泣くんやない。よだかは，……。自分の力で必死に空をのぼったからやで！」に注目する。

やや難　問10　「私」は，「宮沢賢治の作品は，ひとクセのある登場人物ばっかりだ。……きれいごとがなくてなまなましい」「不条理でどこかさびしくて，……どうしようもできない感情と対峙する」と考えている。このような人物のありようを，「私」は自分自身と重ねているのである。

問11　台風の夜に『よだかの星』を読んでくれたエピソードから，おばあちゃんは宮沢賢治が好きだとわかる。その宮沢賢治の紙芝居を，愛する孫である「私」が見せてくれたことに，おばあちゃんは心を動かされている。

二　(漢字の書き取り)

1　「政策」は，政府・政党などの方策ないし施政の方針。　2　「武勇伝」は，勇ましいエピソードのこと。　3　「在宅」は，外出せずに自分の家にいること。　4　「周波数」は，振動する電圧・電流または電波・音波などが一秒間に向きを変える度数。　5　「標識」は，区別するしるしや目印のこと。　6　「批判」は，批評し判定すること。　7　「許可」は，願いを聞きとどけること。

8 「約する」は，約束すること 9 「築」と，「政策」の「策」は形が似ているので，区別しておくこと。 10 「捨てる」と「拾う」の漢字の違いに注意する。

★ワンポイントアドバイス★

細かい読み取りを必要とする読解問題が出題されている。小説は文章が長めなので，ポイントを的確に読み取れる力をつけておこう。ふだんからの読書が大切だ。漢字の書き取りも問題数が多く，確実に得点することが求められる。

第2回

2023年度

解 答 と 解 説

《2023年度の配点は解答欄に掲載してあります。》

<算数解答>

1 (1) 1.6 (2) 5

2 (1) 512本 (2) 75.25cm² (3) 5：7 (4) 172枚 (5) 19度

3 (1) 15個 (2) ① 第7グループ ② 8番目 (3) 93個 (4) 15個

4 (1) 25 (2) 毎分72m (3) 144 (4) 2880m

5 (1) 1cm (2) $4\frac{1}{3}$cm (3) $8\frac{28}{29}$cm

○推定配点○

2 各6点×5 他 各5点×14 計100点

<算数解説>

1 (四則計算)

(1) $\left(0.32+\frac{4}{125}\right)\times5-0.16=1.6+0.16-0.16=1.6$

(2) $7+28+7\times\square+49=119$ $\square=(119-84)\div7=5$

重要 2 (割合と比，過不足算，平面図形，規則性)

⑳……⑳ ＋ 32
⑳……⑳
㉜……㉜ ＋ 128

(1) 右表より，Bの個数は(128－32)÷(20×2－32)
＝12(個)
したがって，鉛筆は20×2×12＋32＝512(本)

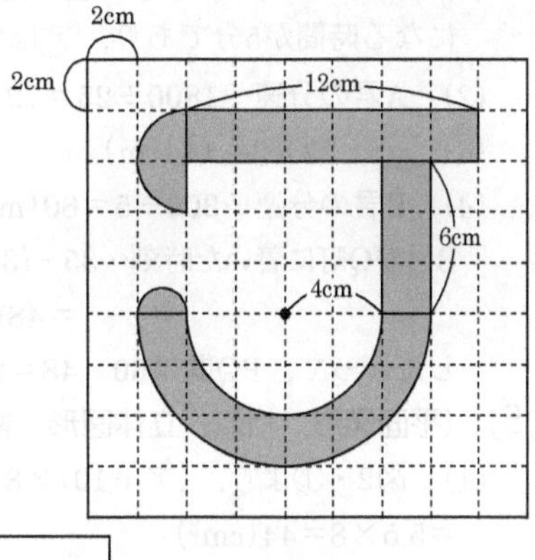

(2) 右図より，(2×2＋1×1＋6×6－4×4)×3.14÷2＋(12＋6)×2＝12.5×3.14＋36＝75.25(cm²)

(3) 右図より，ア＋7とア＋15が3：5
15－7＝8が5－3＝2に相当するので
アは8÷2×3－7＝5
したがって，縦と横の長さの比は
5：7

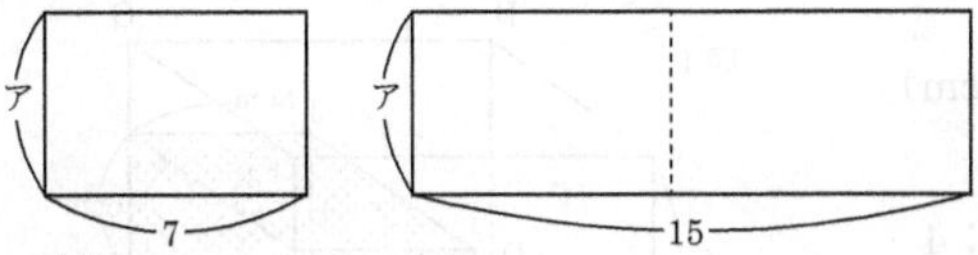

(4) 4進数の問題
0～4…4枚
10～33…2×4×3＝24(枚)
100～333…3×(4×4×3)＝144(枚)
したがって，全部で4＋24＋144＝172(枚)

(5) 角BOA…右図より，180－52×2＝76(度)
角OBC…76÷2＝38(度)
角BDO…38÷2＝19(度)
したがって，角アは38－19＝19(度)

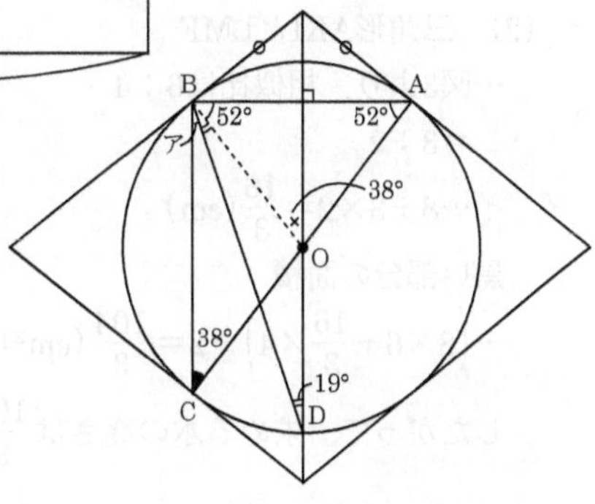

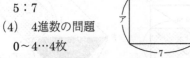

3 (数列)

第1グループ $\frac{1}{1}$

第2グループ $\frac{2}{1}$, $\frac{2}{2}$, $\frac{1}{2}$

第3グループ $\frac{1}{3}$, $\frac{2}{3}$, $\frac{3}{3}$, $\frac{3}{2}$, $\frac{3}{1}$

第4グループ $\frac{4}{1}$, $\frac{4}{2}$, $\frac{4}{3}$, $\frac{4}{4}$, $\frac{3}{4}$, $\frac{2}{4}$, $\frac{1}{4}$

第5グループ $\frac{1}{5}$, $\frac{2}{5}$, $\frac{3}{5}$, $\frac{4}{5}$, $\frac{5}{5}$, $\frac{5}{4}$, $\frac{5}{3}$, $\frac{5}{2}$, $\frac{5}{1}$

基本 (1) 2×8−1＝15(個)

重要 (2) 第1グループの1番目…$\frac{1}{1}$

第3グループの1番目…$\frac{1}{3}$

第5グループの1番目…$\frac{1}{5}$

第7グループの1番目…$\frac{1}{7}$

第7グループの7番目…$\frac{7}{7}$

したがって，$\frac{7}{6}$は第7グループの8番目

(3) 第9グループまでの個数…9×9＝81(個)

$\frac{10}{10}$…81＋10＝91(個目)

したがって，$\frac{8}{10}$までに93個の分数がある。

(4) 第24グループの約分できない分数

…$\frac{24}{5}$, $\frac{24}{7}$, $\frac{24}{11}$, $\frac{24}{13}$, $\frac{24}{17}$, $\frac{24}{19}$,

$\frac{24}{23}$, $\frac{23}{24}$, ～, $\frac{5}{24}$, $\frac{1}{24}$

より，15個

重要 4 (速さの三公式と比，旅人算，グラフ)

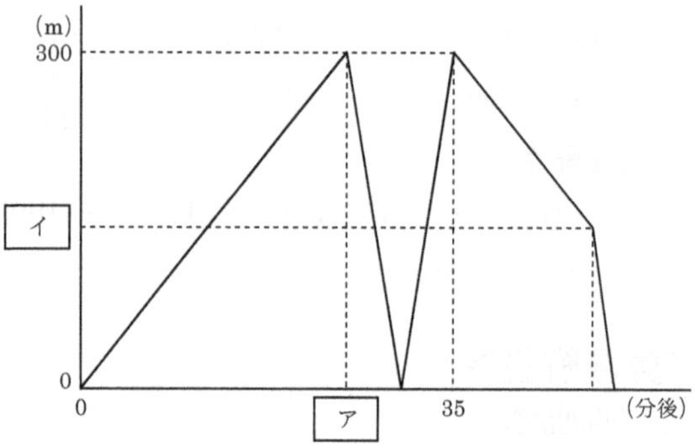

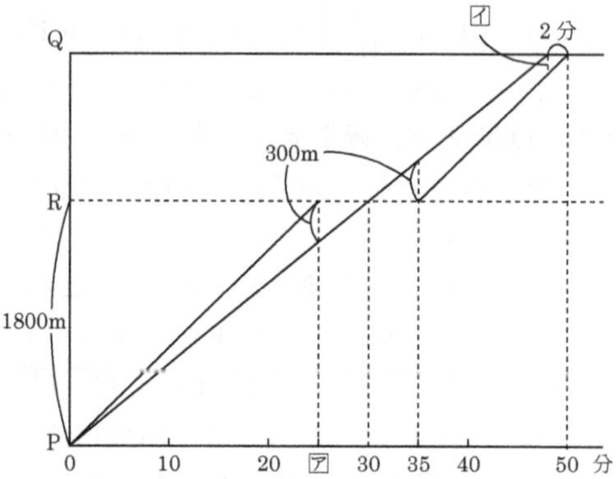

(1) グラフより，A君とB君の道のりの差が300mになる時間が5分であり，ア は35−5×2＝25(分)

(2) A君の分速…1800÷25＝72(m)

(3) イ…72×2＝144(m)

(4) B君の分速…300÷5＝60(m)

B君がQ町に着いた時刻…35＋(300−144)÷(72−60)

＝48(分)

したがって，PQ間は60×48＝2880(m)

5 (平面図形，相似，立体図形，割合と比)

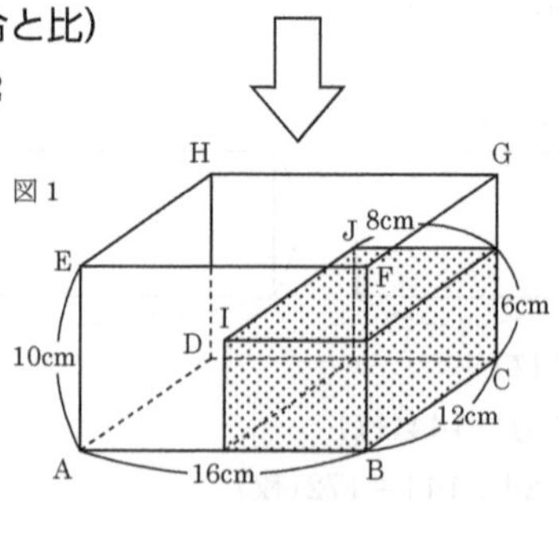

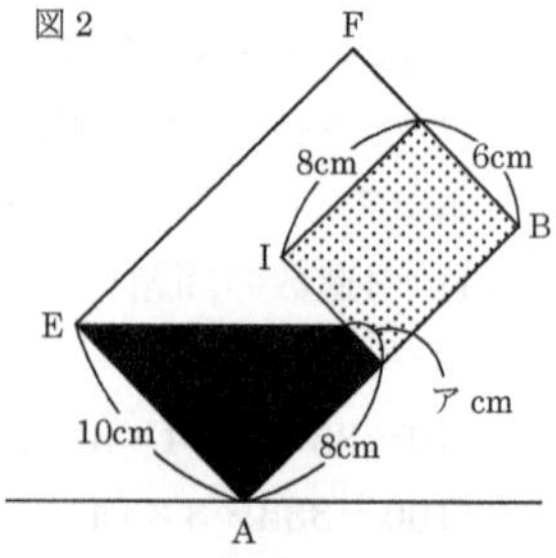

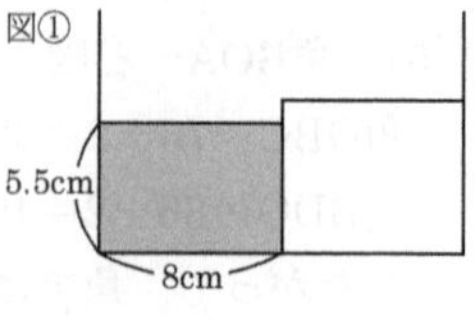

重要 (1) 図2・①より，(ア＋10)×8÷2

＝5.5×8＝44(cm²)

ア…44×2÷8−10＝1(cm)

(2) 三角形AKIとLMF

…図3より，相似比は6：4

＝3：2

イ…8÷3×2＝$\frac{16}{3}$(cm)

黒い部分の面積

…$\left(8\times6+\frac{16}{3}\times4\right)\div2=\frac{104}{3}$(cm²)

したがって，求める水の高さは$\frac{104}{3}\div8=\frac{13}{3}$(cm)

やや難 (3)　水の体積…(2)より，$12\times8\times\frac{13}{3}$(cm^3)

直角三角形KDHとMLG…相似比が10：4＝5：2，面積比が25：4

したがって，DKの長さは$12\times8\times\frac{13}{3}\div(25+4)\times25\div8\times2\div10=\frac{260}{29}$(cm)

図3

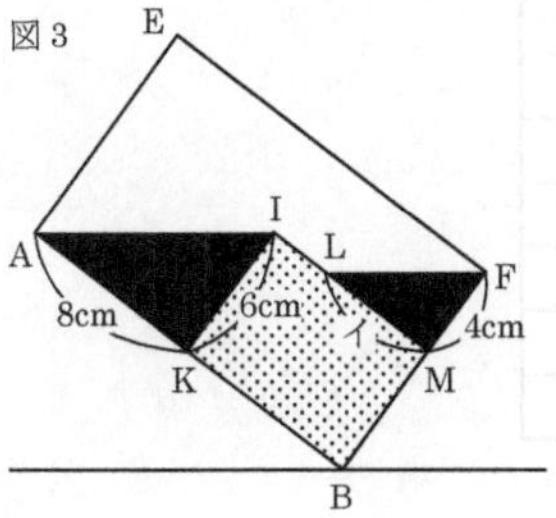

図4

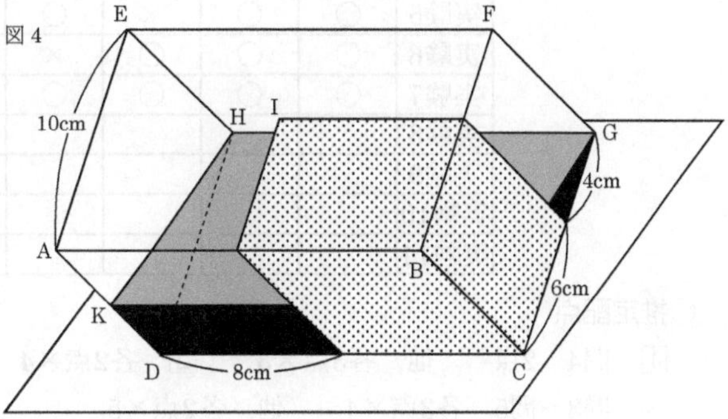

図②

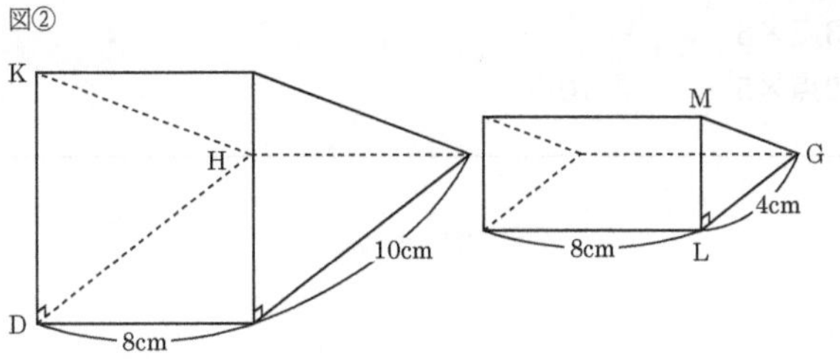

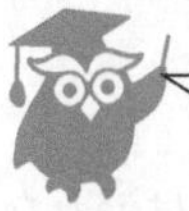

★ワンポイントアドバイス★

2(4)「4進数」の問題は，333が何番目の数かが問われているのではなく，各数字の個数が問われている。5(3)「DKの長さ」は簡単ではないが，これまでの各辺の長さを混乱なく把握していれば，問題自体は難しくない。

＜理科解答＞

1　問1　E，G　　問2　H，I　　問3　B，C，D，H，I　　問4　2

2　問1　C，E　　問2　A　　問3　I　　問4　ア

3　問1　オ，カ　　問2　(1)　C，D，E　　(2)　B　　問3　360(mL)　　問4　7.4(mL)
問5　(1)　22.5(mL)　　(2)　6.7(mL)　　問6　(1)　ウ，オ　　(2)　イ，エ

4　問1　酸素　　問2　イ　　問3　ウ　　問4　次ページの表

問5

	空気	水	適温	光	肥料	結果
確認実験	○	○	○	×	×	○

5　問1　イ　　問2　オ　　問3　ア　　問4　イ　　問5　18(km)　　問6　59.5(km)
問7　ア

(例)

	空気	水	適温	光	肥料	結果
実験1	○	○	○	○	○	○
実験2	×	×	×	×	×	×
実験3	×	○	○	○	○	×
実験4	○	×	○	○	○	×
実験5	○	○	×	○	○	×
実験6	○	○	○	×	○	○
実験7	○	○	○	○	×	○
実験8						
実験9						
実験10						
実験11						

○推定配点○

[1] 問4　2点　他　各3点×3　[2] 各2点×4

[3] 問3～問5　各3点×4　他　各2点×5

[4] 問1・問2　各2点×2　他　各3点×3

[5] 問5・問6　各3点×2　他　各2点×5　計70点

＜理科解説＞

[1] (回路と電流―豆電球と回路)

図1の豆電球Aに流れる電流を[1]とする。回路に流れる電流は，直列につないだ電池の個数に比例し，直列につないだ豆電球の個数に反比例する。

図2の回路では，直列に電池を2個つなぎ，直列に豆電球を3個つないでいるので，豆電球B，C，Dには$\boxed{1}\times 2\times\frac{1}{3}=\frac{\boxed{2}}{\boxed{3}}$の電流が流れる。

図3の回路では，豆電球Fと導線が並列につながっている。このとき，豆電球Fに電流は流れない。そのため，図3の回路は，電池1個と豆電球E1個の回路と考えることができ，豆電球Eには，図1と同じ[1]の電流が流れる。

図4の回路では，豆電球G，豆電球HとI，電池が並列につながれている。この場合，電池1個と豆電球Gの回路，電池1個と豆電球HとIの回路のように考えることができる。よって，豆電球Gには図1と同じ[1]の電流が流れ，豆電球HとIには，$\boxed{1}\times\frac{1}{2}=\frac{\boxed{1}}{\boxed{2}}$の電流が流れる。

基本　問1　豆電球の明るさは豆電球に流れる電流によるので，豆電球Aと同じ明るさの豆電球は，豆電球Aと同じ[1]の電流が流れる豆電球EとGである。

基本　問2　最も暗く光る豆電球は，流れる電流が最も小さい豆電球HとIである。

やや難　問3　図2の回路では，豆電球B，C，Dのいずれかが切れると，どの豆電球も光らなくなる。

図3の回路では，豆電球Eが切れると回路全体に電流が流れなくなるが，豆電球Fは切れても切れなくても導線側に電流が流れるので，豆電球Eの明るさは変わらない。このことから，豆電球E，Fは切れても他の豆電球の明るさは変化させない。

図4の回路では，並列になっている豆電球Gの部分と，豆電球HとIの部分は別々の電流の流れができるので，豆電球Gが切れても，豆電球HやIの明るさは変わらない。豆電球HとIのいずれかが切れると，どちらの豆電球も光らなくなる。

重要 問4　1個の電池に流れる電流が小さいほど，電池は長持ちして豆電球がついている時間は長くなる。

図1の回路では，1個の電池に$\boxed{1}$の電流が流れる。

図2の回路では，2個の電池のそれぞれに$\boxed{\frac{2}{3}}$の電流が流れる。

図3の回路では，1個の電池に$\boxed{1}$の電流が流れる。

図4の回路では，回路全体を流れる電流は$\boxed{1}+\boxed{\frac{1}{2}}=\boxed{\frac{3}{2}}$であるが，2個の電池に分かれて流れるため，1個の電池に流れる電流は$\boxed{\frac{3}{2}}\div 2=\boxed{\frac{3}{4}}$となる。

これらのことから，最も豆電球がついている時間が長いのは，図2の回路とわかる。

2 (回路と電流―豆電球やLEDと回路)

基本 問1　電池の回路図記号では，長いほうが＋極，短いほうが－極を表している。LEDに流れる電流の向きは決まっているので，回路には図Ⅰのように電流が流れる。よって，光るのはCとEのLEDである。また，AとBの豆電球も光る。

重要 問2　図Ⅰの回路で，電流が流れない部分をのぞくと，回路図は図Ⅱのように表すことができる。図Ⅱより，Aの豆電球に流れる電流が，CのLEDの部分と，EのLEDとBの豆電球が直列につながった部分に分かれて流れることから，流れる電流が最も大きいのはAの豆電球であることがわかる。

図Ⅰ

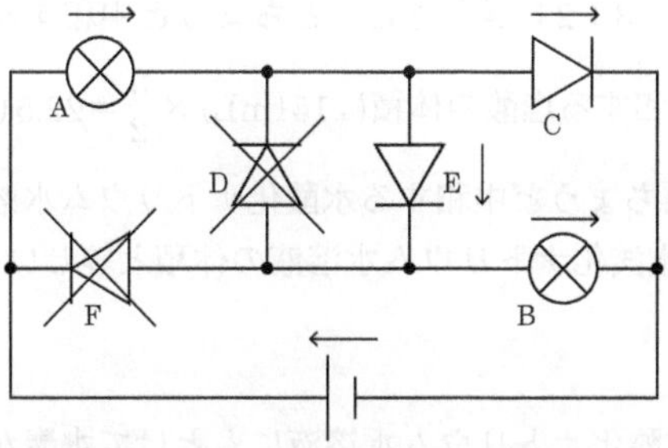

図Ⅱ

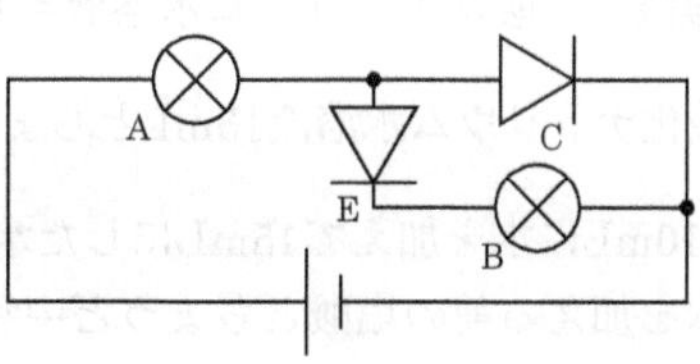

問3　電流の流れるようすは図Ⅲのようになる。よって，光るものはIの豆電球だけである。また，RとSのLEDも光る。

問4　図Ⅲの状態からGとHの豆電球に電流が流れるようにすればよい。図Ⅲでは，電池からの電流はRのLEDに流れているので，アの向きにLEDをつなげれば，RのLEDを流れた電流がSのLEDだけでなく，GとHの豆電球にも分かれて流れるようになる。

図Ⅲ

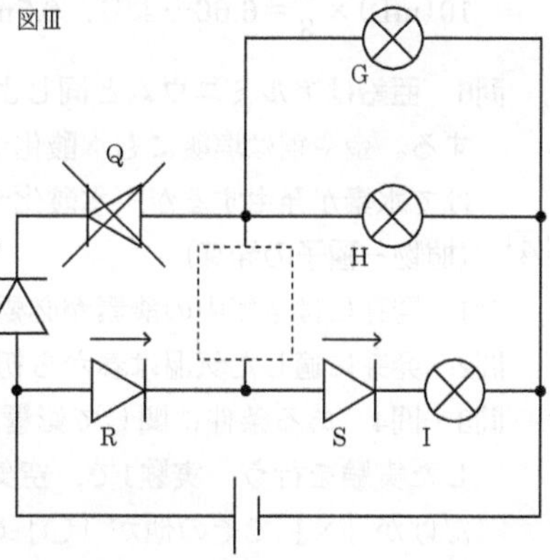

3 (中和―塩酸と水酸化ナトリウム水溶液の中和)

基本 問1　アルミニウムは，塩酸にも水酸化ナトリウム水溶液にもとけて水素が発生する。水素は気体の中で最も軽く，水にとけにくいため水上置換で集める。　ア　酸素の性質である。　イ　アンモニアや塩素などの性質である。　ウ　アンモニアなどのような水溶液がアルカリ性を示す気体の性質である。　エ　二酸化炭素や塩化水素などのような水溶液が酸性を示す気体の性質である。　キ　塩素などのように水にとけやすく空気より重い気体は下方置換で集める。　ク　燃えると二酸化炭素と水ができるのはメタンやプロパンなどの性質である。

重要 問2　塩酸と水酸化ナトリウム水溶液がちょうど中和してできる塩化ナトリウム水溶液(食塩水)にアルミニウムをいれても気体は発生しない。このことから，気体が発生しなかった実験装置Bでちょうど中和し，水溶液が中性であることがわかり，塩酸が残る実験装置Aの水溶液は酸性，水酸化ナトリウム水溶液が残る実験装置C，D，Eの水溶液はアルカリ性であることがわかる。また，BTB溶液は，酸性で黄色，中性で緑色，アルカリ性で青色を示す。これらのことから，青色になるのは実験装置C，D，Eの水溶液，緑色になるのは実験装置Bの水溶液である。

やや難 問3　実験装置Bから，塩酸15mLと水酸化ナトリウム水溶液10mLでちょうど中和することがわかり，体積の比で，塩酸：水酸化ナトリウム水溶液＝15：10＝3：2で混合させるとちょうど中和することがわかる。このことから，実験装置Aでは，塩酸7.5mLと水酸化ナトリウム水溶液5mLが中和し，反応せずに残った塩酸7.5mLとアルミニウムが反応して気体が180mL発生することがわかる。よって，塩酸15mLとアルミニウムが反応して発生する気体の体積は$180(\mathrm{mL})\times\frac{15(\mathrm{mL})}{7.5(\mathrm{mL})}=360(\mathrm{mL})$

やや難 問4　実験装置D，Eでは，未反応の水酸化ナトリウム水溶液が残っているにもかかわらず，発生した気体の体積が800mLで一定となっていることから，アルミニウム0.6gはすべて反応してなくなったと考えることができる。実験装置Cでは，未反応の水酸化ナトリウム水溶液15－10＝5(mL)がアルミニウムと反応して540mLの気体が発生している。アルミニウムがすべて反応したときに発生する気体が800mLなので，アルミニウム0.6gすべてを反応させるために必要な水酸化ナトリウム水溶液の体積は$5(\mathrm{mL})\times800(\mathrm{mL})\div540(\mathrm{mL})=7.40\cdots$より，7.4mL

重要 問5　(1)　塩酸：水酸化ナトリウム水溶液＝15：10＝3：2で混合させるとちょうど中和することから，水酸化ナトリウム水溶液15mLとちょうど中和する塩酸の体積は$15(\mathrm{mL})\times\frac{3}{2}=22.5(\mathrm{mL})$

重要 (2)　塩酸10mLに水を加えて15mLにした水溶液とちょうど中和する水酸化ナトリウム水溶液の体積は，水を加える前の塩酸とちょうど中和する水酸化ナトリウム水溶液の体積と等しいので，$10(\mathrm{mL})\times\frac{2}{3}=6.66\cdots$より，6.7mL

基本 問6　亜鉛はアルミニウムと同じように，塩酸にも水酸化ナトリウム水溶液にもとけて水素が発生する。金や銅は塩酸にも水酸化ナトリウム水溶液にもとけない。鉄とマグネシウムは塩酸にはとけて水素が発生するが，水酸化ナトリウム水溶液にはとけない。

4 (植物－種子の発芽)

基本 問1　発芽には空気中の酸素が必要である。

問2　発芽に適した気温は春から初夏の気温に近い25℃くらいである。

やや難 問3・問4　ある条件に関して影響があるかどうかを調べるためには，調べたい条件以外を同じにした実験を行う。実験1で，空気・水・適温・光・肥料がすべて「○」の実験，実験3で，空気だけが「×」でその他が「○」の実験を行っているので，実験4として水だけが「×」でその他が「○」の実験，実験5として適温だけが「×」でその他が「○」の実験，実験6として光だけが「×」でその他が「○」の実験，実験7として肥料だけが「×」その他が「○」の実験を行うことで，空気・水・適温・光・肥料のそれぞれの条件についての影響を調べることができる。そして，光と肥料が発芽に必要ではないことから，実験6と実験7では発芽する「○」の結果になり，その他は発芽しない「×」の結果となる。

やや難 問5　光と肥料の両方が「×」の実験を行って発芽することを確認することで，光と肥料の一方だけが欠けているときでも，両方が欠けているときでも発芽には影響がないことが確認できる。

5 (流水・地層・岩石一地震)

重要 問1　花こう岩は，火山の地下にあったマグマが地下深くでゆっくりと冷やされてできた深成岩で，同じくらいの鉱物の結晶が集まった等粒状組織である。マグマが冷えかたまってできた岩石なので，化石をふくむことはなく，粒の大きさによる分類はない。また，斑状組織は，マグマが地表や地表付近で冷え固まってできた火山岩の特徴である。

重要 問2　玄武岩はマグマが固まってできた火山岩の一つで，同じ火山岩に分類される流紋岩に比べて有色鉱物を多くふくむため黒っぽい。　ア　炭酸カルシウムが固まってできた岩石は石灰岩である。　イ・ウ　火山灰が固まってできた岩石を凝灰岩といい，凝灰岩は同じ時期に広い範囲に地層をつくるので，かぎ層として利用しやすい。　エ　多くの鉱物が大きく成長するのは，深成岩の特徴である。

問3　地球の半径6400kmに対して地殻は最も厚くて60kmであることから，地殻は地球の半径の60÷6400×100=0.93…より，約1%しかないことがわかる。

問4　地殻とマントルを合わせた厚さは最も厚くて2900+60=2960(km)で，地球の半径6400kmの2960÷6400×100=46.25(%)となる。

問5　底面積$1mm^2$，高さ22kmの地殻の重さは2.7(kg)×22=59.4(kg)である。マントルは底面積$1mm^2$，高さ1kmで3.3kgだから，重さが59.4kgになるときの高さは59.4÷3.3=18(km)である。

や難 問6　エベレストの標高0kmより上の高さは9kmなので，その部分の地殻の$1mm^2$あたりの重さは2.7(kg)×9=24.3(kg)，標高0kmでの地殻の厚さは10kmなので，その部分の地殻の$1mm^2$あたりの重さは2.7(kg)×10=27(kg)となる。また，地殻とマントルで，同じ厚さでの$1mm^2$あたりの重さの比は2.7(kg)：3.3(kg)=9：11なので，下の図において㋐の部分と㋑の部分の重さの比は⑨：⑪となる。線Aより上にある底面積$1mm^2$あたりの重さはどこでも等しいので，線Aより上における，エベレストの部分の重さと，標高0kmでの地殻とその下のマントルの部分を合わせた重さは等しい。よって，24.3(kg)+27(kg)+⑨=27(kg)+⑪が成り立ち，②=24.3(kg)より，⑨=24.3÷2×9=109.35(kg)とわかり，この部分の地殻の厚さは109.35÷2.7=40.5(kg)となり，エベレストの地殻の厚さは40.5+10+9=59.5(km)とわかる。

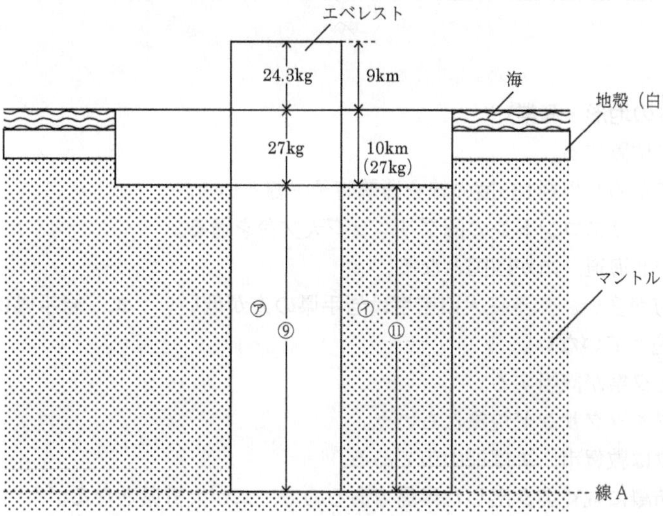

図1：エベレスト周囲の断面図

問7　南極の氷がとけると，とけた氷の分，南極大陸の重さは軽くなる。よって，南極大陸は隆起していくと考えられる。

★ワンポイントアドバイス★

標準的な知識をもとにする問題もあるが，問題文をしっかりと読んで考える必要がある問題もあり，試験時間についてもそれほど余裕があるわけでもないので，すばやく正確に読解する力も養っていこう。

＜社会解答＞

1　問1　ウ　問2　エ　問3　イ　問4　ア　問5　ウ　問6　イ　問7　イ
問8　ア　問9　エ　問10　アイヌ(民族)　問11　エ　問12　マグニチュード
問13　ウ　問14　モーダルシフト　問15　ア　問16　南海トラフ　問17　ア
問18　イ　問19　ア　問20　ウ

2　問1　エ　問2　親魏倭王　問3　ウ　問4　エ　問5　ウ　問6　木簡
問7　寝殿造　問8　エ　問9　ア　問10　イ　問11　座　問12　イ
問13　ウ　問14　イ　問15　井原西鶴　問16　ア　問17　ウ　問18　ア
問19　イ　問20　ア

3　問1　エ　問2　イ　問3　エ　問4　(あ)　マス　(い)　四　問5　エ
問6　イ→エ→ウ→ア　問7　ア　問8　エ　問9　〔1〕　イ　〔2〕　エ　〔3〕　ウ
問10　カ　問11　〔1〕　キューバ危機　〔2〕　ア　問12　ア　問13　イ
問14　イ

○推定配点○

1　問10・問12・問14・問16　各2点×4　他　各1点×16
2　問2・問6・問7・問11・問15　各2点×5　他　各1点×15
3　問4(あ)・問6・問11〔1〕　各2点×3　他　各1点×15　計70点

＜社会解説＞

1　(日本の地理－日本の地形・産業)

基本　問1　ウは和歌山県に位置する。

問2　標準時について定めた東経135度の線を標準時子午線という。

問3　本初子午線はイギリスロンドンの旧グリニッジ天文台を通る。

問4　イが北陸，ウが北海道，エが四国となる。

重要　問5　ア　宮城県の方が多い。　イ　人口密度は岩手県の方が低い。　エ　岩手県は就業者以外の人口が100万人を超えていない。

問6　宮城県の仙台七夕祭が該当する。

問7　液状化現象はクイックサンド現象ともいう。

重要　問8　イは長野市，ウは敦賀市，エは福山市である。

問9　国東半島が周防灘に丸く突き出した半島であるので，エが大分県となる。

問10　アイヌはほとんどが日本国内に居住し，人口は3万人超といわれている。

問11　根釧台地は，根室と釧路の間に位置している。

問12　マグニチュードが「1」増えるごとに地震のエネルギーは約30倍になる。

問13　震度5・6については「強」と「弱」に分けられる。

問14　モーダルシフトは,「脱炭素社会の実現」に向けた施策の一つである。

問15　イは航空, ウは旅客船, エは自動車となる。

やや難　問16　南海トラフは, 沖合約100kmの海底にある延長700kmの溝状の地形である。

問17　イはベトナム, ウはインドネシア, エはタイの説明となる。

問18　イ　抑制栽培が盛んなのは長野県や群馬県である。

問19　ア　八丁原発電所は地熱発電所である。

問20　ア　大都市の居住人口が郊外に移り, 中心部が空洞化する現象である。　イ　都市が周辺に無秩序に広がる現象である。　エ　都心部が異常な高温を招いている現象である。

2 (日本の歴史ー「貨幣」を起点とした古代から近代までの歴史)

基本　問1　ア　旧石器時代の説明である。イ「埴輪」ではなく「土偶」である。ウ　弥生時代の説明である。

問2　当時の様子が中国の歴史書である「魏志倭人伝」に記載されている。

問3　1　後漢書東夷伝に記載されている。　2　漢書地理志に記載されている。　3　宋書倭国伝に記載されている。

重要　問4　ア　推古天皇の頃の出来事である。　イ　天智天皇の頃の出来事である。　ウ　持統天皇の頃の出来事である。

問5　ア「神祇官」ではなく「太政官」である。　イ　国司は世襲制ではない。　エ　女子は兵士には選ばれなかった。

問6　木簡は文献資料とともに当時の社会生活を知る貴重な記録史料である。

問7　中心になる建物を寝殿といったので寝殿造といわれている。

問8　エ　楠木正成は鎌倉幕府の御家人ではない。

基本　問9　イは浄土宗, ウは浄土真宗, エは臨済宗の開祖である。

問10　武士として初めて太政大臣となったのは平清盛である。

問11　座は, 織田信長の楽市楽座によって廃止された。

問12　アは1485年, ウは1637年, エは1488年の出来事である。

基本　問13　ウは本能寺の変後に起こった出来事である。

問14　イ　新井白石は6代・7代将軍の時に幕政を主導した。

問15　井原西鶴は元禄期に活躍した大阪の商家出身の浮世草子作者である。

問16　インフレが起こり, 幕府の権威が失墜していった。

問17　ウは大正時代の説明となる。

重要　問18　イは与謝野晶子, ウは平塚雷鳥, エは樋口一葉の説明となる。

問19　アは解体新書の作者で, ウは赤痢菌を発見した細菌学者で, エは黄熱病を研究をした細菌学者である。

問20　2022年は鉄道開通150周年にあたる。

3 (政治ー日本の政治のしくみ・国際政治)

問1　ア　参議院議員選挙では, 選挙区と比例代表の重複立候補は認められていない。　イ　参議院選挙ではなく衆議院議員選挙の説明である。　ウ　中選挙区制から小選挙区制に変更された。

問2　イ「それにともなって物価が上がりました」が誤りである。

問3　ア　1973年以降は変動相場制が採用されている。　イ・ウ　円高ドル安の説明となる。

問4　情報化社会の進展により, 各種メディアからの情報を適切に処理する「メディアリテラシー」がますます求められてきている。

基本 問5　ア　「参議院」ではなく「貴族院」である。　イ　必ずしも先に審議する必要はない。　ウ　問責決議をするのは「参議院」である。

重要 問6　国会の発議を経て国民投票が行われる。なお，憲法改正案の可決(総議員の3分の2以上)には一般的な法律案の可決(出席議員の過半数)よりも多くの賛成票が必要となる。

問7　アは国会の仕事である。

問8　日本は他の先進国に比べて女性議員の比率が少ない状況である。クオーター制度導入の議論なども浮上している。

問9　〔1〕　ア　総会は一国一票である。　ウ　信託統治理事会の活動は現在は停止されている。　エ　「潘基文氏」ではなく「グテーレス氏」である。　〔2〕　ア　「17か国」ではなく「15か国」である。　イ　「イタリア」ではなく「中国」である。　ウ　「3年ごと」ではなく「2年ごと」である。　〔3〕　エ　自衛隊はPKOに参加したことがある。

基本 問10　1は1989年，2は1979年，3は1950年の出来事である。

問11　〔1〕　キューバ危機の時のアメリカ大統領はケネディ氏である。　〔2〕　イは1963年，ウは1968年，エは2017年にそれぞれ採択された。

問12　イはキューバ危機の時，ウは第二次世界大戦時のソ連の指導者で，エは2023年現在のロシア大統領である。

問13　2021年にアメリカはアフガニスタンから撤退した。

問14　ア　移民の説明である。　ウ　日本は難民受け入れに消極的である。　エ　UNHCRの説明である。

★ワンポイントアドバイス★

全体的に設問数が多いので，本校の過去問演習等を通して，時間配分をしっかり意識したトレーニングをしておこう。

＜国語解答＞

一　問1　(A)　ウ　(B)　ア　(C)　エ　問2　ウ　問3　イ　問4　イ
問5　(例)　実際の選手たちは「僕」と同様やる気を失っているのに，あざやかで躍動感あふれる姿が描かれているところ。(50字)　問6　(例)　鈴音がつけた汚れのせいでやけになった「僕」が，絵を黒く塗りつぶした，というもの。(40字)　問7　(例)　黒い絵の具の中からあざやかな虹色を削りだし，生きている感じをまっすぐに描きだすこと。(42字)
問8　エ　問9　X　オ　Y　ア　問10　(例)　コロナ禍で本来の学校生活を奪われ，気持ちがくすぶっている中で，スクラッチで黒からあざやかな色彩を削りだすように，生き生きとした感情を取り戻そうとしている状況。(79字)　問11　(1)　きれいで明るい色彩　(2)　(例)　薄汚れた現実の中にひそむありのままの美しさ(21字)

二　1　優勝　2　工程　3　署名　4　包容　5　灯火　6　宗派　7　早晩
8　千秋楽　9　呼　10　枝葉

○推定配点○

㊀ 問1・問9　各2点×5　　問5～問7・10　各10点×4　　他　各5点×6
㊁ 各2点×10　　計100点

＜国語解説＞

㊀ **(小説―語句の意味，内容理解，心情理解，表現理解，空欄補充，慣用句，主題)**

基本 問1 (A)「無造作」は「むぞうさ」と読む。 (B)「けげん」は，不思議で合点のゆかない様子。(C)「僭越」は，自分の身分・地位をこえて出過ぎたことをすること。

問2 「学校はいつもどおりの『日常』が続いていた」のに対し，「僕」は「避難所になった公民館に寝泊まりして，学校に行って，帰りはドロドロの家の片づけをする」状況であったという「ギャップ」をとらえる。

問3 「僕」は，「ドロドロの家の片づけ」で，「汚れたものを見るのは，もう現実だけで十分だ」という気持ちになっているということをとらえる。

問4 「僕」としては，「あの絵はお母さんのために描いたんじゃなかった」「誰かを救うつもりで描いたんじゃなかった」のだが，はからずもその絵がお母さんの「涙」をさそったということから，罪悪感を覚えている。

問5 「僕」が描いていたのは「あざやかで躍動感あふれる選手たち」であるのに対して，実際の選手たちは「大会がなくなって，ふてくされて練習に身が入らなくなっている」とある。つまり，「僕」の絵は「嘘」なのである。

問6 絵を汚してしまった鈴音は，その後真っ黒に塗りつぶされた絵を見て，自分のせいだとショックを受けたのである。その鈴音の考えを「僕」は「違う」と否定している。

問7 「黒い絵の具の中から，僕が描いていたあざやかな色合いが，虹色が，細く細く顔をのぞかせる」とある。「僕」はこの方法を用いて，「生きている」感じを描こうとしている。

問8 「僕」は自分が描いた絵を，鈴音の「きらきらとした目でまじまじと見られ」て，どんな感想を言われるか期待していたところ，「鼻水」のことを言われて「拍子抜け」したのである。

問9 X「口をつぐむ」は，口を閉じてものを言わないこと。 Y「首を横にふる」は，否定する様子。

やや難 問10 「僕」は，コロナ禍から立ち直ろうとする自分たちが置かれた状況を，黒く塗られた画面を削ることで描く「スクラッチ」に重ねている。

重要 問11 (1)・(2) を含む解答文を読むと，「僕」が絵の「嘘」に気づいたことをきっかけにして，(1) から (2) に転換していることがわかる。それは，「きれいで明るい色彩」を描くことから，現実のありのままの美しさを削り出すことへの転換である。

㊁ **(漢字の書き取り)**

1 「優」の「憂」の部分の形に注意する。 2 「工程」は，手順，という意味。 3 「署名」は，文書に自分の姓名を書き記すこと。 4 「包容力」は，人を寛大に受け入れる力。 5 「灯火管制」は，夜間，敵機の来襲に備え，減光や遮光，消灯をすること。 6 「宗派」は，同一宗教の分派。 7 「早晩」は，遅かれ早かれ，という意味。 8 「千秋楽」は，演劇や相撲などの興行の最終の日。 9 「呼び捨て」は，人の名を呼ぶときに「様・君」などの敬称を添えないこと。10 「枝葉」は，主要でない部分。

★ワンポイントアドバイス★

小説は文章が長めであるうえ，細かい読み取りが必要とされる。ポイントを的確に読み取れる力をつけるため，ふだんから小説の読書を心がけよう！　語句の意味なども，こまめに辞書を調べるなどして，基礎力をつけることが大切！

2022年度

★★★★★★★★★★★★★★★★★★★★★★★

入　試　問　題

2022年度

城北中学校入試問題（第１回）

【算　数】（50分）　＜満点：100点＞

【注意】　1．円周率が必要な場合には，3.14として計算しなさい。

2．コンパス・定規・分度器を使ってはいけません。

1　次の $\square$ にあてはまる数を求めなさい。

(1)　$\left(\frac{3}{5}+0.72\right)\times\frac{5}{12}+0.5-0.125\div 2\frac{1}{2}=\square$

(2)　$\left(337-\frac{1}{6}\right)\div\left(6\frac{2}{3}+\frac{1}{\square}\right)=47$

2　次の $\square$ にあてはまる数を求めなさい。

(1)　A君はある本を，１日目は全体の$\frac{1}{4}$より15ページ多く読み，次の日には残りの$\frac{1}{3}$より20ページ多く読んだところ，残りのページは80ページになりました。この本は全部で $\square$ ページです。

(2)　男子の人数が20人，女子の人数が $\square$ 人のクラスでテストを行ったところ，男子の平均点は76点，女子の平均点は85点，クラスの平均点は80点でした。

(3)　下の図は中心が点Oの半円です。角アの大きさは $\square$ 度です。

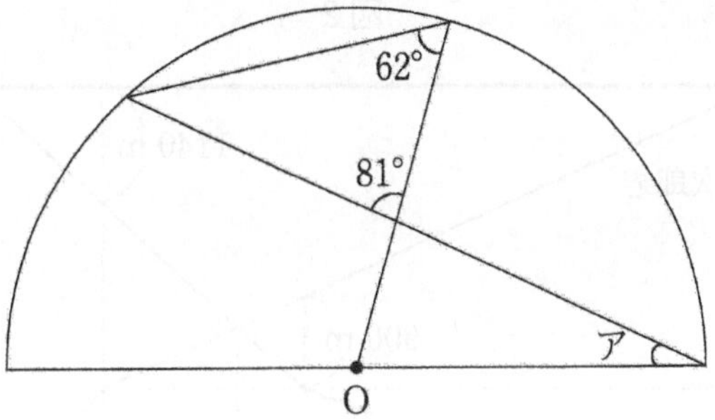

(4)　下の図は中心角が75°のおうぎ形です。斜線《しゃせん》部分の面積は $\square$ cm²です。

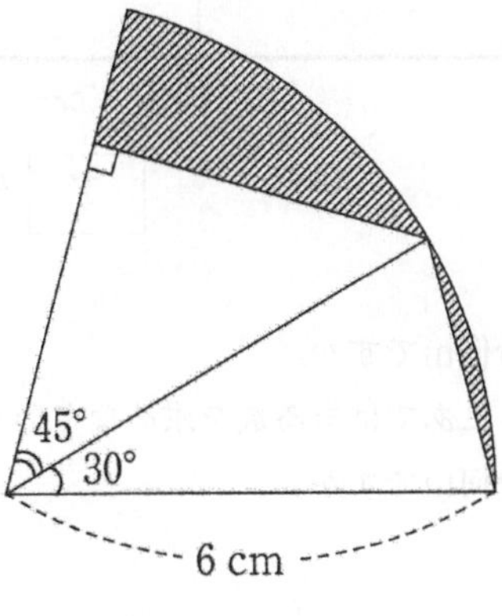

(5)　Ａ君に０から63までの整数のうち１つを思いうかべてもらい，その数について次のような①～⑥の６つの質問をしました。

①　その数を２で割った余りは１ですか。

②　その数を４で割った余りは２以上ですか。

③　その数を８で割った余りは４以上ですか。

④　その数を16で割った余りは８以上ですか。

⑤　その数を32で割った余りは16以上ですか。

⑥　その数は32以上ですか。

これらの質問についてＡ君に「はい」か「いいえ」で答えてもらったところ，①，③，④，⑥の質問には「はい」と答え，②，⑤の質問には「いいえ」と答えました。Ａ君が思いうかべた整数は □ です。

ただし，Ａ君の回答はすべて正しいものです。

3　右の図１のような山があります。太郎君はＰ地点を出発し，頂上Ｑを通ってＲ地点まで行きます。次郎君は，太郎君がＰを出発したのと同時にＲを出発し，Ｑを通ってＰまで行きます。２人が山を登る速さは，太郎君が毎分25m，次郎君が毎分30mです。

図１

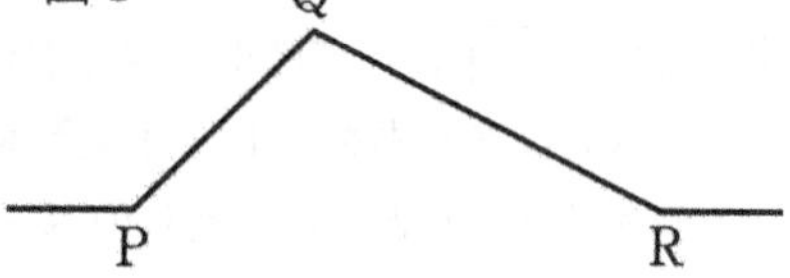

太郎君がＱに到着《とうちゃく》したとき，次郎君はＱの900m手前におり，その10分後に２人は出会いました。また，次郎君がＱに到着したとき太郎君はＲの1140m手前におり，太郎君がＲに到着してから６分後に次郎君がＰに到着しました。下の図２は２人の位置と時間の関係を表したものです。

図２

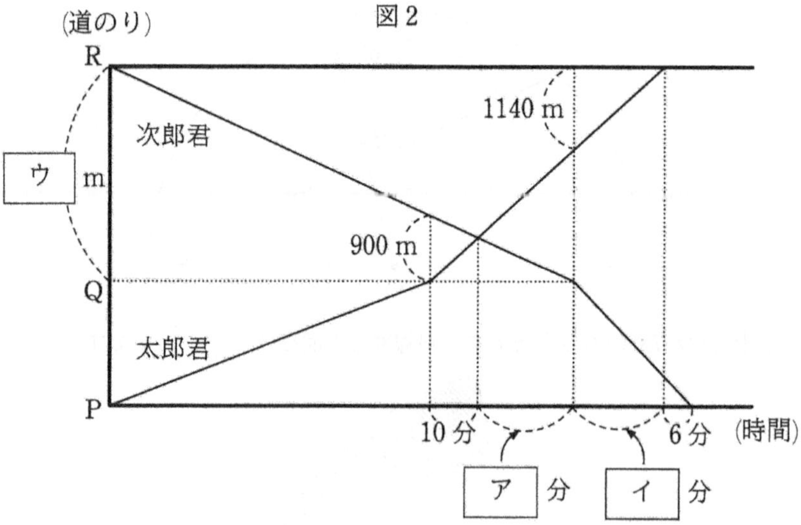

次の問いに答えなさい。

(1)　太郎君が山を下る速さは毎分何mですか。

(2)　図２の ア ， イ ， ウ にあてはまる数を求めなさい。

(3)　次郎君が山を下る速さは毎分何mですか。

4 下の図１のように，平らな地面に１辺の長さが３ｍの立方体の建物があります。点Ａの３ｍ真上に点Ｐがあり，点Ｐに電球を設置しました。ただし，電球の大きさは考えないものとします。

図１

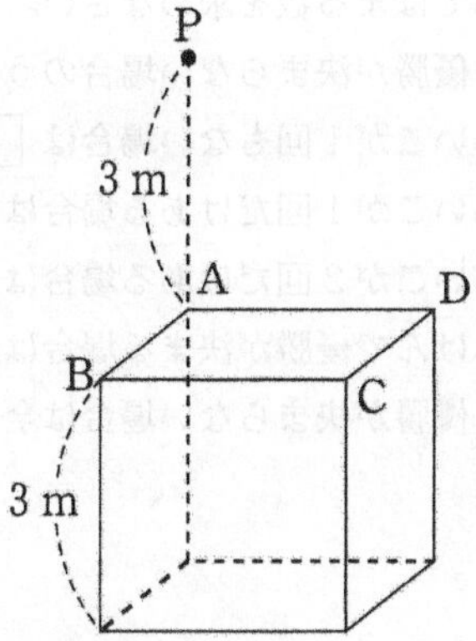

次の問いに答えなさい。

⑴ この電球の光によって地面にできる建物の影《かげ》の面積を求めなさい。

⑵ 右の図２のように，点Ｂの３ｍ真上に点Ｑがあり，点Ｐに設置した電球が直線PQ上を点Ｐから点Ｑまで動きます。このとき，電球の光によって地面にできる建物の影が通過する部分の面積を求めなさい。

図２

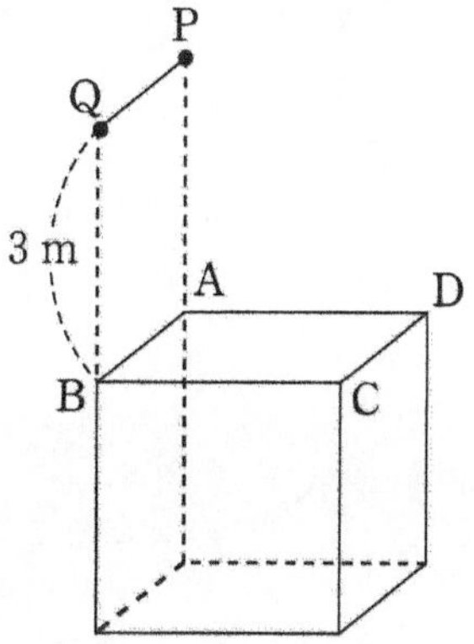

⑶ 右の図３のように，正方形ABCDの対角線が交わる点の３ｍ真上に点Ｒがあり，点Ｐに設置した電球が直線PR上を点Ｐから点Ｒまで動きます。このとき，電球の光によって地面にできる建物の影が通過する部分の面積を求めなさい。

図３

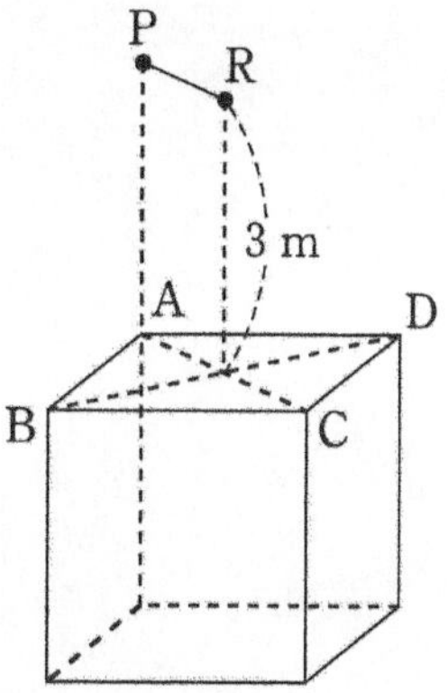

5 Ａ君とＢ君が何回かじゃんけんをして，間にあいこをはさんでもよいので２回続けて勝った方を優勝とします。例えば，１回目にＡ君が勝ち，２回目があいこ，３回目もあいこで，４回目にＡ君が勝てば，その時点でＡ君の優勝が決まります。このとき，次の問いに答えなさい。

ただし，どの手を出して勝ったかは区別しないものとします。例えば，２回目のじゃんけんで優勝が決まる場合は，Ａ君の２連勝とＢ君の２連勝の２通りであると考えます。

⑴　３回目のじゃんけんで優勝が決まる場合は全部で何通りありますか。

⑵　次の ア ～ エ にあてはまる数を求めなさい。

３回じゃんけんをしても優勝が決まらない場合のうち，

１回目から３回目までにあいこが１回もない場合は ア 通り，

１回目から３回目までにあいこが１回だけある場合は イ 通り，

１回目から３回目までにあいこが２回だけある場合は ウ 通りあります。

よって，４回目のじゃんけんで優勝が決まる場合は全部で エ 通りです。

⑶　４回じゃんけんをしても優勝が決まらない場合は全部で何通りありますか。

【理　科】（40分）　＜満点：70点＞

1　さまざまな材質でできた一辺が５㎝の一様《いちよう》な立方体の物体を７個用意して，Ａ～Ｇの記号をつけました。これらの立方体をたっぷりの水が入った容器に入れたところ，図１のようになり，Ａ～Ｇのようすは下のようになりました。つぎの問いに答えなさい。

Ａ：すべてが水の中にあり，浮《う》かんで静止している。
Ｂ：容器の底に沈《しず》んでいる。
Ｃ：下２㎝が水の中にあり，浮かんでいる。
Ｄ：物体の上の面が水面と一致《いっち》していて，すべてが水中にある。
Ｅ：上１㎝が水の外にあり，浮かんでいる。
Ｆ：容器の底に沈んでいる。
Ｇ：上３㎝が水の外にあり，浮かんでいる。

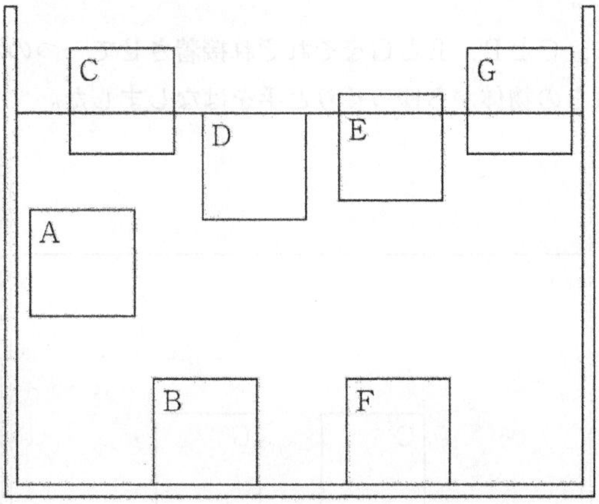

図１

問１　Ａより軽い物体はどれですか。Ａ～Ｇの記号ですべて答えなさい。

問２　図１のようすから，重さが同じだとわかる物体の組み合わせを，つぎのア～シからすべて選び，記号で答えなさい。

ア．ＡとＣ　イ．ＡとＤ　ウ．ＡとＥ　エ．ＡとＦ　オ．ＢとＤ　カ．ＢとＦ
キ．ＣとＤ　ク．ＣとＥ　ケ．ＣとＧ　コ．ＤとＥ　サ．ＤとＧ　シ．ＥとＧ

問３　Ａの重さが125ｇでした。Ｃの重さは何ｇですか。

問４　Ｅの上の面に下向きの力をゆっくりと加えていきました。何ｇの力を加えたとき，Ｅの上の面と水面が一致しますか。

つぎに，100ｇのおもりをつるすと２㎝のびる軽いばねを２本用意して，次のページの図２のように，ＢとＧとつなぎ，ばねを自然な長さにしてＢとＧからゆっくりと手を離《はな》したところ，ＢとＧは水面と平行に静止し，Ｂとつないだばねは2.5㎝縮みました。

問５　Ｂの重さは何ｇですか。

問６　Ｇとつないだばねは何㎝縮みますか。それとも，何㎝のびますか。解答するときは解答らんの（縮む・のびる）のどちらかを丸で囲みなさい。

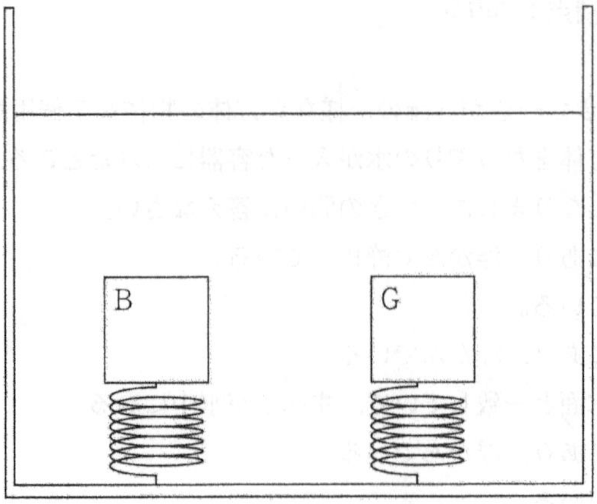

図２

さらに，図３のように，ＣとＢ，ＥとＧをそれぞれ接着させて一つの物体にして，容器の底に置きました。その後，これらの物体からゆっくりと手をはなしました。

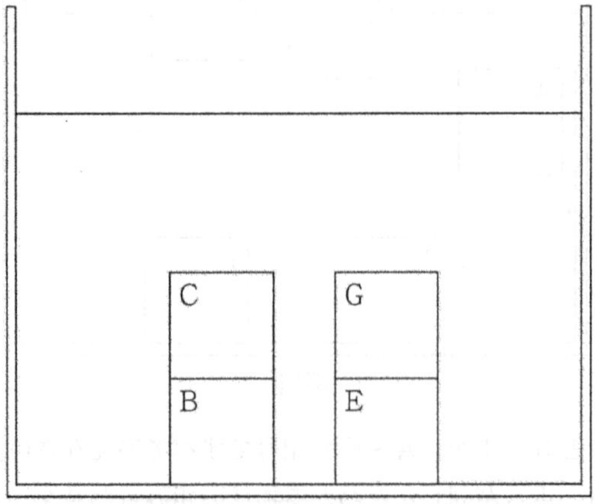

図３

問７　ＣとＢを接着させた物体はどのような状態で静止しますか。下の【解答の例】を参考にして答えなさい。

問８　ＥとＧを接着させた物体はどのような状態で静止しますか。下の【解答の例】を参考にして答えなさい。

【解答の例】
容器の底に沈んでいる。
下２㎝が水の中にあり，浮かんでいる。
すべてが水の中にあり，浮かんでいる。

2 石灰石に塩酸をかけると気体が発生します。以下の実験操作では気体の体積はすべて同じ条件で測定しました。

【実験１】

石灰石1.0ｇに，ある濃度《のうど》の塩酸を少しずつ加えたとき，発生した気体の体積はつぎのようになりました。

塩酸の量	150 mL	250 mL	400 mL	500 mL
気体の量	90 mL	150 mL	240 mL	240 mL

【実験２】

石灰石3.0ｇに十分な量の塩酸を加えると，気体が0.72Ｌ発生しました。

アルミニウム3.0ｇに十分な量の塩酸を加えると，気体が4.0Ｌ発生しました。

またアルミニウム3.0ｇに十分な量の水酸化ナトリウム水溶液《すいようえき》を加えると，気体が4.0Ｌ発生しました。

つぎに石灰石とアルミニウムの混合物9.0ｇを用意し，これに十分な量の塩酸を加えました。反応が終わると石灰石もアルミニウムもすべてなくなり，気体が8.72Ｌ発生していました。

【実験３】

ある量の塩酸に水酸化ナトリウム水溶液を加えた後，この中に，石灰石とアルミニウムの混合物10ｇを加えたところ，気体が10.8Ｌ発生しました。この気体の一部を石灰水に通しましたが，石灰水は白くにごりませんでした。

問１　【実験１】で，塩酸の量が400mLのときと500mLのときは，加えた塩酸の量は違うのに発生する気体の量は同じでした。これはなぜですか。15字以内で説明しなさい。ただし，数字や記号，句読点も１字と数えます。

問２　【実験２】で，混合物9.0ｇに含まれていた石灰石は何ｇですか。答えが割り切れないときは，小数第２位を四捨五入して小数第１位まで求めなさい。

問３　【実験２】で，アルミニウムに塩酸をかけたときに発生する気体について，答えなさい。

⑴　この気体は何ですか。名まえを答えなさい。

⑵　この気体を試験管に集めました。この気体が何であるかを確かめるためには，どのような実験をして，どのような結果になればよいでしょうか。15字以内で説明しなさい。ただし数字や記号，句読点も１字と数えます。

問４　【実験３】で，塩酸に水酸化ナトリウム水溶液を加えたあとの溶液に，BTB溶液を加えると溶液は何色になりますか。

問５　【実験３】で，発生した気体は何ですか。

問６　【実験３】で，気体が発生したあと，アルミニウムは完全になくなっていました。はじめの混合物の中に含まれていたアルミニウムは何ｇですか。答えが割り切れないときは，小数第２位を四捨五入して小数第１位まで求めなさい。

3 からだの中の化学反応は，①酵素《こうそ》によって行われます。たとえば，タンパク質は胃液にふくまれる［　②　］という消化酵素などによって分解され，最終的に小腸で吸収されるときには［　③　］にまで分解されます。動物だけではなく，植物も酵素を持っています。たとえば花の色は，④植物の中の物質が酵素によって，ある決まった順番で反応していくことによってつくられます。

問１　文中の［②］，［③］にあてはまる適切なことばを答えなさい。

問２　下線部①について，下の表のように，だ液にふくまれる酵素の性質を調べる実験を行いました。試験管の中に水または，だ液を入れ，それぞれの操作を行いました。そのあと，すべての試験管にデンプンのりを入れて，40℃で10分間おきました。最後に，デンプンが分解されたかどうかをヨウ素液で確認しました。

試験管	試験管の中身	操作	最後にヨウ素液を入れたときの色
a	水（5mL）	40℃で10分間おく	青紫《むらさき》色
b	だ液（5mL）	40℃で10分間おく	黄かっ色
c	だ液（5mL）	80℃で10分間おく	青紫《むらさき》色

⑴　デンプンが分解されていない試験管を，試験管ａ～ｃからすべて選び，記号で答えなさい。

⑵　試験管ａ～ｃの結果から「だ液はデンプンを分解できる」ことのほかに，どのようなことがいえますか。つぎの３つの語句を必ず使って，30字以内で説明しなさい。ただし，数字や記号，句読点も１字と数えます。

【語句】　**だ液は**　　**デンプンを**　　**分解**

問３　下線部④について，バラの花には赤色やオレンジ色などの色があります。これは，赤色やオレンジ色などの色をもつ物質（色素《しきそ》）が，いくつかの酵素の反応によってつくられたからです。つぎの図は，植物がもつ酵素による反応の順番を簡単に表したものです。ただし，反応は物質Ａから始まるものとします。また，図中の矢印の反応で同じ記号の酵素が書いてあるものは，同じ酵素がはたらいていることを示します。

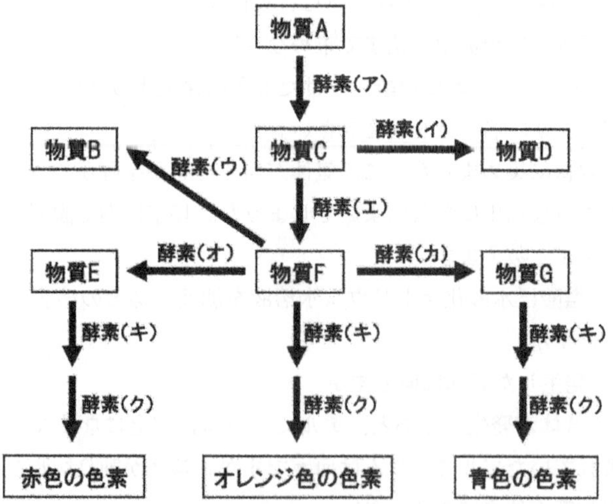

⑴　赤色の色素は，酵素がどのような順番ではたらくことによってつくられますか。（ア）～（ク）の記号を使って，解答らんの左側から順にならべて書きなさい。

⑵　バラは赤色の色素やオレンジ色の色素をつくることはできますが，もともと青色の色素はつくれませんでした。青色の色素をつくれない理由は，青色の色素をつくるために必要な酵素の

うち，どの酵素をもっていなかったからだと考えられますか。図中の（ア）～（ク）からすべて選び，記号で答えなさい。

4 つぎの文章は，城北中学校での先生と生徒の会話です。これについて，つぎの問いに答えなさい。

先生 「日本はとても地震《じしん》の多い国です。今日は地震について勉強をしましょう。地震が発生した地球内部の場所を［ ① ］といい，ここで発生した地震のゆれは，ここを中心にすべての方向に伝わっていきます。地震は，［ ① ］における岩盤《がんばん》のずれが原因で発生します。ここで発生する最初の地震を本震といいます。そして，このあと，何度もこの本震よりも小さな地震が発生します。この地震を［ ② ］といいます。」

生徒 「地震が何度も発生するのはどうしてですか？」

先生 「大きな原因として考えられるのが，地層のずれです。これを［ ③ ］といい，将来にわたって動く可能性のある地層のずれです。そして，これは日本列島の地下のいたる所にあります。」

先生 「ここに，先日の午前２時15分すぎに発生した地震を，４つの場所で観測した地震計の記録があります。この４つの記録に共通していることがありますが，わかりますか？」

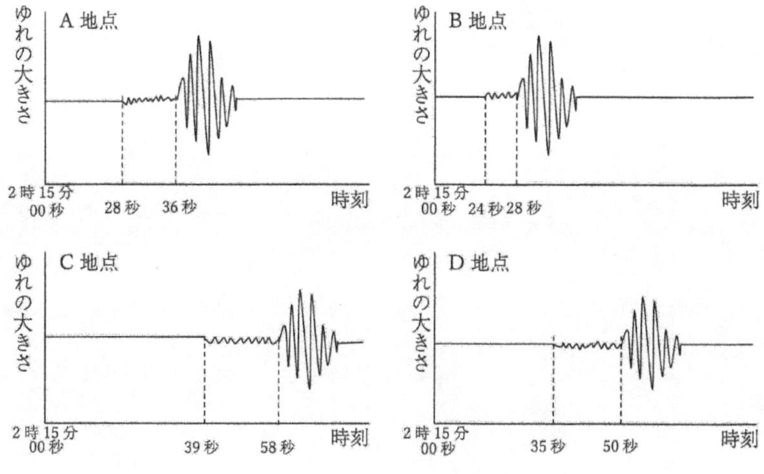

生徒 「はい。共通していることは，はじめに小さなゆれがおきて，その後，大きなゆれがおこるということです。」

先生 「その通りですね。地震によるゆれは２種類あって，はじめの小さなゆれのことを初期微動《しょきびどう》といい，あとにくる大きなゆれのことを主要動《しゅようどう》といいます。そして，初期微動のゆれがおきてから主要動のゆれがおこるまでの時間を初期微動継続《けいぞく》時間といいます。覚えておきましょう。ところで，この４つの地震計の記録を比べて，④初期微動の到達《とうたつ》時刻と初期微動継続時間の関係を表すグラフをかいてみましょう。」

生徒 「はい，かいてみました。」

先生 「このグラフから，地震の発生時刻をもとめてみましょう。わかるかな？」

生徒 「はい，午前２時15分［ ⑤ ］秒だと思います。」

先生 「その通りです。そこで，地震が発生した場所から初期微動をおこすゆれが伝わる速さを毎秒６㎞だとします。それぞれの場所と地震が発生した場所までの距離《きょり》を計算してみてください。」

生徒 「はい，A地点が（　a　）㎞，B地点が（　b　）㎞，C地点が（　c　）㎞，D地点が（　d　）㎞です。」

先生 「すばらしいです！」

問１　文中の［①］～［③］にあてはまる適切なことばを書きなさい。

問２　４つの地震の記録をもとに，下線部④についてのグラフをかきなさい。ただしグラフを書くときは定規《じょうぎ》を使いなさい。

問３　文中の［⑤］にあてはまる適切な数値を答えなさい。

問４　文中の（a）～（d）に入る数値を求めなさい。ただし，答えが割り切れないときは，小数第１位を四捨五入して，整数で答えなさい。

【社　会】（40分）　＜満点：70点＞

1　次の文章を読んで，下記の設問に答えなさい。

近年，⑴気候変動による平均気温の上昇が世界各地で影響を及ぼしています。⑵温暖化により海水面の温度が上昇すると，大気中の水蒸気量が増え，降水量が増加します。

日本でも，記録的な大雨による⑶洪水や土砂災害が多発しています。

例えば，2020年7月には，⑷九州各地で記録的な大雨となり，⑸球磨川《くまがわ》の氾濫《はんらん》によって⑹熊本県で人命に関わる深刻な洪水被害が発生しました。

2021年7月には，⑺静岡県熱海《あたみ》市で，長期間の大雨が降り注いだことにより土砂災害が発生し，重大な被害をもたらしました。

大雨や洪水は，⑻工業や商業，製造業などの産業にも影響を与えます。

2011年に⑼タイで発生したチャオプラヤ川の洪水は，工業団地を浸水させ，現地の日系企業に多額の損失をもたらしました。

気候変動による平均気温の上昇は，⑽米や⑾果実などの農作物の品質や収穫量にも影響を及ぼすと考えられています。このまま気温が上昇すると，農作物の⑿栽培に適した場所が変化するかもしれません。

さらに，気温の上昇は人間の健康にも影響を及ぼします。全国的に，⒀真夏日や猛暑日を記録する日数は増加しており，熱中症による死亡者数も増加傾向にあります。

以上のように，気候変動による影響は多方面にあらわれています。国際社会が一体となって，環境に配慮《はいりょ》した⒁持続可能な開発を行い，気候変動への対策を進めていく必要があります。

問1　下線部⑴について，2015年には，気候変動枠組《わくぐみ》条約第21回締約《ていやく》国会議（COP21）が開催され，気温上昇を抑えるための長期的な目標を定めた協定が採択されています。この会議の開催地として正しいものを，次のア～エから一つ選び，記号で答えなさい。

ア．京都

イ．ジュネーブ

ウ．パリ

エ．マドリード

問2　下線部⑵について，温暖化の原因の一つに，大気の温室効果を強める温室効果ガスの増加があります。次の物質のうち，温暖化の原因物質として最も排出量が多いものを，次のア～エから一つ選び，記号で答えなさい。

ア．水素

イ．二酸化炭素

ウ．メタン

エ．フロン

問3　下線部⑶について，次のページのの写真の建物は，洪水発生時に人や食料，家具などを避難《ひなん》させるため，家の敷地《しきち》の一部に石や土を積み上げたものです。写真が示す建物の名称として正しいものを，次のア～エから一つ選び，記号で答えなさい。

ア．水屋《みずや》　イ．曲屋《まがりや》

ウ．母屋《おもや》　エ．輪中《わじゅう》

（出典：国営木曽三川公園ホームページ）

問４　下線部⑶について，洪水などの自然災害による被害を予測した地図をハザードマップといいます。洪水ハザードマップを作成する際に，記載《きさい》すべき内容として**誤っているもの**を，次のア～エから一つ選び，記号で答えなさい。

ア．避難場所の位置

イ．予想される浸水の深さ

ウ．浸水の予想される区域

エ．液状化現象が発生する可能性のある地域

問５　下線部⑷について，九州に地方には多くの伝統的工芸品があります。県名と伝統的工芸品の組み合わせとして正しいものを，次のア～エから一つ選び，記号で答えなさい。

ア．福岡県－置賜《おいたま》つむぎ

イ．佐賀県－伊万里焼

ウ．長崎県－輪島塗

エ．鹿児島県－大館《おおだて》曲げわっぱ

問６　下線部⑸について，球磨川は，日本三大急流のひとつに数えられる河川です。日本三大急流のうち，山形県を流れる河川として正しいものを，次のア～エから一つ選び，記号で答えなさい。

ア．富士川　　イ．北上川　　ウ．最上川　　エ．阿武隈川

問７　下線部⑹について，熊本県が国内生産量第１位の農作物として**誤っているもの**を，次のア～エから一つ選び，記号で答えなさい。（農林水産省「令和２年産作況調査」による）

ア．い草　　イ．レタス　　ウ．トマト　　エ．すいか

問８　下線部⑹について，熊本県で発生した，化学工場から排水された有機水銀による公害病の名称として正しいものを，次のア～エから一つ選び，記号で答えなさい。

ア．水俣病　　イ．第二水俣病　　ウ．イタイイタイ病　　エ．四日市ぜんそく

問９　下線部⑺について，日本でも有数の茶の栽培地として知られる，静岡県中西部の大井川下流西岸に位置する台地の名称を，**３文字**で答えなさい。ただし，解答欄にあらかじめ記載されている漢字は文字数に含めません。

問10　下線部(7)について，静岡県の県庁所在地である静岡市の雨温図として正しいものを，次のア～エから一つ選び，記号で答えなさい。なお，他の雨温図は，金沢市，松本市，岡山市のいずれかであり，棒グラフは降水量，折れ線グラフは気温を示しています。

ア

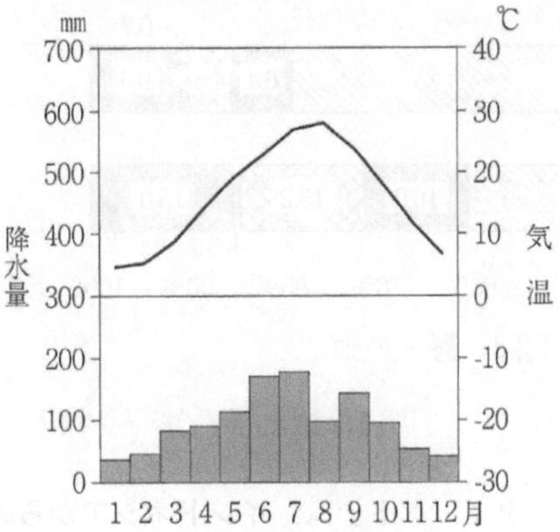

年平均気温：15.8℃　年降水量：1143.1mm

イ

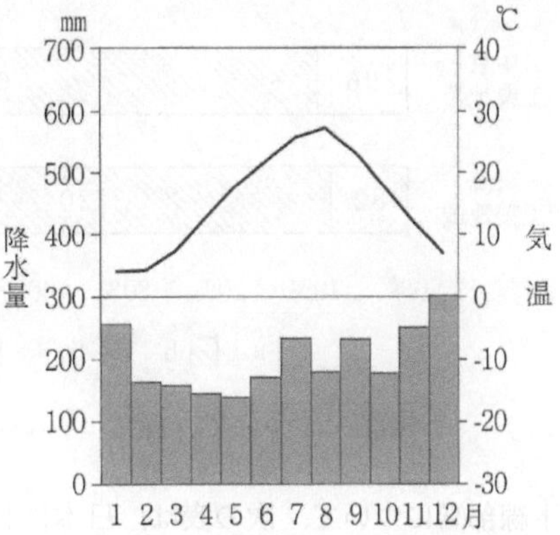

年平均気温：15.0℃　年降水量：2401.5mm

ウ

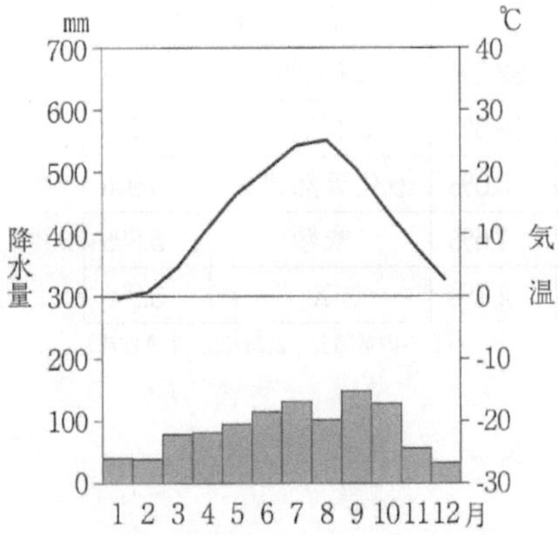

年平均気温：12.2℃　年降水量：1045.1mm

エ

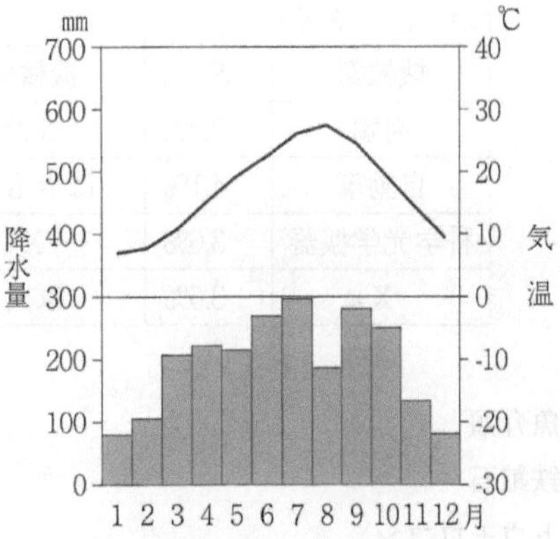

年平均気温：16.9℃　年降水量：2327.3mm

（気象庁データより作成）

問11　下線部(8)について，次のページのグラフは，京浜工業地帯，阪神工業地帯，中京工業地帯，東海工業地域の製造品出荷額等の構成（％）を示したものです。グラフのａ～ｄには次のア～エのいずれかがあてはまります。ａにあてはまる項目として正しいものを，ア～エから一つ選び，記号で答えなさい。

ア．食料品

イ．機械

ウ．金属

エ．繊維

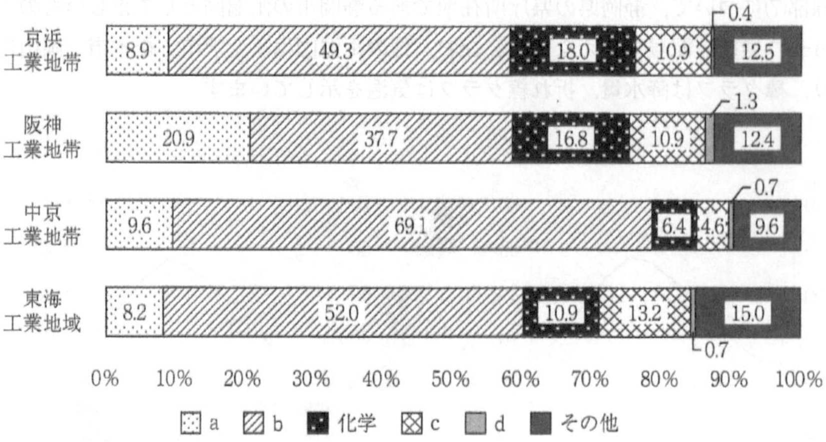

（『日本国勢図会　2021/22』より作成）

問12　下線部⑼について，次の表は，日本における，タイ，ベトナム，インドネシアからの輸入品上位５品目を表しています。表中のＸに共通してあてはまる品目として正しいものを，次のア～エから一つ選び，記号で答えなさい。

タイ		ベトナム		インドネシア	
機械類	38.5%	機械類	32.3%	機械類	14.4%
肉類	8.2%	衣類	18.6%	石炭	13.7%
自動車	4.1%	はきもの	5.0%	液化天然ガス	5.9%
科学光学機器	3.6%	Ｘ	4.6%	衣類	5.8%
Ｘ	3.6%	家具	4.3%	Ｘ	3.9%

（『日本国勢図会　2021/22』より作成）

ア．魚介類
イ．鉄鉱石
ウ．トウモロコシ
エ．米

問13　下線部⑽について，1971年から本格的に始まった，生産が過剰《かじょう》になった米の生産を抑える政策を何といいますか，**漢字**で答えなさい。なお，この政策は2018年に廃止されました。

問14　下線部⑾について，次のページのグラフは，りんごの生産上位の県を表しています。グラフ中のＹにあてはまる県名を，**漢字**で答えなさい。

りんごの主な生産地

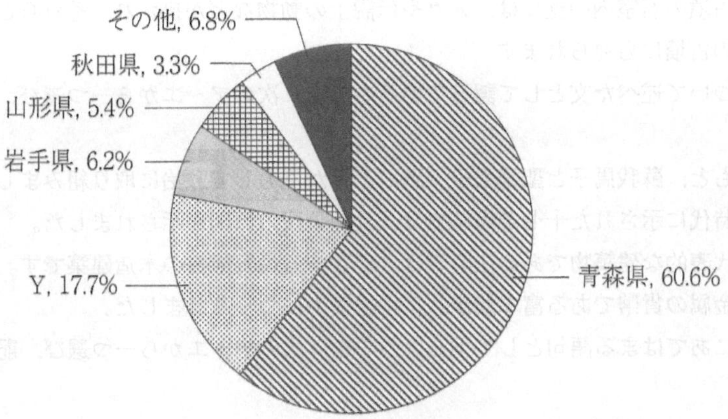

（農林水産省「令和２年産りんごの結果樹面積、収穫量及び出荷額」より作成）

問15　下線部⑫について，ビニールハウスや温室を利用して，本来の季節より早く農作物を生産する栽培方法を何といいますか，**漢字**で答えなさい。

問16　下線部⑬について，真夏日の説明として正しいものを，次のア～エから一つ選び，記号で答えなさい。

ア．最高気温が35℃以上の日　　イ．最低気温が30℃以上の日
ウ．最高気温が30℃以上の日　　エ．最低気温が25℃以上の日

問17　下線部⑭について，2015年からの長期的な開発の目標として「持続可能な開発目標（SDGs）」が定められました。SDGsを構成する17の目標として**誤っているもの**を，次のア～エから一つ選び，記号で答えなさい。

ア．エネルギーをみんなにそしてクリーンに　　イ．ジェンダー平等を実現しよう
ウ．気候変動に具体的な対策を　　エ．早急な経済発展と地域開発を

2　次の文章【１】～【10】を読んで，下記の設問に答えなさい。

【１】　奈良県にある唐古・鍵《かぎ》遺跡は，⑴弥生時代の稲作・生活の様子などを伝える遺跡です。この遺跡から出土した土器には，線で建物が描かれたものがあります。

　また，香川県で出土したと伝わる⑵銅鐸にも，人物や動物，狩りをする様子などが描かれています。

問１　下線部⑴について述べた文として**誤っているもの**を，次のア～エから一つ選び，記号で答えなさい。

ア．九州北部に伝えられた稲作は，やがて東日本まで伝わりました。
イ．人々は，ねずみや湿気を防ぐための高床倉庫を造り，収穫した米を蓄えました。
ウ．食料は集落内で平等に分配され，身分・貧富の差はなかったと考えられます。
エ．弥生時代の稲作の様子を伝える代表的な遺跡に，板付遺跡があります。

問２　下線部⑵の主な用途について正しいものを，次のア～エから一つ選び，記号で答えなさい。

ア．神器　　イ．武器　　ウ．狩猟道具　　エ．農工具

【２】 日本に紙・墨《すみ》・絵具などが大陸から伝わったのは，⑶飛鳥時代の前半です。その後に造営された（　あ　）古墳の石室内の壁には，人々や伝説上の動物などが描かれ，それらと大変よく似たものが高句麗の古墳にも見られます。

問３　下線部⑶について述べた文として**誤っているもの**を，次のア～エから一つ選び，記号で答えなさい。

ア．推古天皇のもと，蘇我馬子と聖徳太子（厩戸王《うまやとおう》）が協力して政治に取り組みました。

イ．推古天皇の時代に示された十七条憲法では，公地公民の原則が示されました。

ウ．飛鳥文化の代表的な建築物である法隆寺は，現存する世界最古の木造建築です。

エ．日本最初の金属の貨幣である富本銭が，７世紀後半につくられました。

問４　空欄（あ）にあてはまる語句として正しいものを，次のア～エから一つ選び，記号で答えなさい。

ア．大仙（山）　　イ．高松塚　　ウ．稲荷山　　エ．五色塚

【３】 ⑷奈良時代には，仏教と唐の影響を受けた国際的な文化が栄えました。絵画でも，東大寺⑸正倉院に伝わる『鳥毛立女屏風《ちょうもうりゅうじょびょうぶ》』がその例としてあげられます。

問５　下線部⑷の背景の一つに，遣唐使によって大陸の知識・文化などが伝えられたことがあげられます。遣唐使について述べた文として**誤っているもの**を，次のア～エから一つ選び，記号で答えなさい。

ア．630年に第１回遣唐使として犬上御田鍬《いぬかみのみたすき》が派遣されました。

イ．留学生の阿倍仲麻呂は，帰国後に中大兄皇子や藤原不比等らの政治改革に協力しました。

ウ．唐から日本に来日した僧で有名な鑑真は，唐招提寺を建立しました。

エ．894年に菅原道真の意見が認められ，それ以降，遣唐使の派遣は停止されました。

問６　下線部⑸は三角形の木材を組んだ建築様式で造られています。この建築様式を何といいますか。**漢字３文字**で答えなさい。

【４】 ⑹平安時代の初期に⑺空海が新たな仏教を日本に伝えると，その教えに関連する絵画も伝えられました。

平安時代半ばになると，唐風の文化をふまえながらも，日本の風土や生活にあった文化が生み出されました。絵画でも，日本の自然や風俗が描かれるようになりました。⑻平等院鳳凰《ほうおう》堂の内部に残る絵には，背景に日本の四季の風景画が描かれています。

問７　下線部⑹に関連して，桓武天皇の政治について述べた文として正しいものを，次のア～エから一つ選び，記号で答えなさい。

ア．墾田永年私財法を出し，新しく開墾した土地の私有を認めました。

イ．国ごとに国分寺と国分尼寺の建立を命じました。

ウ．寺院の影響力が強い平城京を離れ，794年には平安京に都を移しました。

エ．天皇が国を治めてきた歴史を記録しようと『日本書紀』を編さんさせました。

問８　下線部⑺に関連する事柄として**誤っているもの**を，あとのア～エから一つ選び，記号で答えなさい。

ア．書に優《すぐ》れ，三筆の一人とされました。　　イ．最澄とともに唐に留学しました。

ウ．真言宗を伝えました。　　　　　　　　　エ．比叡山延暦寺を建てました。

問９　下線部⑻を建立した人物について述べた文として正しいものを，次のア～エから一つ選び，記号で答えなさい。

ア．幼い天皇を補佐するために臣下として初めて関白の地位につきました。

イ．娘三人を天皇の妃《きさき》とし，「この世をば　わが世とぞ思う　望月の　欠けたることもなしと思えば」という和歌を詠《よ》みました。

ウ．日宋貿易を積極的に行い，現在の兵庫に大輪田泊という港も整備しました。

エ．長い間，摂政・関白の地位につき，また地方豪族から寄進された荘園などにより，多くの富を得ていました。

【５】　平安時代末から鎌倉時代にかけては，物語・寺社の歴史・⑼武士の合戦の様子などをテーマにした絵巻物が多くつくられました。そこには貴族だけではなく，庶民や武士の姿も生き生きと描かれ，当時の様子を知ることができます。

問10　下線部⑼で有名なものに，元寇の様子を描いた『蒙古襲来《しゅうらい》絵巻（絵詞《えことば》）』があります。これに関連して，元寇やその影響について述べた文として**誤っているもの**を，次のア～エから一つ選び，記号で答えなさい。

ア．1274年，元が日本に軍勢を派遣しました。日本の軍勢は慣れない集団戦法などに苦戦しました。

イ．1281年，再び元が日本に攻めてきました。しかし，幕府が博多湾沿岸に築いた防壁や武士たちの活躍で，元の軍勢は上陸できませんでした。

ウ．『蒙古襲来絵巻（絵詞）』は御家人竹崎季長《すえなが》が自らの戦功《せんこう》を記録したもので，この中には執権の北条泰時に恩賞を求める季長の姿も描かれています。

エ．元寇に対して幕府の恩賞は少なく，御家人の中には生活が苦しく土地を手放す者も出たため，幕府は永仁の徳政令を出しました。

【６】　室町時代になると，中国の宋や元で盛んだった水墨画が禅宗の僧を中心に日本でも描かれるようになり，この時代に発展した⑽書院造の床の間などに飾られました。室町時代の水墨画の名手としては，（　い　）が有名です。

問11　下線部⑽の代表的な建築物に慈照《じしょう》寺（通称，銀閣寺）の東求堂同仁斎《とうぐどうどうじんさい》があり，これは８代将軍の書斎でした。８代将軍の時代の出来事について述べた文として正しいものを，次のア～エから一つ選び，記号で答えなさい。

ア．農民らが借金の帳消しなどを求める正長の土一揆が起こりました。

イ．応仁の乱の戦闘は京都が中心であったため，多くの寺社や貴族の屋敷が焼失しました。

ウ．ポルトガル人によって種子島に鉄砲が伝えられました。

エ．この将軍は茶の湯を好み，わび茶の作法を大成した千利休を保護しました。

問12　空欄（い）にあてはまる人物を，**漢字２文字**で答えなさい。

なお，この人物は守護大名大内氏の援助を受け，中国にも渡り多くの絵画技法を学びました。そして，日本の水墨画を完成させました。

【７】 桃山時代には(11)豊臣秀吉や諸大名らが権威を示すために天守閣を建設しましたが，その室内の襖《ふすま》や屏風には(12)狩野永徳や弟子らの絵師により，はなやかな絵が描かれました。

問13　下線部(11)について，秀吉の天下統一過程や国内政策について述べた文として正しいものを，次のア～エから一つ選び，記号で答えなさい。

ア．秀吉は琵琶湖のそばに壮大な安土城を築き，天下統一の拠点にしました。

イ．秀吉は鉄砲を用いた戦法で，甲斐の武田氏を破りました。

ウ．秀吉は一向一揆の勢力と戦い，石山本願寺を屈服《くっぷく》させました。

エ．秀吉は一揆防止のため，刀狩令を出して，農民から武器を取り上げました。

問14　下線部(12)について，はなやかで迫力ある永徳の絵は大名にも好まれました。永徳の作品として正しいものを，次のア～エから一つ選び，記号で答えなさい。

ア

イ

ウ

エ

※ア～エについて。
都合により一部画像を修正してあります。

【８】 江戸時代，時代が進むにつれて，絵画も新たなジャンルのものが描かれるようになりました。その一つに，都市の町人・役者などの風俗を描いた浮世絵があります。元禄文化では『見返り美人』を描いた（　う　）が有名ですが，さらに(13)化政文化では，美人画の喜多川歌麿《きたがわうたまろ》，風景画の歌川広重らが優れた作品を残し，これらはヨーロッパの絵画にも大きな影響を与えました。

問15　空欄（う）にあてはまる人物として正しいものを，次のア～エから一つ選び，記号で答えなさい。

ア．菱川師宣《ひしかわもろのぶ》　　イ．近松門左衛門　　ウ．井原西鶴《さいかく》　　エ．松尾芭蕉《ばしょう》

問16　下線部(13)は，主に11代将軍徳川家斉の時期の文化です。家斉の時代について述べた文として

正しいものを，次のア～エから一つ選び，記号で答えなさい。

ア．幕府の財政がますます厳しくなり，上米の制を実施しました。

イ．長崎にロシアのレザノフが来航して通商を求めましたが，幕府は拒否しました。

ウ．裁判を公平にするために，公事方御定書を制定しました。

エ．物価引き下げのため，株仲間を解散させましたが，かえって経済は混乱しました。

【９】 ⒁明治時代になると，欧米の文化を取り入れつつ，日本の新たな文化が創り出されました。例えば美術では，明治初期にいったん日本の伝統的な価値が否定されましたが，⒂1880年代になるとその復興をはかった人々の努力により，徐々《じょじょ》に見直されるようになりました。その一方で欧米への留学生により，欧米美術の画風が本格的に紹介されました。そして，両者はお互いに影響し合いながら，発展していきました。

問17 下線部⒁について，明治初期には生活面でも，都市を中心に近代化・欧米化か進み，伝統的な生活が変化し始めました。これを文明開化といいますが，これについて述べた文として**誤っているもの**を，次のア～エから一つ選び，記号で答えなさい。

ア．新橋・横浜間に鉄道が開通し，蒸気機関車が走りました。

イ．欧米と同じ太陽暦が採用され，１日を24時間，１週間を７日としました。

ウ．人々が政治に参加することを求め，普通選挙運動が起こりました。

エ．学制が定められ，全ての国民が学校教育を受けられるようになりました。

問18 下線部⒂を行った背景には，当時の政府が条約改正のために行った政策への反発もありました。1880年代の条約改正交渉とそれに関連する事柄について述べた文として正しいものを，次のア～エから一つ選び，記号で答えなさい。

ア．政府は鹿鳴館で舞踏会《ぶとうかい》を開き，日本が文明国であることを示して，条約交渉を有利に進めようとしました。

イ．フェートン号事件をきっかけに，条約改正を求める国民の声が高まりました。

ウ．ロシアなどによる三国干渉は，日本の人々に領事裁判権の撤廃の必要性を痛感させました。

エ．外務大臣の陸奥宗光は関税自主権の完全撤廃に成功し，日本は欧米と対等な立場に立つことができました。

【10】 ⒃昭和の太平洋戦争では，日本は全ての国力を投入する総力戦として戦いました。そのなかで，芸術も国民の戦意を高める役割を担うこととなったのです。

問19 下線部⒃について，次の各設問に答えなさい。

［１］ 下の１～４の事柄は，太平洋戦争が始まるまでの過程で起こったことです。これらを時代の古い順に並び替えたものとして正しいものを，次のア～クから一つ選び，記号で答えなさい。

１．二・二六事件　　２．日独伊三国同盟の締結

３．国家総動員法の制定　　４．満州事変の勃発《ぼっぱつ》

ア．１→３→２→４　イ．１→３→４→２　ウ．１→４→２→３

エ．１→４→３→２　オ．４→１→２→３　カ．４→１→３→２

キ．４→３→１→２　ク．４→３→２→１

［２］ 太平洋戦争期の社会・生活の様子について述べた文として**誤っているもの**を，次のページの

ア～エから一つ選び，記号で答えなさい。

ア．「ぜいたくは敵だ」などのスローガンのもと，国民生活も統制されました。

イ．労働力が不足したため，中学生・女学生らも工場などで働くこととなりました。

ウ．空襲が激しくなると，都市部の小学３年生以上の多くは，地方に疎開《そかい》しました。

エ．米不足を背景に，米の安売りを求める騒動が全国に広がりました。

3 次の文章を読んで，下記の設問に答えなさい。

日本国憲法は，「⑴国会は，国権の（　あ　）機関であって，唯一の（　い　）機関である」（第41条）と定めています。これは，国会が主権者である全国民を代表する機関であり，（　い　）権が国会にあることを示しています。

国会は，⑵衆議院と参議院からなる二院制をとっています。国会の議決は，原則として，両院で一致して初めて成立しますが，⑶一致しなかった場合，憲法は⑷「衆議院の優越」を定めています。

問１　空欄（あ）（い）にあてはまる語句を，それぞれ**漢字２文字**で答えなさい。

問２　下線部⑴について，毎年１回，１月に召集される国会を何といいますか。**漢字**で答えなさい。また，この国会の会期は何日間ですか。**算用数字**で答えなさい。

問３　国会の権限について述べた文として**誤っているもの**を，次のア～エから一つ選び，記号で答えなさい。

ア．法律案の議決は，各議院の総議員の３分の２以上の賛成が必要となります。

イ．前の年度の国の収入と支出を表す決算の承認を行うことができます。

ウ．重大なあやまちを犯した裁判官に対して，弾劾《だんがい》裁判を行うことができます。

エ．証人を国会に呼んだり，書類の提出を求めたりする国政調査権をもっています。

問４　下線部⑵の衆議院と参議院について述べた文として**誤っているもの**を，次のア～エから一つ選び，記号で答えなさい。

ア．二院制である理由は，国民の意見を幅広く反映させたり，慎重な審議を行うためです。

イ．衆議院議員も参議院議員も，国民の選挙によって選ばれています。

ウ．衆議院議員の方が参議院議員よりも被選挙権の年齢制限が高くなっています。

エ．本会議も委員会も，議決はどちらも多数決の原理がとられています。

問５　衆議院議員と参議院議員の任期について述べた文として正しいものを，次のア～エから一つ選び，記号で答えなさい。

ア．衆議院議員の任期は２年で，途中で議員の資格を失うことがあります。

イ．参議院議員の任期は４年で，途中で議員の資格を失うことはありません。

ウ．衆議院議員の任期は６年で，２年ごとに選挙があり，総議員の３分の１が改選されます。

エ．参議院議員の任期は６年で，３年ごとに選挙があり，総議員の半数が改選されます。

問６　衆議院議員と参議院議員の選挙に取り入れられている比例代表制について述べた文として正しいものを，次のア～エから一つ選び，記号で答えなさい。

ア．各政党の得票数に応じて，当選者を割り当てる選挙制度です。

イ．両議院の選挙とも，個人の名を投票用紙に書くことはできません。

ウ．衆議院議員総選挙は，全国を約300の選挙区に分けて行われます。

エ．参議院議員選挙は，すべて比例代表制によって選ばれます。

問７　選挙の時，各政党や立候補者は，有権者の支持を得ようとして，当選した後に実行する政策を掲げて選挙運動を行います。この政策上の約束を何といいますか。**カタカナ**で答えなさい。

問８　下線部⑶について，両議院の議決で一致しなかった場合に開かれることもある会議名を**漢字**で答えなさい。

問９　下線部⑷について，衆議院の優越が認められる権限として**誤っているもの**を，次のア～エから一つ選び，記号で答えなさい。

ア．条約の承認　　　　イ．予算の議決

ウ．憲法改正の発議　　エ．内閣総理大臣の指名

問10　下線部⑷に関連して，内閣不信任決議案について述べた文として正しいものを，次のア～エから一つ選び，記号で答えなさい。

ア．参議院からも提出できます。

イ．衆議院の出席議員の過半数の賛成で可決されます。

ウ．衆参両議院へ提出の直後に，国民投票が行われます。

エ．衆参両議院で可決されると，内閣は必ず総辞職します。

問11　昨年（2021年）の６月に国会で行われたように，イギリスを手本とする，首相と野党党首による討論を何といいますか。**カタカナ**で答えなさい。

4　絵画のテンラン会。
5　電車がテッキョウを渡る。
6　ヨクアサ七時に出発します。
7　キャクマでもてなす。
8　アマグを持って出かける。
9　グンを抜いて能力が高い。
10　子をヤシナう。

ア　ゴンの飼い主を名乗る女の人を見て、大人を相手にどうやって立ち向かえばいいのか、この後すべき策を熱心に考えている。

イ　ゴンを見つけたとしても武の家では飼えない可能性が高く、結果的にゴンを不幸にしてしまうのではないかと状況を冷静に考えている。

ウ　あまりに焦《あせ》っている武の様子を見て気持ちが逆にさめてしまい、ゴンを探すのを何とか穏便《おんびん》に断ろうと必死に考えている。

エ　激しい口調で語る武の熱意に胸を打たれ、何としてもゴンを見つけ出したいという思いを新たにし、武への提案を前向きに考えている。

問7　――⑥「急に寂しくなった」とありますが、武がこのように感じたのはなぜですか。60字以内で説明しなさい。

問8　――⑦「その心細さ」とありますが、どのような心細さですか。30字以内で説明しなさい。

問9　――⑧「空洞だった胸の奥」とありますが、武の心中はどのような状態であったのですか。60字以内で説明しなさい。

問10　――⑨「拓也は不思議と、武のことを怖がらない」とありますが、それはなぜですか。最もふさわしいものを次の中から選び、記号で答えなさい。

ア　見た目は怖いが気は小さいのだと分かり、恐れる必要はないと考えているから。

イ　自分がいないと武はゴンを見つけられないのだと思い、強気になっているから。

ウ　猫を探している武の優しさに気がついて、親しみに似た感情を抱いているから。

エ　武が卑屈になっているのを見抜いて、話せば分かり合えると確信しているから。

問11　――⑩「自分はゴンを守りたいのだ」とありますが、武がこのように思う原因は、猫に対する武の考え方の変化にあります。その変化を、本文全体をふまえて90字以内で説明しなさい。ただし、**「以前は～、現在は～。」という形で答えること。**

問12　この物語の語り手に関する説明として最もふさわしいものを次の中から選び、記号で答えなさい。

ア　第三者の視点から語っているが、かなり武の立場に寄り添《そ》っており、武の心の中が細やかに読者に伝わるようになっている。

イ　主人公である武が語り手も担《にな》っており、様々なできごとに対して常に武の立場で語られるため、武の思考がわかりやすくなっている。

ウ　状況に応じて語り手が様々な登場人物に寄り添い、それぞれの心情を語っており、読者が各登場人物に感情移入しやすくなっている。

エ　常に淡々《たんたん》と第三者の視点から語っており、あまり登場人物の心情には触れず、起こった事実が正確に伝わるようになっている。

二　次の――線部のカタカナを、漢字に直しなさい。

1　人のリョウイキに入り込む。

2　ロトウに迷う。

3　ソウゴンな音楽だ。

問１　本文中の A ・ B に入る、体の一部を表す漢字１字をそれぞれ答えなさい。

問２　――①「おとぎ話を聞いているくらいに受け止める」とありますが、なぜですか。最もふさわしいものを次の中から選び、記号で答えなさい。

ア　拓也のひいおばあちゃんに関する話はあまりにも昔のことなので、現実味がなくて実感がわかなかったから。

イ　自分にはひいおばあちゃんはいないので、拓也のひいおばあちゃんがそんなに長生きしていることが信じられなかったから。

ウ　拓也の話している内容が現実的にあり得ないような内容だったので、真剣に聞いているのがばかばかしくなってきたから。

エ　今はゴンを必死に探そうとしている時なので、拓也の狐に関する昔の話は興味がなく相手にしたくなかったから。

問３　――②「女の人は細い眉をきゅっとあげた」とありますが、この時「女の人」はどのような気持ちを抱いていると推測できますか。最もふさわしいものを次の中から選び、記号で答えなさい。

ア　見知らぬ子供たちが、自分が懸命に探している飼い猫のチラシを勝手に作って探し出そうとしていることに対して恐怖を抱いている。

イ　初対面の大人である自分に対して、子供でありながら礼儀を欠いた態度で接してくる武たちに対して怒りを覚えている。

ウ　自分の飼い猫だと思って探していた猫が、他人の飼い猫である可能性が出てきたことに対して驚きを感じている。

エ　自分の飼い猫を、見知らぬ子供たちが自分たちの飼い猫であるかのように勝手に探していることに対して不快に思っている。

問４　――③「挑発的な笑みを浮かべる」とありますが、この時の「女の人」について説明した次の文のX・Yにあてはまる語を、Xは20字以内で、Yは２字でそれぞれ自分で考えて答えなさい。

☆　思わず挑発的な笑みを浮かべてしまうほど、（　X・20字以内　）という（　Y・２字　）がある。

問５　――④「一気に言ったのは、自分に言い聞かせるためだったかもしれない」とありますが、この時の武に関する説明として最もふさわしいものを次の中から選び、記号で答えなさい。

ア　「女」を非難する言葉やゴンとの思い出を思いつくままに次々と口にすることで、自分こそがゴンの飼い主にふさわしいのだと納得しようとしている。

イ　ゴンに好かれていた自分とゴンに嫌われてしまった「女」の違いをはっきりさせることで、次に会った時には「女」を言い負かしてやろうと準備している。

ウ　「女」のセンスの悪さを指摘しつつ自分の功績を述べることで、拓也もゴンの飼い主には武のほうがふさわしいと考えてくれるはずだと期待している。

エ　自分はゴンの面倒をきちんと見ていたが「女」はそうでなかったという事実を明らかにすることで、拓也が武の味方になってくれることを願っている。

問６　――⑤「拓也は、頷くでもなく黙って聞いていた」とありますが、この時拓也はどのようなことを考えていると思われますか。最もふさわしいものを次の中から選び、記号で答えなさい。

拓也が言う。違う、猫じゃない。あれは狐だ。真っ白だけれど、とがった耳やほっそりした鼻、太い尻尾《しっぽ》が目につく。初めて見る白い狐に、武は息を止めて見入った。

小さな身じろぎが、周囲の草をゆらしてしまったかもしれない。狐が耳をピクリと動かし、こちらを見た。なんてきれいなんだろう。生き物を超《こ》えた何かに見つめられたようで、奇妙な緊張感と高揚感《こうよう》に包まれる。そのとき武は、あの白い狐を知っていると直感していた。

ずっと前、小さいころ、祖父の飼い猫のミケが毎日出かけていくのを見て、どこへ行くのかとひとりで後を追ったら、猫の集会に出くわした。こっそり、木の幹に隠れるようにして覗《のぞ》いていたあのとき、真っ白で大きな猫がいた。

あれは、きっと狐だったのだ。

あの日武は、なんだか見てはいけないものを見たような気がして、逃げるように走って帰ろうとしたが、どこかで道を間違え、迷ってしまった。土手に座り込んでいたら、うたた寝したらしく、目が覚めたときには祖父に背負われていた。ミケはとっくに家に戻っていたが、あのとき祖父は奇妙な話をした。ミケが白い野良猫を連れてきて、餌《えさ》をやったところ、鳴きながら招くように歩き出したので、ついていったのだそうだ。そうしたら、田んぼの土手で居眠《いねむ》りしている武を見つけたという。

武は、祖父の背中で見ていた夢を思い出す。白いふわふわした獣《けもの》の背中に乗っていた。目が覚めて、祖父の背中だったのがしばらく納得できなかったのをおぼえている。

あのときの白い狐だ、そう思った。祖父は猫だと言ったけれど、きっと猫に化けるくらい簡単だ。だって白い狐は、人間の女にも化けられるのだから。

もしかしたら祖父の猫は、お稲荷さんにお願いして、武を守ってくれたのだろうか。本気でそんなことを考えている。そうしてまた現れた白い狐は、武に何を促《うなが》そうとしているのだろう。

目の前にいる白い獣は、動けないまま身を隠している武たちをまっすぐに見据《みす》え、威圧している。やがて視線を外したかと思うと、悠々《ゆうゆう》と油揚げをくわえ、茂みの奥へ入っていった。

いつの間にか、あたりはかなり暗くなってきている。姿は全く見えないけれど、まだそこにヤツがいるのではないかと、じっと目をこらしていると、何かが動く。ニャーと鳴く。

「……。ゴン！　ゴンだろ？」

武の声に反応したか、ゴンが茂みからそろりと出てくる。持ってきていた猫のおやつを急いで差し出すと、すっかり警戒心を解いて駆け寄ってきた。

「ゴン！　ごめんな……。寂しかっただろ？　腹減ってるよな？」

撫《な》でる武の手に顔を擦《す》りつけるゴンは、間違いなく武を信頼している。おやつを食べてしまうと、武のかたわらに座り、毛繕《けづくろ》いをはじめる。

「よかったな、ゴン」

拓也もゴンをそっと撫でると、目を細めて喜んでいる。そのとき武は、ひとつだけ理解していた。⑩自分はゴンを守りたいのだ。

お稲荷さんに願ったからとか、昔の自分を取り戻したいとか、ゴンには関係がない。一度は拾ってゴンの運命に手を貸したのだから、そしてゴンが武を安心できる相手だと思っているのだから、自分にはゴンを不幸にしないという責任があるだけだ。

（谷瑞恵《たにみずえ》「猫を配る」より）

だったのか。

「そいつは、病気の猫を飼ったこと、きっと後悔なんかしてないって。最後まで飼ったんだから、その猫のことが本当に好きになったんだ」

気休めかもしれない。拓也の友達の本当の気持ちなんて、知りようがないのだから。それでも武は言いたかったし、拓也は、ほっとしたように顔を上げた。

「そうかな……。だったらいいんだけど。杉原くんは、どうして猫を飼いたいと思ったの？」

不思議と今は、自分のことを隠そうとは思わなかった。こいつになら言ってもいいかと、くだけた気持ちで口を開く。

「じいちゃんが生きてたころ、猫を飼ってたんだ。おれが生まれる前からいる猫だったから、兄貴風吹かしてるようなところがあって、蟬《せみ》やバッタの捕《と》り方を教えようとしたり、友達と取っ組み合ってると割り込んできたり。あのころは、悩みなんかなくて、おれは、卑屈《ひくつ》になることもなかった」

猫がいたからって、武の周囲が変わるわけじゃない。でも、怪我をしたゴンが現れて、助けなければと必死になったとき、⑧空洞《くうどう》だった胸の奥が、あたたかくふわふわしたもので満たされるようだった。まるくなったゴンを抱《だ》いたときの、おだやかで愛《いと》おしい感覚に、武自身も包まれた。大事にしなければならないものを得て、背筋が伸びるとき、家族も友達も、ふだんの日々も好きでいられる、そんな自分に戻《もど》れそうな気がしたのだ。

「今は卑屈なのか？」

直球で訊いてくる。

「威張《いば》っているくせに、てか？」

武がにらむと、拓也はかわすように笑う。でも、⑨拓也は不思議と、武のことを怖がらない。

「おれのこと、怖がるやつを見ると、もっと怖がらせてやりたくなる。今のおれはいやなやつだ」

情けない武を知ったら、弱みを見せたら、なめられる気がする。でもそれは、自分には何もないからだ。勉強にしろスポーツにしろ、人より優れたところが何もない。自分勝手で人に頼られもしない、ただの嫌われ者だ。

だからって、人のことも認められない。

「べつに怖くないのにな」

拓也は本気で不思議そうに首をかしげた。

「吉住が変わってるんだ」

「たぶん、杉原くんが猫をさがしてたから、親近感が持てたっていうか」

なんで猫なんだろう。猫がいたら、何かが変わるみたいに信じているのはどうしてだろう。武は、はにかむ拓也に微笑《ほほえ》もうと努力する。うまくいったかどうかわからないけれど、お互いの間に伝わるものはあったと思える。それからふたりで、じっと、風の音や周囲の気配に耳を澄《す》ませる。

しばらくして、拓也は急にこちらに身を乗り出した。

「杉原くん、あれ……」

声をひそめ、石垣のほうを凝視《ぎょうし》する。武も注意深く息を殺す。何かが油揚げのところにいる。でも、ゴンじゃない。

「白い、猫……？」

う？」

　飼えないならゴンがかわいそうだと意見したくせに、拓也はそんなことを言う。わりと生意気なのに、武は不思議と、拓也にはむかつかない。

「お稲荷さんに願ったんだから、本気で飼いたかったんだよね」

「願ってみたからって、本当に猫が来るなんて思ってなかったし、だいたい、ゴンはたまたま庭に入ってきただけじゃないか。お稲荷さんがゴンに、うちへ行けって言ったのか？　そんなわけないだろ」

　信じていないのに、そんな言い伝えがあることを知っていて、猫がほしいと願ってみた自分は、何を望んでいたのだろう。今も、矛盾《むじゅん》した言葉ばかりが口をついて出る。

「本当に来るよ。願ったら、猫が来るんだ。おれ、それでひいおばあちゃんに叱《しか》られたことがあるもん」

　拓也はため息をついた。あまり思い出したくないことみたいだったが、思い切ったように語り出した。

「ここへ引っ越してくる前は、家族でこの家へ来るのはお正月くらいだったかな。親戚《しんせき》も集まって、いとこたちとテレビ見てたらかわいい子猫が映ってて、それでおれ、何気なく言ったんだ。友達のシンくんが猫をほしがってたなあって。そしたらひいおばあちゃんが、そんなこと言うと本当に猫が来るのに、シンくんが飼えなかったらどうするんだって」

「誰かが猫をほしがってたって言っただけで、願ったことになるのか？　神社で願い事をするのとは違うじゃないか」

「そうだけど、ひいおばあちゃんは、お稲荷さんに聞こえるからって言うんだ」

「で、本当に来たってのか？」

「うん、痩《や》せ細った子猫がシンくんの家に。それでその子を飼うことになって」

「飼ったのならいいじゃん」

「だけど、その子は持病があったらしくて、長生きできなかったんだ」

　たとえ長生きしても、猫の寿命《じゅみょう》は短い。祖父が飼っていた猫を思い浮かべ、胸が痛んだけれど、武は素《そ》っ気なく言う。

「ふうん」

「おれずっと、シンくんに悪いことをしたような気がしてて。おれが余計なことを言わなきゃ、元気な猫をもらったり買ったりできたかもしれないじゃん。ちょうどおれが転校する前に、猫が死んじゃって、なんか、電話もできなくて。親友なのに、それっきりなんだ」

　飄々として、悩《なや》みのなさそうな拓也だけれど、転校してきてまだ二月《ふたつき》ほどだ。それなりにクラスに溶《と》け込んでいるようでいても、心細いのだろう。前の学校にいた親友にも、簡単に相談できない。だから、武なんかの猫さがしに首を突っ込んでいる。

　⑦その心細さは、武にもわかるような気がした。小学校のころ仲のよかった友達は、杉原議員の子とつきあうなと言われて、離れていった。いや、父が原因だとは限らない。武自身、自分を持ち上げてくれて、わがままを言える相手を取り巻きにするようになったからだ。いつからか、自分が中心にいないと苛立《いらだ》つようになった。周囲の大人が、父を持ち上げ、武のこともちやほやするからだ。勘違《かんちが》いでも寂しいから、うわべだけのちやほやから抜け出せなくて、どんどん孤独《こどく》になっていく。

　ほしかったのは猫なのか、それとも、寂しさを紛《まぎ》らせてくれる何か見たのはお昼ごろだったらしい。同じ時間に同じ場所に来る可能性はある。

「だけど、見つかっても飼えるの？　お父さんが許してくれないなら、また捨てられるかもしれないよ？」

「今度はうまくやるさ」

「学校へ行ってるあいだ、ゴンはひとりぼっちだろう？　じっとしてるわけじゃないし、鳴き声や物音がしたら、きっと気づかれるよ」

「おれは、親父の言いなりなんていやなんだ。したいようにする」

「杉原くんの意地で、ゴンがまたひどい目にあったりしたらかわいそうだよ」

「意地だと？」

「それに、ゴンがこれまであの人に飼われてたなら、本当は家へ帰りたいと思ってるんじゃないかな」

　そんなわけはない。ゴンは武の猫だ。誰がなんと言おうとそうなのだ。

「おまえも、おれの味方じゃないんだな」

　言い捨てると、ひとりで神社の石段を駆《か》け下りた。

⑥急に寂《さび》しくなった。意見が違えば、強く言い返して相手を黙らせるだけ。ビビらせて、同意させるのなんて簡単なのに、拓也みたいなチビを相手に、いつものようにできないまま、武は逃げ出している。

　そもそも拓也は勝手に猫さがしに加わってきただけで、武が頼んだわけでもない。味方でもなく、友達ですらない。情けないことを言ってしまった自分が恥ずかしくて、ひたすら全力で自転車をこぐ。

　猫の気持ちなんてわかるわけがない。訊《き》いたって答えないんだから。

　赤信号に気づき、あわててブレーキをかける。止まった自転車の上でなんとなく首を巡《めぐ》らせると、川の向こうにある小山の中ほどに、武たちがさっきまでいたお稲荷さんの赤い鳥居が小さく見えている。

　お稲荷さんは猫の元《もと》締《じ》め。猫を人のところへ連れてくることができるのなら、猫の考えていることがわかるのだろうか。猫だって、お稲荷さんに頼まれたとしても、行きたくないところには行かないだろう。だったらゴンは、武のところに来たかったはずだ。

　怪我をした猫が、たまたま武の目の前に現れたのではない。猫がほしいと武が願ったから、お稲荷さんはゴンを選び、連れてきてくれたのだ。

　その後、拓也とは口をきかない日々が続いていたが、ひょんなことから武は拓也の家を訪れることになった。拓也の家には彼のひいおばあちゃんも一緒に住んでいて、最近、裏庭にやってくる狐に油揚《あぶらあ》げをやっているという。ひいおばあちゃんの言うその狐がゴンかもしれないと考えた武と拓也は、正体を確かめようと、裏庭へ向かった。

　母屋《おもや》と離《はな》れのあいだを抜けたところは、雑木林みたいな場所だ。踏《ふ》み分けた道沿いに、狭《せま》い畑や花壇《かだん》があり、突《つ》き当たりの石垣《いしがき》に、白い皿が置いてあった。

「猫、いないな」

「ひいおばあちゃんじゃないから、警戒《けいかい》してるのかも」

　油揚げを袋から出し、皿に置く。少し離れて様子を見ることになり、ふたりで茂《しげ》みに身をかがめる。

「杉原くん、本当はゴンのこと、そう簡単にあきらめられないんだろる。

色白で、腰まである長い髪の女性は、拓也がつくったチラシを手にしていた。

「はい、そうです」

拓也が答えると、②女の人は細い眉《まゆ》をきゅっとあげた。

「この子はうちのマフィンよ。見つけたら返して。でないと、あなたたち、泥棒《どろぼう》になるわよ」

「マフィン……？　本当ですか？」

「そうよ。まるくなって寝てるとマフィンそっくりなんだから」

ああ、とふたりして頷《うなず》いてしまう。茶色くてまんまるでふわふわで、おいしそうなお菓子みたいだと、ゴンを見ていて思ったことがある。

「でも、怪我《けが》してて、野良猫みたいに汚れてたし、だからおれが拾ったんだ」

「拾ったのね。だったらやっぱりマフィンよ。わたし、ずっとさがしてたのに、こんなに遠くまで来てたなんて」

「違う、おれの猫だ、ゴンだよ！」

武は精いっぱい凄《すご》んだが、彼女は涼しい顔で腕組《うでぐ》みしていた。

「わたしのよ」

武のほうが背が高いのに、ひょろりとした女はひるまない。それに、妙《みょう》な威圧《いあつ》感がある。切れ長の目はほんの少しつり上がっていて、目が合うだけでなんだか不安な気持ちになる。

「ガキだと思ってなめんなよ！」

「ちょっと待ってよ、杉原くん。どっちみち、まだ見つかってないし、言い争っててもしょうがないよ」

拓也の言うとおり、猫はまだ見つかっていない。ゴンとマフィンは、もしかしたら別の猫かもしれないのだ。

「わたしが先に見つけるから、こんな貼り紙したって無駄《むだ》よ」

彼女は③挑発的な笑みを浮かべると、鳥居をくぐって行ってしまった。

「何だよ、あの女」

いきなり人を泥棒扱いだなんて、武はひたすら不愉快だ。なのに、拓也は［Ａ］が立たないのだろうか。妙な感想を［Ｂ］にする。

「日本人形みたいな人だったな」

「日本人形って？」

「うちにあるよ。ひいおばあちゃんが戸棚《とだな》の上に飾ってる。着物を着た人形」

そもそも人形の種類なんてわからないし、武の家にはそんなものはない。

「ふうん、とにかく、あいつより先にゴンを見つけないと。マフィンだって？　そんな気取った名前、似合わねえよ。ゴンはおれが、怪我の手当てをして、弱ってたけど元気になったんだ。おれ以外の家族が部屋へ入ってきたら隠《かく》れて、おれの足音を聞き分けてベッドの下から出てくる。もしあの女が飼ってたっていうなら、いやになって逃げ出したんだよ」

④一気に言ったのは、自分に言い聞かせるためだったかもしれない。

⑤拓也は、頷くでもなく黙《だま》って聞いていた。

「なあ、明日は土曜日だし、近所の人が見たっていう時間にもう一度来てみようぜ」

【国　語】（五〇分）〈満点：一〇〇点〉

【注意】　解答するときには、句読点や記号も一字と数えます。

一　次の文章を読んで、後の問いに答えなさい。（作問の都合上、本文の一部を変更してあります。）

中学一年生の杉原武《すぎはらたける》は体格がよく、ケンカも負けたことがない。学校内で問題児扱いされており、上級生もクラスメイトも武と関わり合いになることを避《さ》けている。ある日、武は、狐《きつね》によく似た見た目の猫《ねこ》を拾って「ゴン」と名付けかわいがっていたが、猫を飼うことを許さない父親によってゴンはどこかへ捨てられてしまった。ゴンを探していた武は、転校してきたクラスメイトの吉住拓也《よしずみたくや》と会った。実は、拓也もかつて武が探しているのと同じ猫を拾ったことがあったのだ。武のことを恐れる様子を見せない拓也に戸惑《とまど》いつつも、武は拓也と協力して近所に貼《は》り紙をし、ゴンを探すことにした。

電話でもメールでもなく、人づてに情報がもたらされたのは三日後だった。拓也の家にもチラシは貼ってあったのだが、それを見た近所の人が、拓也のひいおばあちゃんに話したことによると、昼休みに畑で弁当を食べていたところ、稲荷《いなり》神社の石段を狐が上がっていったということだ。

「見たっていうのは狐だろ？」

放課後に、武は拓也と稲荷神社で待ち合わせたが、狐がずっとそこにいるわけではない。境内《けいだい》をくまなく調べたが、住み着いている野良《のら》猫を何匹か見かけたものの、ゴンのような毛色のものはいなかった。

「お稲荷さんで狐を見ても不思議じゃないけど、それがゴンだっていうのは無理がないか？」

「でもさ、狐ってそんなに見かけるもの？」

「おれは見たことないけど」

「だろ？　うちのひいおばあちゃんだって、前の東京オリンピックのときに見たきりだって」

武には、教科書に載《の》っているくらい昔というイメージしかない。

「そのときひいおばあちゃんは、狐が若い女の人に化けてるのを見たらしいよ」

信じているのかいないのか、拓也は飄々《ひょうひょう》と言う。

「どういうことだ？　若い女を見かけても、それが狐かどうかなんてわかんないだろ」

「辻《つじ》のお地蔵さんに供えてあった、いなり寿司《ずし》を食べてたんだって」

だからって、その女が化けた狐だと思うのは理解できないが、昔の人はそんなふうに考えるものなのだろうか。武には祖母はいるが、曾祖母《そうそぼ》となるとイメージがわかないため、すごく昔の人だとしか思えない。だから、①おとぎ話を聞いているくらいに受け止める。

「とにかく、狐が棲《す》んでるのは山で、めったに人里には現れないんだ。だったら近所の人が見たのは猫だよ。キツネ色で大きなとがった耳の猫、ゴンだって」

「だけど、いないじゃないか」

だよねえ、とため息をつきつつ、拓也は石段に座り込む。

「ねえ、あなたたち、この猫をさがしてるの？」

突然の声に、ふたりして驚いて振り返った。人けのない境内には、自分たちしかいないと思っていたのに、狛狐《こまぎつね》のそばに女の人が立ってい

2022年度

城北中学校入試問題（第２回）

【算　数】（50分）　＜満点：100点＞

【注意】　1．円周率が必要な場合には，3.14として計算しなさい。

　　　　　2．コンパス・定規・分度器を使ってはいけません。

1　次の $\square$ にあてはまる数を求めなさい。

⑴　$4\frac{1}{4}-0.3\times\frac{5}{12}+\left(2\frac{3}{5}-1.2\right)\div1\frac{3}{5}=\square$

⑵　$5\frac{1}{7}\times\left(\frac{1}{3}+\frac{1}{4}\right)-\left(\frac{1}{6}-\square\right)\div\frac{1}{4}=2\frac{2}{3}$

2　次の $\square$ にあてはまる数を求めなさい。

⑴　Ａ君だけで行うと24日，Ｂ君だけで行うと30日，Ｃ君だけで行うと40日で終わる仕事があります。

この仕事を，はじめはＡ君とＢ君の２人で $\square$ 日行い，その後Ｃ君が加わって３人で行ったところ，仕事を始めてから12日で終わりました。

⑵　AB＝ACの二等辺三角形ABCの紙を，下の図のようにADを折り目として折り返したところ，DE＝EFとなりました。

角アの大きさは $\square$ 度です。

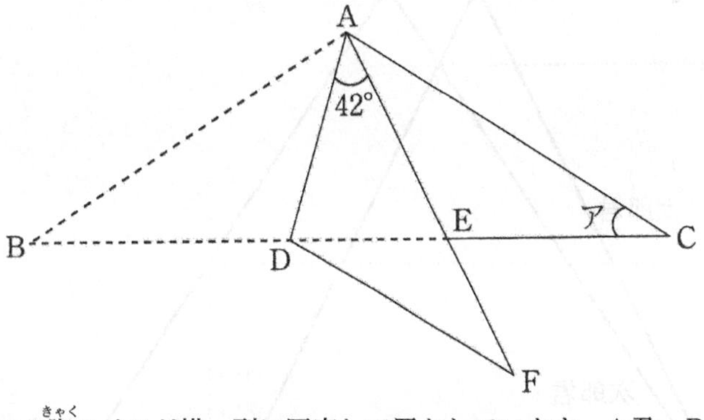

⑶　下の図のように６脚《きゃく》のイスが横一列に固定して置かれています。Ａ君，Ｂ君，Ｃ君の３人がたがいに１脚以上間隔《かく》をあけて座るとき，$\square$ 通りの座り方があります。

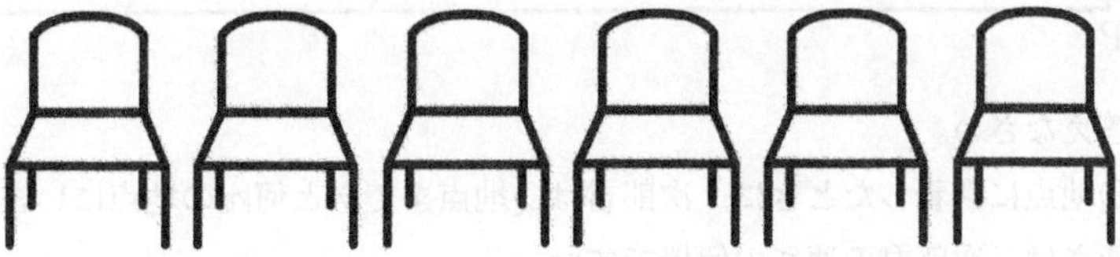

⑷　あるポスターを印刷する費用は，100枚までなら何枚印刷しても3000円かかり，100枚をこえた

分は１枚につき13円かかります。

ポスター１枚あたりの費用を20円より安くするためには ☐ 枚以上印刷する必要があります。

⑸　右の図は面積１cm^2の正六角形です。点Ｐは１辺を２等分する点，点Ｑ，Ｒは１辺を３等分する点です。斜線《しゃせん》部分の面積は ☐ cm^2です。

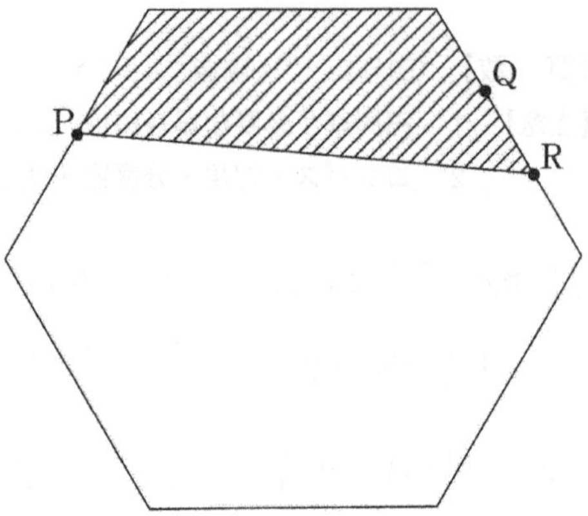

3　太郎君と次郎君が自転車に乗ってＰ地点とＱ地点の間を一定の速さで往復しました。太郎君と次郎君はＰを同時に出発し，太郎君がＱからＰにもどる間に，ＰからＱに向かう次郎君とＱから１㎞の地点で出会いました。

太郎君がＰに到着《とうちゃく》したときに，次郎君はＱからＰに向かっていて，Ｐまであと3.5㎞の地点にいました。

下の図は２人の位置と時間の関係を表したものです。

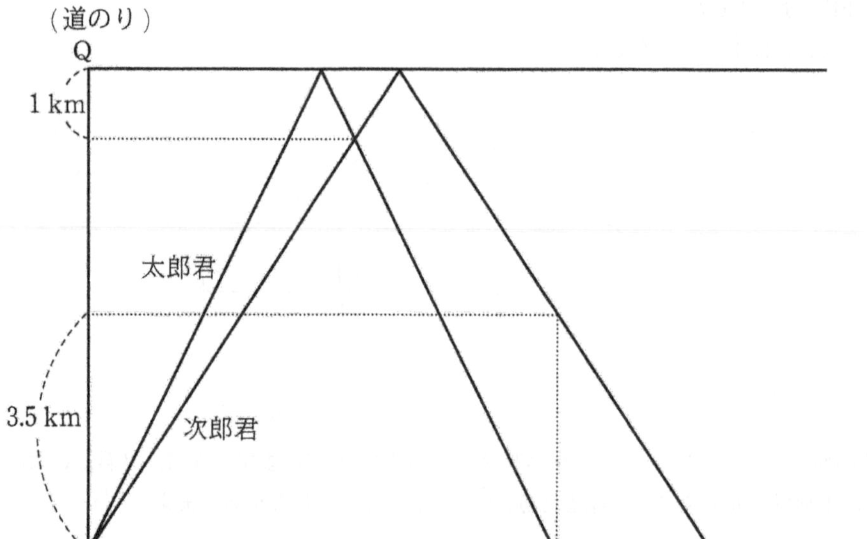

次の問いに答えなさい。

⑴　太郎君がＱ地点に到着したときに，次郎君はＱ地点まであと何㎞の地点にいますか。

⑵　太郎君の速さは，次郎君の速さの何倍ですか。

⑶　Ｐ地点からＱ地点までの距離《きょり》は何㎞ですか。

太郎君と次郎君がＰを出発したのと同時に，三郎君も次郎君と同じ速さでＰからＱに向かいました。

三郎君は太郎君と出会ったと同時に，それまでの速さの$\frac{5}{6}$倍でＰに引き返したところ，太郎君がＰに到着した15分後にＰに到着しました。

⑷　太郎君が次郎君，三郎君と出会ったのは３人がＰ地点を出発してから何分後ですか。

４　整数Ａを３で割ったときの余りを〈Ａ〉と表すことにします。ただし，Ａが３で割り切れる数のときは〈Ａ〉＝０ と表します。

例えば，

〈１〉＝１，〈５〉＝２，〈15〉＝０

となります。

次の問いに答えなさい。

⑴　次の □ にあてはまる数を求めなさい。

〈１〉＋〈２〉＋〈３〉＋……＋〈15〉＝ ①

〈１＋２＋３＋……＋15〉＝ ②

⑵　〈１＋２＋３＋……＋Ａ〉＝１ となる２桁《けた》の整数Ａは全部で何個ありますか。

⑶　〈１〉＋〈２〉＋〈３〉＋……＋〈Ｂ〉＝Ｂとなる２桁の整数Ｂは全部で何個ありますか。

５　図１のように，１辺が１㎝の立方体を64個積み重ねて，１辺が４㎝の立方体ABCD－EFGHをつくりました。この立方体において，１辺が１㎝の立方体の頂点，またはその頂点が２つ以上重なった点を「重点」とよぶことにします。立方体ABCD－EFGHの面上および内部には，全部で125個の重点があります。

図１

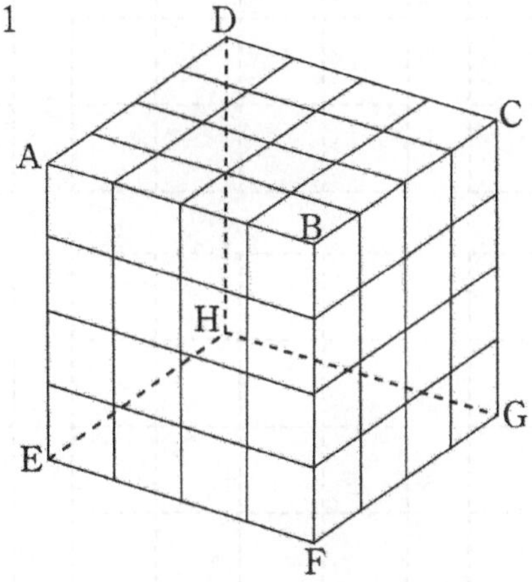

いま，図２のように４点Ｂ，Ｄ，Ｅ，Ｇを頂点とする三角すいを立体アとします。立体アを，重点Ｐを通り面ABCDに平行な面で切断したとき，その断面の図形は図３の太線で囲まれた長方形になります。　　　　　　　　　　（図２，図３は次のページにあります。）

ただし，図３の点線は，１辺が１㎝の立方体の辺を表しています。

図２

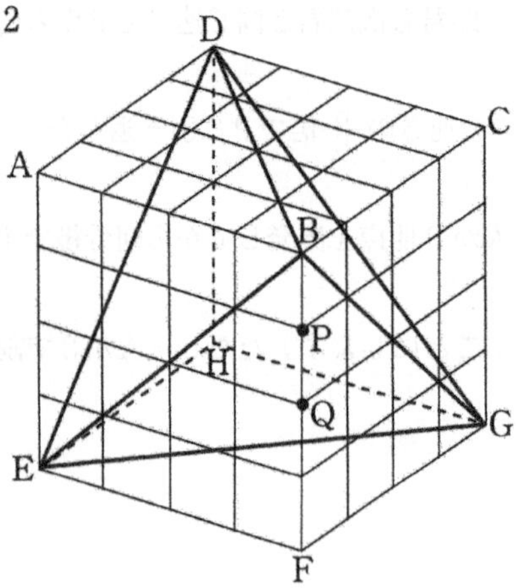

図３

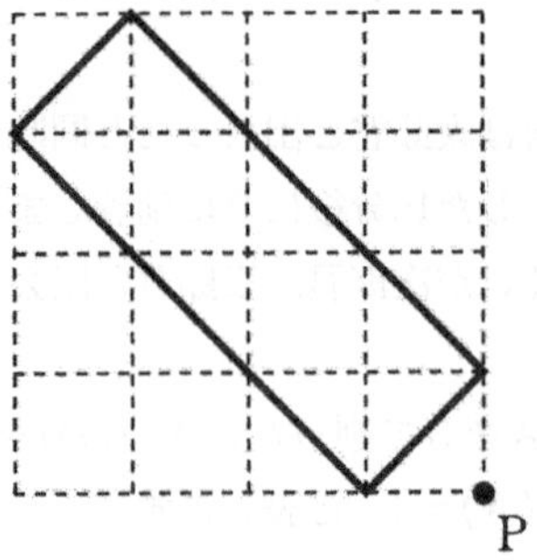

次の問いに答えなさい。

⑴　立体アの面上および内部にある重点の個数を，次のように数えました。①～③にあてはまる数を求めなさい。

重点の個数のうち，面ABCD上にあるのは５個，重点Ｐを通り面ABCDに平行な面上にあるのは①個，重点Ｑを通り面ABCDに平行な面上にあるのは②個です。

このように数えていくと，立体アの面上および内部にある重点は，全部で③個あります。

⑵　４点Ａ，Ｃ，Ｆ，Ｈを頂点とする三角すいを立体イとします。立体アと立体イが重なっている部分の立体について，この立体の面上および内部に重点は全部で何個ありますか。

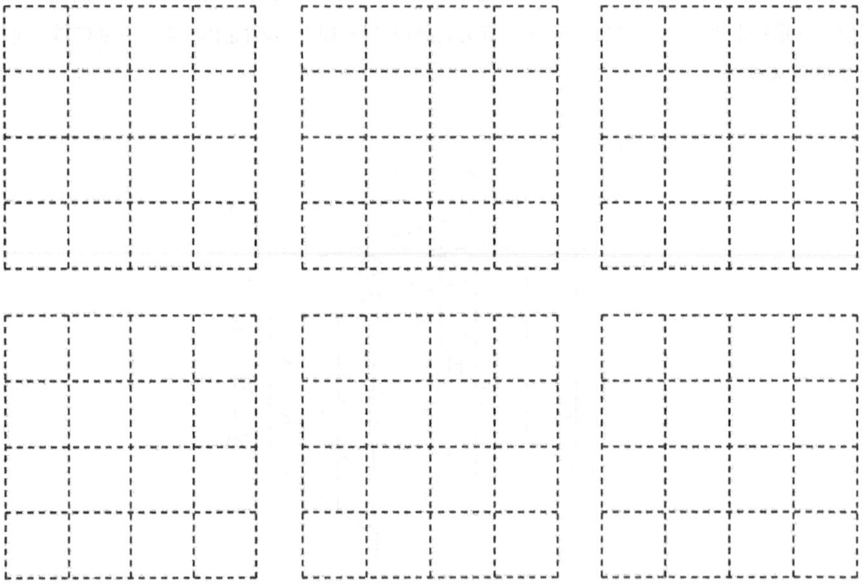

【理　科】（40分）　＜満点：70点＞

1　図１のような，厚さがうすい長方形ABCDの物体があります。

この物体は，AB＝10㎝，BC＝２㎝で，重さが200ｇです。図２のように，この物体でAE＝DF＝８㎝の位置にひもをつけて物体をつり下げると，ABが水平になりました。つぎの問いに答えなさい。

図１

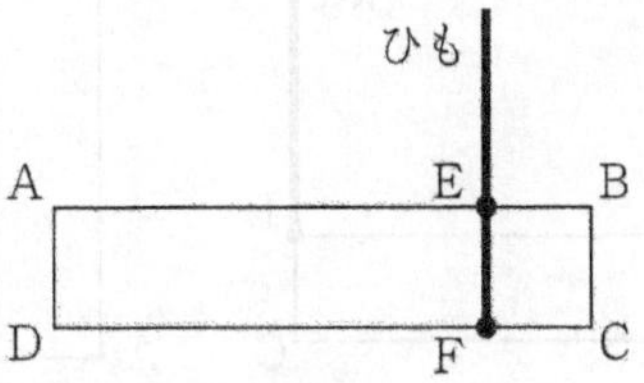

図２

問１　図２のようすから，考えられるこの物体の重心はどこですか。つぎのア～クからすべて選び，記号で答えなさい。

ア．点A　　イ．点E　　ウ．点B　　エ．点C

オ．点F　　カ．点D　　キ．この長方形の中心

ク．点Eと点F以外の直線ＥＦ上の点

問２　図３のように，点Aと点Ｂにばねはかりをつけたところ，ABが水平になりました。点Aにつけたばねはかりは何ｇを示しますか。

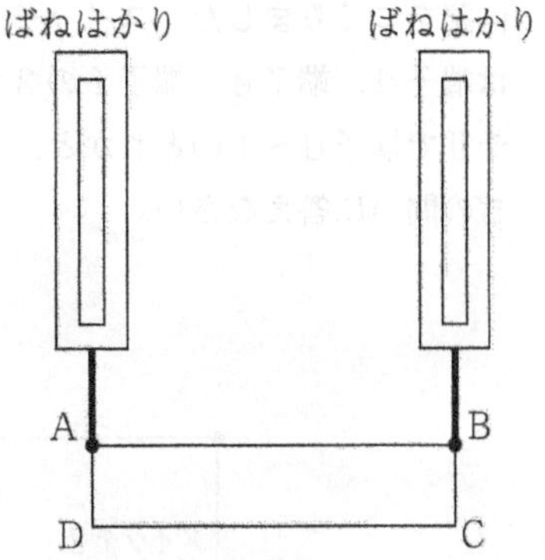

図３

問３　図４のように，BCの中点にひもをつけて物体をつり下げたところ，BCが水平になりました。この物体の重心の位置はどこですか。解答らんの長方形ABCDの中に●印でかきなさい。解答らんの長方形ABCDには，縦方向に４等分，横方向に５等分してある破線（-----）が記入されています。

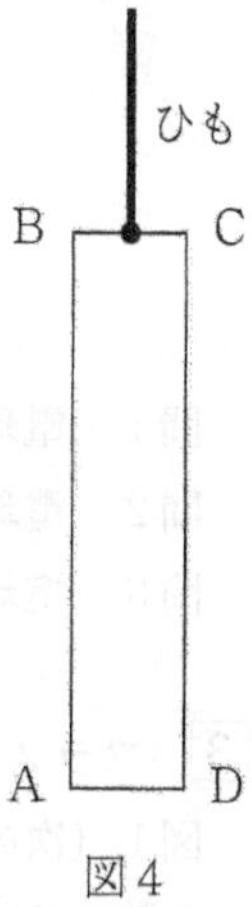

図４

問４　点Ｂにひもをつけて物体をつり下げました。このときのようすを，つぎのページのア～エか

ら１つ選び，記号で答えなさい。

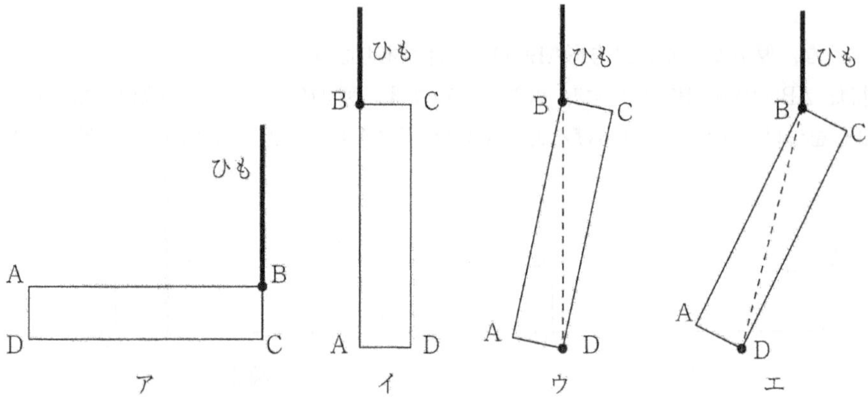

問５　問４で，ひもをばねはかりにかえました。このとき，ばねはかりは何ｇを示しますか。つぎのア～ウから１つ選び，記号で答えなさい。

ア．200ｇより小さい値　　イ．200ｇ　　ウ．200ｇより大きい値

2　図のように，同じ種類の４個の電球，同じ種類の４個の電池，スイッチⅠ，スイッチⅡを用いて回路をつくりました。スイッチⅠには端子《たんし》ａ，端子ｂ，端子ｃの３つの端子があり，スイッチⅡには端子ｄ，端子ｅ，端子ｆの３つの端子があります。スイッチⅠで端子ａ～ｃのどれかと，スイッチⅡで端子ｄ～ｆのどれかと，それぞれ同時につなぎます。電球Ａと電球Ｂの光り方について，つぎの問いに答えなさい。

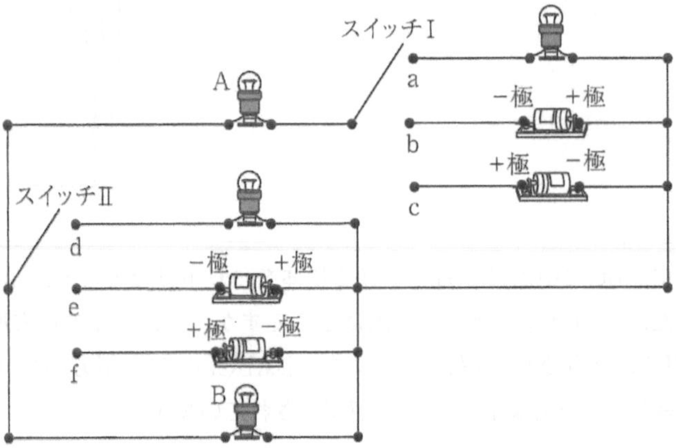

問１　電球Ａと電球Ｂがともに消えるスイッチのつなぎ方は何通りありますか。

問２　電球Ａと電球Ｂがともに光るスイッチのつなぎ方は何通りありますか。

問３　電球Ａの方が電球Ｂより明るくなるつなぎ方は何通りありますか。

3　フラスコに３分の１ほどの水を入れ，ガスバーナーで加熱したところ，水は100℃で沸《ふっ》とうし，図１（次のページ）のように，フラスコにつけたガラス管からは湯気が出てきました。湯気はとても熱いですが，これにマッチの火を近づけても火は消えてしまいました。この結果は何回やり直しても同じでした。

つぎに水が沸とうし続けているフラスコに，図２のようにゴム管を通してガラス管をつなぎ，しばらくしてからガラス管の先をビーカーの水の中に入れました。この実験操作中にガラス管に触れると，ガラス管はとても熱かったです。

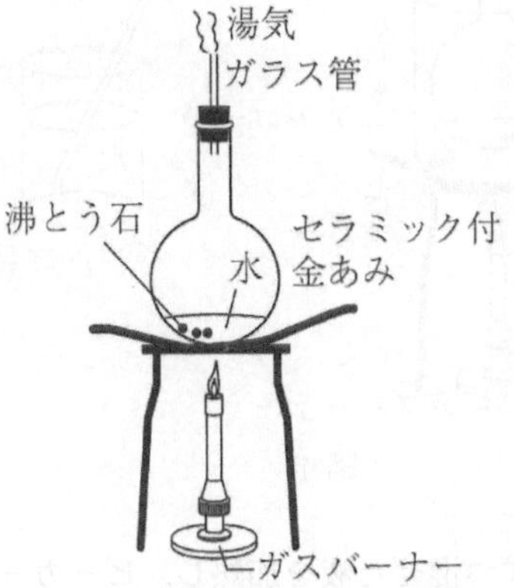

図１

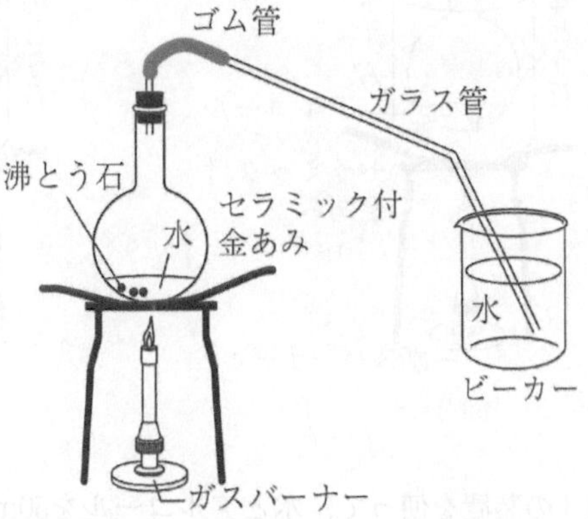

図２

問１　図２のガラス管の中を通過するものは何ですか。

問２　このとき，ビーカーの中ではどのようなことが起きていますか。その説明として正しいものを，つぎのア～オから１つ選び，記号で答えなさい。

ア．フラスコの中が沸とうしているので，ガラス管から空気のあわがたくさん出てくる。

イ．ビーカーの水の中に水蒸気《すいじょうき》のあわがたくさん出てくる。

ウ．水が沸とうして生じるあわは水蒸気で，ビーカーの水にふれると水蒸気は冷やされて水になるので，あわは出てこない。

エ．ガラス管をつないでもフラスコの中とは離《はな》れているので，このビーカーには何の変化も起こらない。

オ．フラスコの中は水が沸とうしていて空気がほとんどないので，ガラス管を通してビーカーの水が逆流してフラスコの中に入る。

問３　別のフラスコに３分の１ほどのアルコールを入れ，このフラスコを図３のようにして湯の中に入れ温めると，アルコールは約80℃で沸とうしました。約80℃でアルコールが沸とうしているフラスコにガラス管をつないで，図４のようにガラス管の先を水の入ったビーカーＢに入れました。このとき，ビーカーＢの中ではどのようなことが起きていますか。その説明として正しいものを，つぎのア～オから１つ選び，記号で答えなさい。

(図３，図４は次のページにあります。)

ア．ガラス管から空気のあわがたくさん出てくる。

イ．フラスコの中の温度が80℃なので，空気のあわはほとんど出てこない。

ウ．水蒸気がビーカーＢの水で冷やされるので，あわは出てこない。

エ．ビーカーＢの水が逆流して，フラスコの中に入る。

オ．ビーカーＢの水にアルコールが少しずつ溶けていく。

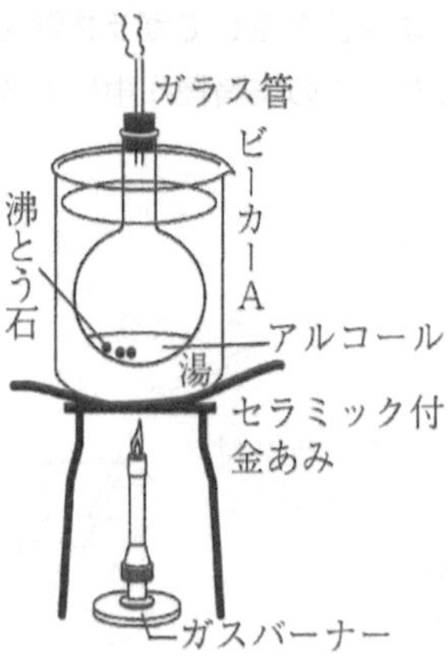

図３

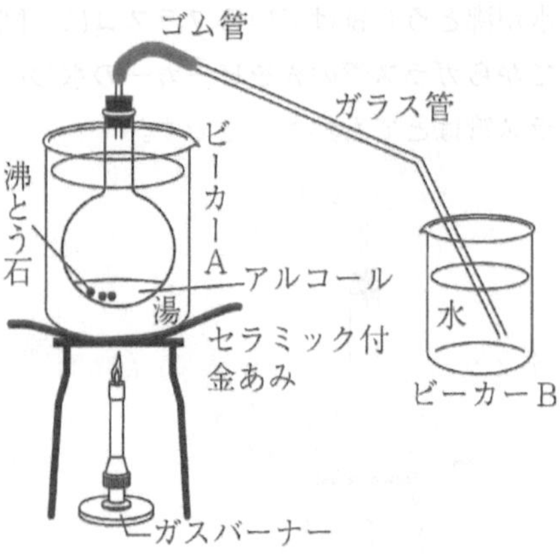

図４

問４　図４の装置を使って，水とアルコールを50mLずつ混ぜた液を加熱し，ビーカーAの湯の温度を80℃に保ちました。このとき，ガラス管を通過する物質は何ですか。つぎのア～クより１つ選び，記号で答えなさい。

ア．空気のみ
イ．空気と水蒸気が混ざったもの
ウ．水蒸気のみ
エ．水蒸気とアルコールの蒸気が同じ量ずつ混ざったもの
オ．水蒸気とアルコールの蒸気が混ざっているが，アルコールの蒸気の方が多いもの
カ．水蒸気とアルコールの蒸気が混ざっているが，水蒸気の方が多いもの
キ．アルコールの蒸気のみ
ク．空気とアルコールの蒸気が混ざったもの

4　100mLどうしを混ぜ合わせると，ちょうど中和する塩酸Aと水酸化ナトリウム水溶《すいよう》液《えき》Bがあります。塩酸Aと水酸化ナトリウム水溶液Bを混ぜた後の水溶液には塩化ナトリウムが生じます。

　塩酸Aと水酸化ナトリウム水溶液Bの２つの水溶液の合計量が100mLになるように，いろいろと量を変え，２つの水溶液を混ぜてみました。塩酸Aの量を０mLから50mLまで変えたときに生じる塩化ナトリウムの量を調べたところ，図１のグラフのようになりました。

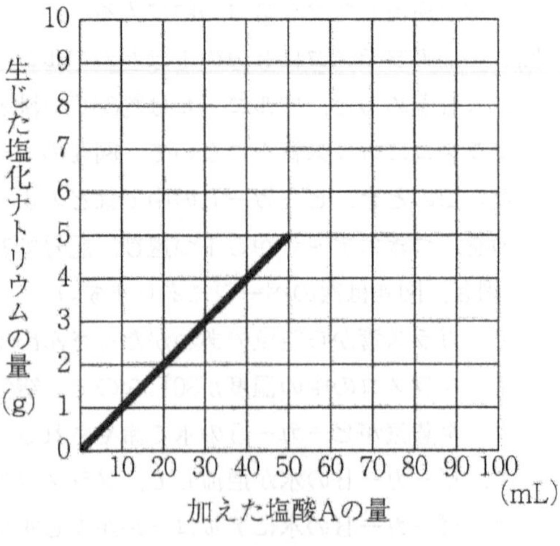

図１

問１　上と同じ塩酸Aを40mＬ用意して，塩化ナトリウムを3.5ｇつくりたいと思います。加える水酸化ナトリウム水溶液Bの量は何mLにすればよいですか。

問２　塩酸Ａの量を50mLから100mLまで増やし，塩酸Ａと水酸化ナトリウム水溶液Ｂの２つの水溶液の合計量が100mLになるようにして，２つの水溶液を混ぜました。このとき塩酸Ａの量と，生じる塩化ナトリウムの量はどのような関係になりますか。予想される結果を解答用紙のグラフにかきなさい。ただし，グラフをかくときには定規《じょうぎ》を使いなさい。

水酸化ナトリウム水溶液Ｂの濃度を半分にうすめて，水酸化ナトリウム水溶液Ｃをつくりました。塩酸Ａと水酸化ナトリウム水溶液Ｃの合計量が100mLになるようにして２つの水溶液を混ぜました。

問３　塩酸Ａの量を，つぎのア～オのように変え，水酸化ナトリウム水溶液Ｃを加えました。この混合溶液にBTB溶液を加えると溶液が黄色になるものを，ア～オからすべて選び記号で答えなさい。

ア．10mL　　イ．20mL　　ウ．30mL　　エ．40mL　　オ．50mL

問４　塩酸Ａと水酸化ナトリウム水溶液Ｃを，２つの水溶液の合計が100mLになるように混ぜたとき，生じる塩化ナトリウムの量はどうなりますか。予想される結果を解答用紙のグラフにかきなさい。ただし，グラフをかくときには定規を使いなさい。

5　私たちの生活に身近な植物はたくさんあります。キク科の植物を例にとってみましょう。食用ではゴボウやシュンギク，フキノトウなどがあります。この冬の時期であれば，日当たりのいい場所には(A)葉を広げたタンポポが見つかるでしょう。キク科の植物は私たちの習慣・文化にも深く根付いています。たとえば，キクは邪気《じゃき》をはらうとされ，枯《か》れにくく，１年を通して手に入れることができることから，お正月かざりに使ったり，お彼岸《ひがん》のときの仏花《ぶっか》としても使われます。キクを１年を通して手に入れるためには，(B)電照菊《でんしょうぎく》の技術がとても重要です。キクは露地栽培《ろじさいばい》では秋頃《ごろ》に開花してしまいます。しかし，栽培している場所を電球で明るくすることで，開花の時期を遅《おく》らせることができます。これによって開花時期ではないにもかかわらず，需要《じゅよう》の多い12月から３月頃にもきれいな花を出荷することができるのです。

問１　下線部(A)のタンポポについて答えなさい。

(1)　冬の時期のタンポポのように葉を広げた状態を何というか答えなさい。

(2)　タンポポの花は，右の図のような小さな花の集合体です。このタンポポの花弁はいくつかの花弁がくっついています。このような形の花を何というか答えなさい。

問２　下線部(B)について，あるキクがつぼみをつくる条件は，連続した暗い時間が10時間30分以上になることです。このキクについて，つぎの問いに答えなさい。

(1)　このキクを，24時間ごとに明るくする時間と暗くする時間とを，つぎのページのア～オのように調節して育てました。このキクでつぼみがつくられるのは，ア～オのどれですか。すべて選び，記号で答えなさい。

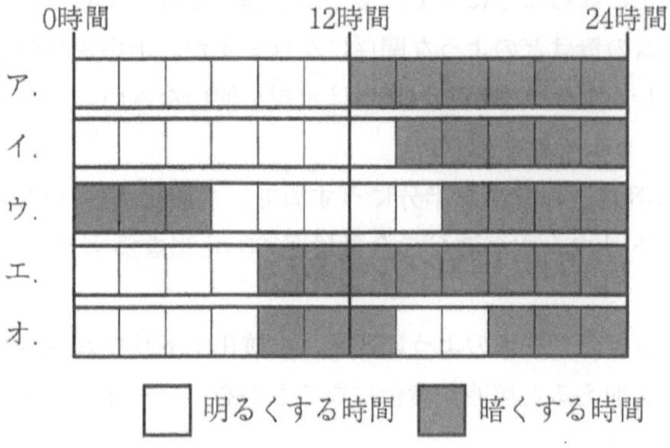

⑵　下のグラフは，このキクを育てている，ある地域の日付と昼の長さを表したものです。このグラフと⑴をもとに，以下の文章の［①］～［③］にあてはまる適切な数字を整数で答えなさい。ただし，適した温度で育てているものとし，日照時間だけが開花に影響を与えるものとします。

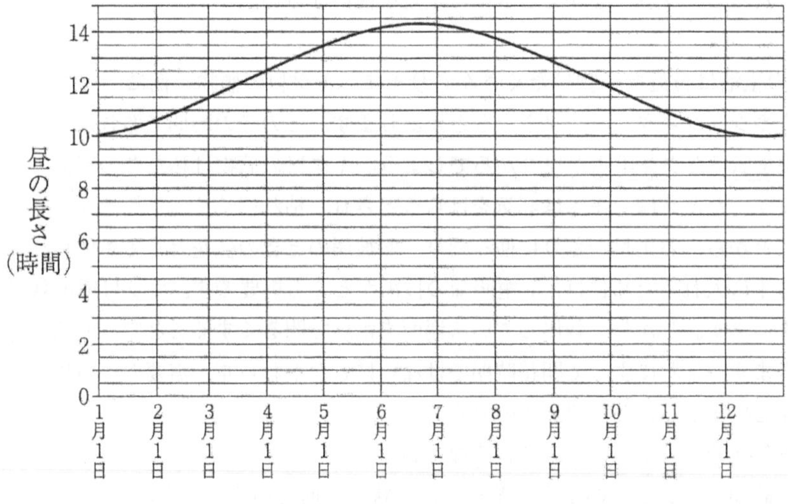

たとえば，このキクを6月から栽培した場合，つぼみがつくられる条件を満たすのは［　①　］月のなかばです。この条件を満たしてから約［　②　］か月で開花するため，この場合10月のなかばに開花します。キクの需要が高い3月なかばに開花させるためには，11月のなかばに栽培を開始し，栽培開始時から［　③　］月のなかばまで夜間に電球で明るくすることで，つぼみがつくられる条件を満たすことを遅らせ，3月なかばに開花するように調整します。

6　図1（次のページ）のように，ある山をこえて，A地点→B地点→C地点→D地点→E地点にそって風が吹《ふ》いています。途中《とちゅう》のB地点からC地点（山頂）をこえて，D地点までは雲がかかっています。空気の中にこれ以上水蒸気《すいじょうき》をふくむことができない状態を飽和《ほうわ》といい，水蒸気が飽和していない空気では，100m標高が上がるごとに，気温は1℃下がります。また，水蒸気が飽和している空気では，100m標高が上がるごとに，気温は0.5℃下がります。つぎのページの問いに答えなさい。ただし，答えが割り切れないときは，小数第1位を四捨五入して，整数で答えなさい。

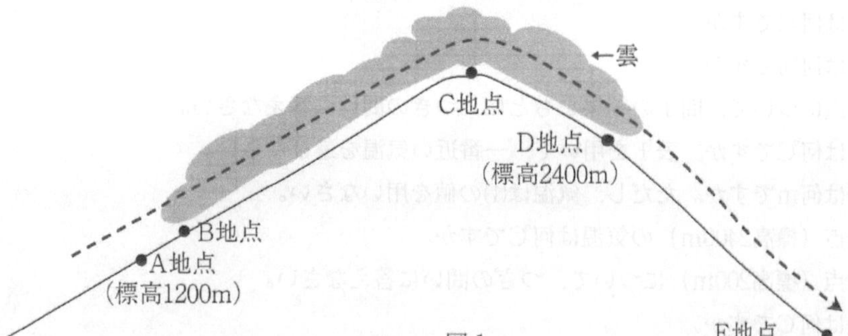

図１

なお，表１は気温ごとの飽和水蒸気量（空気１m³にふくむことができる水蒸気の量）を表したものです。また，空気中にふくまれる水蒸気量が，そのときの温度における飽和水蒸気量の何％にあたるか示したものを湿度《しつど》といいます。

表１

気温［℃］	7	8	9	10	11	12	13	14	15
飽和水蒸気量［g/m³］	7.8	8.3	8.8	9.4	10.0	10.7	11.4	12.2	13.0
気温［℃］	16	17	18	19	20	21	22	23	24
飽和水蒸気量［g/m³］	13.8	14.6	15.4	16.3	17.3	18.3	19.4	20.6	21.8
気温［℃］	25	26	27	28	29	30	31	32	33
飽和水蒸気量［g/m³］	23.1	24.4	25.8	27.2	28.8	30.4	32.1	33.8	35.6
気温［℃］	34	35	36	37	38	39	40	41	42
飽和水蒸気量［g/m³］	37.5	39.6	41.6	43.9	46.2	48.6	51.1	53.2	56.4

問１　A地点（標高1200m）で，乾湿計を利用して気温や湿度を計測した結果，図２のように表示されました。表２は乾湿計の湿度表を表しています。

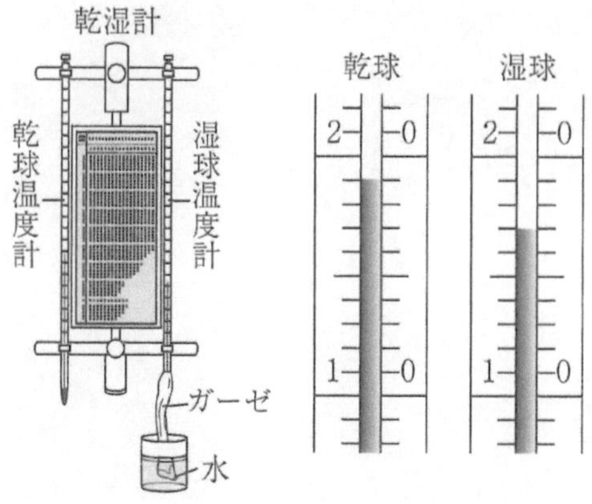

図２

表２　　湿度表（％）

乾球のよみ［℃］	乾球と湿球のよみの差［℃］								
	0	1	2	3	4	5	6	7	8
20	100	91	81	73	64	56	48	40	32
19	100	90	81	72	63	54	46	38	30
18	100	90	80	71	62	53	44	36	28
17	100	90	80	70	61	51	43	34	26
16	100	89	79	69	59	50	41	32	23
15	100	89	78	68	58	48	39	30	21
14	100	89	78	67	57	46	37	27	18
13	100	88	77	66	55	45	34	25	15
12	100	88	76	65	53	43	32	22	12
11	100	87	75	63	52	40	29	19	8
10	100	87	74	62	50	38	27	16	5
9	100	86	73	60	48	36	24	12	1
8	100	86	72	59	46	33	20	8	
7	100	85	71	57	43	30	17	4	
6	100	85	70	55	41	27	13		
5	100	84	68	53	38	24	4		

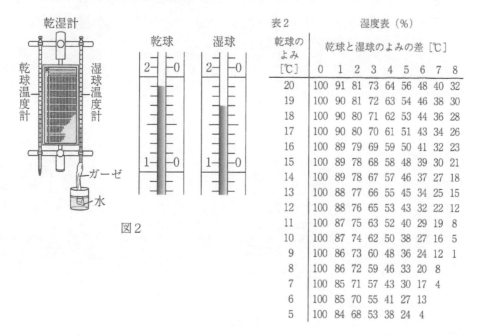

⑴　気温は何℃ですか。

⑵　湿度は何％ですか。

問２　Ｂ地点について，問１の結果をもとに，つぎの問いに答えなさい。

⑴　気温は何℃ですか。表１を用いて，一番近い気温を選びなさい。

⑵　標高は何ｍですか。ただし，気温は⑴の値を用いなさい。

問３　Ｄ地点（標高2400m）の気温は何℃ですか。

問４　Ｅ地点（標高200m）について，つぎの問いに答えなさい。

⑴　気温は何℃ですか。

⑵　湿度は何％ですか。

【社　会】（40分）　＜満点：70点＞

1－１　次の文章を読んで，下記の設問に答えなさい。

新型コロナウイルスの感染拡大を受けて，私たちの行動はこれまでと大きく変わりました。例えば，⑴マスクなどの衛生《えいせい》用品がたくさん売れました。また，多くの人々が自宅で過ごす時間が増えたため，自宅での調理の機会が増えて，⑵冷凍食品や⑶小麦粉，⑷乳製品の消費が伸びました。

外出の機会が減ったことは，⑸服の売れ行きの停滞や，⑹観光産業への打撃をもたらしました。また，ICT機器を活用することにより，本来の職場以外の場所で勤務する柔軟《じゅうなん》な働き方の（　あ　）という形態が急速に普及しました。

そして，⑺外国人労働者などの数が大きく減少したことから，⑻日本の人口にも影響が出ると考えられます。

問１　下線部⑴について，日本はマスクの多くを中国からの輸入に頼っています。中国について述べた文として**誤っているもの**を，次のア～エから一つ選び，記号で答えなさい。

ア．米の生産量が世界で最も多い国です。

イ．人口増加率はインドに劣りますが，人口が世界で最も多い国です。

ウ．輸出入額の合計でみると，日本にとって最大の貿易相手です。

エ．中国の国土面積は日本の国土面積の30倍以上です。

問２　下線部⑵について，下のグラフは冷凍食品にも利用される，ある作物の生産量を示しています。この統計が示す作物として正しいものを，次のア～エから一つ選び，記号で答えなさい。

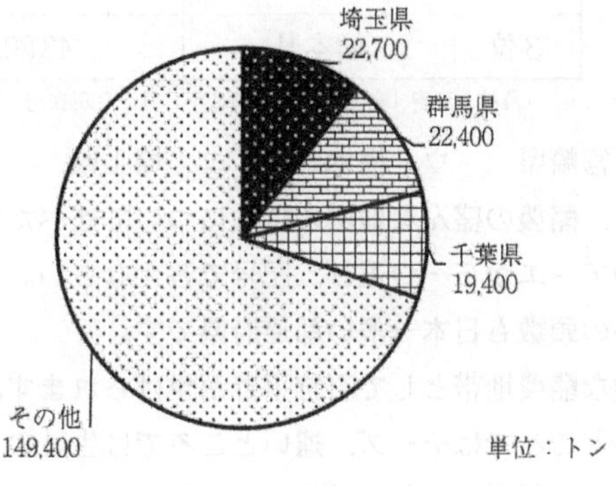

（農林水産省「令和２年産都道府県別の作付面積，10ａ当たり収量，収穫量及び出荷量」より作成）

ア．たまねぎ

イ．ほうれんそう

ウ．じゃがいも

エ．ピーマン

問３　下線部⑶について，次のページのア～エのグラフは，小麦，大豆，牛肉，石炭のいずれかの日本の輸入相手国とその割合を示しています。小麦を示すものを，ア～エから一つ選び，記号で答えなさい。

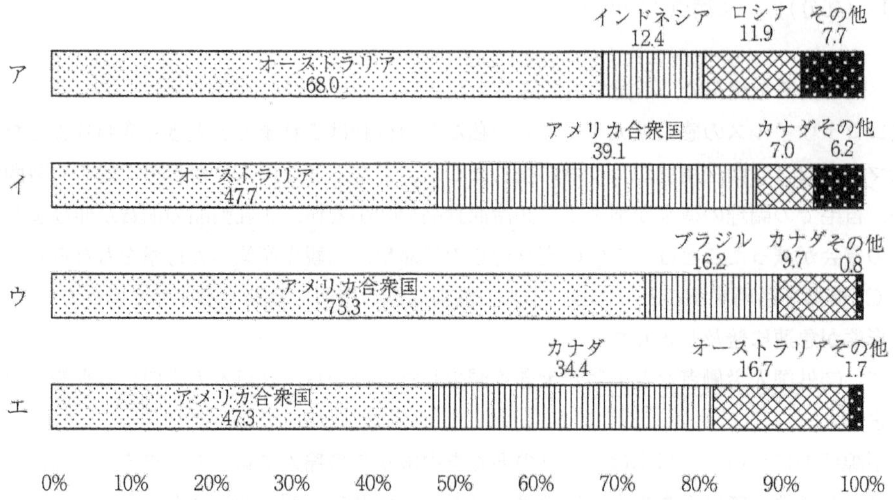

（農林水産省『農林水産物輸出入統計（2019年）』，「財務省貿易統計」より作成）

問４　下線部⑷について，下の表は日本の乳用牛の頭数上位の道県を示しています。表中の空欄（Ａ）にあてはまる県名として正しいものを，次のア～エから一つ選び，記号で答えなさい。

順位	道県	頭数（頭）
１位	北海道	830,300
２位	（　Ａ　）	53,100
３位	熊本県	43,800

（農林水産省「畜産統計（令和３年２月１日現在）」より作成）

ア．福岡県　　イ．宮崎県　　ウ．栃木県　　エ．埼玉県

問５　問４に関連して，酪農《らくのう》の盛んな地域の特徴について述べた文として正しいものを，問４の表も参考にして，次のア～エから一つ選び，記号で答えなさい。

ア．北海道は肉用牛の頭数も日本一多い都道府県です。

イ．北海道の大規模な酪農地帯として石狩平野が挙《あ》げられます。

ウ．大消費地に近いところではチーズ，遠いところでは生乳の生産が行われる傾向があります。

エ．酪農が盛んで，広く平坦な牧草地帯をサイロといいます。

問６　下線部⑸に関連して，日本には伝統的な織物が各地に存在しています。その産品と県の組合せとして正しいものを，次のア～エから一つ選び，記号で答えなさい。

ア．本場大島つむぎ－鹿児島県　　イ．西陣織《にしじんおり》－石川県

ウ．小千谷《おぢや》ちぢみ－長野県　　エ．結城《ゆうき》つむぎ－群馬県

問７　下線部⑹について，日本各地で伝統的に行われ，観光資源となってきた祭りが，新型コロナウイルスの感染拡大を受けて，中止になったり，縮小《しゅくしょう》した規模で行われたりしています。以下の祭りとそれが開催される県の組合せとして**誤っているもの**を，次のア～エから一つ選び，記号で答えなさい。

ア．ねぶた祭り－青森県　　イ．竿燈《かんとう》祭り－岩手県

ウ．花笠《はながさ》祭り－山形県　　エ．七夕《たなばた》祭り－宮城県

問8　下線部(6)について，日本政府は観光による収入を増やすことなどを目的として，2008年に観光庁を設けました。観光庁が所属する省の名称を**漢字**で答えなさい。

問9　下線部(7)について，日本における2010年から2020年の外国人登録者数の増加率が最も高い国として正しいものを，次のア～エから一つ選び，記号で答えなさい。

ア．ブラジル　　イ．ベトナム　　ウ．フィリピン　　エ．中国

問10　下線部(8)について，以下の表はいくつかの都県の2020年から2021年の人口に関するデータを示しています。表から読み取れることを述べた文として**誤っているもの**を，次のア～エから一つ選び，記号で答えなさい。

	2021年の人口（万人）	2020年の人口（万人）	2020年から2021年の増減（万人）		2021年の世帯数（万世帯）
				うち外国人の増減（万人）	
埼玉県	739.4	739.0	0.4増加	0.3増加	339.8
千葉県	632.3	632.0	0.3増加	0.2増加	296.4
東京都	1384.4	1383.5	0.9増加	3.1減少	734.1
神奈川県	922.0	920.9	1.1増加	0.2減少	443.0

（総務省「住民基本台帳に基づく人口，人口動態及び世帯数（令和３年１月１日現在）」より作成）

ア．2020年から2021年にかけて，埼玉県は日本人よりも外国人の人口が多く増えました。

イ．千葉県の日本人の増減数は埼玉県と同程度となっています。

ウ．日本人の人口増加数が１万人以上となっているのは，東京都だけです。

エ．東京都を除き，2021年の１世帯あたりの構成人員数は２人以上となっています。

問11　文中の空欄（あ）にあてはまる正しい語句を**カタカナ５文字**で答えなさい。

1－2　次の文章と表を読んで，下記の設問に答えなさい。

次の表はふるさと納税受入額上位の自治体とその主な返礼品《へんれいひん》を示しています。ふるさと納税の返礼品は地域の名産品であることが多くあります。

順位	自治体名	納税受入額（百万円）	主な返礼品
1位	(9)宮崎県都城《みやこのじょう》市	13,525	牛肉，(10)豚肉，鶏肉，焼酎
2位	北海道紋別《もんべつ》市	13,393	ほたてなどの(11)水産物
3位	北海道根室市	12,546	いくらなどの水産物
4位	北海道白糠《しらぬか》町	9,737	さけ，いくら，チーズ
5位	宮崎県都農《つの》町	8,268	豚肉，うなぎ，加工肉
6位	(12)山梨県富士吉田市	5,831	もも，ぶどう，水
7位	(13)山形県寒河江《さがえ》市	5,676	牛肉，米，西洋なし，そば

（総務省「令和３年度ふるさと納税に関する現況調査について」より作成）

問12　下線部⑼について，宮崎県の形として正しいものを，次のア～エから一つ選び，記号で答えなさい。なお，ア～エの都道府県はすべて北が上を向いていますが，縮尺が同じとは限りません。

ア．

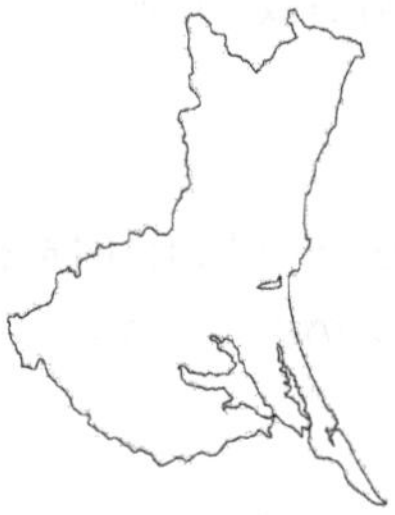

イ．

ウ．

エ．

問13　下線部⑽について，下のグラフは日本における豚の飼育頭数の上位の道県を示しています。ア～エには宮崎県，北海道，群馬県，鹿児島県のいずれかがあてはまります。宮崎県に該当するものを，ア～エから一つ選び，記号で答えなさい。

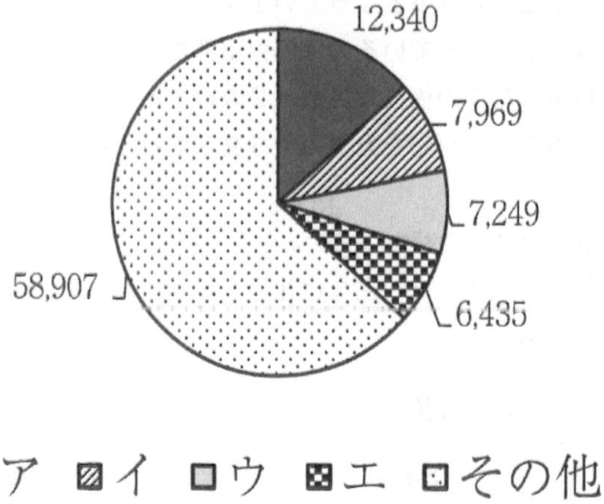

単位：百頭

（農林水産省「畜産統計（令和３年２月１日現在）」より作成）

問14　下線部⑾について，日本の漁港で最も多くの水産物の水揚げ量を記録する港がある県名を答えなさい。（水産庁「水産物流通調査（2020年）」による）

問15　下線部⑿について，山梨県では多くの果樹の栽培が行われています。果樹園の地図記号を書きなさい。

問16　問15に関連して，山梨県が果樹栽培に適しているのは，川が山地から平地に出る際に，土砂がたい積してできる，水はけの良い地形が多く見られるためです。この地形の名称として正しいものを，次のページのア～エから一つ選び，記号で答えなさい。

ア．三角州　　　イ．扇状地　　　ウ．河岸段丘　　　エ．砂州

問17　下線部⒀について，山形県において，最も生産されている米の品種の名称として正しいものを，次のア～エから一つ選び，記号で答えなさい。

（米穀安定供給確保支援機構「令和元年産水稲の品種別作付動向について」による）

ア．はえぬき　　イ．ひとめぼれ　ウ．ななつぼし　エ．ゆめぴりか

問18　次の雨温図は，表中の道県の都市である根室，山形，甲府，宮崎のいずれかを示しています。山形を示すものを，ア～エから一つ選び，記号で答えなさい。

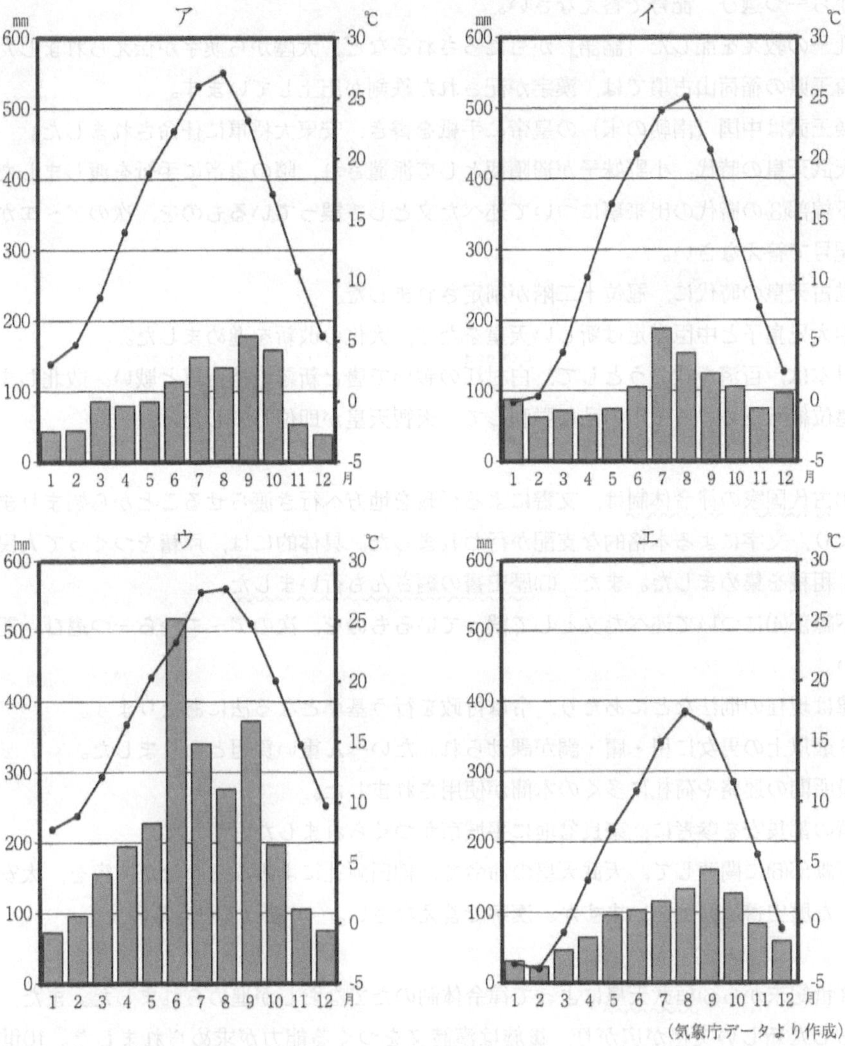

（気象庁データより作成）

2　次の文章【１】～【７】を読んで，あとの設問に答えなさい。

【１】　旧石器時代や⑴縄文時代の日本には，まだ文字がなく，お互いの意思を伝える言葉を次第に発達させ，集団での作業を可能にしていきました。弥生時代になると，⑵中国や朝鮮半島との関わりの中で文字が伝わり，渡来人によって文字の使用が始まりました。そして，⑶７世紀の日本では，政治や外交で文字が使われることが多くなりました。

問１　下線部⑴について述べた文として**誤っているもの**を，次のア～エから一つ選び，記号で答えなさい。

ア．打製石器に加えて，磨製《ませい》石器を利用するようになりました。

イ．釣針や銛《もり》に骨角器を用いたり，網を用いた漁業も行われました。

ウ．岩宿遺跡の発見によって，縄文時代の研究が進みました。

エ．床が地面よりも低い竪穴住居をつくって，定住生活を始めました。

問２　下線部⑵に関連して，文字の伝来や使用について述べた文として**誤っているもの**を，次のア～エから一つ選び，記号で答えなさい。

ア．孔子《こうし》の教えを記した『論語』がもたらされるなど，大陸から漢字が伝えられました。

イ．埼玉県の稲荷山古墳では，漢字が記された鉄剣が出土しています。

ウ．倭王武は中国（南朝の宋）の皇帝に手紙を書き，安東大将軍に任命されました。

エ．天武天皇の時代，小野妹子が遣隋使として派遣され，隋の皇帝に手紙を渡しました。

問３　下線部⑶の時代の出来事について述べた文として**誤っているもの**を，次のア～エから一つ選び，記号で答えなさい。

ア．推古天皇の時代に，冠位十二階が制定されました。

イ．中大兄皇子と中臣鎌足は新しい天皇をたて，大化の改新を進めました。

ウ．日本は，百済を救おうとして，白村江《はくすきのえ》の戦いで唐と新羅の連合軍と戦い，敗北しました。

エ．皇位継承をめぐる壬申の乱に勝利して，天智天皇が即位しました。

【２】 ⑷古代国家の律令体制は，文書による行政を地方へ行き渡らせることから始まりました。これにより，文字による本格的な支配が行われました。具体的には，戸籍をつくって人民を直接把《は》握《あく》し，租税を集めました。また，⑸歴史書の編さんも行いました。

問４　下線部⑷について述べた文として**誤っているもの**を，次のア～エから一つ選び，記号で答えなさい。

ア．律は現在の刑法などにあたり，令は行政を行う基準となる法にあたります。

イ．６歳以上の男女に租・庸・調が課せられ，たいへん重い負担となりました。

ウ．役所間の連絡や荷札に多くの木簡が使用されました。

エ．唐の都長安を参考に，奈良盆地に平城京がつくられました。

問５　下線部⑸に関連して，天武天皇の命令で，稗田阿礼《ひえだのあれ》によみならわせた内容を，太安万侶が編さんした歴史書は何といいますか。**漢字**で答えなさい。

【３】 ８世紀末から⑹桓武天皇によって律令体制のたてなおしが進められました。また，遣唐使がもたらした新しい文化が広がり，貴族は漢詩文をつくる能力が求められました。10世紀に入ると，唐の文化を吸収した上で，日本独自の文化が花開きました。かな文字が使用され，多くの⑺文学作品が生まれました。一方で，⑻律令体制は次第に崩れ，政治が乱れていきました。

問６　下線部⑹の政策について述べた文として正しいものを，あとのア～エから一つ選び，記号で答えなさい。

ア．地方での反乱を鎮圧するため，勘解由使《かげゆし》を新しく設けました。

イ．班田収授の法を立て直すため，班田の期間を12年から６年に短くしました。

ウ．行基の協力を得て，東大寺に大仏を造立《ぞうりゅう》しました。

エ．坂上田村麻呂を征夷大将軍に任命し，東北の蝦夷《えみし》と戦わせました。

問７　下線部⑺について，この時代に書かれた『土佐日記』の作者を**漢字**で答えなさい。

問８　下線部⑻に関連して，下記の１～３の出来事を時代の古い順に並び替えたものとして正しいものを，次のア～カから一つ選び，記号で答えなさい。

１．平等院鳳凰《ほうおう》堂の完成　　２．平将門の乱　　３．保元の乱

ア．１→２→３　　イ．１→３→２　　ウ．２→１→３

エ．２→３→１　　オ．３→１→２　　カ．３→２→１

【４】　鎌倉幕府は，源頼朝以来の武家社会の慣習や道徳をもとに⑼御成敗式目を制定しました。⑽室町幕府もこの法典を引き継ぎました。その後，戦国大名が制定した⑾分国法にも御成敗式目の影響があると考えられ，長く参考にされていたことが分かります。

問９　下線部⑼を制定した背景について述べた文として正しいものを，次のア～エから一つ選び，記号で答えなさい。

ア．荘園領主と地頭との争いが増えたため，争いを裁く基準として制定しました。

イ．幕府の力が強まると，皇族や公家を統制する法律として制定しました。

ウ．幕府が全国を支配する組織になると，農民を統制する法律として制定しました。

エ．律令が機能しなくなってしまったので，新しい法律として制定しました。

問10　下線部⑽に関連して，室町時代の出来事について述べた文として正しいものを，次のア～エから一つ選び，記号で答えなさい。

ア．将軍を補佐する執権は，斯波《しば》氏・細川氏・畠山氏が交代でつきました。

イ．大和の国では，守護の軍を追放した国人と農民による自治が８年間続きました。

ウ．禅宗の影響を受けて，絵画では水墨画が発達し，建築では寝殿造が生まれました。

エ．商工業が発達し，運送業をおこなう馬借《ばしゃく》の活動もさかんになりました。

問11　下線部⑾に関する内容として正しいものを，次のア～エから一つ選び，記号で答えなさい。

ア．大名は，毎年四月に参勤交代をすること。

イ．勝手に他国の者と縁組《えんぐ》みをしてはいけません。

ウ．五百石《こく》積以上の大きな船をつくってはいけません。

エ．寄合を二度欠席した者は，罰金を払わなければなりません。

【５】　板橋区は東京都の北部に位置します。板橋の名前は，平安時代に石神井川《しゃくじいがわ》に架《か》けられていた板の橋が当時はめずらしく，この板橋が由来になったとされています。江戸時代，板橋は⑿中山道の最初の宿場町であり，多くの人々で賑《にぎ》わっていました。また，この地に⒀加賀藩の下屋敷が置かれていました。高島平周辺は当時徳丸ヶ原と呼ばれる幕府の領地で，⒁1841年に高島秋帆《しゅうはん》によって西洋式の砲術訓練が実施されたことで有名です。

問12　下線部⑿に関連して，江戸時代の交通について述べた文として**誤っているもの**を，あとのア～エから一つ選び，記号で答えなさい。

ア．江戸の日本橋を起点に五街道が整備され，街道には一里塚が築かれました。

イ．街道の要所に関所を設けて，通行人から通行税を徴収《ちょうしゅう》しました。

ウ．大井川には橋が架けられず，雨で増水した場合，渡ることが出来なくなりました。

エ．甲州街道は江戸を出発し甲府を経て，下諏訪《すわ》で中山道と合流します。

問13　下線部⑬の城下町として正しいものを，次のア～エから一つ選び，記号で答えなさい。

ア．金沢　　イ．米沢　　ウ．山口　　エ．春日山

問14　下線部⑭が行われた背景として，18世紀以来の対外関係の緊張の高まりが挙げられます。これについて，下記の１～３の出来事を時代の古い順に並び替えたものとして正しいものを，次のア～カから一つ選び，記号で答えなさい。

１．アヘン戦争の勃発《ぼっぱつ》　　２．ラクスマンの来航　　３．モリソン号事件

ア．１→２→３　　イ．１→３→２　　ウ．２→１→３

エ．２→３→１　　オ．３→１→２　　カ．３→２→１

【６】　陸軍板橋火薬製造所跡は2017年10月に国の史跡に指定されました。板橋火薬製造所は，⑮明治初期に，現在の板橋区加賀地域に所在していた加賀藩下屋敷の跡地に設置された⑯官営工場でした。⑰明治政府が初めて設置した近代的な火薬製造所であり，1945年まで国内有数の火薬工場として稼働《かどう》していました。現在は板橋区史跡公園（仮称）として整備し，当時の遺構《いこう》や建造物を含めて公開を行う歴史公園のグランドオープンに向けて，計画を立てたり，調査研究を進めています。

問15　下線部⑮の時期について述べた文として正しいものを，次のア～エから一つ選び，記号で答えなさい。

ア．廃藩置県の結果，もとの藩主が政府から任命された役人という立場で土地と人民を支配しました。

イ．徴兵令は20歳以上の男子に兵役の義務を負わせるものでしたが，当初は様々な免除規定がありました。

ウ．地租改正によって地主の土地は強制的に買い上げられて，小作人に安く売り渡されました。

エ．岩倉具視や板垣退助，西郷隆盛らはアメリカやヨーロッパに出かけ，条約改正の予備交渉と欧米の視察を行いました。

問16　下線部⑯について，明治政府が近代工業の育成のため，群馬県につくった官営工場は何といいますか。**漢字５文字**で答えなさい。

問17　下線部⑰の政策について述べた文として**誤っているもの**を，次のア～エから一つ選び，記号で答えなさい。

ア．君主の権力が強いフランスの憲法を参考に憲法の作成を進めました。

イ．ロシアの南下政策に対抗し，イギリスと日英同盟を結びました。

ウ．韓国を併合し，統治機関として朝鮮総督府を設置しました。

エ．外務大臣小村寿太郎の交渉によって，条約改正を達成しました。

【７】　作家である⑱永井荷風《かふう》が書き記した日記に『断腸亭日乗《だんちょうていにちじょう》』があります。この日記は，1917年９月16日から始まり，永井荷風が亡くなる前日の1959年４月29日まで書かれています。⑲大正時代と⑳昭和の軍国主義が広がる時代，そして，終戦と戦後の激動期の世相《せそう》と，それらに対する批判が書き記されています。現在，歴史的にも非常に貴重な史料（資料）と考えられています。

問18　下線部⒅は1910年，森鷗外らの推薦《すいせん》で慶應義塾（後の慶應義塾大学）の教授となりましたが，慶應義塾を創設した人物の姓名を**漢字**で答えなさい。

問19　下線部⒆の時代について，下記の１～３の出来事を時代の古い順に並び替えたものとして正しいものを，次のア～カから一つ選び，記号で答えなさい。

１．国際連盟の発足　　２．普通選挙法の成立　　３．関東大震災の発生

ア．１→２→３　イ．１→３→２　ウ．２→１→３
エ．２→３→１　オ．３→１→２　カ．３→２→１

問20　下線部⒇に関連した文として正しいものを，次のア～エから一つ選び，記号で答えなさい。

ア．二・二六事件が発生し，首相の犬養毅が海軍の将校に暗殺されました。
イ．ヨーロッパで第二次世界大戦が勃発すると，日本は中国と戦争を始めました。
ウ．日中戦争がはじまると，政府は戦時体制をつくるために国家総動員法を定めました。
エ．東条英機首相が日独伊三国同盟を締結すると，日米対立が深まりました。

3　次の文章を読み，下記の設問に答えなさい。

⑴裁判所には，最高裁判所とその下級裁判所として高等裁判所・地方裁判所・簡易裁判所・（　あ　）裁判所の四種類があります。この中で最高裁判所は，⑵法律などが憲法に違反しているかどうかを最終的に判断する裁判所でもあります。その意味で憲法の（　い　）と呼ばれています。そして，裁判には，⑶金銭の貸し借りなど個人と個人の争いを解決する裁判，⑷殺人や盗みなどの罪を犯した人に対して犯罪を認定し，刑罰を科《か》す裁判，行政機関の違法な行政によって権利を侵害された個人や企業が救済を求める行政裁判の三種類があります。

なお，裁判を慎重に行うために，⑸同一事件について，第一審判決に対して不服であれば第二審が認められ，第二審判決に対して不服であれば第三審が認められています。また，判決確定後であっても，敗訴した人が判決には重大な誤りがあるとして，判決の取り消しを求めて申し立てをした場合には，裁判のやり直しをすることもあります。そのほか，現在の課題として，誤った判決を避ける方策や⑹国民の裁判に参加するあり方などがあります。

問１　文中の空欄（あ）（い）にあてはまる語句を，それぞれ**漢字**で答えなさい。

問２　下線部⑴に関連して，下記の憲法第76条の条文を読んで，設問ⅰ，ⅱに答えなさい。

> 第76条　①　すべて（　う　）権は，最高裁判所及び法律の定めるところにより設置する下級裁判所に属する。
> ②　省略
> ③　すべて(A)裁判官は，その（　え　）に従い独立してその職権を行い，この憲法乃び法律にのみ拘束《こうそく》される。

ⅰ　上記の日本国憲法の条文の（う）（え）にあてはまる語句を，それぞれ**漢字**で答えなさい。

ⅱ　下線部(A)に関連して，最高裁判所裁判官の国民審査はいつ行われますか。正しいものを，あとのア～エから一つ選び，記号で答えなさい。

ア．裁判官が任命されてから初めて行われる参議院議員選挙の時と，その後５年経過して初めて行われる衆議院議員総選挙の時に行われます。
イ．裁判官が任命されてから初めて行われる衆議院議員総選挙の時と，その後５年経過して初

めて行われる参議院議員選挙の時に行われます。

ウ．裁判官が任命されてから初めて行われる参議院議員選挙の時と，その後10年経過して初めて行われる衆議院議員総選挙の時に行われます。

エ．裁判官が任命されてから初めて行われる衆議院議員総選挙の時と，その後10年経過して初めて行われる衆議院議員総選挙の時に行われます。

問3　下線部⑵について，日本の違憲審査制度について正しいものを，次のア～エから一つ選び，記号で答えなさい。

ア．最高裁判所により違憲と判断された法律は自動的に廃止されるため，国会による手続きは必要ありません。

イ．違憲審査を行うことができるのは最高裁判所長官だけで，その他の裁判官は法令などの違憲性を判断することはできません。

ウ．最高裁判所は，裁判で争われている具体的な事件を通して違憲かどうかの判断を下します。

エ．違憲審査権を強化するために，裁判員制度が導入されました。

問4　下線部⑶，⑷の裁判をそれぞれ何といいますか。**漢字**で答えなさい。

問5　下線部⑷に関連して，被疑《ひぎ》者や被告人の権利について，**誤っているもの**を，次のア～エから一つ選び，記号で答えなさい。

ア．誰でも弁護人を依頼する権利があります。

イ．自分に不利益となる質問には答えなくてもよいという黙秘《もくひ》権が認められています。

ウ．無罪の判決が下されたときには，国に補償《ほしょう》を求めることができます。

エ．証拠が自白だけでも，有罪とすることができます。

問6　下線部⑸について，下記の設問ⅰ，ⅱに答えなさい。

ⅰ　この制度を何といいますか。**漢字**で答えなさい。

ⅱ　第一審判決に納得できずに上級裁判所に訴えることを何といいますか。**漢字**で答えなさい。

問7　下線部⑹に関連して，裁判員裁判においては，通常3人の裁判官とともに，国民から選ばれた6人の裁判員が裁判に関わることになっています。裁判員裁判の評決において，次の①～③のように有罪・無罪の意見が分かれた場合に，有罪の評決を下すことができる選択肢《し》として正しいものを，下のア～クから一つ選び，記号で答えなさい。

①　有罪：裁判官2人・裁判員3人　　無罪：裁判官1人・裁判員3人

②　有罪：裁判官1人・裁判員4人　　無罪：裁判官2人・裁判員2人

③　有罪：裁判官0人・裁判員6人　　無罪：裁判官3人・裁判員0人

ア．①と②と③　　イ．①と②　　ウ．①と③　　エ．②と③

オ．①のみ　　カ．②のみ　　キ．③のみ

ク．いずれも有罪の評決を下すことはできない。

エ　これから東京で新しく生活を始める優花の、可能性に満ちた大学生活を、地元に残る自分が制限してはならないと考えている。

問11　本文中の Z にあてはまる表現として最もふさわしいものを次の中から選び、記号で答えなさい。

ア　ぶっきらぼうに　イ　生意気に
ウ　なれなれしく　エ　遠慮《えんりょ》がちに

問12　――⑧「もっと自分が大人だったらと思うよ」とありますが、このとき早瀬が自分を「大人」ではないと感じていたのはなぜだと考えられますか。80字以内で説明しなさい。

二　次の――線部のカタカナを、漢字に直しなさい。

1　会社のソシキ図を確認する。
2　ジョウセキ通りに戦いを進める。
3　コウカイの無事を祈っております。
4　キュウメイ講習を受けることが義務づけられている。
5　森羅バンショウの起源に迫る。
6　一代でばく大なザイを築いた。
7　生ビョウホウは怪我のもと。
8　この戦は先代のかたきウちだ。
9　家庭サイエンを始めようと考えている。
10　人の意識はノウが司《つかさど》るといわれている。

イ　見知った友達といながらわざわざリップクリームを塗るのを気恥《きは》ずかしく思っている。

ウ　好意を寄せる相手の前で身だしなみを整えて要領よくふるまえない自分に落胆《らくたん》している。

エ　二人きりで過ごす雰囲気《ふんいき》を崩《くず》さないよう急いでリップクリームを塗ろうと焦っている。

問4　――③「塩見には実感わかないだろう」とありますが、なぜ早瀬はそう考えたのですか。40字以内で説明しなさい。

問5　本文中の X にあてはまる表現として最もふさわしいものを次の中から選び、記号で答えなさい。

ア　終わりの見えない迷路《めいろ》をさまよい続けるような

イ　長時間、素手《すで》で殴《なぐ》り合《あ》いをするような

ウ　一手ですべてが決まってしまう、真剣での立ち合いのような

エ　いつどこから攻撃《こうげき》されるかわからないサバイバルゲームのような

問6　――④「呼びかけた声が湿り気を帯びた」とありますが、どういうことですか。説明として最もふさわしいものを次の中から選び、記号で答えなさい。

ア　返答しない早瀬への苛立《いらだ》ちを抑《おさ》えようとする感情が、思わず声に表れてしまったということ。

イ　胸の鼓動を早瀬に気づかれまいとする感情が、思わず声に表れてしまったということ。

ウ　早瀬の境遇《きょうぐう》への同情につき動かされた感情が、思わず声に表れてしまったということ。

エ　早瀬への恋心《こいごころ》によってたかぶった感情が、思わず声に表れてしまったということ。

問7　本文中の Y には文中にある語があてはまりますが、最もふさわしいものを次の中から選び、記号で答えなさい。

ア　ポーチュガル（34行め）

イ　コンディショナー（40行め）

ウ　リップクリーム（43行め）

エ　花（193行め）

オ　パン（198行め）

問8　――⑤「不意に涙が転がり落ちた」とありますが、なぜ優花は涙を流したのだと考えられますか。60字以内で説明しなさい。

問9　――⑥「早瀬君、ありがとう……ありがとう」とありますが、優花は早瀬の発言の、どういう点に対してありがたく思っていますか。35字以内で説明しなさい。

問10　――⑦「彼女はこれから大学でいろいろな人に出会うから」とありますが、ここでの早瀬の心情の説明として最もふさわしいものを次の中から選び、記号で答えなさい。

ア　新天地での生活に不安をいだく優花に対して、自分の進学先などを伝えて余計な心労をかけてはならないと考えている。

イ　東京の大学に通い、新たな人間関係の中で自分の可能性を切り拓《ひら》いていく優花は、自分のことを遅《おそ》かれ早《はや》かれ忘れていくだろうと考えている。

ウ　東京で新しい人間関係の中で自分の可能性を開かせていくであろう優花に対し、地元に残ることを選んだ自分をちっぽけに感じている。

イガラシがポケットから煙草《たばこ》を出し、火を点《つ》けた。

「あと一年頑張れば、君なら来年、東京に行けると思うけどね。あの大学は二浪《ろう》、三浪の人間だって普通にいるところなんだから」

「いいんです、これで」

コウシロウがきっぱりと言う。

「最初からそう決めていました、浪人《ろうにん》はしないと。地元に残れば、仕送りの負担を母にかけずにすむ。教職に就《つ》けば奨学金《しょうがくきん》の返還《へんかん》も免除《めんじょ》されます」

「美術の教員も悪くはないがね」

イガラシが煙草をふかした。桜の枝にコウシロウが手を伸ばし、花を見つめている。

「僕は塩見さんに悪いことをした。彼女の家で売れ残りの食パンを買っていたら、他のパンをただでくれようとした日があったんです。いやな断り方をした。ほどこしを受ける気がして」

コウシロウが黙る。その顔を舐《な》めると、頭を軽く撫でられた。

「生活に困ってるわけじゃない。そんな感じのことを言った。でも、本当は困ってた。食パンを使うときはなるべくけちって、残りを母と食べていました。それが……恥ずかしくて」

「俺も若い頃《ころ》は似たようなものだったよ」

「でも、みじめで。それだけじゃない。彼女の前に出ると焦《あせ》ってしまう。どうしたらいいのか……触れたら、壊《こわ》れてしまうような気がして」

若いな、とイガラシが笑った。

「青い春の季節だ。まあ、とりあえずちょくちょくコーヒー飲みに来い。いつでも待ってるぞ」

軽く手を振り、イガラシは校舎へ戻っていった。

人のコウシロウに抱《だ》かれたまま、コーシローは桜並木を見上げる。枝に手を伸ばし、コウシロウが鼻先に花を近寄せてくれた。

「ほら、忘れるなよ、コーシロー。これが優花さんの花だよ」

彼女の前では「シオミ」と［Ｚ］呼ぶのに、自分の前では「ユウカさん」と彼はいつも優しげに言う。

これでいい、とコウシロウがつぶやいた。

「ただ、何もかも……⑧もっと自分が大人だったらと思うよ」

そっと枝を元の位置に戻し、コウシロウは桜を見上げた。

「本当に、本当に、好きだったんだ」

（伊吹有喜《いぶきゆき》『犬がいた季節』より）

注「共通一次」…この当時（平成元年）の国公立大学の入試は、全大学共通の「共通一次試験」を受け、そのあと各大学別の二次試験を受けて、合否が決まった。

問１ 〰〰ａ「つぶさに」のここでの意味の説明として最もふさわしいものを次の中から選び、記号で答えなさい。

ア 同時に　イ 少しだけ　ウ くわしく　エ 具体的に

問２ ——①「そこをとらえて……つまんないね、こういう話」とありますが、なぜ早瀬は「こういう話」を「つまんない」と言ったのですか。40字以内で説明しなさい。

問３ ——②「ああ、とため息がこぼれ」とありますが、このときの優花の心情の説明として最もふさわしいものを次の中から選び、記号で答えなさい。

ア お洒落《しゃれ》や恋愛《れんあい》など楽しみたいことを犠牲《ぎせい》にして臨《のぞ》む受験を思い気が重くなっている。

「コーシローもきれいになったし、美術室に行こう。先生が待ってる」

行くぞ、とコーシローに声をかけ、早瀬が扉《とびら》を開けた。

その背に声をかける。

「早瀬君、今年は忙《いそが》しいだろうけど……」

すべてが終わったらまた会ってくれる？

そう続けたいのに、断られるのが怖くて言い出せない。

楽しげに吠《ほ》えながら、コーシローが駆けていく。流星のように走っていくその犬を、早瀬は追いかけていった。

＊　＊　＊

シオミさんと呼ばれる優しいその人は、人のコウシロウによると、ユウカという名前もあるらしい。

八稜《はちりょう》高校の横を流れる十四川《じゅうしがわ》の岸辺で、犬のコーシローは桜並木を見上げる。

小さな用水路のようなこの川の両岸には、等間隔《とうかんかく》で桜が植えられている。散歩に連れてきてもらうたびに花の香りが濃《こ》くなるのが楽しく、寝《ね》床《どこ》の次に、今、コーシローが気に入っている場所だ。

ユウカとはこの花のことだと、人のコウシロウが言っていた。

他の生徒がいると素っ気ないのに、一人になると彼はたくさん遊んでくれて、ユウカの話ばかりする。

花の香りに混じって、淡《あわ》く、パンの匂《にお》いがした。

（ユウカさんのニオイ……）

人のコウシロウの指も、席の周りも同じ匂いに包まれている。それがたまらなく好きだ。

二人はさきほどまでイガラシと建物のなかにいたが、コーヒーを飲んだあと、この桜並木にやってきた。

コーヒーの匂いとともに、イガラシの声が降ってきた。

「塩見。学校に来たら準備室にも顔を出せ。またコーヒーをご馳走《ちそう》してやる」

「先生の秘蔵のコーヒー、おいしかったです」

「俺《おれ》が手ずから焙煎《ばいせん》したからな。まずいはずがない。なあ光司郎」

「先生の『手ずから』には時々、はずれがあります」

「早瀬にはもう飲ませてやらんぞ。……じゃあな、塩見。元気でな」

コーシロー、とユウカが目の前にかがんだ。

日差しを浴びて輝く長い髪から、花の香りがする。

「コーシロー、元気でね。私のこと、忘れないでね」

優しく頭を撫でてくれたあと、ユウカが立ち上がった。しばらく歩いてから振り返り、人のコウシロウに手を振った。

「早瀬君、来年、東京で！」

コウシロウが手を振る。桜の花を見上げる人々のなかに、ユウカの姿はまぎれていった。

「言わなかったのかい？」

イガラシの太い声がした。

「教育学部に補欠合格したから、地元の大学に行くって話」

「言いませんでした」

「どうして？」

「⑦彼女はこれから大学でいろいろな人に出会うから」

身体がふわりと浮《う》き上《あ》がり、コーシローはあたりを見回す。人のコウシロウに抱き上げられていた。

優花は思い出す。早瀬の名前はどこにもなかった。

おめでとう、と小さな声がした。

「塩見は明日移動か。藤原は今夜、車で行くそうだ。家族みんなでドライブがてら」

「早瀬君は……」

「残念ながら。でも絵はあきらめないよ」

「じゃあ、来年、東京で会えるね」

ぱたぱたとコーシローが尻尾《しっぽ》を振《ふ》った。早瀬は黙ったまま、ブラシを動かしている。

「そうだ……早瀬君の手袋、ずっと借りてた。ごめん」

「いいよ、別のがあるから」

大晦日に借りた早瀬の手袋は受験の間、ずっとお守り代わりに持っていた。おかげでリラックスして、すべてがうまく運んだ。でも、その分、早瀬の運を奪ってしまったような気がした。

「ごめんね、早瀬君。ちゃんと返す……送るよ。お手紙も書く」

いい、と早瀬が首を横に振る。

「引《ひ》っ越《こ》しするんだ。まだ住所は決まってないけど」

「じゃあ、決まったら教えて。これ、私の連絡先《れんらくさき》。なくしたら店の誰《だれ》かに伝言してくれても」

東京の住所を書いたメモに、早瀬が目を落とした。

「東京都練馬《ねりま》区。東京の人になるんだな」

「いいのかな、って思う。親に負担をかけてまで行って、何ができるんだろう。都会のできる子ばっかりのなかで、何がやれるのかとか」

「何がやれるのかわからないから、行くんだよ」

⑤不意に涙《なみだ》が転がり落ちた。不思議そうにコーシローが見ている。

「ごめん……あれ？　どうして、泣いてるんだろ」

まっすぐな早瀬はいつだって、迷う背中を押してくれる。

「私ね、早瀬君。ずっとコンプレックスがあって。何の取《と》り柄《え》も才能もない。だから勉強を頑張《がんば》ってみたけど、やっぱり怖《こわ》くなる。本当に普通《ふつう》で凡庸《ぼんよう》で」

「あんないい大学に受かっておいて、凡庸なんて言ったら殴《なぐ》られるぞ。でも、わかる。そういう問題じゃないんだよな」

コーシローが近づいてきて、足元にすり寄った。その前に座り、優花は背中を撫でる。

早瀬がブラシについた毛を紙で取っている。

「似たことをときどき考えるよ。他の人の作品を見てると」

「早瀬君も？　早瀬君が凡庸なはずないやん」

「どこまでいっても上には上がいる。でも、凡庸だろうがなんだろうが、自分にあるものを信じて磨《みが》いていくしかない。それに」

早瀬が壁際《かべぎわ》の棚《たな》の前に行き、コーシローのブラシをカゴにしまった。

「塩見が凡庸っていうのなら、その凡庸ってのは、すごくいいものだと思うよ。コーシローもそう思うだろ？」

コーシローが早瀬のもとに駆《か》け寄《よ》った。かがんだ早瀬がその背を撫でている。

「『そう思う』だってさ」

微笑《ほほえ》む早瀬の隣で、コーシローが嬉《うれ》しそうに尻尾を振っている。

「⑥早瀬君、ありがとう……ありがとう」

早瀬が服についた毛を軽くはらった。

［　X　］試験だと、笹山は言っていた。

少し古びたウインドブレーカーの背中が前を行く。

この人は、最高峰を目指して全国の受験生と競《きそ》うんだ――。

いつだって本気。決して手を抜《ぬ》かないこの人は、どんな戦いをするのだろう。

早瀬の手袋に残るぬくもりが指先に伝わってきた。その熱は全身を駆《か》けめぐり、身体の奥底《おくそこ》を熱くする。

胸の鼓動《こどう》が速くなった。

この高鳴りは身体をめぐる潮の音。血潮の満《み》ち干《ひ》きは、鼓動の響《ひび》き。

早瀬の頭上に大きな月が輝《かがや》いている。

この星の引力に引かれて、潮は満ち干きを繰《く》り返《かえ》す――。

「早瀬君」

早瀬が足を止めた。振り返ると思ったが、背を向けたままだ。

その背中に手を伸ばしたい。伸ばして、広い背に顔を埋《うず》めたい。

「早瀬君……」

④呼びかけた声が湿《しめ》り気《け》を帯びた。そんな自分をごまかしたくて、わざとふざけて言った。

「ごめん、なんでもない。ちょっと……つまずきそうになっただけ」

ため息のように、早瀬が大きく息を吐《は》いてうつむいた。

「そろそろ帰ろう、塩見」

もう帰るの？　本当はそう言いたい。それなのに唇から出たのは「そうだね」という素直《すなお》な声だった。

「帰ろっか。コーシローも眠《ねむ》そうだし」

コーシローを間に挟《はさ》み、何も言わずに二人で山を下りた。肩《かた》を並べて歩いたが、さっきよりほんの少し距離《きょり》が離《はな》れた気がする。

道は中学校の前に出た。家へ続く一本道の手前で、早瀬が足を止める。

「ここから先は一人で行きなよ。僕といたら家の人に叱《しか》られる」

「早瀬君は、これからどうするの？」

「塩見が無事に家に着くまで見送ってる」

早瀬が足元にかがみ、コーシローを撫《な》でた。眠くなってきたのか、コーシローの反応がおとなしい。

一本道の途中で振り返ると、校門の前に早瀬は立っていた。

家の前で再び振り返ったときには姿を消していた。それでもどこかから見守ってくれている気がして、ほてった頬《ほお》を優花は両手で押《お》さえる。

甘くほろ苦く、手袋からかすかに［　Y　］の香りがした。

大学受験が終わり、春になった。

早瀬が再びコーシローの背にブラシを当てた。

静かな部室に春の光が差《さ》し込《こ》んでいる。その下で、早瀬はコーシローの白い毛を梳《す》き続けた。

気持ちよさそうにコーシローが目を閉じている。穏《おだ》やかな光に包まれ、同じ響きの名を持つ一人と一匹《ぴき》は幸せそうだ。

絵が描けたなら、この一瞬《いっしゅん》を永遠に残すのに。

藤原《ふじわら》が座っていた席に腰掛《こしか》け、優花は早瀬とコーシローを見つめた。

何も言わず、早瀬は手を動かし続けている。

ここに来る前に見た、各大学の合格者名を貼《は》り出した掲示板《けいじばん》のことを何の香りもつけていない自分が恥《は》ずかしくなり、優花は胸のあたりまで伸びた髪《かみ》に触《ふ》れる。

かすかに甘《あま》い香りがした。昨夜、髪を洗ったときにティモテのコンディショナーをたっぷりつけたおかげかもしれない。

顔を上げると、早瀬と目が合った。照れくさくて、思わず目をふせる。

そっと指で唇《くちびる》に触れると、かさついていた。リップクリームを塗《ぬ》ろうと、ポケットに手を突《つ》っ込《こ》む。ところが早瀬の目の前では、それを出して唇に塗りにくい。

②ああ、とため息がこぼれ、優花はコーシローの前にかがむ。

「……なんか、うまくできないな」

何が？　と早瀬がたずねた。

「いろいろ。大学生になったらきちんとしなきゃ。でもそれまでは仕方ないよね……ちゃんとできなくても。お洒落《しゃれ》も何もかも今は我慢《がまん》だよね。入試に集中しなくちゃ」

しばらく黙《だま》ったのち、「そうだね」と早瀬がぽつりと言うと、優花に背を向けた。

「あと少しで注共通一次だもんな。塩見はどこを受けるの？」

「地元の大学をいくつか。でも一校だけ東京の私立を受けることにした。絶対受からないと思うけど、記念受験」

「記念受験ができるなんて、塩見はやっぱりお嬢様《じょうさま》だね」

「そんなのじゃないよ、全然。さっきもその話でもめてたところ。……早瀬君は全部、東京？」

早瀬が東京の美術大学と地元の大学の教育学部の名を挙げた。

「二校だけ？　私立はどこを受けるの？」

「受けない。国立だけだよ。父が遺《のこ》してくれたものは予備校の費用に充《あ》ててしまったし、祖父の年金ももう入らない。……本当につまらない話だね。行こうか。コーシローがあくびをしてる」

夜景に背を向け、早瀬が足早に歩き出した。そのあとをコーシローがついていこうとした。

あわてて優花もリードを持って立ち上がる。

「つまらなくない。それって、すごく大事な話だよ」

「③塩見には実感わかないだろう」

元の道に戻《もど》った早瀬が、街灯の下で手袋《てぶくろ》をはずすと、差し出した。

「冷えてきたから」

「いいよ。早瀬君のほうが、むっちゃ指、使うやん」

なごませたくて方言を使ったが、早瀬は笑わない。

「美大は共通一次はそれほど考慮《こうりょ》されないんだ。すべては二次の実技しだい。でも塩見が受けるところはそうじゃないだろ。風邪《かぜ》引くな」

コーシローのリードを奪《うば》うと、足早に早瀬が歩き始めた。そのあとを追いかける。

美術の教員を志望していた笹山《ささやま》から聞いたことがある。

早瀬が志望している美大は国内最高峰《さいこうほう》、そして最難関学部で、試験は三日間にわたる。彼《かれ》らの実技試験は半日や二日間かけて、一つの作品を仕上げていくのだという。

通常の入試では隣《となり》の学生の答案を見ることなど絶対にない。ところが美術系の実技の試験では、他の受験生が制作している作品の進展がaつぶさに見えるそうだ。自分の作品の仕上がりが遅《おそ》かったり、他人の作品の出来が素晴《すば》らしいと心を削《けず》られ、自滅《じめつ》することも多いという。

【国　語】（五〇分）〈満点：一〇〇点〉

【注意】解答するときには、句読点や記号も一字と数えます。

一　次の文章を読んで、後の問いに答えなさい。（作問の都合上、本文の一部を変更してあります。）

家がパン屋を営んでいる高校3年の塩見優花《しおみゆうか》と、同級生の早瀬光司郎《はやせこうしろう》は同じ美術部に所属している。この部では校長の許可を得てコーシローという捨て犬の世話をしている（迷《まよ》い込んできたとき早瀬の席に座《すわ》ったのでコーシローと名づけられた）。受験直前の冬休みにコーシローを家で預かることになった優花は、大晦日《おおみそか》、除夜の鐘《かね》をつきに行こうと早瀬をさそった。

道をはずれると、突然《とつぜん》視界が開けた。

足元にたくさんの光の粒《つぶ》が瞬《またた》いている。それはどこまでも広がり、はるか遠くに山々の暗がりが見えた。

「ここ、結構高い場所なんだね」

「道、全然下ってこなかっただろう。頂上のお宮とほぼ同じ標高だよ。昔、ここにあった山を崩《くず》して開発したのが足元の住宅街」

眼下に整然と広がる光は、大規模に開発された住宅街のあかりだった。その一角を早瀬が指差す。

「あのあたりが僕《ぼく》の家。目の前、はるか遠くは岐阜県の養老《ようろう》山地。左手はわかるよね、鈴鹿《すずか》山脈。今日は空気が澄《す》んでいるから、光がくっきり見える」

「日によって違《ちが》いがあるの？」

ある、と早瀬が優《やさ》しく答え、コーシローを抱《だ》き上《あ》げた。

「空気の澄み方で瞬《またた》きが強かったり、にじんで見えたり。特に昼間は時間によって景色の色合いが変わってくる。光の量や差しこむ角度が違うから。①そこをとらえて……つまんないね、こういう話」

決まり悪そうに早瀬が途中《とちゅう》で話を止めた。

「全然つまらなくないよ。光をとらえてどうするの？　絵に描《えが》くの？」

そんなところ、と気乗りしない声で早瀬がコーシローを地面に下ろした。

「早瀬くんは光を司《つかさど》るって名前、そのまんまだね」

「死んだ父親が写真館をやっていて」

祖父の代から、と早瀬が夜空を見上げた。

「写真は光を司るからって、光司郎。ちなみに父親の名前は光を治めるで、光治《こうじ》。塩見の名前の由来は？」

「優花？　四月生まれだから。本当は『さくら』って名前にしたかったらしいけど、同じ名前の子が近所にいたから、『優しい桜色の花』で『優花』」

「優花の花は桜の花なんだ」

「秘密だよ……っていうほど秘密じゃないけど」

「桜を見たら思い出すよ。塩見もこの場所、秘密だよ」

「早瀬君、小学生みたいなこと言ってる」

笑いながら早瀬の背中を軽く叩《たた》くと、かすかに柑橘《かんきつ》系の香りがした。

「いい香り。これはポーチュガル？」

夜景を見ていた早瀬が振《ふ》り返《かえ》った。

「なんでわかる？」

「昔、兄がつけてた、高校生のときに。彼女と会うときは必ず」

第1回

2022年度

解　答　と　解　説

《2022年度の配点は解答欄に掲載してあります。》

＜算数解答＞

1　(1)　1　　(2)　2

2　(1)　220ページ　　(2)　16人　　(3)　25度　　(4)　5.55cm^2　　(5)　45

3　(1)　毎分60m　　(2)　ア　20分　　イ　19分　　ウ　2940m　　(3)　毎分68m

4　(1)　27m^2　　(2)　45m^2　　(3)　45m^2

5　(1)　6通り　　(2)　ア　2通り　　イ　6通り　　ウ　6通り　　エ　14通り

(3)　31通り

○推定配点○

2　各4点×5　　他　各5点×16　　計100点

＜算数解説＞

1　(四則計算)

(1)　$1.32\times5\div12+0.5-\frac{1}{8}\times2\div5=1.05-0.05=1$

(2)　$\frac{1}{\square}=\frac{2021}{6}\div47-6\frac{2}{3}=7\frac{1}{6}-6\frac{2}{3}=\frac{1}{2}$より，$\square=2$

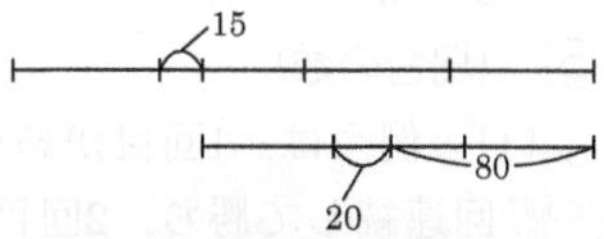

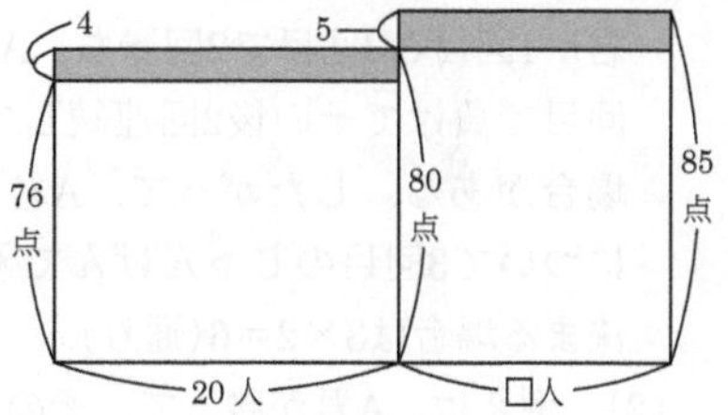

重要 2　(割合と比，相当算，平均算，平面図形，数の性質，論理)

(1)　$\{(20+80)\div2\times3+15\}\div3\times4=220$(ページ)

(2)　右図において，色がついた部分の面積が等しく女子の人数は$(80-76)\times20\div(85-80)=16$(人)

(3)　右図より，三角形OCBとOABは二等辺三角形であり，角AOBは$180-62\times2=56$(度)　　したがって，アは$81-56=25$(度)

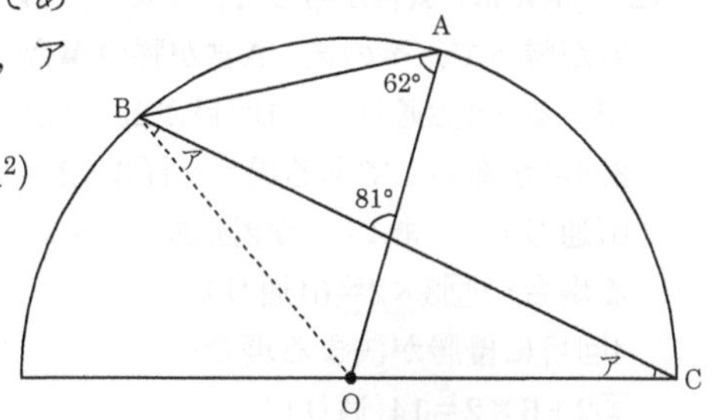

(4)　図アより，$6\times6\times3.14\div360\times75-6\times3=5.55$($cm^2$)

(5)　求める整数は33以上の奇数である。

32の倍数＋15以下…33～47の奇数

16の倍数＋9以上…41～47の奇数

8の倍数＋5以上…45か47

4の倍数＋1…したがって，45

図ア

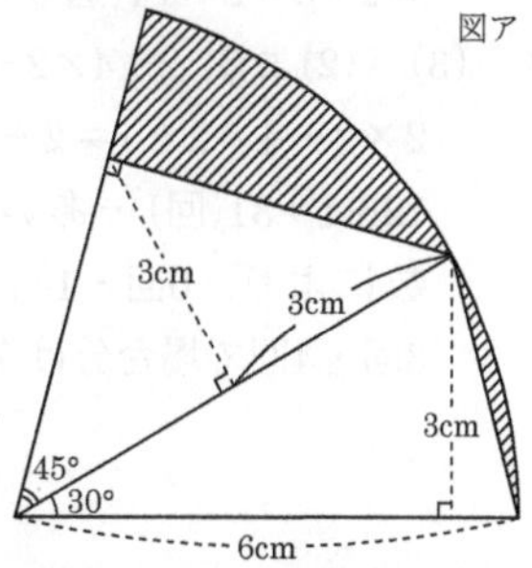

重要 3　(速さの三公式と比，旅人算，グラフ，割合と比)

(1)　グラフより，太郎君の下りの分速は$900\div10-30=60$(m)

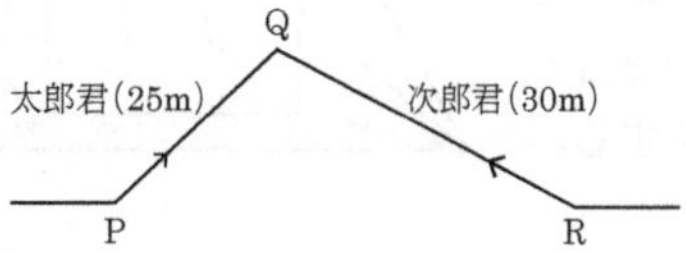

(2)　ア…$900\div30-10=20$(分)

イ…(1)より，$1140\div60=19$(分)

ウ…(1)・ア・イより,

$60\times(10+20+19)=2940$(m)

(3) 太郎君がQに着いた時刻…ウより,

$(2940-900)\div30=68$(分後)

したがって，イより，次郎君の下りの分速は$25\times68\div(19+6)=68$(m)

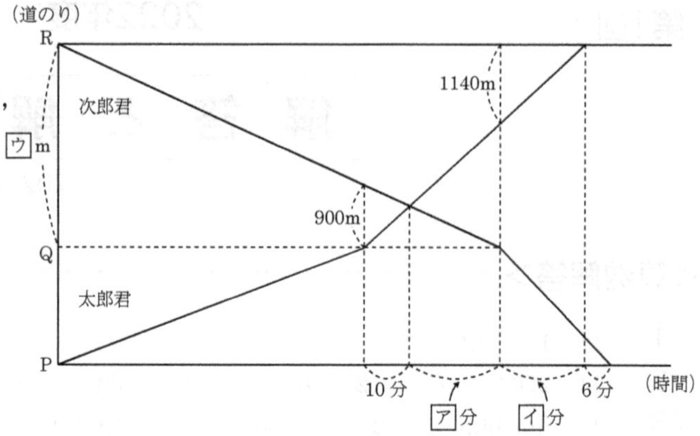

4 (立体図形，平面図形，相似)

重要 (1) 図1より，影の面積は$3\times3\times(2\times2-1\times1)=27$($m^2$)…面積比4：1

(2) 図1・2・アより，影が通過する部分の面積は，(1)より，$27+3\times6=45$(m^2)

やや難 (3) 図1・3・イより，影が通過する部分の面積は，(1)より，$27+6\times1.5\times2=45$(m^2)

図1

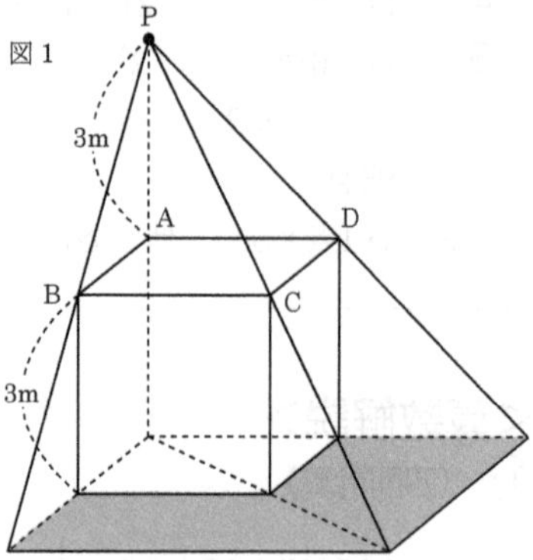

5 (場合の数)

重要 (1) 例えば，1回目があいこでA君が2回連続して勝ち，2回目があいこでA君が1回目と3回目で2回勝ち，A君が1回目で負けてその後2回連続して勝つ場合がある。したがって，A君とB君について3回目のじゃんけんで優勝が決まる場合は$3\times2=6$(通り)

(2) 例えば，A君が勝って，その後，B君が勝って，その後，A君が勝つ場合がある…ア2通り　1回目か2回目か3回目があいこである場合…イ$3\times2=6$(通り)　あいこが2回ある場合…ウ$3\times2=6$(通り)

4回目に優勝が決まる場合…エ$2+6\times2=14$(通り)

やや難 (3) (2)より，$2+4\times2+4\times3\div2\times2+4\times2+1=2+8\times2+12+1=31$(回)…あいこの回数により，0回・1回・2回・3回・4回で場合分けをする。

図2

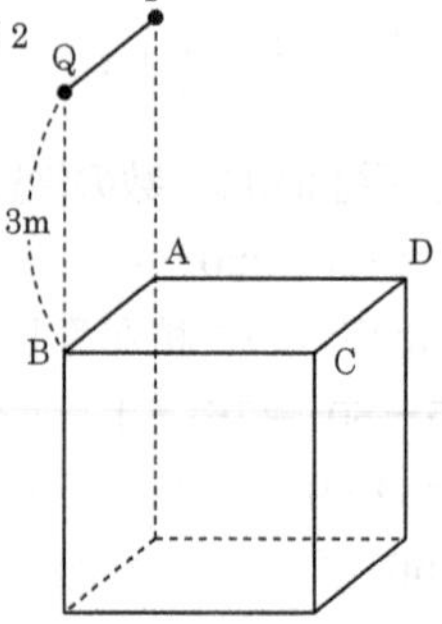

図ア

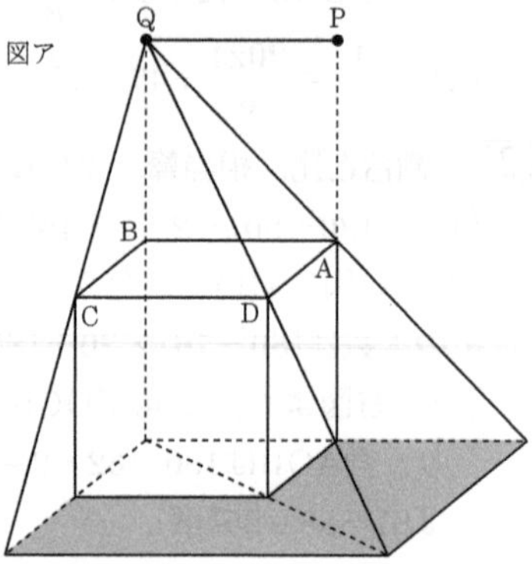

図3

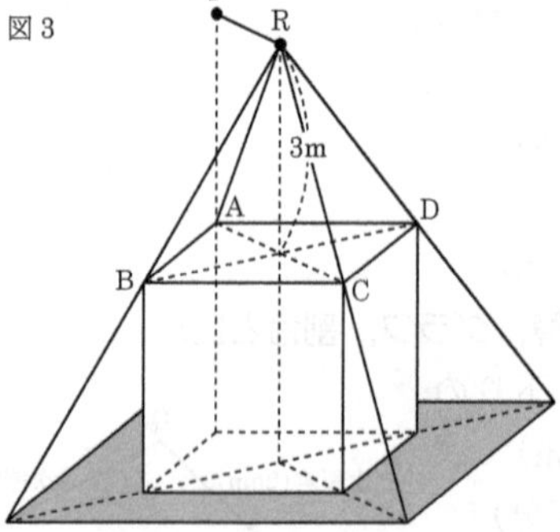

図イ

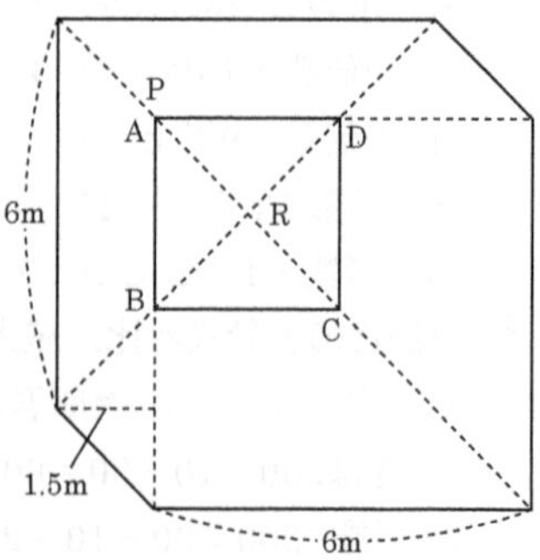

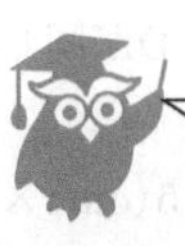

★ワンポイントアドバイス★

2(5)「33以上の奇数」は，割る数と余りの関係から答えに相当する整数を絞る。3「速さの三公式と比，グラフ」は，2人の登りの分速が分かっているので，それほど難しくない。4(3)「影が通過した部分」は，上から見た図を利用する。

<理科解答>

1　問1　C，E，G　　問2　イ，ケ　　問3　50(g)　　問4　25(g)
問5　250(g)　　問6　1.5(cm)のびる　　問7　(例)　容器の底に沈んでいる。
問8　(例)　下6cmが水の中にあり，浮かんでいる

2　問1　(例)　石灰石がなくなったため。　　問2　3.0(g)
問3　(1)　水素　　(2)　(例)　火を近づけると音がする。
問4　青色　　問5　水素　　問6　8.1(g)

3　問1　②　ペプシン　　③　アミノ酸
問2　(1)　a，c　　(2)　(例)　だ液は，80℃にすると，デンプンを分解できなくなる。
問3　(1)　ア，エ，オ，キ，ク
(2)　カ

4　問1　①　震源
②　余震
③　活断層
問2　右図
問3　20
問4　a　48
b　24
c　114
d　90

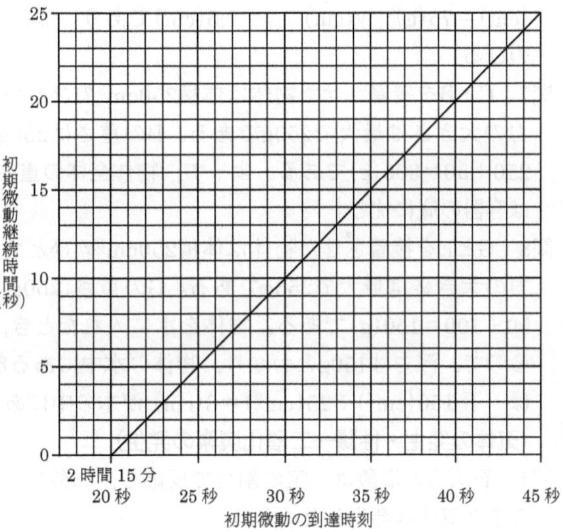

○推定配点○

1　各3点×8(問1・問2・問6完答)
2　問3(1)・問4・問5　各2点×3
他　各3点×4
3　問2(2)　3点　　他　各2点×5(問2(1)・問3(1)各完答)
4　問1　各2点×3　　他　各3点×3(問4完答)　　計70点

<理科解説>

1　(浮力と密度―浮力)

重要　問1　同じ体積の物体を水に入れると，軽いものほど水から出ている部分の体積が大きくなる。Aはすべてが水中にあることから，Aより軽い物体は物体の一部が水から出ているものである。よって，C，E，GがAより軽い。図1で，DはAよりも上に位置しているが，すべてが水中にあることから同じ重さである。

やや難 問2　容器の底についていなくて，水中にある体積が同じものは重さが同じである。よって，水から上3cmが出ているCとGが同じ重さ，すべてが水中にあり，浮かんで静止しているAとDが同じ重さになる。

重要 問3　すべてが水中にあるAの重さが125gであることから，水中にある体積が 5(cm)×5(cm)×5(cm)＝125(cm^3) の物体にはたらく浮力が125gであることがわかる。水中にあるCの体積は，5(cm)×5(cm)×2(cm)＝50(cm^3) なので，浮力は50gである。浮かんでいる物体の重さと浮力の大きさは同じなので，Cの重さは50gである。

やや難 問4　Eは下4cmが水中にあるので，水中の体積は 5(cm)×5(cm)×4(cm)＝100(cm^3) だから，はたらく浮力の大きさは100gとわかり，重さは100gとわかる。物体すべてが水中にあるときの浮力は125gだから，浮力が125gはたらくようにするには，125－100＝25(g)の力を加えればよいことがわかる。

やや難 問5　ばねは100gの力でのびが2cm変化するので，xgの力で変化するのびが2.5cmだとすると，100(g)：2(cm)＝x(g)：2.5(cm)　x＝125(g)である。Bの体積は125cm^3なので，125gの浮力がはたらいている。よって，Bの重さは 125＋125＝250(g)である。

やや難 問6　Gの重さはCの重さと同じなので50gである。また，すべてが水中にあるので125gの浮力がはたらく。これらのことから，Gには上向きに 125－50＝75(g)の力がはたらく。よって，ばねは100gの力でのびが2cm変化するので，75gの力で変化するのびが$y$cmだとすると，100(g)：2(cm)＝75(g)：y(cm)　y＝1.5(cm)であり，ばねには上向きの力がはたらくので，ばねは1.5cmのびる。

重要 問7　CとBを接着させた物体は体積250cm^3のひとつの物体とみることができるので，はたらく浮力の大きさは最大で250gである。Bの重さは250g，Cの重さは50gなので，物体全体の重さは250＋50＝300(g)である。よって，物体全体の重さより浮力が大きくなることはないので，物体は容器の底に沈む。

重要 問8　GとEを接着させた物体は体積250cm^3のひとつの物体とみることができるので，はたらく浮力の大きさは最大で250gである。Gの重さは50g，Eの重さは100gなので，物体全体の重さは50＋100＝150(g)である。物体を水に入れたとき，浮力の大きさは物体全体の重さと等しくなるので，浮力は150gとわかり，物体の水中にある部分の体積は150cm^3とわかる。よって，物体は，下 150(cm^3)÷25(cm^2)＝6(cm) が水の中にあって浮かんでいる。

2　(気体の発生・性質―二酸化炭素の発生)

重要 問1　石灰石と塩酸は一定の割合で反応し，二酸化炭素が発生する。そのため，一方の物質がなくなると気体は発生しなくなる。

やや難 問2　石灰石3.0gがすべて反応したときに発生する気体は0.72L，アルミニウム3.0gがすべて反応したときに発生する気体は4.0Lであることから，3.0gがすべて反応したとき，アルミニウムのほうが石灰石より 4.0－0.72＝3.28(L)多くの気体が発生することがわかる。アルミニウム9.0gがすべて反応したとすると，発生する気体は $4.0(\mathrm{L})\times\dfrac{9.0(\mathrm{g})}{3.0(\mathrm{g})}=12.0(\mathrm{L})$，実際に発生した気体は8.72Lで，アルミニウム3.0gのかわりに石灰石3.0gを用いると発生する気体が3.28L減ることから，(12.0－8.72)÷3.28＝1 より，混合物9.0gにふくまれていた石灰石は3.0gとわかる。

基本 問3　(1)　アルミニウムに塩酸をかけると水素が発生する。　(2)　水素に火をつけると，音を立てて燃えて空気中の酸素と反応し，水ができる。

問4・問5　実験3で発生した気体を石灰水に通しても石灰水が白くにごらなかったことから，発生した気体に二酸化炭素はふくまれておらず，すべてが水素であったことがわかる。また，二酸化炭素は石灰石と塩酸が反応すると発生する。これらのことから，塩酸と水酸化ナトリウム水溶液を混合した液には塩酸はふくまれておらず，水酸化ナトリウム水溶液だけであることがわかる。水酸化ナトリウム水溶液はアルカリ性なので，BTB溶液を加えると青色になる。

問6　実験3で発生した気体10.8Lは，すべてアルミニウムが水酸化ナトリウム水溶液と反応して発生した水素である。アルミニウム3.0gがすべて水酸化ナトリウム水溶液と反応すると水素が4.0L発生することから，水素が10.8L発生するときに反応するアルミニウムをxgとすると，3.0(g)：4.0(L)＝x(g)：10.8(L)　x＝8.1(g)

3 (生物総合―酵素のはたらき)

問1　胃液にはペプシンとよばれる消化酵素がふくまれ，食物にふくまれるタンパク質を分解する。タンパク質は，すい液にふくまれる消化酵素や小腸の壁から出される消化酵素のはたらきで，最終的にアミノ酸にまで分解される。

基本　問2　(1)　ヨウ素液はデンプンと反応して青紫色に変化するので，試験管a，cにはデンプンが存在し，試験管bにはデンプンが存在しないことがわかる。　(2)　試験管bと試験管cの結果から，40℃のときはデンプンが分解されているが，80℃ではデンプンが分解されていないことがわかる。

問3　(1)　図より，物質Aから赤色の色素までの変化は，物質A→(酵素ア)→物質C→(酵素エ)→物質F→(酵素オ)→物質E→(酵素キ)→(酵素ク)→赤色の色素　となることがわかる。　(2)　物質Aから青色の色素をつくるのに必要な酵素はア，エ，カ，キ，クで，赤色の色素とオレンジ色の色素がつくれていたことから，ア，エ，キ，クの酵素はすでにもっていたことがわかる。

4 (地層―地震)

問1　①　地下の地震が発生した場所を震源，震源の真上の地表の地点を震央という。　②　本震が発生した後に起こる小さな地震を余震という。　③　地震は地下で地層にずれが生じたときに発生し，そのずれを断層といい，将来にわたって動く可能性のある断層を活断層という。

問2　各地点における初期微動の到達時刻と初期微動継続時間をまとめると次のようになる。

	初期微動の到達時刻	初期微動継続時間
A地点	午前2時15分28秒	8秒
B地点	午前2時15分24秒	4秒
C地点	午前2時15分39秒	19秒
D地点	午前2時15分35秒	15秒

重要　問3　初期微動を伝えるP波と主要動を伝えるS波は地震発生時に同時に発生して広がっていくので，震源における初期微動継続時間は0となる。問2のグラフにおいて，初期微動継続時間が0秒になるのは，午前2時15分20秒なので，地震の発生時刻は午前2時15分20秒だとわかる。

重要　問4　地震の発生時刻が午前2時15分20秒なので，A～Dの各地点において，地震発生から初期微動を伝えるP波が届くまでにかかる時間は，A地点が8秒，B地点が4秒，C地点が19秒，D地点が15秒であることがわかる。P波の速さは6km/秒なので，震源からの距離は，A地点が 6(km/秒)×8(秒)＝48(km)，B地点が 6(km/秒)×4(秒)＝24(km)，C地点が 6(km/秒)×19(秒)＝114(km)，D地点が 6(km/秒)×15(秒)＝90(km) である。

★ワンポイントアドバイス★

解答に必要な知識や考え方にそれほど難易度の高いものはないが，知識や条件などを複数組み合わせて考えていく必要がある問題が多いので，複雑な条件設定の問題などに多く取り組んで慣れておこう。

＜社会解答＞

1 問1 ウ　問2 イ　問3 ア　問4 エ　問5 イ　問6 ウ　問7 イ
問8 ア　問9 牧ノ原[牧之原](台地)　問10 エ　問11 ウ　問12 ア
問13 減反(政策)　問14 長野(県)　問15 促成(栽培)　問16 ウ　問17 エ

2 問1 ウ　問2 ア　問3 イ　問4 イ　問5 イ　問6 校倉造　問7 ウ
問8 エ　問9 エ　問10 ウ　問11 イ　問12 雪舟　問13 エ　問14 イ
問15 ア　問16 イ　問17 ウ　問18 ア　問19 1 カ　2 エ

3 問1 (あ) 最高　(い) 立法　問2 通常国会[常会], 150(日間)　問3 ア
問4 ウ　問5 エ　問6 ア　問7 マニフェスト　問8 両院協議会　問9 ウ
問10 イ　問11 クエスチョンタイム

○推定配点○

1 問4・問5・問9・問10　各2点×4　他　各1点×13
2 問2・問4・問6・問12・問14・問15　各1点×6　他　各2点×14
3 問3・問4　各2点×2　他　各1点×11　計70点

＜社会解説＞

1 **(日本の地理－日本の国土と自然, 工業, 農業, 貿易, 公害・環境問題)**

問1　2015年に気候変動枠組条約第21回締約国会議(COP21)が開催された都市はウのパリである。COP21では, パリ協定が採択されている。

問2　温暖化の原因物質として最も排出量が多いものは, イの二酸化炭素である。

やや難　問3　写真は, 濃尾平野の木曽川・長良川・揖斐川の下流に広がる輪中と呼ばれる堤防で囲われた低地にみられる, 水屋とよばれる洪水発生時に避難に用いられる建物なので, アが正しい。

問4　液状化現象は, 地震の際などに発生するものであり, 洪水で発生するものではないことから, エが洪水ハザードマップを作成する際に記載すべき内容として誤っている。

問5　伊万里焼は佐賀県なので, イが正しい。置賜つむぎは福岡県ではなく山形県なので, アは誤り。輪島塗は長崎県ではなく石川県なので, ウは誤り。大館曲げわっぱは鹿児島県ではなく秋田県なので, エは誤り。

問6　日本三大急流は, 山形県を流れるウの最上川のほか, 静岡県や山梨県などを流れる富士川, 熊本県を流れる球磨川があてはまる。

問7　レタスは長野県や群馬県などで生産が盛んであり, 熊本県は国内生産量第1位ではないので, イが誤っている。

重要　問8　熊本県で発生した, 化学工場から排水された有機水銀による公害病は, アの水俣病である。イの第二水俣病は, 新潟県の阿賀野川流域で発生した有機水銀を原因物質とする公害病。ウのイタイイタイ病は, 富山県の神通川流域で発生したカドミウムを原因物質とする公害病。エの四日市ぜんそくは, 三重県で発生した亜硫酸ガスを原因物質とする公害病。

問9　静岡県中西部の大井川下流西岸に位置する台地は, 牧ノ原台地である。

問10　静岡市は太平洋側の気候がみられることから, 夏に降水量が多いと考えられるので, エと判断できる。なお, アは比較的温暖で降水量も多くないことから瀬戸内の気候がみられる岡山市, イは冬に降水量が多くなっていることから日本海側の気候がみられる金沢市, ウは比較的降水量が少なく冬の平均気温が0℃近くまで下がっていることから内陸の気候がみられる松本市を

示していると判断できる。

問11　aは阪神工業地帯で比較的割合が高いことから，ウの金属と判断できる。bは金属，cは化学，dは食料品を示している。

問12　タイ，ベトナム，インドネシアからの輸入品上位5品目に共通して含まれていることから，Xはアの魚介類と考えられる。ベトナムやインドネシア，タイなどからは，エビが多く輸入されており，ベトナムやタイからはイカも多く輸入されている。

問13　1971年から本格的に始まり2018年に廃止された，生産が過剰になった米の生産を抑える政策を，減反政策という。

問14　りんごの都道府県別生産量が青森県に次いで全国第2位なのは，長野県である。

基本　問15　ビニールハウスや温室を利用して，本来の季節より早く農産物を生産する栽培方法を，促成栽培という。

問16　真夏日とは，最高気温が30℃以上の日のことなので，ウが正しい。なお，最高気温が35℃以上の日は猛暑日，25℃以上の日は夏日，0℃未満の日は真冬日，最低気温が0℃未満の日を冬日という。

問17　アはSDGsの目標7(エネルギー)，イは目標5(ジェンダー)，ウは目標13(気候変動)であるが，エはSDGsの17の目標には存在しないので，エが誤り。

2　(日本の歴史－古代～近代)

問1　弥生時代になると，身分や貧富の差が生まれていたと考えられているので，ウが誤っている。九州北部に伝えられた稲作は，弥生時代に東日本まで伝わっているので，アは適当。弥生時代には，ねずみや湿気を防ぐための高床倉庫が造られ，収穫した米が蓄えられたので，イは適当。板付遺跡は縄文時代晩期から弥生時代初期にかけての遺跡で，稲作の様子を伝えているので，エは適当。

問2　銅鐸は，祭りで使用されたと考えられていることから，アの神器が用途として正しいと考えられる。

問3　公地公民の原則が示されたのは，十七条憲法ではなく，大化改新の際に出された改新の詔なので，イが誤っている。推古天皇のもとで，蘇我馬子と聖徳太子(厩戸王)が協力して政治に取り組み，十七条憲法が出されるなどしているので，アは適当。法隆寺は，現存する世界最古の木造建築なので，ウは適当。日本最初の金属の貨幣は7世紀後半の天武天皇のころにつくられたので，エは適当。

問4　紙・墨・絵具などが日本に伝わった後に造営された，人々や伝説上の動物などが極彩色で描かれた古墳としては，イの高松塚古墳が適当。アの大山古墳やウの稲荷山古墳，エの五色塚古墳は，いずれも飛鳥時代より前の古墳時代のものである。

問5　阿倍仲麻呂は留学生として唐へ渡り，唐の皇帝に仕え，ついに帰国できなかった人物なので，イが誤っている。

問6　正倉院にみられる，三角形の木材を組んだ建築様式を，校倉造という。

重要　問7　桓武天皇は794年に平安京への遷都をおこなっているので，ウが正しい。アの墾田永年私財法を出し，イの国分寺と国分尼寺の建立を命じたのは奈良時代の聖武天皇。『日本書紀』は720年に完成している。

問8　空海は高野山金剛峯寺を建てており，比叡山延暦寺を建てたのは最澄なので，エが誤っている。空海は，唐に留学し，帰国後に真言宗を伝え，書に優れ三筆の一人とされたので，ア，イ，ウは適当。

問9　平等院鳳凰堂を建立したのは，藤原頼通である。藤原頼通は，長い間摂政・関白の地位につき，摂関政治の全盛期を担ったので，エが正しい。アは藤原基経，イは藤原道長，ウは平清盛について述べている。

問10　北条泰時は1232年に御成敗式目を制定した鎌倉幕府3代執権であり，元寇のころの執権は北条時宗(8代執権)なので，ウが誤っているとわかる。

問11　室町幕府8代将軍足利義政の後継争いなどから応仁の乱が起こっているので，イが8代将軍の時代の出来事として正しい。アの正長の土一揆は1428年に起こり，ウのポルトガル人によって鉄砲が種子島に伝えられたのは1543年である。エについて，千利休は織田信長や豊臣秀吉に仕えている。

問12　室町時代に中国に渡り多くの絵画技法を学び，帰国後に日本の水墨画を完成させた人物は，雪舟である。

問13　豊臣秀吉は，1588年に刀狩令を出し，農民から武器を取り上げたので，エが正しい。安土城を築き，鉄砲を用いた戦法で甲斐の武田氏をやぶり，石山本願寺を屈服させたのは，いずれも織田信長である。

問14　イが狩野永徳の描いた『唐獅子図屏風』である。アは葛飾北斎の『富嶽三十六景』，ウは雪舟が描いた水墨画，エは『源氏物語絵巻』である。

問15　元禄文化の頃に『見返り美人』を描いたのは，アの菱川師宣である。イの近松門左衛門は人形浄瑠璃の脚本家で『曽根崎心中』などの作者，ウの井原西鶴は浮世草子の作家で『日本永代蔵』などの作者，エの松尾芭蕉は俳人で『奥の細道』の作者である。

やや難　問16　徳川家斉は1787年から1837年まで征夷大将軍であった。ロシアのレザノフが長崎に来航したのは1804年であり，イが11代将軍徳川家斉の時代とわかる。アとウは8代将軍徳川吉宗が行った享保の改革の内容，エは老中水野忠邦がおこなった天保の改革の内容。

問17　藩閥専制政治の打破や国会開設を求める自由民権運動は1870年代半ばに盛んになったが，文明開化のころに普通選挙運動が起こったわけではないので，ウが誤り。ア，イ，エは1872年の出来事。

問18　1880年代には，政府は鹿鳴館を建設して舞踏会を開き，日本が文明国であることを示して，条約交渉を有利に進めようとしたこともあるので，アが正しい。条約改正を求める国民の声が高まった出来事としては，フェートン号事件は不適当であり，ノルマントン号事件が適当なので，イは誤り。フェートン号事件は江戸時代の1808年にイギリスの軍艦フェートン号が長崎に侵入した出来事。ウのロシアによる三国干渉は日清戦争後の出来事であるが，日本は日清戦争前に日英通商航海条約を結び領事裁判権の撤廃に成功しているので，ウは誤り。関税自主権の回復は小村寿太郎が外務大臣のときに成功しており，エは誤り。

問19　[1]　1の二・二六事件は1936年，2の日独伊三国同盟の締結は1940年，3の国家総動員法の制定は1938年，4の満州事変の勃発は1931年である。よって，時代の古い順に並び替えると4→1→3→2となり，カが正しい。　[2]　米の安売りを求める騒動は太平洋戦争期にはみられないので，エが誤っている。

3　(政治－国会)

問1　日本国憲法は，第41条で「国会は，国権の最高機関であつて，国の唯一の立法機関である。」と規定されているので，(あ)には最高が，(い)には立法が，あてはまる。

問2　毎年1回，1月に召集される国会は，通常国会(常会)で，会期は150日である。通常国会では，主に予算の審議が行われる。

問3　法律案の議決は，原則として各議院の出席議員の過半数の賛成が必要なので，アが誤っている。なお，「各議院の総議員の3分の2以上の賛成が必要」なのは，憲法改正の発議である。

問4　衆議院議員の被選挙権は25歳以上，参議院議員の被選挙権は30歳以上となっており，参議院議員のほうが衆議院議員よりも被選挙権の年齢制限が高くなっているので，ウが誤っている。

基本　問5　衆議院議員の任期は4年で解散があるため途中で資格を失うことがある。参議院議員の任期は6年で3年ごとに半数が改選される。よって，エが正しい。

問6　比例代表制は，各政党の得票数に応じて政党の議席数を決める選挙制度であり，アが正しい。参議院の比例代表選出選挙は非拘束名簿式が採用されており，投票の際には政党名または個人名を書くことになるので，イは誤り。衆議院議員は，2022年時点においては小選挙区で289人，比例代表で176人が選出されることから，ウは誤り。参議院議員選挙は選挙区選出選挙と比例代表選出選挙によって選ばれるので，エは誤り。

問7　選挙の時，各政党や立候補者が掲げる，当選した後に実行する政策上の約束を，マニフェストという。

問8　国会において，両議院の議決で一致しなかった場合に開かれることがある会議は，両院協議会である。

問9　憲法改正の発議は衆議院の優越は認められておらず，ウが誤っている。アの条約の承認，イの予算の議決，エの内閣総理大臣の指名は，いずれも衆議院の優越が認められている。

重要　問10　内閣不信任決議は衆議院のみが行えるもので，衆議院の出席議員の過半数の賛成で可決される。内閣不信任決議案が衆議院で出席議員の過半数の賛成で可決されると，内閣は10日以内に衆議院の解散を決定するか，総辞職しなければならない。

問11　イギリスを手本として国会で行われ，首相と野党党首による討論は，クエスチョンタイムという。

★ワンポイントアドバイス★

幅広い知識を持つようにしておこう。

＜国語解答＞

一　問1　A　腹　　B　口　　問2　ア　　問3　エ　　問4　X　自分の方がきっと先に猫を見つけられる　　Y　自信　　問5　ア　　問6　イ　　問7　拓也のことを味方だと思っていたが，猫を飼いたいというのは武の意地だと指摘されたことで，裏切られた気持ちになったから。　　問8　悩みを相談できる相手が自分の周りにはいないという心細さ。

問9　友達は離れていき，自分を持ち上げてくれる人を取り巻きにしてうわべだけちやほやされるものの，むしろ孤独を感じている状態。　　問10　ウ　　問11　以前は，お稲荷さんにお願いしてやってきた猫を，寂しさを紛らわすために飼おうとしていたが，現在は，自分のことを信頼してくれる猫を不幸にしない責任があると考えるようになった。

問12　ア

二　1　領域　　2　路頭　　3　荘厳　　4　展覧　　5　鉄橋　　6　翌朝　　7　客間　　8　雨具　　9　群　　10　養

○配点○

一　問1　各2点×2　　問2・問4　各8点×2(問4完答)　　問8　14点　　問9　10点
問11　16点　　他　各5点×6　二　各1点×10　　計100点

＜国語解説＞

一　(物語－心情・情景，細部の読み取り，空欄補充，慣用句，記述力)

基本　問1　A　武は泥棒扱いされて不愉快な気持ち，つまり「腹を立てている」。それに比べて，拓也の様子をみると「『腹』を立てている」様子が見られないのである。　B　腹を立てないどころか,「日本人形みたい」という武にとってみたら奇妙だと思えるような感想を言い出したということだから「『口』にした」である。

問2　「だからって～」で始まる段落が着目点である。「おとぎ話」とは，子どもに聞かせる昔話ということだが，この場合は，特に子どものためのということではなく，単に昔話という意味合いである。祖母はいるが，曾祖母はいない武にとっては，自分には無関係な大昔の話程度にしか思えないのだからアである。

問3　ウとエで迷うところだが，女の人は，自分の飼い猫であることを譲るつもりはまったくないので，ウの「可能性が出てきた」は誤りである。

重要　問4　X　「挑発」とは，わざと相手を刺激して，いざこざを起こすようにする態度のことだ。直前の，女の人の発言に着目する。ゴンを探すための貼り紙など無駄だと言い切るのは「自分のほうが先に猫を見つけられる」と思っているからである。　Y　挑発的に言えるのは，自分に「自信」があるからだ。

問5　武の言葉は，女に対する悪口と，ゴンを拾ってから自分がどのようなことをしたかである。もし，女が飼い主だったのならゴンは逃げ出したにちがいないから，自分のほうが飼い主としてふさわしいという主張をしたかったのだからアである。

問6　興奮して自分の猫だと主張している武に対しての態度である。明日もまた探すと言う武への返事に着目する。見つけても父親の反対で飼えないということを前提に武に落ち着いて考えるようにうながしているのはいまの状況を冷静にみすえているからである。したがってイを選択する。

問7　ゴンを探し出すのは武の意地だと指摘されたことで，これまで一緒に探してくれたのは自分を理解してくれて「味方」だと思っていたのに，そうではなかったのだと思っている。拓也に裏切られた気持ちになっているのだ。

問8　「その心細さ」の「その」が指し示している内容は,「飄々として～」で始まる段落にある。悩みのなさそうな拓也に見えるが，それでも，悩んだりしたとき相談できる相手が周囲にいないことを「心細いのだろう」と考えている。

やや難　問9　この場合の「空洞」は,「じいちゃんが生きていたころ～」で始まる武の言葉の中の,「悩みなんかなくて，卑屈になることもなかった」の反対ということになる。つまり今は「悩みと卑屈」の中に生きていてそれを「空洞」と表現しているのだ。「どのような状態」と問われているのだから，どんなことが「悩みや卑屈」に結びついていったのかを考える。――線⑦で始まる段落に，拓也の心細さに共感する武自身の心細さが説明されている。「友達は離れていき，わがままを言える取り巻きにちやほやされているが，それがかえって孤独になる状態」である。

問10　武が自分自身で「怖がるやつを見るともっと怖がらせて～」と言っているのに対し「べつに怖くないのに」と答えている。ウとエで迷うところだが,「卑屈になっている」というのは武自身が言っていることで，見抜いたわけではない。それに対して，これまでの会話で武の優しさで猫を探しているのだと気がついているのだ。だから，「たぶん～親近感が持てたっていうか」と言っているのだからウである。

やや難 問11 「本文全体をふまえて」という条件と，書き方の指定があることに気をつけよう。まず，『以前は』「ほしかったのは猫～」で始まる段落にあるように，猫がほしいと願ったのは，心細さから寂しさを紛らわすために飼いたかったのだ。しかし，『現在は』，自分を信頼して安心してそばにいる猫を不幸にしない責任があると考えるように変化したのだ。

問12 イ 武が語り手になっている部分もあるが，「常に武の立場で語られて」いるわけではない。ウ 「それぞれの心情を語っている」という部分も誤りであり，各登場人物に感情移入しやすくしているとは言えない。 エ 武の心情が細かく語られているので「心情には触れず」が誤りである。イ・ウ・エの誤りの点から考えると，アがふさわしい選択肢となる。

二 (漢字の書き取り)

1 「域」は全11画の漢字。8画目は「口」の下にやや右上に書く。 2 「路」は全13画の漢字。7画目は右上方向に書く。「足」ではない。 3 「厳」は全17画の漢字。1～3画目の向きに注意する。「荘」は小学校未習の漢字であるため，受験者全員を正解とした。 4 「展」は全10画の漢字。8画目の左側に「ノ」を加え全11画の漢字にしてしまうミスが多い漢字である。 5 「橋」は全16画の漢字。5画目は左下にはらう。「一」のように書かない。 6 「翌」は全11画の漢字。2・3，5・6画目の向きに注意する。 7 「客」は全9画の漢字。5画目ははらう。 8 「具」は全8画の漢字。「日」ではなく「目」だ。 9 同音の「郡」と混同しないように気をつけよう。 10 「養」は全15画の漢字。6画目は突き出さない。

★ワンポイントアドバイス★

物語文一題の構成が続いている。長い課題文をしっかり読み取ることが大切である。記述の練習に力を入れよう。

第2回

2022年度

解　答　と　解　説

《2022年度の配点は解答欄に掲載してあります。》

<算数解答>

1 (1) 5　(2) $\frac{1}{12}$

2 (1) 8日　(2) 32度　(3) 24通り　(4) 243枚以上　(5) 0.25cm^2

3 (1) 1.75km　(2) $1\frac{1}{3}$倍　(3) 7km　(4) $33\frac{1}{3}$分後

4 (1) ① 15　② 0　(2) 30個　(3) 60個

5 (1) ① 11個　② 13個　③ 45個　(2) 25個

○推定配点○

2 各6点×5　他　各5点×14　計100点

<算数解説>

1 (四則計算)

(1) $4.25-\frac{1}{8}+1.4\div1.6=4.25+\frac{3}{4}=5$

(2) $\square=\frac{1}{6}-\left(\frac{36}{7}\times\frac{7}{12}-2\frac{2}{3}\right)\div4=\frac{1}{12}$

重要 2 (割合と比，仕事算，鶴亀算，平面図形，場合の数，平均算)

(1) 仕事全体の量を24，30，40の最小公倍数120とする。
1日の仕事量はAが$120\div24=5$，Bが$120\div30=4$，Cが$120\div40=3$
$\{(5+4+3)\times12-120\}\div3=8$(日)

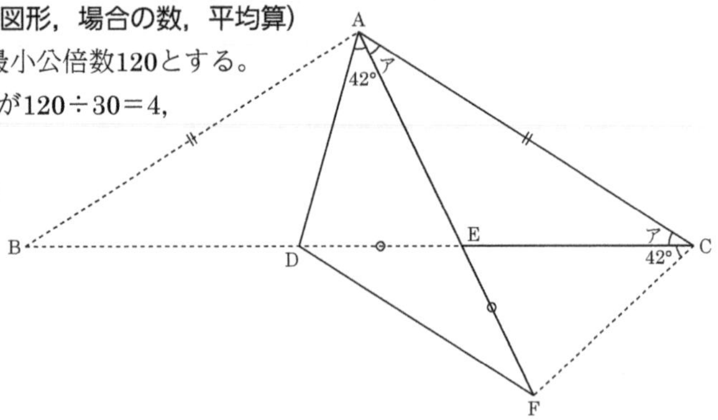

(2) 右図より，三角形AFCは二等辺三角形であり，台形ADFCは等脚台形である。$ア\times3+42\times2=ア\times3+84=180$　よって，アは$(180-84)\div3=32$(度)

(3) 6脚のイスに3人が，間に1脚か2脚のイスを置いて座わる座り方は右の4通りがある。

○×○×○×　○×○××○
○××○×○　×○×○×○

したがって，3人の座り方は$3\times2\times1\times4=24$(通り)

(4) 右図より，色がついた部分の面積が等しく，□は$(3000\div100-20)\times100\div(20-13)=142\frac{6}{7}$(枚)
したがって，$100+143=243$(枚)以上が必要。

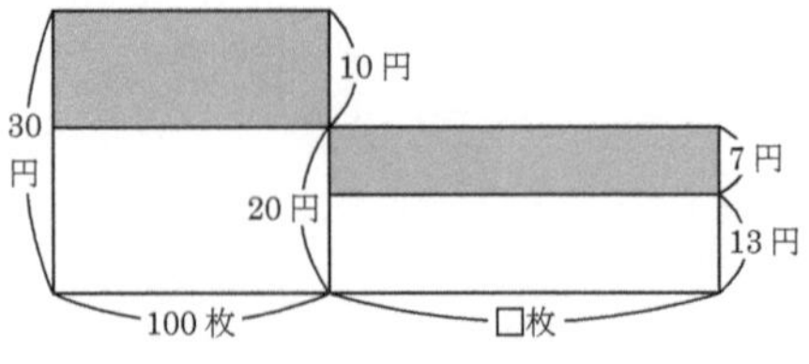

(5)　右図より，求める面積は

$\frac{1}{12}+\left(\frac{1}{6}+\frac{1}{3}\right)\div 2\times\frac{2}{3}=\frac{1}{4}$

(cm^2)

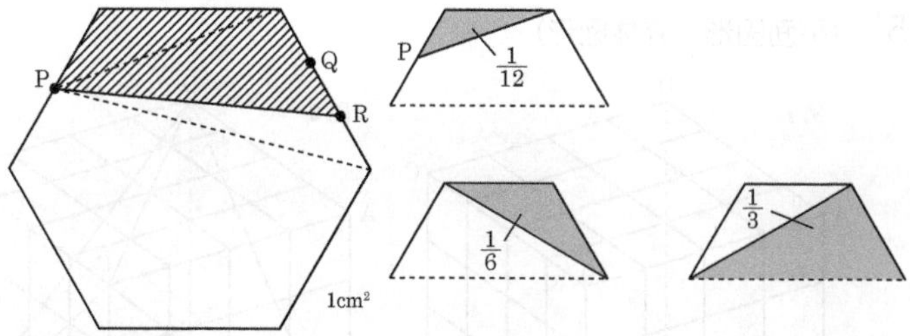

重要 **3**　**(速さの三公式と比，割合と比)**

(1)　太郎君が1往復したとき，次郎君はP地点まであと3.5kmの地点にいた。したがって，太郎君がQ地点に着いたとき，次郎君はQ地点まであと3.5÷2＝1.75(km)の地点にいた。

(2)　(1)より，右図において，太郎君の速さは次郎君の1÷(1.75－1)＝$\frac{4}{3}$(倍)

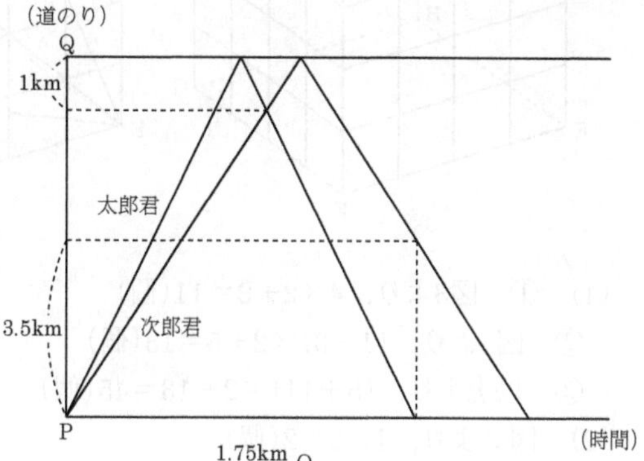

(3)　(2)より，下図においてPQ間は3.5×2＝7(km)

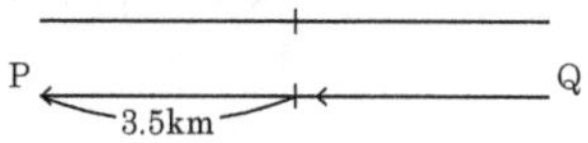

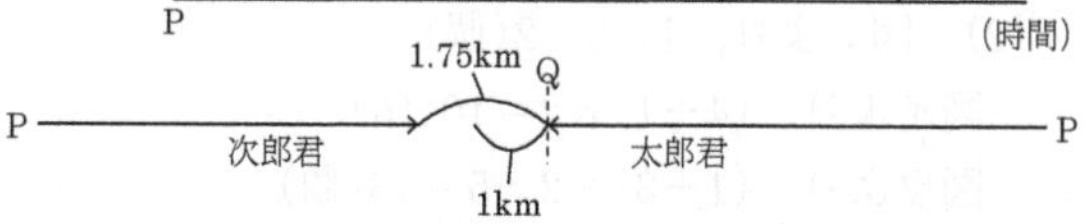

(4)　(2)・(3)より，右図において太郎君はRP間を6÷4＝1.5で進み，次郎君は6÷$\left(3\times\frac{5}{6}\right)$＝2.4で進む。

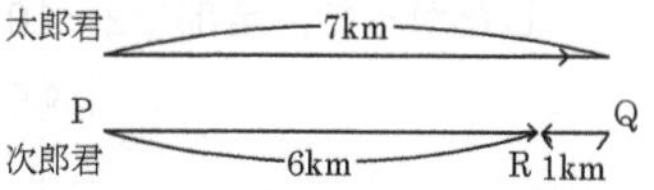

2.4－1.5＝0.9が15分に相当し，1は15÷0.9＝$\frac{50}{3}$(分)に相当する。

したがって，3人が出会ったのは$\frac{50}{3}$×8÷4＝$\frac{100}{3}$(分後)

4　**(数の性質，規則性，演算記号，場合の数)**

基本 (1)　①　(1＋2＋0)÷(15÷3)＝15

②　(1＋15)×15÷2＝120　＜120＞＝0

重要 (2)　(1＋9)×9÷2＝45　＜45＞＝0　　1からAまでの和÷3＝3の倍数＋1になるとき，Aは10，13，16，～，97　　したがって，求める個数は(97－10)÷3＋1＝30(個)

(3)　＜1＞＋＜2＞＋＜3＞＋～＋＜10＞＝10となり，＜1＞＋＜2＞＋＜3＞＋～＋＜B＞＝Bにあてはまるのは，(9)，10，12，13，15，16，～，99である。　　したがって，あてはまる2ケタの数は(99－9)÷3×2＝60(個)

5 （平面図形，立体図形）

図1
図2
図3
図4
重要 (1) ① 図3より，4×2＋3＝11(個)
  ② 図4より，(1＋3)×2＋5＝13(個)
  ③ 以上より，(5＋11)×2＋13＝45(個)

やや難 (2) 図アより，1×2＝2(個)
  図イより，(4＋1)×2＝10(個)
  図ウより，(1＋3)×2＋5＝13(個)
  したがって，全部で2＋10＋13＝25(個)

図ア
図イ
図ウ

★ワンポイントアドバイス★

3「2人がPQ間を往復する」問題の場合，グラフよりも線分図を利用するほうがポイントをつかみやすい。5「立方体と三角錐に関する重点の個数」は，問題文と各問題設定がヒントになっており，注意すれば難しくない。

＜理科解答＞

1 問1 イ，オ，ク　問2 40(g)　問3

1 問4 エ　問5 イ
2 問1 1(通り)　問2 6(通り)　問3 4(通り)
3 問1 水蒸気　問2 ウ　問3 オ　問4 オ

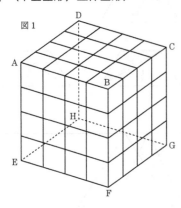

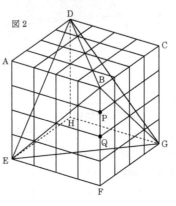

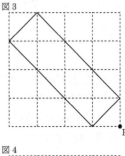

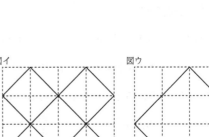

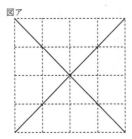

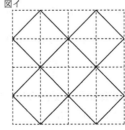

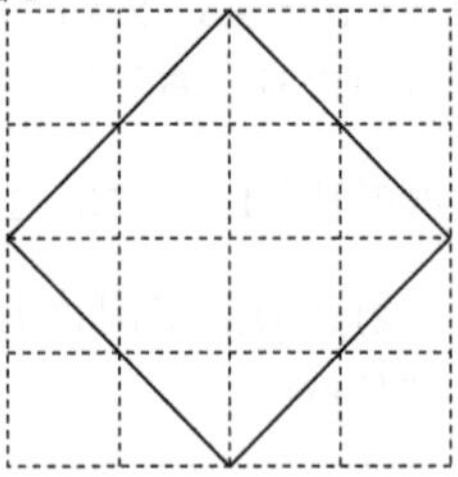

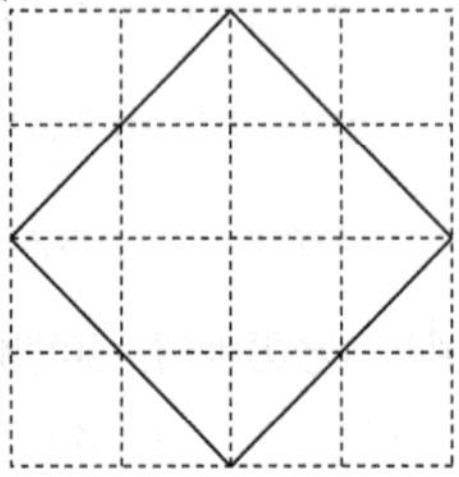

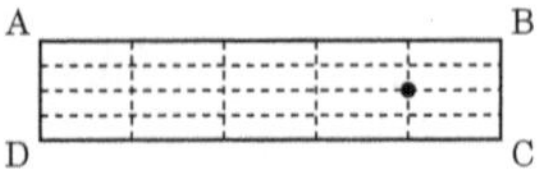

4　問1　35(mL)　　問2

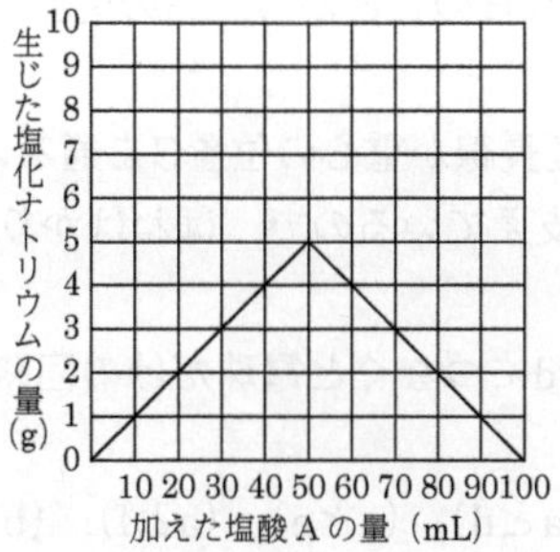

問3　エ，オ　　問4

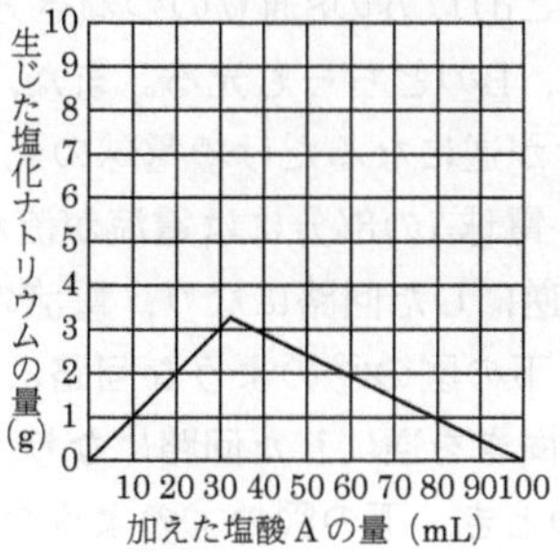

5　問1　(1)　ロゼット　　(2)　合弁花
　問2　(1)　ア，ウ，エ　　(2)　①　8　　②　2　　③　1

6　問1　(1)　19(℃)　　(2)　81(％)　　問2　(1)　15(℃)　　(2)　1600(m)
　問3　11(℃)　　問4　(1)　33(℃)　　(2)　28(％)

○推定配点○
1　問4・問5　各2点×2　　他　各3点×3(問1完答)　　2　各3点×3　　3　各2点×4
4　各3点×4(問3完答)　　5　問2(2)　3点(完答)　　他　各2点×3(問2(1)完答)
6　問1　各2点×2　　他　各3点×5　　　計70点

＜理科解説＞

1　(てこ・てんびん―てこのつり合い)

重要　問1　図2のように，物体だけをひもでつり下げてつり合ったとき，ひもをつけた部分，ひもと物体が重なる部分のどこかに重心があると考えられる。

重要　問2　問1より，重心は物体の左端から8cm，右端から2cmの位置にあるので，支点が重心の位置にあると考えて，てこのつり合いの関係から，「点Aにつけたばねはかりの引く力×8(cm)＝点Bにつけたばねはかりの引く力×2(cm)」が成り立ち，ばねはかりの引く力の大きさの比は，点Aにつけたばねはかり：点Bにつけたばねはかり＝1：4となる。よって，点Aにつけたばねはかりの示す値は200(g)×$\frac{1}{1+4}$＝40(g)

問3　1本のひもを使ってつり下げて水平になったとき，物体の重心はひもと同一直線上にある。図2で重心は直線EF上にあることがわかる。また，図4で重心は，BCの中点とADの中点を

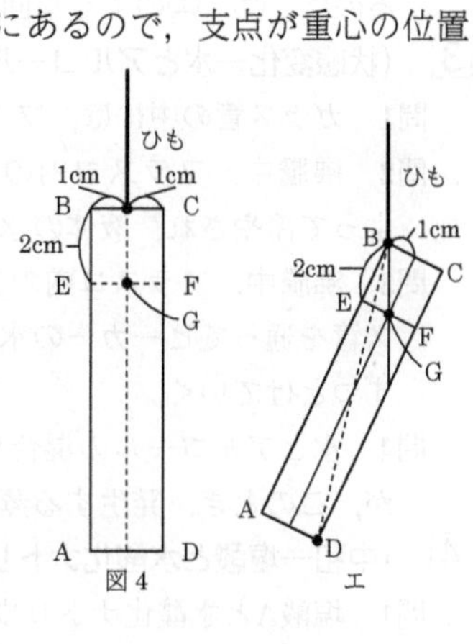

図4　エ

結ぶ直線上にあることがわかる。これらのことから，右の図4のように，ひもの延長線とEFが交わるGの位置に重心はある。

やや難 問4　右のエのように，物体はひもの延長線が重心の位置Gを通るようにかたむく。

基本 問5　ばねはかりだけで200gの物体を支えているので，ばねはかりは200gを示す。

2 (回路と電流―電球と回路)

基本 問1　スイッチⅠでaに，スイッチⅡでdにつなぐと電球だけの回路になり，回路に電流は流れず電球は光らない。

問2　スイッチのつなぎ方は，全部で(aとd)，(aとe)，(aとf)，(bとd)，(bとe)，(bとf)，(cとd)，(cとe)，(cとf)の9通りある。問1の(aとd)以外の8通りのつなぎ方について，(a，e)のとき，下の図の㋐のような回路になり，電球A，Bのどちらも光る。また，(a，f)の場合，㋐の電池の向きを逆にした回路になり，電流の向きが逆になるだけで電球の光り方は変わらない。(b. e)のとき，下の図の㋑のような回路になり，電球Aの部分には電流が流れず，光るのは電球Bだけである。(c，f)の場合，㋑の電池の向きを逆にした回路になり，電流の向きが逆になるだけで電球の光り方は変わらない。(b，f)のとき，下の図の㋒のような回路になり，電球A，Bのどちらも光る。また，(c，e)の場合，㋒の電池の向きを逆にした回路になり，電流の向きが逆になるだけで電球の光り方は変わらない。(b，d)のとき，下の図の㋓のような回路になり，電球A，Bのどちらも光る。また，(c，d)の場合，㋓の電池の向きを逆にした回路になり，電流の向きが逆になるだけで電球の光り方は変わらない。

よって，電球A，Bがともに光るスイッチのつなぎ方は，(a，e)，(a，f)，(b，f)，(c，e)，(b，d)，(c，d)の6通りである。

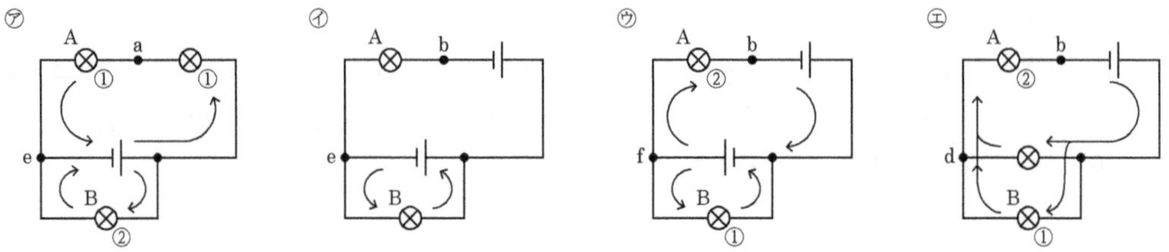

問3　電球A，Bがともに光るの6通りの回路のうち，問2の図の㋐の回路では，電球Aに流れる電流の大きさを①とすると，電球Bには②の電流が流れ，図の㋒の回路では，電球Aに流れる電流の大きさを②とすると，電球Bには①の電流が流れ，図の㋓の回路では，電球Aに流れる電流の大きさを②とすると，電球Bには①の電流が流れる。よって，電球Aのほうが電球Bより明るくなるのは，㋒，㋓のような回路になる(b，f)，(c，e)，(b，d)，(c，d)の4通りである。

3 (状態変化―水とアルコールの状態変化)

基本 問1　ガラス管の中には，フラスコ内の水が沸騰して生じた水蒸気が通過する。

重要 問2　沸騰中，フラスコ内の水は水蒸気に変化する。水蒸気はガラス管を通ってビーカーの水によって冷やされ，液体の水にもどってビーカーにたまる。

問3　沸騰中，フラスコ内のアルコールは気体のアルコールに変化する。気体のアルコールはガラス管を通ってビーカーの水によって冷やされ，液体のアルコールにもどってビーカーの水に少しずつとけていく。

重要 問4　水とアルコールの混合物を加熱すると，沸騰する温度の低いアルコールの方が先に沸騰するが，このとき，発生する蒸気はほとんどが気体のアルコールだが，少量の水蒸気もふくまれる。

4 (中和―塩酸と水酸化ナトリウム水溶液の中和)

基本 問1　塩酸Aと水酸化ナトリウム水溶液Bを同量ずつ混ぜ合わせるとちょうど中和することから，図

1より，塩酸A50mLと水酸化ナトリウム水溶液B50mLを混ぜ合わせたときに塩化ナトリウムが5g生じることがわかる。塩酸AxmLと水酸化ナトリウム水溶液BxmLを混ぜ合わせたときに生じる塩化ナトリウムが3.5gであるとすると，50(mL)：5(g)＝x(mL)：3.5(g)　x＝35(mL)

問2　塩酸Aと水酸化ナトリウム水溶液Bを同量ずつ混ぜ合わせるとちょうど中和することから，加えた塩酸Aが50mLまでは，生じる塩化ナトリウムの量は加えた塩酸Aの量に比例し，塩酸A50mLと水酸化ナトリウム水溶液B50mLが反応したときに生じる塩化ナトリウムの量が最大になる。加えた塩酸Aが50mLをこえると，反応する水酸化ナトリウム水溶液Bの量が少なくなっていくため，生じる塩化ナトリウムの量も少なくなっていき，加えた塩酸Aが100mLのとき，水酸化ナトリウム水溶液Bの量は0になるため塩化ナトリウムは生じなくなる。

やや難　問3　水酸化ナトリウム水溶液の濃度を半分にすると，塩酸Aとちょうど中和するのに必要な水酸化ナトリウム水溶液の量は2倍になるので，ちょうど中和するときの体積の比は塩酸A：水酸化ナトリウム水溶液C＝1：2 となる。また，BTB溶液は酸性の水溶液に加えたときに黄色を示す。塩酸Aと水酸化ナトリウム水溶液Cの合計量が100mLで，ちょうど中和するのは，塩酸Aが$\frac{100}{3}$mL＝$33\frac{1}{3}$mL，水酸化ナトリウム水溶液Cが$\frac{200}{3}$mL＝$66\frac{2}{3}$mLのときなので，塩酸Aが40mL，50mLのとき，混合溶液は酸性となり，BTB溶液を加えると黄色を示す。

問4　問3より，塩酸A$33\frac{1}{3}$mLと水酸化ナトリウム水溶液C$66\frac{2}{3}$mLを混合したときにちょうど中和し，生じる塩化ナトリウムの量が最大となる。このとき生じる塩化ナトリウムの量は，塩酸の濃度は変えていないので，$\frac{10}{3}$g＝$3\frac{1}{3}$gとなる。

5　**(植物―開花と日照時間)**

基本　問1　(1)　タンポポは葉を地面に広げた状態で冬をこす。この状態をロゼットという。　(2)　タンポポは花びらのように見える一つ一つが花で，それぞれに花弁がある。タンポポの花弁はもとの部分がくっついていて，このような花を合弁花という。一方，サクラやアブラナなどのように花弁が一枚一枚離れている花を離弁花という。

問2　(1)　連続した暗い時間は，アでは12時間，イでは10時間，ウでは14時間，エでは16時間，オでは3時間なので，ア，ウ，エでつぼみがつくられる。　(2)　夜の長さが10時間30分以上になるとつぼみがつくられることから，昼の長さが13時間30分未満になるとつぼみがつくられると考えることができる。グラフから，昼の長さが短くなっていき，13時間30分未満になるのは8月のなかばであることがわかる。10月のなかばに開花することから，つぼみから開花までの期間は約2か月であることがわかる。よって，3月なかばに開花させるには1月まで明るい状態にしておけばよい。

6　**(気象―フェーン現象)**

基本　問1　(1)　気温は乾球温度計の示す温度になるので19℃。　(2)　乾球のよみが19℃，乾球と湿球のよみの差は 19－17＝2(℃)だから，表2で，乾球のよみが「19」と，乾球と湿球のよみの差が「2」の交わった「81」が湿度の値となる。

重要　問2　(1)　B地点から雲ができはじめていることから，B地点で，空気$1m^3$中にふくまれる水蒸気量と飽和水蒸気量が等しくなって飽和したと考えられる。表1より，気温19℃の飽和水蒸気量は$16.3g/m^3$，湿度が81％なので，空気中にふくまれる水蒸気量は16.3×0.81＝13.203(g)だから，B地点の温度は，表1の気温では15℃となる。　(2)　A地点の気温が19℃，B地点の気温が15℃

なので，A地点からB地点まで上がると気温が4℃下がることがわかる。A地点からB地点まで上がる空気は飽和していないので，100m標高が上がるごとに気温は1℃下がるから，4℃下がるのは標高が400m上がったときである。よって，B地点の標高は1200＋400＝1600(m)

やや難 問3　B地点とD地点の標高の差は 2400－1600＝800(m)で，B地点からD地点まで移動する間，空気はずっと飽和したままなので，100m標高が上がるごとに気温は0.5℃下がるから，800mでは4℃下がる。よって，D地点の気温は，15－4＝11(℃)

問4　(1)　D地点からE地点まで移動する間，空気は飽和していないので，100m標高が下がるごとに気温は1℃上がるから，2400－200＝2200(m)下がると22℃上がる。よって，E地点の気温は11＋22＝33(℃)　(2)　D地点では飽和していたことから，D地点の気温11℃から，空気1m^3中にふくまれる水蒸気量は10.0g/m^3とわかる。D地点からE地点までの間で雲はないので，空気中の水蒸気量に変化はなく，気温33℃のときの飽和水蒸気量が35.6g/m^3だから，E地点における湿度は，10.0÷35.6×100＝28.08…より，28%。

重要

★ワンポイントアドバイス★

全体的にしっかりと読んで考える必要がある問題が多いので，「よく出る」ような問題だけでなく，いろいろな問題に取り組んでいこう。また，問題に対して試験時間が厳しいので，すばやく解くことも意識しておこう。

<社会解答>

1　問1　エ　問2　イ　問3　エ　問4　ウ　問5　ア　問6　ア　問7　イ
問8　国土交通[国交](省)　問9　イ　問10　ウ　問11　テレワーク　問12　ウ
問13　イ　問14　千葉(県)　問15　⫰　問16　イ　問17　ア　問18　イ

2　問1　ウ　問2　エ　問3　エ　問4　イ　問5　古事記　問6　エ　問7　紀貫之
問8　ウ　問9　ア　問10　エ　問11　イ　問12　イ　問13　ア　問14　エ
問15　イ　問16　富岡製糸場　問17　ア　問18　福沢諭吉　問19　イ　問20　ウ

3　問1　(あ)　家庭　(い)　番人　問2　i　(う)　司法　(え)　良心　ii　エ
問3　ウ　問4　(3)　民事(裁判)　(4)　刑事(裁判)　問5　エ
問6　i　審級[三審](制)　ii　控訴　問7　イ

○推定配点○

1　問1・問10　各2点×2　他　各1点×16
2　問5・問7・問13・問16・問18・問19　各1点×6　他　各2点×14
3　問2ii・問3・問5・問7　各2点×4　他　各1点×8　計70点

<社会解説>

1　(日本の地理－日本の国土と自然，地形図，農業，工業，貿易，世界地理)

問1　中国の国土面積は約960万km^2で，日本の国土面積(約38万km^2)の約25倍となっているので，エが誤っている。中国は米の生産量が世界最大で，人口も世界で最も多いため，アとイは正しい。日本にとって輸出入額の合計が最大の貿易相手国は中国なので，ウは正しい。

問2　埼玉県・群馬県・千葉県の生産量が多い，グラフで示された農産物は，イのほうれん草があてはまる。アのたまねぎやウのじゃがいもは北海道の生産量が多く，エのピーマンは茨城県や宮崎県などで生産が盛んである。

問3　日本は小麦をアメリカ合衆国やカナダから多く輸入していることから，エと判断できる。アは石炭，イは牛肉，ウは大豆を示している。

問4　日本の乳用牛の飼育頭数が北海道に次いで多いのは，ウの栃木県である。

基本　問5　北海道は乳用牛だけでなく肉用牛の飼育頭数も日本で最も多いことから，アが正しい。北海道の大規模な酪農地帯としては根釧台地が挙げられるが，石狩平野は稲作が盛んなので，イは適当でない。大消費地に近いところでは生乳の生産が，大消費地から遠いところではチーズなどの生産が行われる傾向があるので，ウは適当でない。サイロとは，飼料用の草などを貯蔵する施設のことであり，エは適当でない。

問6　本場大島つむぎは鹿児島県の奄美大島などの伝統工芸品であり，アが正しい。イの西陣織は京都府，ウの小千谷ちぢみは新潟県，エの結城つむぎは茨城県・栃木県の伝統工芸品である。

問7　竿燈祭りは岩手県ではなく秋田県の祭りなので，イが誤っている。

問8　観光庁は，国土交通省の外局として2008年に設置された。

やや難　問9　2010年から2020年の外国人登録者数の増加率が最も高い国は，イのベトナムである。ベトナムからは近年，技能実習生などで来日する人が増えている。

問10　2020年から2021年にかけて，日本人の人口増加数が1万人以上となっているのは東京都と神奈川県なので，ウが誤っている。

問11　ICT機器を活用することにより，自宅など本来の職場以外の場所で勤務する柔軟な働き方を，テレワークという。

問12　宮崎県の形としては，ウが適当。アは茨城県，イは三重県，エは奈良県を示している。

問13　豚の飼育頭数は，鹿児島県が最も多く，宮崎県，北海道と続くことから，イが宮崎県に該当する。

問14　日本の漁港で最も多くの水産物の水揚げ量を記録しているのは千葉県にある銚子港である。

問15　果樹園の地図記号はόである。

重要　問16　川が山地から平地に出る際に，土砂がたい積してできる，水はけの良い地形を扇状地というので，イが正しい。

問17　山形県の銘柄米としては，アのはえぬきが正しい。イのひとめぼれは宮城県や岩手県で栽培が盛んで，ウのななつぼしとエのゆめぴりかは北海道の銘柄米である。

問18　根室は北海道東部にあり寒冷と考えられることからエ，宮崎は九州南部にあり温暖で降水量が多いと考えられることからウと判断できる。山形と甲府はいずれも内陸に位置しているが，山形のほうが緯度が高いことから，冬の平均気温が甲府よりも低いと考えられ，イが山形，アが甲府となる。

2 (日本の歴史－古代～近代)

問1　岩宿遺跡は縄文時代の遺跡ではなく，旧石器時代の打製石器が発見された遺跡であり，岩宿遺跡の発見によって旧石器時代の研究が進んだことから，ウが誤っている。

基本　問2　小野妹子が遣隋使として派遣され，隋の皇帝に手紙を渡したのは，天武天皇の時代ではなく推古天皇の時代なので，エが誤っている。

問3　皇位継承をめぐる壬申の乱は，天智天皇が亡くなったことから起こり，勝利した大海人皇子が天武天皇として即位しているので，エが誤っている。

問4　律令制のもとでは6歳以上の男女に口分田が与えられ，稲の収穫の約3%を納める租は男女ともに課せられたが，庸や調は成人男性に課されたので，イが誤っている。

問5　稗田阿礼によみならわせた内容を，太安万侶が編さんした歴史書は，712年に元明天皇に献上された『古事記』である。

問6　勘解由使は国司の交代における不正を防ぐ目的で設けられており，地方での反乱を鎮圧するために設けられたものではないので，アは誤り。桓武天皇は班田の期間を6年から12年にしたので，イは誤り。行基の協力を得て，東大寺に大仏を造立したのは，桓武天皇ではなく聖武天皇なので，ウは桓武天皇の政策としては誤り。桓武天皇は坂上田村麻呂を征夷大将軍に任命し，東北の蝦夷と戦わせたので，エが正しい。

問7　『土佐日記』の作者は，『古今和歌集』の撰者の一人としても知られる紀貫之である。

問8　1の平等院鳳凰堂は藤原頼通が11世紀半ばに建立している。2の平将門の乱は10世紀前半の出来事。3の保元の乱は12世紀半ばの1156年の出来事。よって，時代の古い順に並び替えると2→1→3となり，ウが正しい。

問9　御成敗式目は公正な裁判を行うために定められた，御家人の権利・義務などをまとめた武家法であることから，アが正しい。

問10　室町幕府で将軍を補佐する役職は執権ではなく管領なので，アは誤り。守護の軍を追放した国人と農民による自治が8年間続いたのは大和の国ではなく山城の国なので，イは誤り。寝殿造りは室町時代ではなく平安時代に生まれた建築様式なので，ウは誤り。なお，室町時代に雪舟が日本の水墨画を大成している。室町時代には，商工業が発達し，運送業を行う馬借の活動もさかんになったことから，エが正しい。

問11　分国法は，戦国大名が領国内の武士や農民などの統制を目的として制定したものなので，他国の者と勝手に縁組することを禁止するイが正しいと判断できる。アとウは江戸幕府が定めた武家諸法度の内容である。エは室町時代の農村の自治組織である惣におけるきまりにみられる内容である。

問12　江戸時代には，幕府が街道の要所に設けた関所では旅人や荷物の検査などを行ったが，通行料は徴収していないので，イが誤っている。

基本　問13　加賀藩の城下町はアの金沢である。

問14　1のアヘン戦争の勃発は1840年，2のラクスマンの来航は1792年，3のモリソン号事件は1837年である。時代の古い順に並び替えると2→3→1となり，エが正しい。

やや難　問15　1871年の廃藩置県によって，もとの藩主にかわって明治政府から府知事・県令が派遣されたので，アは誤り。1873年に出された徴兵令は，20歳以上の男子に兵役の義務を負わせるものであったが，当初は多くの徴兵免除規定があったので，イが正しい。1873年に始まった地租改正では，地価が定められ，土地の所有者に地券が交付され，地価の3％を地租として土地の所有者が現金で納めることとなったので，ウは誤り。地主の土地を強制的に買い上げ，小作人に安く売り渡したのは，第二次世界大戦後の農地改革である。アメリカやヨーロッパへ出かけた岩倉使節団には岩倉具視のほかに大久保利通や木戸孝允などが参加したが，西郷隆盛や板垣退助は岩倉使節団には加わっていないので，エは誤り。

問16　明治政府が群馬県につくった官営工場は，富岡製糸場である。富岡製糸場は2014年に『富岡製糸場と絹産業遺産群』として世界文化遺産に登録されている。

問17　明治政府は，君主権の強いドイツの憲法を参考に憲法の作成を進め，1889年に大日本帝国憲法を発布しているので，アが誤っている。

問18　慶應義塾を創設したのは，福沢諭吉である。

問19　1の国際連盟が発足したのは1920年，2の普通選挙法の成立は1925年，3の関東大震災の発生は1923年である。よって，時代の古い順に並び替えると1→3→2となり，イが正しい。

問20　犬養毅首相が海軍の青年将校らに暗殺されたのは，二・二六事件ではなく1932年の五・一五事件なので，アは誤り。第二次世界大戦は1939年に勃発するが，日中戦争はそれより前の1937年に始まっているので，イは誤り。国家総動員法は日中戦争勃発後の1938年に制定されているので，ウが正しい。日独伊三国同盟は近衛内閣の時に結ばれているので，エは誤り。

3　(政治－裁判所)

問1　(あ)　下級裁判所は，高等裁判所・地方裁判所・簡易裁判所・家庭裁判所の四種類ある。家庭裁判所は，家庭内の争いなどについての第一審を扱う裁判所で，少年事件についても扱う。

(い)　最高裁判所は，法律などが憲法に違反しているかどうかを最終的に判断する裁判所であることから，「憲法の番人」とも呼ばれる。

重要　問2　i　日本国憲法第76条は第1項で「すべて司法権は，最高裁判所及び法律の定めるところにより設置する下級裁判所に属する。」，第3項で「すべて裁判官は，その良心に従ひ独立してその職権を行ひ，この憲法及び法律にのみ拘束される。」と規定している。よって，(　う　)には司法権が，(　え　)には良心があてはまる。　ii　最高裁判所裁判官の国民審査は，裁判官が任命されてから初めて行われる衆議院議員総選挙の時と，その後10年経過して初めて行われる衆議院議員総選挙の時に行われるので，エが正しい。

問3　日本の違憲審査制度においては，最高裁判所により違憲と判断された法律については国会が修正や廃止を審議・議決することになるので，アは誤り。違憲審査権はすべての裁判官がもつものなので，イは誤り。裁判で争われている具体的な事件を通して違憲かどうかの判断が下されるので，ウが正しい。裁判員制度は，違憲審査権を強化するためではなく，司法に対する国民の理解・信頼の向上などを目的に導入されたので，エは誤り。

問4　(3)　金銭の貸し借りなど，個人と個人の争いを解決する裁判は，民事裁判である。

(4)　罪を犯した人に対して犯罪を認定し，刑罰を科す裁判は，刑事裁判である。

問5　日本国憲法第38条第3項に「何人も，自己に不利益な唯一の証拠が本人の自白である場合には，有罪とされ，又は刑罰を科せられない。」と規定があるので，証拠が自白だけでは有罪とすることはできず，エが誤りとわかる。

問6　i　一つの内容について3回まで裁判を受けられることは，三審制という。　ii　第一審判決に納得できずに上級裁判所に訴えることは，控訴という。なお，第二審判決に納得できずに上級裁判所に訴えることは，上告という。

やや難　問7　裁判員裁判における評議では，意見がまとまらない場合は多数決で決定するが，多数の側に裁判官が一人以上含まれている必要がある。よって，有罪の意見に裁判官が0人の③では有罪の評決は下せない。①と②はいずれも裁判官1人以上を含む5人が有罪の意見となっていることから，有罪の評決を下すことができる。よって，イの組み合わせが正しい。

★ワンポイントアドバイス★

基本的な事項について，正確に理解し，覚えるようにしておこう。

<国語解答>

一 問1 ウ　問2 光に関するくわしい話は，美大を目指さない優花には興味のないものだ　問3 ウ　問4 自分のようにお金に困っている生活を，裕福な優花は想像できないだろうと思ったから。　問5 イ　問6 エ　問7 ア　問8 都会で何ができるのか不安な優花の迷いを払うように，早瀬が新しい生活を後押ししてくれたことをありがたく思っている。　問9 自分に自信の持てない優花に，共感したうえで，肯定してくれた点。　問10 エ　問11 ア　問12 優花に比べ自分をみじめに感じていたことに加え，彼女との関係を変化させる勇気を持てなかったことから，思いを伝えられず関係を断つことしかできなかったから。

二 1 組織　2 定石　3 航海　4 救命　5 万象　6 財　7 兵法　8 討ち　9 菜園　10 脳

○推定配点○

一 問1 2点　問2・問4 各6点×2　問8 12点　問9 10点　問12 14点　他 各5点×6　二 各2点×10　計100点

<国語解説>

一 (物語－心情・情景，細部の読み取り，空欄補充，記述力)

基本　問1 「つぶさに」とは，細かくて，くわしいさまのことをいう言葉である。あえて漢字表記すると「具に」・「備に」と書く。

やや難　問2 日によって違いがあるのかという優花の質問に，思わず夢中になって話している。「～絵に描くの？」という優花の次の質問に着目しよう。写真館をやっていたことや，父親の名前も光に関連しているから夢中になっているわけではない。早瀬は美大を目指す，絵を描く人間だから，光について夢中になってしまうのだ。しかし，美大を目指すわけではない優花には興味がない話だろうと気づいたのだ。

重要　問3 アとウで迷うところである。線直後からの優花の言葉では，大学生になるまでお洒落も何も今は我慢と言っているので，アを選びたくなるが，受験生だから荒れている唇にリップクリームを塗ってはいけないと思ったのではない。線直前の「早瀬の目の前では，～塗りにくい」が着目点である。好きだと思っている光司郎の前ではリップも塗れないような自分に対してため息が出るのだからウだ。

問4 ここでの二人のやりとりの内容は，どこの大学を受験するかということだ。優花は地元の大学と，記念受験として東京の私立を受けると言っている。それに対して光司郎は国立だけの2校のみの受験で，その理由は金銭的な問題であることを説明している。後の展開でも，光司郎の家は貧しい家庭だと読み取れる。記念受験で東京の大学を受けると言えるような裕福な優花には，自分のようなお金の心配をしなくてはならない生活など想像できないだろうと思うことを「実感できないだろう」と言っているのだ。

問5 「美術の教員～」で始まる段落と，続く「通常の～」で始まる段落に着目する。美大では，通常の入試で言えばカンニングにあたるような他人の作品を見ることもでき，それがかえって心を削られ，自滅してしまうような状況もあると聞いたのだ。しかも，光司郎が受験する美大は国内最高峰，最難関で3日も試験が続く過酷なものだという。アは，長時間ではあるが「終わりが見えない」わけではないので誤り。ウは制作過程も，見ようと思えば見える試験を長時間続けるのだから，「一手ですべてが決まってしまう」が誤りである。エは「いつどこから攻撃されるか」がまったく不適切だ。　長時間の過酷な戦いということだからイが適切だ。

問6　早瀬の背後にいる優花は，早瀬の背中に手を伸ばし，顔を埋めたいという思いにかられている。つまり，早瀬に対する恋心が高まっているということだ。その気持ちが表れてしまったように思うから，線直後に「ごまかしたくて」という気持ちになっているのだからエである。

基本　問7　直後にある「香りがした」で考える。光司郎の香りについて述べているのは，優花の兄も高校生のとき，彼女に会うときにつけていた「ポーチュガル」だ。

やや難　問8　練馬区という住所を見た光司郎が東京の人になるんだなと言ったことに対して，優花は不安や迷いを口にしている。それに対して光司郎は「わからないから行くんだ」と答えてくれた。自分の迷いは不安に対して，「大丈夫だ」のようななぐさめやはげましではなく，「わからないから行くんだ」という言葉は，優花にとって，大きな後押しの言葉に受け取れたのである。

やや難　問9　問9で考えたように，通り一遍なはげましではなく，優花の不安や迷いをそのまま受け止めてくれる発言だったからこそ優花の心にひびくのだ。問われていることは「どういう点」なのだから，光司郎の心遣いを書こう。自分に自信のない優花をそのまま受け止めてくれ，共感してくれたうえで，それでいいのだと言ってくれている点が優花の感謝に結びついている。

問10　イとエで迷うところである。確かに今後，優花は東京での新しい生活の中で光司郎を忘れていくかもしれないが，忘れていくことが決定的に決まっているわけではない。自分のことなど絶対忘れるから地元の大学に行くことを言わないという優花の心変わりをいやがっているのではなく，優花の新しい生活のじゃまをしてはいけないという思いやりの気持ちからなのでエを選択する。

問11　直接会っているときは苗字で呼んでいるが，優花がいないときは名前で呼んでいるということだ。問9・問10で考えたように，優花を思いやる心情を考えるとエの遠慮がちという感じもするが，苗字で呼んでいるのだから，遠慮する必要はない。いかにも意識などしていない風をよそおい，ぶっきらぼうに呼んでいたのだ。

やや難　問12　年齢的な大人ということではなく，精神的に大人だったらということだ。文中から優花が光司郎に好意を抱いていることははっきり読み取れる記述があるが，光司郎はまったく無関心であったわけではないことも，優花に対する思いやりや，呼び方の記述でわかる。しかし，まず，第一に「子どもだった」と思えることは，優花が貧しい光司郎の家に同情したりあわれんだりしているわけではないことを頭ではわかっていても，ほどこしを受けているように感じみじめだと思ったりしていたことだ。――線⑧直前の「何もかも」は，この点がどうしても乗り越えられないから，優花の好意に応えることもできず，自分の思いを伝えることもできずにただ，東京へ行ってしまう優花を見送るだけの終わり方をしてしまったから，大人ではなかったと，ある種の後悔の気持ちを抱くのである。

二　**(漢字の書き取り)**

1 「織」は「糸(いとへん)」。「知識」の「識」と混同しないように気をつける。　2 「定石」とは，囲碁で，昔から研究されてきて最善とされる，きまった石の打ち方という意味である。ここから，囲碁の世界だけではなく，最善とされている行動のしかたなどにも使う。　3 「航」は全10画の漢字。6画目は右上方向にはらう。「後悔」と混同しないようにする。　4 「救」は全11画の漢字。3～6画目の向きに注意する。「水」ではない。　5 「象」は全12画の漢字。6画目は左右に出さない。　6 「財」は全10画の漢字。10画目は9画目の右側に少し出す。　7 本来の読みは「へいほう・ひょうほう」だが，「生」がつくことで「びょうほう」とにごる読みになっている。「へいほう」という通り，戦のしかたであるが，ここから「対処のしかた」という意味にも使われる。　8 「討」は全10画の漢字。音読みは「討論」の「トウ」。9画目ははねる。　9 「菜」は全11画の漢字。4画目を忘れずに書く。5～7画目の向きに注意する。　10 「脳」は全11画の漢字。5～7画目の向きに注意する。

★ワンポイントアドバイス★

記述を苦手にすると相当苦労する設問の構成である。心情をしっかりつかみ，語彙を増やすようにしよう。

データ対応

収録から外れてしまった年度の
問題・解答解説・解答用紙を弊社ホームページで公開しております。
巻頭ページ＜収録内容＞下方のQRコードからアクセス可。

※都合によりホームページでの公開ができない内容については，
次ページ以降に収録しております。

たのはなぜですか。70字以内で説明しなさい。

二　次の――線部のカタカナを、漢字に直しなさい。

1　どうしたものかとシアンに暮れた。

2　祖父に手アみのセーターを贈《おく》る。

3　彼はいつも的をイた発言をする。

4　帰り道に百円キンイツの店による。

5　キギョウするための努力を重ねる。

6　その地域はよくコえた土地が多い。

7　ハンキを翻《ひるがえ》す機会をうかがう。

8　その政策は経済回復のカナメだ。

9　後継《こうけい》者争いがサイネンする。

10　並木道にヤエ桜が咲《さ》き誇《ほこ》っている。

ウ　息子が自分の世界に閉じこもっていることは心配ではあるが、ミャアの通り道としてドアを開けているのは家族の一員を思ってのことであり、彼《かれ》の心が完全には家族から切《き》り離《はな》されていないと確信していたから。

エ　息子が家族との交流を完全に絶《た》っていることは心配ではあるが、ミャアのためにドアを開けておくという家族内でのルールは続けてくれており、まだ自分たちの言いつけに従うつもりがあると確信していたから。

問6　――④「父は素っ気なく言った」とありますが、ここでは「素っ気な」い態度をとっている父がミャアに深い愛情を抱《いだ》いていることが読みとれる**ひと続きの二文**を探し、最初と最後の3字を抜き出して答えなさい。

問7　――⑤「思わず顔を向けた」とありますが、この時の「私」の気持ちを30字以内で説明しなさい。

問8　――⑥「母は、まるで自分に言い聞かせるように説明した」とありますが、この表現からは母のどのような気持ちが読みとれますか。その説明として最もふさわしいものを次の中から選び、記号で答えなさい。

ア　ミャアが亡くなるという辛《つら》い現実に疲《つか》れ、目を背《そむ》けたいと思う気持ち。

イ　ミャアが亡くなるという思いがけない事実を前にして、呆然《ぼうぜん》とする気持ち。

ウ　ミャアが亡くなることを理屈《りくつ》では分かりながらも、受け入れがたく思う気持ち。

エ　ミャアが亡くなることを娘に話さなければならないことを、耐《た》えがたく思う気持ち。

問9　――⑦「ごめんね、あんまり帰って来られなくて」とありますが、この姉の言葉にはどのような気持ちが込められていると「私」は考えていますか。60字以内で説明しなさい。

問10　――⑧「それくらいの振る舞いができるほどには、もう大人になっていた」とありますが、「それくらいの振る舞い」とは**何のために、どうすること**ですか。60字以内で説明しなさい。

問11　――⑨「私たちは確かに今、過ぎた月日の重さを噛み締めていた」とありますが、この時の「私たち」の気持ちを説明したものとして最もふさわしいものを次の中から選び、記号で答えなさい。

ア　大きくて強い存在だと思っていた両親が子どもだった自分たちと同じように泣いている姿を目にして、二人が年老いてしまったことを実感し、やるせなさを抱いている。

イ　両親だけが泣いている現実から、自分たちがいない間に彼らとミャアとが共に過ごした時の長さを痛感して、ミャアの世話を後回しにしてきたことを悔やんでいる。

ウ　泣いてミャアの死を悲しむ両親の様子を見ていると、ミャアの死を現実として受け入れざるを得ず、大切な家族の一員を失ってしまった深い喪失《そうしつ》感にさいなまれている。

エ　幼かったミャアが年老いて逝ったことを考えると、今は元気でいてくれる両親もまたいつかは自分たちを置いて逝ってしまう運命にあることを感じ、悲嘆《ひたん》にくれている。

問12　――⑩「だから、心配しないで」とありますが、このように思っ胸を締《し》め付《つ》けるのは、ミャアへの悲しみばかりでない。⑨私たちは確かに今、過ぎた月日の重さを噛《か》み締《し》めていた。ここにきょうだい三人を呼んだのは、ミャアの最後の意思に違《ちが》いないと思えた。

ミャアは逝《い》った。けれども、ミャアの通り道だったあの隙間《すきま》は、決して閉じたわけではない。いつだって家族と繋《つな》がっている。

⑩だから、心配しないで。

呟いたのは、姉も弟も同じだろう。

いつの間にか、縁側の向こうに雪がちらついていた。ミャアがこの家に来たあの時と同じ、真綿のような雪だった。

（唯川恵《ゆいかわけい》「ミャアの通り道」より）

注１　「舅姑」…結婚相手の両親。
注２　「決まっとるさけな」…「〜さけ」は金沢の方言で、「〜から」を表す。
ここでは「決まっているからな」の意。

問１　本文中の ⓐ・ⓑ・ⓒ には体の一部を表す言葉が入ります。最もふさわしいものを次の中からそれぞれ選び、記号で答えなさい。

ア　肩　イ　腹　ウ　口　エ　眉《まゆ》
オ　顔　カ　足　キ　手　ク　臍《ほぞ》

問２　本文中の X ・ Y に当てはまる言葉の組みあわせとして最もふさわしいものを次の中から選び、記号で答えなさい。

ア　X――にぶく　Y――鋭《するど》く
イ　X――柔《やわ》らかく　Y――硬《かた》く
ウ　X――熱く　Y――冷たく
エ　X――優《やさ》しく　Y――うるさく

問３　――①「思わず、スマホを持つ手が冷たくなった」とありますが、この表現からは「私」のどのような様子が読みとれますか。その説明として最もふさわしいものを次の中から選び、記号で答えなさい。

ア　ミャアの体調についてもっと早く知らせてくれなかった母に対して怒《いか》りを覚えている様子。
イ　母からの急な連絡《れんらく》にとっさに対応できずどうしたらよいのか戸《と》惑《まど》っている様子。
ウ　実家から疎遠《そえん》になっていたために突然《とつぜん》の母からの連絡を理解できずにいる様子。
エ　可愛がっていたミャアが亡《な》くなりそうであるという突然の連絡に衝撃《しょうげき》を受けている様子。

問４　――②「最初に泣いたのは弟である」とありますが、この時の弟の気持ちを40字以内で説明しなさい。

問５　――③「でも、ミャアのためにドアはいつも少し開けてるさけ、その間は絶対に大丈夫」とありますが、母がこのように思ったのはなぜですか。その説明として最もふさわしいものを次の中から選び、記号で答えなさい。

ア　息子が自分の部屋に引き籠っていることは心配ではあるが、可愛がっていたミャアとの交流だけは今でも行っているようであり、それをきっかけにいつかは自分の部屋から出てきてくれると確信していたから。
イ　息子が他人に心を閉ざしてしまっていることは心配ではあるが、ミャアを口実としてドアを開けていることから本当は心配してほしがっていることが分かり、いつかは自分から歩み寄ってくると確信していたから。

にある両親は、いつまでも昔の姿のままだった。自分より大きくて、怖《こわ》くて、強い存在だった。しかし、それはただそうであって欲《ほ》しいという、娘《むすめ》や息子《むすこ》の勝手な思い込みなのだろう。

玄関で声があった。今度こそ寿司が届いたようである。みな台所の食《しょく》卓《たく》に移った。寿司桶《すしおけ》を真ん中にして、母の漬《つ》けた漬物《つけもの》や、加賀《かが》セリの卵とじや、こんか鰯《いわし》といった料理が並べられる。ビールが注がれ、食事が始まった。

姉がビールを口にすると、ミャアに目を向けた。

「⑦ごめんね、あんまり帰って来られなくて」

ぽつりと漏らしたその言葉が、ミャアだけに向けられたものではないということは、私も弟もわかっていた。

家を出てからずっと、私たちは「忙しい」を言い訳に、両親のことは二の次にしていた。優先するのは、何よりも自分の予定や都合だった。その間、父と母の傍《そば》に寄《よ》り添《そ》い、ふたりを見つめていたのはミャアだった。胸の奥底《おくそこ》から、後ろめたさに似た痛みが湧《わ》き上がって来た。

どうにも場は沈《しず》みがちになった。父は相変わらず無口だし、母もどこか上の空だ。

「賑やかにやろうよ」と、弟が言い出した。

「聞いたことがあるんだ。動物って、最期まで耳が聞こえるらしい。ミャアだって、俺たちの明るい声を聞いた方が安心するだろう」

その通りだと思った。今、私たちがすべきなのは、悲しみを噛《か》み締《し》めることではないはずだ。

姉が大阪での話を面白《おもしろ》おかしく披露《ひろう》した。弟は出張先の失敗談でみなを笑わせた。私も負けじと、姉や弟に突《つ》っ込みを入れた。それに子供の頃の思い出話も絡《から》まって、両親の表情も次第にほぐれていった。

明るく笑い転げていても、それぞれに厄介《やっかい》なことを抱えているのはわかっている。姉は姑《しゅうとめ》とあまりうまくいってないらしい。家族経営になると、気苦労も多いのだろう。また、冗談《じょうだん》を飛ばしている弟も、すべてが順調というわけではないはずだ。最近、会社は大手に吸収合併《がっぺい》された。そのせいで微妙《びみょう》な立場に立たされているのは想像がつく。私自身、半年前に結婚《けっこん》を約束した男に去られていた。その痛手はまだ深く残っている。けれども、誰も愚痴《ぐち》めいたことは口にしなかった。⑧それくらいの振る舞《ふるま》いができるほどには、もう大人になっていた。

ミャアが意識を取り戻したのは、食事が終りかけた頃である。

「あ、目を開けたぞ」と、父がいちはやく気付いた。

私たちは慌てて駆《か》け寄《よ》り、ミャアを取り囲んだ。覗《のぞ》き込むと、確かに目が開いていた。

それは、驚《おどろ》くような澄《す》んだ目だった。その目で、ミャアはゆっくりと父を見た。それから母を見た。次に姉を、そして私を、弟を見た。

その目は、どこまでも深い海のようでもあった。その時が来た、と、誰もが思ったはずである。ミャアは残された力を振《ふ》り絞《しぼ》って、私たちに別れを告げているのだ。

最初に泣いたのは父である。肩《かた》を震《ふる》わせ、私たちにはばかることなく嗚咽《おえつ》した。母もこぼれる涙《なみだ》をぬぐおうともせず、ミャアの名を呼び続けた。

私たちきょうだいは、黙ってふたりを見ていた。

ミャアがこの家に来た日、飼って欲しいと泣きじゃくったのは私たちだった。あの日から二十年。今、泣いているのは父と母だった。

ても機嫌よく過ごしていたという。それが昨夜、急に容態が悪化したとのことだった。

「でも、すごく穏《おだ》やかな顔をしてる」

「そうね、こうしているとただ眠ってるみたい」

姉も頷《うなず》いている。

しばらくして、玄関戸《げんかんど》が開く音がした。寿司が届いたようだと、姉が立って行った。しかし、賑《にぎ》やかな声と共に茶の間に現れたのは、弟だった。

「あれ、あんたまで来たんか」

母が呆れたように出迎《でむか》える。

「うまい具合に時間が取れたもんでね」

「あんなメールして悪かったね。今日どうなるとか、本当のところはわからんのに」

「いや、俺もちょうど、ミャアがどうしてるか気になってたんだ。それにしても、まさか姉ちゃんたちも来てるとはなぁ」

弟は私と姉の間に割《わ》り込んで、ミャアに手を伸《の》ばした。

「ミャア、俺だよ。ほら、目を覚ませって」

それでもミャアは動かない。久しぶりで会うミャアがあまりに小さくなっていて、弟がためらうように眉根《まゆね》を寄せた。

「ひとり増えたんやし、やっぱり何か作るわ」

と、母は台所に立って行った。父もビールの用意をし始めた。

「廊下《ろうか》に手摺《てす》りが付いてたな」

両親が席をはずしたのを見計らったように、弟が声を潜《ひそ》めて言った。

それは私も気づいていた。玄関に入った途端《とたん》に目が行った。

「廊下だけじゃないよ、階段にもトイレにも付けてある」答えたのは姉である。

「さっき、ちょっと聞いたんだけど、かあさん、去年の暮れに、廊下で転んで捻挫《ねんざ》したんだって。しばらく、松葉づえをついてたみたい」

初めて聞く話だった。

「やだ、何で知らせてくれなかったんだろう。あんた、知ってた？」

「いや、全然」と、弟が首を振る。

「大した怪我じゃなかったから、余計な心配をかけたくなかったんだって。だけど、これから先のことを考えると、やっぱり手摺りを付けた方がいいってことになったらしい」

「そっか……」

思わず息を吐《つ》いた。弟も、どう言えばいいのか言葉が見つからないようだった。しばらく、三人とも黙《だま》っていた。台所から父と母の声が聞こえて来る。栓抜《せんぬ》きはどこだ、食器棚《しょっきだな》の下の引き出し、つまみはないのか、冷蔵庫にチーズがある、そんな日常的なやりとりが流れて来る。

「さっきさぁ」と、弟が呟《つぶや》いた。「部屋に入って、久しぶりに親父《おやじ》を見た時、どきっとしたよ。何か年取ったなあって。やっぱり定年退職したせいもあるのかな」

確かに、父の髪《かみ》はもう三分の二が白髪《しらが》に変わり、表情にも深いシワが目立つようになっていた。母もいつのまにか背中が丸くなり、ミャアと同様、身体が一回り小さくなったように感じる。

「忙《いそ》しくて、ここんとこずっと帰ってなかったからな」

そうね、と、私も姉もつられたように頷いた。

両親が老いてゆくことに気づかなかったわけじゃない。ただ、頭の中

「さっき、美幸《みゆき》も帰ってきたんや」

「えっ、おねえちゃんも」

⑤思わず顔を向けた。

「ミャアにどうしても会っておきたかったんやと」

「ふうん」

私以上に、いつも忙《いそが》しいばかりの姉である。けれども、その気持ちは何となくわかる気がした。

玄関に入ると、すぐに姉が迎えに出て来た。

「久しぶり、元気だった？」

姉が笑う。少し太ったかもしれない。かつては、お洒落《しゃれ》にうるさいことを言っていたが、今ではすっかり嫁いだ先の大阪のおばちゃんスタイルが板についている。

「うん、おねえちゃんも元気そう。それにしても、よく時間とれたね」

「かあさんからメール貰《もら》って、みんな放っぽらかして来たわよ。ま、こういうことでもないと思い切りがつかないから。さ、上がって、上がって」

鼻の奥《おく》に、乾燥《かんそう》したイグサに似た匂《にお》いが広がった。家の匂いが懐《なつ》かしい。「ああ、帰って来た」と（　ⓒ　）から力が抜《ぬ》けてゆく。そんなつもりはなくても、いつもどこかで力んで暮らしている自分に気づく。

茶の間で、ミャアのそばに座《すわ》っていた母が顔を上げた。

「わざわざ、帰って来んでもよかったのに。仕事、大丈夫なが」

「うん、有給休暇《きゅうか》もたまってたし」

部屋の真ん中に敷《し》かれた毛布の上に、ミャアは寝かされていた。ピンクと黄色の花柄《はながら》のタオルが掛けられている。私は畳に膝を突《つ》いて、ミャアの顔を覗《のぞ》き込んだ。

「ただいま、ミャア」

声を掛けても反応はない。指先でそっとミャアの額に触《ふ》れてみた。そこを撫《な》でると、いつもうっとりとして、手足をふにゃりとさせたものである。しかし今はぴくりともしない。四年前に見たより、ミャアはすっかり小さくなっていた。

夕食は寿司《すし》を取ることにした。帰省すると、母は台所に籠りっぱなしになる。有難《ありがた》いもてなしではあるが、今日はそれより、できるだけミャアのそばにいさせてやりたかった。

「いつ頃から悪くなったの？」

母がミャアにタオルを掛け直してやっている。

「先月の終わりぐらいかしらね、ごはんも食べなくなって、水も飲まなくなって。どうやら腎機能《じんきのう》が低下してるってことらしいんやけど、ほら、ミャアはもう人間でいうと百歳くらいやさけね。お医者さんも、結局のところは老衰《ろうすい》でしょうって」

⑥母は、まるで自分に言い聞かせるように説明した。

「そっか、ミャアはもうそんなにおばあちゃんになったんだ」

「酸素室に入れるといいからって、しばらく病室に預けてたんやけど、お父さんと相談して、やっぱり連れて帰って来たがや。ミャアだって、知らないところにいるのは不安やろうし、最期《さいご》は私たちで見送ってあげようと思って」

最期という言葉が耳に［　Y　］響《ひび》く。

それが十日ほど前のことだという。医者からは、酸素室を出れば二、三日しか持たないと言われたようだが、ミャアは頑張《がんば》った。しばらくとれで時々喧嘩にもなった。ミャアにとっては迷惑《めいわく》な話だったろう。猫というのは元来、子供が苦手な生き物である。やっと順番が回って来たと、ミャアを膝《ひざ》に乗せても、もう勘弁《かんべん》してとばかりに本棚《ほんだな》の裏に逃《に》げ込《こ》んでしまうこともしばしばだった。

もうひとつ、ミャアを飼い出してから加わった習慣がある。

それは、どんな時も、互《たが》いの部屋のドアや襖《ふすま》を少しだけ開けておく、というものだ。ミャアが好きに出入りできるようにとの配慮《はいりょ》である。冬には隙間風《すきまかぜ》が入り、寒い寒いと文句を言いながらも、決して誰《だれ》も閉め切ろうとはしなかった。

ミャアは好き勝手に、その夜のねぐらを決めた。一階の父と母の六畳《じょう》の寝室《しんしつ》。二階の姉と私の共同の部屋。隣《となり》の弟の四畳半の洋室。どこを選ぶかは誰にもわからない。人間には決められないし、強制もできない。すべてはミャアの気分次第《しだい》だった。

やがては年月は過ぎ、私たちきょうだいは少しずつ大人になっていった。

いつの間にか、ミャアの世話はみんな母に押し付けていた。約束した役割も済《な》し崩《くず》しになった。私たちは、友達との付き合いや部活の練習や、好きな男の子や、進学という、家族以外の世界に関心を深めていた。同時に思春期特有の蟠《わだかま》りを抱《かか》えてもいた。両親に反抗《はんこう》もしたし、きょうだいで派手に言い争った。互いに無視し合ったこともある。ミャアはそんな私たちを、時に呆《あき》れたように、時に哀《かな》しげに、濃《こ》く縁《ふち》どられた虹《こう》彩《さい》でじっと見つめていた。

一時、弟がひどく荒《あ》れた時期がある。中学の二年の頃、サッカー部を怪我《けが》でやめてから、家族の誰とも口をきかなくなった。食事時にも顔を出さず、いつも不機嫌《ふきげん》な顔をして部屋に籠《こも》っていた。

姉も私も、このまま引き籠りになるのではないかと心配したが、母はこう言った。

「③でも、ミャアのためにドアはいつも少し開けてるさけ、その間は絶対に大丈夫《だいじょうぶ》」

そして、実際、その通りだった。弟は少しずつ頑《かたく》なさを緩《ゆる》めて行った。

金沢駅に到着《とうちゃく》したのは、午後三時を少し回ったところである。東口には、和楽器の鼓《つづみ》をモチーフに作られた鼓門と、全面ガラス張りのドーム型天井《てんじょう》がある。世界で最も美しい駅のひとつに選ばれた経緯《いきさつ》もあって、ここを見学するために金沢を訪《おとず》れる観光客もいるほどだ。

改札口を出ると、父が立っていた。

「迎《むか》えに来てくれたんだ」

「ああ」

母には東京駅からメールを送っていた。

「わざわざ、ごめんね」

「今日は休みやったさけ」

久しぶりに聞く金沢弁が、耳に［X］届く。父は、こんな喋《しゃべ》り方をしただろうかと、少し不思議な気分になる。

去年、父は定年退職を迎えた。元銀行職員だったこともあって、今は週に三回、知り合いの会社の経理を手伝っていると聞いている。

「ミャアはどう？」

「まあ、寿命《じゅみょう》やしな」

④父は素っ気なく言った。もともと口数の少ない方である。

庭先で何やら妙《みょう》な声がする、と、言い出したのは弟だ。ちょっと見て来る、と、縁側《えんがわ》の戸を開けて下りて行った。が、すぐに慌てて戻って来て、「子猫《こねこ》がいる」と叫《さけ》んだ。次に飛び出したのは私である。植木の根元で、子猫が蹲《うずくま》っていた。縁側から漏《も》れる明かりに照らされた子猫は、弟と私を見上げると、まるで何かを訴《うった》えるかのように必死な形相で鳴いた。小さな背中に雪が積もり、身体が小刻みに震《ふる》えている。思わず抱《だ》き上げていた。

縁側では姉がすでにタオルを手にして待っていた。猫は姉の手に渡《わた》り、身体が拭《ふ》かれると、焦《こ》げ茶《ちゃ》と黒の雉《きじ》模様が浮《う》かんだ。

生まれて二、三か月と思われた。迷ったのか、捨てられたのか。目には目ヤニが溜《た》まり、毛も薄汚《うすよご》れていた。弟が牛乳を持って来ると、子猫はよほど空腹だったらしく、ぴちゃぴちゃと音をたててうまそうに飲んだ。それから顔を上げて、まるでお礼を言うかのようにみゃあと鳴いた。その愛らしい姿に、私たちは瞬《また》く間に魅了《みりょう》された。

「飼いたい」

「飼わせて」

「ね、いいでしょう」

三人とも、すっかりその気になっていた。母は困惑《こんわく》しながら「おとうさんに聞いてみんと」と、答えるばかりだった。

一時間ほどして、父が仕事から帰って来た。その頃には、テレビもそっちのけで私たちは子猫に夢中になっていた。しかし、父は私たちの願いを聞くと、（ ⓑ ）を顰《ひそ》め「駄目《だめ》だ」と、首を横に振《ふ》った。子猫は満腹したのか安心したのか、座布団《ざぶとん》の上でぐっすり寝入《ねい》っている。母も来て、子猫を家族五人でぐるりと取り囲んだ。

「どうせ、おまえたちは面倒《めんどう》をみられんやろう。かあさんに押し付けるに[注2]決まっとるさけな」

父の意志は固そうだった。

「お願い」

「絶対に面倒をみるから」

「だから、飼わせて」

私たちは食い下がった。それでも父は頑《がん》として受け付けなかった。

②最初に泣いたのは弟である。つられるように私も泣いた。姉も泣いた。いつもは喧嘩《けんか》ばかりしているきょうだいが、こんなにも気持ちをひとつにして父に懇願《こんがん》するのは初めてだった。

泣きじゃくる三人の子を前にして、さすがに父も折れざるを得なくなったようである。代わりに条件を出して来た。猫の面倒をみるだけでなく、姉には食器洗いを、私には風呂掃除《ふろそうじ》を、弟には玄関《げんかん》掃除を約束させた。私たちは即座《そくざ》に受け入れた。そんなことでこの子猫が飼えるなら容易《たやす》い仕事だった。

鳴き声から、名はミャアに決まった。

たった一匹《いっぴき》の小さな猫である。しかし、その存在が、こんなに家の雰《ふん》囲《い》気《き》を変えるとは思ってもみなかった。

猫のおもちゃや爪《つめ》とぎといったペット用品が増えた、というのは確かにある。けれど、そればかりではない。人間以外の生き物の息遣《いきづか》いが、箪笥《たんす》の上や、テーブルの下や、部屋の隅《すみ》といった、今まで気にもならなかったここかしこに満ち満ちていて、まるで家そのものが命を得たように脈づいているのだった。

私たちはミャアを可愛《かわい》がった。抱っこしたくて取り合いになった。そ

【国　語】（五〇分）〈満点：一〇〇点〉

【注意】解答するときには、句読点や記号も一字と数えます。

一　次の文章を読んで、後の問いに答えなさい。（作問の都合上、本文の一部を変更してあります。）

十四年前、進学のために十八歳《さい》で上京した「私」は、鉄道で故郷金沢《かなざわ》へと戻る最中である。

背もたれに身体を預けて、そう言えば前に帰ったのはいつだったろう、と、ぼんやり思い返した。

確か三年、いや四年前だ。あれは祖母の法事だった。その時もずいぶんと久しぶりの帰省だったが、たった一泊《ぱく》二日という慌《あわ》ただしさで東京に戻《もど》って来た。

実家から足が遠のいているのは、何も帰省に時間がかかるからだけではない。仕事柄《しごとがら》、休日を潰《つぶ》されるのはしょっちゅうだ。お盆《ぼん》やお正月、ゴールデンウィークといった連休も同様である。

たまに休みが取れても、そんな時だからこそ、したいことが山ほどある。偵察《ていさつ》がてら他社が手掛《てが》けるイベントに出掛《でか》けたり、映画の試写会や、新製品の展示会に顔を出すこともある。これも仕事のひとつだ。余《よ》裕《ゆう》があれば、買い物にも出掛けたいし、旅行にも行きたい。恋人《こいびと》とデートもしたい、と、とにかく毎日が予定で埋《う》まっていて、ついつい帰省は後回しになってしまうのである。

それは、私だけではなく、三歳上の姉も同じだろう。大阪《おおさか》に嫁《とつ》いだ姉は、注1舅姑《きゅうこ》と共に家族で料理店を経営している。その上、育ち盛りの子供がふたりいる。自分の時間を取ることもままならず、四年前の祖母の法事の時も帰れなかった。また、二歳下の弟は独身だが、メーカーの営業部にいて、それこそ盆暮れなく全国の支社を飛び回っている。きょうだい三人が揃《そろ》って帰省し、家族全員が顔を合わせたのはいつだっただろう。もう思い出せない。今の私たちは自分たちの生活で（　ⓐ　）いっぱいの状態だった。

いつの間にか眠《ねむ》っていたらしい。目を開けると、目の前に海が広がっていた。

日本海である。親不知《おやしらず》と呼ばれるこの辺りは、列車が海岸線をぎりぎりに走る。波のしぶきさえ窓に当たりそうだ。私はガラス窓に顔を押《お》し付けた。生憎《あいにく》、低い雪雲のせいで海は鈍色《にびいろ》に沈《しず》んでいたが、それでも、この景色にはいつも魅《み》せられる。見逃《みのが》すと、損をしたような気分になる。

急な休みを取ってまで帰省を決めたのは、昨夜、母からメールがあったからだ。

『ミヤアがそろそろ旅立ちそうです』

①思わず、スマホを持つ手が冷たくなった。

ミヤアは実家で飼っている雑種の雌猫《めすねこ》である。

あれはもう二十年も前、ちょうど今頃《いまごろ》の時期だった。外には真綿のような雪が舞《ま》っていた。

私たちきょうだい三人は、夕飯を食べ終え、バラエティ番組を観《み》ていた。父はまだ帰らない。父がいると、この番組は見せてもらえないので、ここぞとばかりテレビの前に陣取《じんど》って笑い転げていた。まだ、家にはテレビが一台しかなかった頃である。

のやれることに励む日野さんと出会ったことで、自分もやれることからやっていくしかないと思えたから。

問６　――⑤「胸を打つ心臓の音を感じながら、ページを繰っている笹崎部長の第一声を待つ」とありますが、この表現からは「僕」のどのような様子が読みとれますか。その説明として最もふさわしいものを次の中から選び、記号で答えなさい。

ア　手堅く仕上がったパパ雑誌の企画書が、上司に認められるのを期待している様子。

イ　自分なりのパパ雑誌の企画書を作れたことに満足し、上司の賞賛を確信している様子。

ウ　パパ雑誌の企画書が上司に認められるかどうか自信がなく、緊張《きんちょう》している様子。

エ　パパ雑誌の企画書が却下《きゃっか》され、再度書き直すことを予想して落胆《らくたん》している様子。

問７　――⑥「ずっと体を縛り付けていた鎖」とありますが、この表現からは「僕」のどのような様子が読みとれますか。その説明として最もふさわしいものを次の中から選び、記号で答えなさい。

ア　雑誌部という環境《かんきょう》で自分が仕事を続けていけるのかという不安を抱《いだ》く様子。

イ　パパ雑誌の企画書を手堅く作らなければならないという焦りが募《つの》る様子。

ウ　専業主夫にはなれないと可南子に伝えることへの気まずさを感じる様子。

エ　雑誌部に異動したことを可南子に黙っていたことへの罪悪感を抱える様子。

問８　――⑦「すべてを受け入れたような淡い笑み」とありますが、この表現からは可南子のどのような様子が読みとれますか。40字以内で説明しなさい。

問９　――⑧「それが自分の首を絞めることになる」とありますが、それはなぜですか。60字以内で説明しなさい。

問10　――⑨「僕らは似た者同士だった」とありますが、どういう点で「似た者同士」であるのですか。30字以内で説明しなさい。

問11　――⑩「もう大丈夫なような気がした」とありますが、それはなぜですか。80字以内で説明しなさい。

二　次の――線部のカタカナを、漢字に直しなさい。

1　官僚《かんりょう》の不正をアバく。
2　古い友人をタズねる。
3　雨で試合が来週にノびた。
4　イズミのほとりで休む。
5　言論トウセイに反対する。
6　このチームのシンカが問われる一戦だ。
7　ヒメイが聞こえた。
8　美しいエイゾウが流れる。
9　シキ折々の景色を楽しむ。
10　サボウダムを建設する。

注１　「ライン」…スマホで互いに連絡を取り合うためのアプリ。
注２　「NGを出されたら」…ここでは「企画書が認められなかったら」の意。
注３　「育休《いくきゅう》」…「育児休業」の略。子どもを育てるために仕事を休むこと。
注４　「コミット」…関わること。

問１　〰〰ⓐ「足踏みをしていた」・ⓑ「目処が立った」の本文中での意味として最もふさわしいものを次の中からそれぞれ選び、記号で答えなさい。

ⓐ「足踏みをしていた」
ア　ある問題を解決しても、また同じ問題に立ち戻《もど》っていた様子
イ　問題が山積みになり、すべてに対処しきれずにいた様子
ウ　ある問題に悩んでしまい、仕事がなかなか進まずにいた様子
エ　問題に目を向けず、簡単なところだけに取り組んできた様子

ⓑ「目処が立った」
ア　仕事への自信が増したこと
イ　難題に対して奮起したこと
ウ　解決の糸口をつかんだこと
エ　目標への見通しがついたこと

問２　――①「もう少し家事をしていたかった」とありますが、それはなぜですか。その説明として最もふさわしいものを次の中から選び、記号で答えなさい。
ア　家事は自分の性格に合っており、それを続けていると生活のために大切な仕事をしている実感を得られる気がしたから。
イ　単調でストレスのたまる仕事をこなしていることで、可南子には自分が必要なのだと確信できるような気がしたから。
ウ　誰もができるわけではない家事をこなして達成感を得ることで、専業主夫としてやっていけるような気がしたから。
エ　休みなく手を動かし、家事をこなしていくことで、妻が倒れたことへの不安を忘れられるような気がしたから。

問３　――②「開いて見る気も失せている」とありますが、この時の「僕」の気持ちについて説明した次の文の［　　］にふさわしい言葉を30字以内で書きなさい。

◇きちんと消費者のニーズをとらえた雑誌を目にしたせいで、［　　　　］気持ち。

問４　――③「その小さなこだわり」とは、どのようなことですか。40字以内で説明しなさい。

問５　――④「得難い出会いだったなと、一日経った今あらためて思う」とありますが、それはなぜですか。その説明として最もふさわしいものを次の中から選び、記号で答えなさい。
ア　専業主夫になるかどうかを迷っていたが、専業主夫として頑張っている日野さんの生き方を見ることができて、自分が専業主夫として生きていく自信がわいてきたから。
イ　自分には才能がないと自信を失っていたが、才能がなくても立派に専業主夫をつとめる日野さんに励まされたことで、自分の才能を信じて仕事を続けてみようと思えたから。
ウ　パパ向け雑誌の企画に悩んでいたが、専業主夫として充実《じゅうじつ》した生活を送る日野さんを取材できたことで、最初に思い描《えが》いていた通りの企画を作ることができたから。
エ　雑誌部の仕事が上手くいかず焦《あせ》っていたが、専業主夫として自分

持ち前の意志の強さが戻ってきていた。ときに僕をリードする、物事の明るい面を見ようと努めるこの瞳《ひとみ》に惹《ひ》かれて、僕はこの人と一緒に生きていきたいと思ったのだ。

「直樹、一緒に考えよう？　私もあなたも、たぶん世の中で言われている『母親』とか『男の人』とかいうイメージに惑《まど》わされているだけだと思うの。だから二人で考えて、そこから逃《に》げる方法を見つけよう？　きっとその方が幸せになれるし、私たちがお互いに納得《なっとく》のいく夫婦の形っていうのがあるはずだから」

そこまで言われて、可南子も僕と同じなんだと初めて気づいた。自分一人が悩んでいるような気持ちでいたけれど、⑨僕らは似た者同士だった。

「大丈夫。直樹が自信をなくしたときは、私がちゃんと肯定《こうてい》するから。その代わり、私が迷ったときは、今日みたいに直樹が私のことを支えて。バチなんて当たらないって言ってくれて嬉《うれ》しかった。直樹と結婚《けっこん》してよかったって、本当にそう思ってる」

自分の心を芯《しん》から温めてくれるような人がすぐ側にいることを忘れていた。悩んでいるなら、まず可南子に話すべきだったのだ。

これから先のことを二人で話し合ったあと、可南子が少し眠《ねむ》ると言うので、僕も帰ることにした。家庭内の些細《ささい》な連絡事項《れんらくじこう》を交換《こうかん》し合い、「じゃあ、おやすみ」と病室を出ようとしたときに「あ、そうだ」と呼び止められる。

「今日の検査でわかったんだけど、赤ちゃん、男の子だって」

「えっ、そうなの？」

「うん。まだ確定じゃないけど、おそらくそうだろうって」

妊娠《にんしん》がわかったときとはまた違う興奮が体の中を駆《か》け巡《めぐ》る。たかが性別の違いなのに、人生が大きく分岐《ぶんき》したように感じるのが面白かった。自分は息子《むすこ》を持つことになるのだ。

「男の子は不安？　前にそう言っていたよね？」

「いや、今はもう平気だよ。可南子と一緒に育てるなら何の不安もない」

本当にそう思ったから、その通り伝えただけなのだけど、可南子は嬉しそうだった。

病室を出て廊下《ろうか》を歩き、ナースセンターの中で事務作業をしていた若い女性の看護師さんに目礼する。ちょうど車椅子の人が入ってきた病院の入口から外に出ると、空気はそこまで冷たくなかった。玄関脇《げんかんわき》に植えられている桜の木にも、暗くてはっきりとは見えないながらも、つぼみがついているのがわかる。

いずれやわらかなピンク色の花を咲《さ》かせるそのつぼみをじっと見上げているうちに、まだ見ぬ息子のことを考えていた。子どもが生まれてからの自分は、どんな人生を送るのだろうと思いを馳《は》せる。このままずっと働くかもしれないし、専業主夫として家事や子育てをするかもしれない。でも、どういう道を進むことになったとしても、⑩もう大丈夫なような気がした。僕に必要なのは、自信を持つことではなくて、可南子と話すことなのだ。近しい人に心を開くことを恐《おそ》れなければ、僕はきっと今よりも自分の弱さを受け入れられるようになるだろう。

時刻表の光がまぶしい病院前のバス停を通り過ぎ、車の行《い》き交《か》う道路脇の歩道を家に向かって歩き出す。夜風に体を震《ふる》わせなくていい気候の中を歩くのは心地《ここち》よかった。

（白岩玄《しらいわげん》『たてがみを捨てたライオンたち』より）

はわかっていた。世の中が母親に求めるものはあまりに重すぎると思う一方で、それをある程度背負ってもらわないと、自分にしわ寄せがくるというジレンマがある。特にうちの場合、可南子がしたいことを応援《おうえん》するのは、僕が専業主夫になることを承諾《しょうだく》するのと同義なのだ。

可南子も同じことを思っていたようで、僕に仕事を辞《や》める気があるのかと訊《き》いてきた。

「パパ雑誌、これから頑張らなきゃいけないんでしょ？」と痛いところを突《つ》いてくる。

「……たしかに、仕事を辞《や》められるかって言われたらわかんないよ。続けたい気持ちはあるし、今はまだ差《さ》し迫《せま》った状況《じょうきょう》になってないから、耳当たりのいいことを言ってるだけなのかもしれないなとは思う。でも、なんて言えばいいのかな……たとえそうだとしても、折り合いがつかないからっていう理由で、すべてをあきらめてしまうのは違《ちが》う気がするんだよ。お互《たが》いの人生に関《かか》わることだからこそ、二人でちゃんと話し合って一番いい形を探したいんだ」

精いっぱい前向きなことを言ったつもりだったが、それがどれだけ相手にとって意味のあるものなのかはわからなかった。具体的な案を口にすれば、そこに責任がつきまとう中で、自分にとって確実なことだけを伝えるのは難しい。

「ねえ、ひとつ訊いていいかな？」

可南子が静かに口を開いた。

「怒《おこ》られるかもしれないけど……私、これまで一緒《いっしょ》に生活してきて、直樹が仕事を生きがいにしてるように見えなかったの。専業主夫にならないかって持ちかけたのも、私よりもずっと家事が得意な直樹を見てたからだし。でも、直樹はこれからも今の仕事をずっと続けていきたいって思ってるんだよね？　もしそうなら、私、直樹に主夫になってくれなんて、ひどいこと言っちゃったなって思うから……」

その発言に少なからずショックを受けた。彼女《かのじょ》は僕が仕事に情熱を持っていないことにずっと前から気づいていたのだ。実際、僕は今だって、仕事が特別好きなわけではないのだろう。以前よりもやる気になっているのは、パパ雑誌を続けていくⓑ目処《めど》が立ったからにすぎないのだ。

「いや、可南子の言う通りだよ。本当は今だって、絶対に編集の仕事を辞めたくないと思ってるわけじゃないんだ。……僕は男として家庭を守ってるっていう自信が欲しいんだよ」

「自信？」

「稼《かせ》ぎ手としての自信がないんだ。男は外で働かないと格好悪い、仕事で成果を出してある程度の収入を得てないとみっともないっていう気持ちがあって、専業主夫にならないかって言われたときにためらったのも、それが理由だったんだよ。仕事をしてない自分が、男としての面目《めんぼく》をどうやって保てばいいのかがわからなかった。他人が見たら、ものすごくくだらない悩みかもしれないけど」

自分がどうしてこんなことを話しているのかわからなかった。仕事にこだわりがあるわけじゃない、ただ自信が欲しいなんて、どれだけ小さい人間なんだとため息が出る。

手に触れるものを感じて、見ると可南子が僕の手を握《にぎ》っていた。その温《ぬく》もりは僕をいたわるようでもあったし、励ますようでもあった。重ねられた手に、ぎゅっと力がこめられる。いつのまにか可南子の目には、書が無事に通ったことを可南子に話した。

「月刊誌だからさ、取材とかもあちこち行かなきゃいけなくて、これから忙《いそが》しくなると思う」

「そっか。頑張ってるんだね」

自分がさもできる人間であるかのように振る舞っているのが恥《は》ずかしかった。でも雑誌の作り方がわかったことで、以前よりもやる気になっているところはある。よその雑誌をたくさん読んで、もっと研究したかった。取材したい場所だって、考えればまだまだ出てくるはずだ。

「あ、そうだ、直樹」

「ん?」

「専業主夫になってほしいっていう話なんだけどさ」

あー……と言ったきり黙りこむ。まだ答えを出せていない上に、パパ雑誌の方向性が決まったことも相まって、どうしたものかと迷っていると、目を伏《ふ》せていた可南子が、ため息まじりに笑ってみせた。

「ごめん、自分で言っておいてあれだけど、やっぱり一年間は注3育休を取ろうかなと思ってる。なんか今回のことで思い知らされたっていうか、私、母親になる覚悟《かくご》ができていなかったのよ。自分のことにいっぱいいっぱいで、赤ちゃんのこと、何も考えてあげられてなかった」

赤ん坊《あかんぼう》のことを考えていないなんて、可南子は何を言っているんだろう。たしかにここ数日は、遅《おそ》くまで働いたりして大丈夫《だいじょうぶ》なのかと心配になることはあった。でもそれは本当にここ数日だけのことだし、それまではなるべく横になったり、体にいいものを食べたりして、体に気を遣《つか》っていたのだ。

「きっとバチが当たったんだよ。おまえは子どもの母親なんだぞって、体が気づかせてくれたの。だから育休を取ったあとも、また仕事をしたいけど、ばりばり働くのはあきらめようと思ってる。今だって共働きで、直樹は家事も分担してやってくれてるわけだしさ、これ以上を求めるのは、私のわがままでしかないから」

そう言って可南子は、⑦すべてを受け入れたような淡《あわ》い笑《え》みを浮《う》かべている。どうしてそんな発想になったのかまったく理解できなくて、考えるより先に、「ダメだよ、そんなの」と反発していた。可南子が「えっ?」と目を丸くする。

「そんなことでバチなんて当たんないよ。たしかに貧血で倒れたのは心配だけど、それは今後体調に気をつければいいだけの話で、出産後の働き方まで決める必要はないはずでしょ? それとも可南子は、子どもが生まれたら女の人は子どものために生きなきゃいけないと思ってるの?」

可南子は自分が母親であることを重く受け止めすぎているようだった。今回のことで弱気になったのはわかるけれど、僕らは共に子どもが欲しいと思い、二人で子どもをつくったのだ。母親だけが育児に深く注4コミットしなければいけない理由はない。

「でも……働くことを優先するのは、やっぱり母親としてダメだと思うし……」

「そんなことないよ。可南子が前に言ってたみたいに、女の人だけ育児が必須《ひっす》になってるのは、おかしいことだと僕も思うよ。だから、可南子が望んでることは決して間違《まちが》ってないっていうか……母親だからっていう理由で、したいことをあきらめる必要はないんじゃないのかな?」

必死で背中を押しながらも、⑧それが自分の首を絞《し》めることになるのあまりにもあっさり通ったことに拍子抜《ひょうしぬ》けしていると、笹崎部長がどうかしたのかと僕の顔を覗《のぞ》きこんでくる。

「いや、なんていうか、もっと今までにないパパ雑誌にした方がいいのかなと思ってたので……」

「そんなもん作れる力あんのか、おまえに」

言葉に詰《つ》まるや否《いな》や、「いいんだよ、別に」と笹崎部長に笑われた。

「全員がホームランなんか打たなくていいんだ。フォアボールでも塁《るい》に出れば、とりあえず次にはつながるんだから」

放心状態で一塁ベースに立っているような気分でデスクに戻《もど》った。

その日は仕事を早めに切り上げて病院に向かった。駅のホームへと続く階段を上がりながら、今から電車に乗るよと可南子に手早くラインを打つ。パパ雑誌の企画が通ったことで、⑥ずっと体を縛《しば》り付《つ》けていた鎖《くさり》が外れたみたいに気持ちが軽くなっていた。あの感じでいいのなら、自分のペースでなんとか続けていけそうだ。

入室前に手を消毒してから病室に入ると、昨日までカーテンが引かれていた手前のベッドが空っぽになっていた。四人部屋を独《ひと》り占《じ》めできるようになったからだろう、可南子もカーテンを閉めておらず、ベッドの上で僕が届けたミステリー小説を読んでいる。今日は病院着ではなく、家から持ってきた部屋着の上に黒のパーカを羽織っていた。相変わらず点滴《てんてき》の管が腕《うで》から伸《の》びているが、家にいるときと同じくらいリラックスしているように見える。

「どんな感じ？」

「うん、元気だよ。退屈《たいくつ》してる」

ラインでやりとりはしていても、やはりこうして直に顔を見る方が安心する。可南子は昼間、念のために脳波検査を行っていた。それも異常がなかったので、明日には退院できるようだ。

「隣《となり》の人、いなくなったんだね」

「そう。四人部屋に一人って、気は楽だけどちょっと寂《さび》しい」

そっか、と応じながら、ベッドの脇《わき》の丸椅子《いす》に腰《こし》を下ろす。棚《たな》の上には可南子の好きそうな菓子《かし》パンが二つ載《の》っかっていた。昼間、お母さんが仙台《せんだい》に帰る前に病室に来て置いていったそうだ。

「なんか顔が明るいね。いいことでもあった？」

自分では意識していないつもりだったのに、表情に出てしまっていたらしい。パパ雑誌の企画が通ったことを伝えようとしたものの、そのためにはまず雑誌部に異動になったことを明かさなければならなかった。黙《だま》っていた期間が長かった分、打ち明けるのにも勇気がいる。

「あのさ、ずっと言わなきゃとは思ってたんだけど……」

報告が遅《おく》れたことを謝《あやま》ってから本題に入った。うちの会社では雑誌部が二軍であるのを前に僕から聞いていたため、可南子は「そうなんだ……」と驚《おどろ》きつつも、どうコメントすればいいか困っているようだった。

「……それで、今はパパ雑誌の立ち上げを任せられてる」

「パパ雑誌？　え、それって直樹に子どもが生まれるから？」

「ううん。たまたま。もともとあった育児雑誌のリニューアルなんだ」

「へぇ。すごい偶然《ぐうぜん》だね。でもよかったんじゃない？　雑誌作るなら、子育てのこといろいろ勉強できそうだし」

可南子が努めて明るく振《ふ》る舞《ま》おうとしてくれているのが心苦しい。なるべく早く暗い話を終わらせようと、そのパパ雑誌の内容を決める企画いたみたいだったが、②開いて見る気も失《う》せている。

このままでは気持ちが暗くなる一方なので、気分を変えるために風呂に入ることにした。シャワーの熱いお湯がゆっくりと髪《かみ》を濡らしていくと、まとわりついていた嫌な感情が流れ落ちるようにして消えていく。でもリセットされた分、自分のことを冷静に見られるようにもなっていて、結果、最後に残ったのは、特に才能があるわけでもない、平凡《へいぼん》でつまらない自分の不甲斐《ふがい》なさだけだった。家事は他の人よりもストレスなくできるかもしれないが、ただそれだけの人間だ。

排水口《はいすいこう》に吸いこまれていくお湯を眺《なが》めてから目を閉じる。自分は体のことがあるから多くを望めないのだ、と日野さんは言っていた。でも、やれることをやるしかないと受け入れて主夫業に励《はげ》んでいる日野さんを、人として素敵《すてき》だとは思わなかっただろうか。だいたい高望みしたところで、僕の実力が大きく変わるわけではないのだ。

風呂から出ると、部屋着に着替《きが》えて、仕事用に使っているノートパソコンをリビングに持ってきた。食卓《しょくたく》で起動させているあいだに、電気ポットでお湯を沸かして、温かいお茶を用意する。新規作成の真っ白なページが表示されているパソコンの前に座っても、いつものような「面白い企画を出さなければ」という気負いはなかった。これも皿洗いみたいなものだと言い聞かせて、軽く手のストレッチをする。

企画のためにファイリングしていた様々な資料を参考にしながら、ぱちぱちとキーを叩《たた》いて文章を打ちこんでいく。とにかく他のパパ雑誌の真似《まね》をするところから始めようと思った。低予算でもできそうな面白いページをいっぱい真似して、パクリにならないように改良を加えることで一冊の雑誌を作ればいい。オリジナリティーがないのが気にかかるが、今までずっとそこでⓐ足踏《あしぶ》みをしていたのだから、そこはもうあきらめた方が賢明《けんめい》だろう。

ただ、ひとつだけこだわろうと思ったところもあった。たった数ページで構わない。パパサークルを見学したことや、日野さんから話を聞いたことは、自分の言葉でちゃんとまとめて記事にする。当初の企画通り、悩みを抱えながらも父親として頑張《がんば》っている人たちを紹介《しょうかい》するのだ。僕の理想のパパ雑誌は、③その小さなこだわりからでいい。

これまで悩んでいたのがなんだったんだと思うくらい、スムーズに企画書を書き上げることができた。最初にイメージしていたものからはかけ離《はな》れてしまったが、なんにしても、明日これを部長に見てもらうしかない。

翌朝、出社すると、まずは日野さんにお礼のメールを書いた。④得難《えがた》い出会いだったなと、一日経《た》った今あらためて思う。独りぼっちで出口の見えない入り組んだ洞窟《どうくつ》の中を歩いていたら、暗闇《くらやみ》の向こうから懐中《かいちゅう》電灯を持った人が現れたようなものだった。

送信ボタンを押《お》して一息吐《は》くと、首を伸《の》ばして笹崎《ささざき》部長が出社しているのを確認《かくにん》してから、企画書を見せに行った。自分なりの形で作れたつもりでいるが、ここで注2ＮＧを出されたら、また一からやり直しだ。

⑤胸を打つ心臓の音を感じながら、ページを繰《く》っている笹崎部長の第一声を待つ。部長は「うーん……」とうなりながら耳たぶを何度か引っ張った。

「いいんじゃない？」

「え？」

「目新しさはないけど、手堅《てがた》くていいと思うよ。これで進めて」

【国　語】（五〇分）〈満点：一〇〇点〉

【注意】　解答するときには、句読点や記号も一字と数えます。

一　次の文章を読んで、後の問いに答えなさい。（作問の都合上、本文の一部を変更してあります。）

> 出版社に勤める宮田直樹《みやたなおき》（「僕《ぼく》」）は、妻・可南子《かなこ》の出産を間近にひかえていたが、仕事が上手《うま》くいかず、会社では「二軍」の雑誌部へと異動になる。雑誌部では、新たに「パパ向け雑誌」の企画《きかく》を任されるが、中々面白《おもしろ》い企画を考えられずにいた。そのうえ、出産後も働くことを希望する可南子から、専業主夫（外で働かず、家事に専念する夫）になって欲《ほ》しいと提案され、更《さら》に悩《なや》みを深めていく。そんな折に、「僕」は取材のために、専業主夫の日野《ひの》さんと出会い、彼《かれ》から専業主夫の大変さとやりがいを教えられる。
> 以下の場面は、貧血《ひんけつ》で倒《たお》れてしまった可南子を病院に残し、「僕」が帰宅したところである。

こんなにいろいろあった日でも、こうして洗い物をしていると、だんだん心が落ち着いてくるのが不思議だった。昔から水に触《ふ》れていると、どういうわけか気持ちが安らぐ。可南子は洗い物が嫌《きら》いなため、僕のその変わった性質を「まったく理解できない」と言って笑っていた。たぶん、こういうのはもう生まれつきのものなのだ。逆に可南子は車の運転がすごく上手くて、僕がためらうような車線変更《へんこう》もすいすいこなしてしまったりする。

汚《よご》れの落ちた食器や鍋《なべ》で水切りが埋《う》まると、小さな達成感があった。縁《ふち》の部分が濡《ぬ》れてしまったシンク回りをきれいにするため、新しいふきんを出して拭《ふ》く。そういえばコンロもしばらく掃除《そうじ》していなかった。リビングからウエットティッシュを持ってきて、こびりついた油汚れをこすって落としていく。

いつものようにただ家事をしているだけなのに、気がつくと自分が専業主夫になったような感じがした。頭の中に男らしさの問題を抱《かか》えていても、手は休みなく動くし、キッチンは着実にきれいになっていく。そして、それは何ひとつ恥《は》じるようなことではないのだ。少なくともこうして掃除をすることで、僕や可南子が気持ちよく生活することができる。

風呂《ふろ》が沸《わ》いたことを知らせる音声が聞こえたが、①もう少し家事をしていたかった。冷蔵庫の中を整理し、賞味期限の切れている食材を捨て、中の仕切りを拭いていく。やっぱり僕はこういうことをやっている方が性に合っているのかもしれない。世の中には家事が嫌いな人もたくさんいるし、誰《だれ》もがこういう地味な作業をストレスなくやれるわけではないのだ。

バッテリーが残り少なくなっていたスマホを充電器《じゅうでんき》につなごうとしたときに、キッチンカウンターに一冊の雑誌が置いてあるのに気がついた。「ベビー用品、徹底比較《てっていひかく》！」と書かれている表紙には、ベビーカーや抱《だ》っこひもや哺乳瓶《ほにゅうびん》などの商品写真がいくつもちりばめられている。手に取って開くと、ベビー用品の性能を会社別に比較している記事が目に飛びこんできた。子育てを始めてまだ間もない人や、出産を控《ひか》えている今の僕らのような夫婦《ふうふ》には需要《じゅよう》があるだろう。

きちんと消費者のニーズをとらえている雑誌を目にしたせいで落ちこんでくる。のろのろと雑誌を元の場所に戻《もど》してキッチンカウンターの縁にもたれかかった。注1ラインの着信音がして、可南子からの返信が届

イ　生徒Ｂ　でも、親の言うことを聞くことも大事なんじゃないかな。いくらいい出会いがあったからといって、自分勝手すぎないかな。

ウ　生徒Ｃ　そうかな？　同じような感性を持つ人との出会いが人生を前に進ませることもあるんだから、私はいいと思うな。

エ　生徒Ｄ　そうだね。結局、人生は偶然《ぐうぜん》の出会いに支配されているということなんだろうから、その出会いを大事にしないといけないね。

二　次の――線部のカタカナを、漢字に直しなさい。

1　山のチョウジョウを目指す。

2　大会での優勝をシュクフクする。

3　親コウコウをする。

4　解決のためにゼンショする。

5　花をソナえる。

6　今月もヤチンが払《はら》えない。

7　長いタビジを行く。

8　マイキョにいとまがない。

9　ヨウサンが盛んな地域。

10　ワが国を取り巻く情勢。

だと考えられますか。40字以内で説明しなさい。

問3 ――②「早川は通学バッグをぶるんぶるんふり回した」とありますが、これは後で描《えが》かれる「あること」を暗にほのめかしていると考えられます。それを説明した次の文の（　）にふさわしい表現を、自分で考えて20字以内で答えなさい。

☆ **早川梨々が、重たいバッグを振《ふ》り回せるのは、（　　　　　　）からだということ。**

問4 ――③「彼女はすごいと思う」とありますが、それはなぜですか。その理由を70字以内で説明しなさい。

問5 ――④「梨々の話は、べつの意味でうちと似ていると思った」とありますが、どのような点が似ているのですか。20字以内で説明しなさい。

問6 ――⑤「梨々はアハハッと、朗らかに笑った」とありますが、ここから読み取れる梨々の人物像を説明したものとして最もふさわしいものを次の中から一つ選び、記号で答えなさい。

ア 女の子らしくないことを気にせずに、自分らしく生きることを大切にする人物。

イ 自分の学力には不釣《つ》り合いな学校に入らずに済んだことを喜ぶ、単純な人物。

ウ 父親から不本意な進学先を強要されてもくじけない、強い意志を持つ人物。

エ 親の期待に沿えないことに負い目を感じながらも、湿《しめ》っぽくならない陽気な人物。

問7 ――⑥「自分の今の目標のことを話そうと思った」とありますが、それはなぜですか。50字以内で説明しなさい。

問8 ――⑦「ホームに入ってくる電車のブレーキ音にかき消されそうな声」とありますが、このときの「ぼく」の気持ちとして最もふさわしいものを次の中から一つ選び、記号で答えなさい。

ア 相手が興味を示さないのではないかという不安。

イ 自分の夢をからかわれることへの恐れ。

ウ 分不相応なものに取り組もうという意気込み。

エ 困難な出来事に挑戦することへの自信のなさ。

問9 ――⑧「ぼくは梨々をまじまじと見つめた」とありますが、それはなぜですか。ふさわしいものを次の中から二つ選び、それぞれ記号で答えなさい。

ア 相手の奇抜《きばつ》な発想に驚《おどろ》きあきれたから。

イ 考えもしなかったことに気づかされたから。

ウ 自分勝手な提案を不愉快に思ったから。

エ 相手に本当に実力があるのか疑ったから。

オ 解決策を提示されて希望が湧《わ》いたから。

問10 ――⑨「ぼくたちは電車を降りると、走って家に向かった」とありますが、このときの「ぼく」の様子を70字以内で説明しなさい。

問11 次に示すのは、四人の生徒がこの文章を読んだあとに感想を述べ合った場面です。本文の内容を踏まえたとき、最も主題に近い内容の発言をしているものはどれですか。記号で答えなさい。

ア 生徒A 自分の力を信じ、ひたすら未来に向かって進んでいくことで、素敵《すてき》な出会いをひきよせていた点がすばらしかったね。

る、実物大の模型《モデル》を作って提出しなければならない。

絵を描《か》くのも、小さな模型を作るのも得意だけど、さすがに原寸模型《モックアップ》は作ったことがない。じいちゃんは左半身が不自由だから、手伝ってもらうのは無理だし。

「あ、そうだ！」

梨々が両手をポン、と打った。

「わたしがモデラーやる。チームを組もう」

⑧ぼくは梨々をまじまじと見つめた。

そうか、梨々はモデラーになるのが夢なんだ。

でも、大丈夫《だいじょうぶ》なんだろうか、技術レベルのほうは？

「もしかして、わたしの腕を疑っているでしょ」

「え、いや、その」

「そりゃね、まだまだ半人前だよ。でもさ、いちおう、基礎《きそ》はできてると思うんだ。毎年夏休みは研修生やらせてもらってるしね。一人でイスの原寸模型《モックアップ》を作ったこともあるよ。ちゃんと座部のクッションや布張りもしたよ。大丈夫《だいじょうぶ》。まかせといてよ。少なくとも、真よりはずっと経験豊富だと思うしさ」

「そりゃそうだ。わかった。いっしょにやろう！」

視界がぱっと開けたような気がした。

電車はぼくが降りる駅のプラットフォームに近づいていく。

「オレんち、ここなんだ。時間があるなら、うちに寄ってく？　いちおうイスの本はたくさんあるし、スケッチも見せたいから」

と、ⓒ大胆《だいたん》に聞いてみた。友だちを作るのに時間がかかるくせに、なぜか梨々には遠慮なく言える。すぐにプロジェクトの相談をしたい。

「うん。どうせ帰り道だし、寄らせてもらう！」

「あ、ちなみにうちって築四十年で、改装はしてあるけどせまいよ」と断っておくと、梨々は笑った。

「そういうの、見てみたい」

⑨ぼくたちは電車を降りると、走って家に向かった。

（佐藤まどか『一〇五度』）

注１　スラックス…ズボンのこと。
注２　セーディア社…梨々の祖父が創業した会社。
注３　モデラー…ここでは、デザインをもとにイスの模型を作る人のこと。
注４　コンペ…競技会のこと。

問１　〰ⓐ〜ⓒの語句の意味として最もふさわしいものをそれぞれ次の中から一つ選び、記号で答えなさい。

ⓐ「固執する」
ア　あこがれを抱く　　イ　最優先とする
ウ　こだわって譲《ゆず》らない　　エ　あきらめない

ⓑ「肩身がせまい」
ア　居心地が悪い　　イ　不愉快《ふゆかい》だ
ウ　嫌われそうだ　　エ　せつない

ⓒ「大胆」
ア　恐る恐る行動するさま。
イ　思い切ったことをするさま。
ウ　いい加減で大ざっぱなさま。
エ　厚かましくずうずうしいさま。

問２　――①「なんだか今日は、よく笑う」とありますが、それはなぜ

「バイバイ、梨々」と声をかけてきた。

梨々は笑顔《えがお》で手をふる。B組のクラスメイトなんだろう。彼女たちは何度もふり向いて、クスクス笑いながらぼくをじろじろ見た。

「あー、うちのクラスの女子、遠慮《えんりょ》がないよねぇ。変人扱いされてるわたしといっしょに下校するなんて、あんまりいいアイディアじゃなかったかもね」

「いいよ、べつに。変人ならオレ、負けてないし、あいつらがじろじろ見たのは、梨々じゃなくてオレだろ。編入したイス男への好奇心《こうきしん》なんて、どうせすぐ終わるさ」

梨々はうれしそうにうなずいた。

「イスの話ができる同い年の子なんて、そうそういないもんね！」

「うん、そう。それなんだよ、それ」

ぼくは何度もうなずいた。ふつういないだろう、同い年どころか、先輩《せんぱい》や後輩を集めたところで、イスに興味のあるヤツなんかいるか？　これはすごくラッキーなことだ。だれかにからかわれようと、関係あるもんか。

「オレさ、じつは——」

改札を通りながら、⑥自分の今の目標のことを話そうと思った。

オヤジには反対されるだろうから、家族にはまだ話していない。梨々になら、相談してもいいような気がした。

「イスのデザインの注4コンペに挑戦《ちょうせん》してみようかと思ってるんだ」

⑦ホームに入ってくる電車のブレーキ音にかき消されそうな声で、ぼくは言った。

自分でも、中学生の分際でコンペかよ、とは思う。でも、まず一歩を踏《ふ》み出してみたい。

「え」

梨々がぼくのそでを引っぱった。

「もしかして、イスメーカー三社が合同で毎年やってる『全国学生チェアデザインコンペ』？」

「お、やっぱり知ってたか！」

中学生であのコンペのことを知っているやつがいるなんて、思ってもみなかった。

「そりゃ知ってるよ！　エントリー登録は今月中で、作品提出は七月だよね。でもさ、あれって……」

電車に乗りながら、梨々は興奮気味に続ける。

「たしかに資格は中学生以上だけど、中学生が参加したなんて聞いたことないよ。参加してるのって、大学の工学部の工業デザイン科か、美大のデザイン科の生徒ばっかでしょ。たまに工業高校の生徒も参加してるけど。すっごくレベル高いらしいよ」

「うん。わかってる」

「すごい。志が高いね、真って」

じつはまだ半分迷っているんだけど、なんだか今すぐ決めたくなってきた。

「無謀なのはわかってるけど、挑戦してみたいんだ。ずっと考えているイスのアイディアがいくつかあってさ。ただ、図面やスケッチだけじゃだめなんだよね。小さい模型《モデル》なら作ったことあるけど、原寸模型《モックアップ》なんてなぁ」

コンペの審査《しんさ》には、モックアップモデルとかモックアップと言われ前に伸ばした。オレでもけっこうきついはずだ。

「すごいな」とほめると、梨々は「へへっ」なんて笑った。

「でしょ？　腹筋や腕立て、毎日百回ずつやってるんだから」

「百回か！」

すごい根性《こんじょう》だな。でも梨々の気持ちがよくわかる。ぼくも毎朝早く起きて、三十分ジョギングをしている。前の中学のバスケット部でやらされていたんだけど、今でも欠かさない。体力をつけ、筋力もつけ、でかくなりたい。体も声も大きいオヤジを、怖いと思わない自分になりたい。

「だいたいさ、うちの木工職人には、わたしより小柄《こがら》な男の人もいるんだよ」

「ふうん。で、モデラーさんは？」

「モデラーは創業者のおじいちゃんと、アシスタントの中肉中背のおじさん。おじいちゃんは、たしかに大柄《おおがら》だけどさ。おとうさんは一人息子《むすこ》で、手を動かすのが苦手だから経営担当。おかあさんは経理担当。お兄ちゃんは海洋研究で琉球《りゅうきゅう》大学に行ったんだけど、そのまま移住するんだって。だから将来はわたしが会社を継《つ》ぐらしい」

「じゃあ、いいじゃんか」

「ちがうの。経営やれ、モデラーは雇《やと》えばいいって言うんだよ。変でしょ、そんなの。おじいちゃんだって、昔はモデラーと経営と両方やってたくせにさ」

④梨々の話は、べつの意味でうちと似ていると思った。

「うちもそうだよ。オレの将来、勝手にオヤジが決めちゃってるみたい」

「同じ、同じ！」

信号待ちで立ち止まる。

「わたしさ、おとうさんがうるさくて、私立聖イリス学園の小学校を受験したけど、失敗したんだよね。中学でも再トライして、また失敗。それで今の学校に入ったんだよ。でも高校で受けなおせとか、大学はせめてとか、いまだにしつこいんだよね。そんなの、ただの親の見栄でしょっての」

本当にうちと似ている。オヤジは自分が入りたかったK大付属にⓐ固執《こしつ》するし、梨々の親は私立聖イリス学園に固執しているらしい。すごく有名なお嬢様《じょうさま》学校だ。

「でも、聖イリス学園より今の学校のほうが、偏差値《へんさち》は高いんじゃないか？」

「うん。ペーパーテストはオーケーだったんだよ。でも二回とも面接で落ちたんだ。まあ、自分で言うのもなんだけど、どう見ても、あのおじょーさま学校には似合わないもんねえ」

⑤梨々はアハハッと、朗《ほが》らかに笑った。

そういえば彼女のショートヘアはぼさぼさだし、スラックスをはいて大股で歩くし、お嬢様というイメージからほど遠い。

「でもさ、わたし落ちて幸いだったんだ。何年もずっとおじょーさまたちと過ごすなんて、絶対ムリ。制服はセーラー服だけだしさ。それに、おとうさんがなに勘ちがいしてんのか知らないけど、わたしみたいな子がそんなところ入ったって、ⓑ肩身《かたみ》がせまいだけだっての。どーしてわかんないのかなぁ」

信号が青になり、女子の集団が小走りでぼくたちを追い抜《ぬ》きながらだから、③彼女はすごいと思う。

「勇気があるね」と、言葉を変えた。

「自分の権利を、ふつーに行使しただけだよ。でもね、わたしを見て勇気が出たのか、後輩《こうはい》の女子には何人かいるらしいよ。とくに風のある日とか寒い日には、スラックスをはく子がちらほらと」

「へえ。でも、からかわれたりしない？」

「一年のころはあったよ。相手にしないでいたら、さすがにもうだれも言わなくなった。スラックス早川ってあだ名が定着しちゃっただけ。略して、スラカワ。自分では勝手にスラッとしててカワイイって解釈《かいしゃく》することにしてる」

まじめな顔で言うから、思わず笑った。

「笑うな。こら」

「あ、ごめん。べつに否定してるわけじゃないんだ」

あわててフォローしたけど、早川は手をひらひらと左右にふった。

「べつにいいよ。だいたいさ、くだらないじゃん。男らしいとか女らしいとか。ほんとはさ、男子だってスカートＯＫにすればいいのに」

ぎょっとして早川を見た。

「いくらなんでも、それはないだろ」

「なんで？　スコットランドなんか、男の人がスカートはくじゃん」

「えっ、ああ、それはそうかもしれないけど」

どこまで自由な考え方をするのかと、ぼくは感心していた。

「おもしろいこと言うよな。早川って」

「そうかなあ。あ、そうだ。早川じゃなくて、梨々って呼んでよ。短くて呼びやすいでしょ。わたしも大木戸くんじゃなくて、真くんって呼んでいいかな？　大木戸って、長くてめんどくさい」

ぼくはとりあえずうなずいた。女の子を、名前で呼んだことなんかないから、ちょっと緊張する。でもたしかに、ハヤカワよりリリのほうが呼びやすいし、オオキドよりシンのほうが短い。

「べつに『くん』つけなくてもいいよ」と言ったら、さっそく梨々は「でね、真」と、話を続けた。

「わたしさ、女だからとか、女のくせにとか言われるの、大嫌いなの。注2セーディア社で、将来は注3モデラーになりたいんだよね。でもおじいちゃんが反対なんだ。女だから無理だって。ひどくない？」

「女だから無理、か」

モデラーの仕事がそんなに力仕事だとは、思えないけど。

「なんで無理なのかな？」

「それがさあ……」

ため息まじりに梨々が言う。

「モデラーってさ、設計から木工、鉄工、布張りまで全部マスターしなきゃならないんだけど、セーディア社って、設計と木工、鉄工専門の職人は全員男なんだよね。で、布張り職人は全員女なんだ。木工や鉄工部門はけっこう力仕事だからっていうのが理由らしいけど、今どきそんなのおかしくない？　わたし、背もでかいし、体も鍛《きた》えてるしさ！」

ぼくはちらっと梨々を見る。

「体、鍛えてるんだ？」

「そりゃそうだよ。力がないからとか言われたくない。男に負けたくないもん。ほら」

梨々は肩《かた》に下げていた大きな通学バッグを片手で持つと、腕《うで》をぴんとチャイムが鳴った。昼休みは終わりだ。

話の成り行きでいっしょに下校することになったぼくたちは、放課後、校門で待ち合わせをした。

女の子といっしょに下校したことなんてないけど、早川だと、なぜか緊張《きんちょう》しない。イスやＳＦの話で気が合うだけでなく、相手がボーイッシュで、注1スラックスをはいているというのも影響《えいきょう》しているかもしれない。まるで男同士のように、ごく自然に接することができるからふしぎだ。

「大木戸くんの家、北千束《きたせんぞく》の駅から五分なんだ。いいなあ。うちは戸越《とごし》銀座駅から十五分以上歩くんだ。学校も駅からけっこうあるから、ドアツードアで四十五分はかかるよ。自転車なら三十分かからないはずだけど」

大股《おおまた》で歩きながら、②早川は通学バッグをぶるんぶるんふり回した。すごい腕力《わんりょく》だ。

「オレも自転車にしたいけど、高等部になるまで自転車通学は禁止なんだろ？」

「うん。でもわたしは来年も親がダメだって言うんだ。あぶないから」

「ふーん。オレは自転車にしたいな。自転車のほうが気分がいいから」

「だよね」

ふと見ると、路上でクラスメイトたちが立ち止まって騒《さわ》いでいた。カトシュンもいる。

なんとなくいやな予感がしたけど、通りぎわに、手をあげてあいさつをした。

「お、また明日な」と手をふり返したカトシュンが、すぐあとで仲間と言い合うのが聞こえた。「やるねえ、編入そうそう」「けど相手がスラカワじゃな」笑い声。

ふり返りたくなるのをがまんして、横を歩く早川をちらっと見る。聞こえたはずだけど、知らん顔をしている。

「あのさ、聞いてもいいかな」

「ん？　あ、スラックスのことでしょ」

勘《かん》が鋭《するど》い。

「だって校則にはさ、女子はどっちでもいいって書いてあるんだよ。だからセクハラされないように、スラックスにしたんだ。冬も寒くないし、駅の階段も思いっきりかけ上れるし。そしたら、学校でわたししかいないんだもん。ま、べつにいいけど」

「ふうん……」

無謀《むぼう》というか、と言おうとして、やめた。

「個性」は、いじめの対象になりやすい。だからぼくは当たりさわりのない恰好《かっこう》をして、友だちが聴《き》きたがる流行《はや》りの音楽をいっしょに楽しむフリをして、流行りの映画を観《み》る。ネットで映画のレビューだけ読んで、適当に話を合わせることだってあった。そんな自分がつくづく情けないけど、同じ趣味《しゅみ》の人なんか見つからなかったから。

内心、みんなと同じがいいなんて思っていない。本当に共感できれば一番いいけど、自分を殺してまで同じでいたくはない。大量生産品じゃあるまいし、全員がひとつの色に染まるなんて最悪だ。もしかすると、みんなも「自分は本当はちがうんだけど」なんて思っているのかもしれない。ただ、ふつうは孤立《こりつ》する勇気がないから、適当にフリをする。

【国　語】〈五〇分〉〈満点：一〇〇点〉

【注意】解答するときには、句読点や記号も一字と数えます。

一　次の文章を読んで、後の問いに答えなさい。

椅子《いす》デザイナーを目指す中学三年生の大木戸真《おおきどしん》は、編入した都内の中高一貫《いっかん》校で「イス男」と呼ばれ、変人扱《あつか》いされていたが、椅子制作会社の孫である早川《はやかわ》梨々《りり》（通称《つうしょう》「スラカワ」）と出会い、一緒《いっしょ》に椅子のデザイン集を見ているうちに、意気投合していった。

「あ、これね、ひどいイスだなあと、わたしは思うけどね」

相手が同じような印象を受けていたことを知って、ちょっとうれしくなった。

「うん。なんか鋭角《えいかく》だらけで前衛的っていうか、おもしろいとは思うけど、五分とすわっていられないんじゃないかな。安定感悪くてすぐコケそうだし」

「そうそうそう！」

早川がうれしそうに笑った。

「わたしもそう思ってたんだ。今人気のデザイナーらしいけど、製品化する前に原寸模型《モックアップ》とか試作品《プロトタイプ》とか作らないのかなあ。すわってみりゃすぐわかるじゃん。このあたり、ありえないでしょ」

彼女《かのじょ》が指さしているのは、イスの脚《あし》が床《ゆか》につく接地点。たしかに、デザイン性を重視して、安定性は無視しているようだ。

「ま、すべてのイスが絶対にすわり心地《ここち》や安定性が良くなきゃいけないってことは、ないんだろうけどね」

「えっ？」

早川は身を乗り出した。

「なにそれ。イスって、すわるためのものでしょ？」

「そうだけど、ブランドイメージを上げるためだけのものもあるだろうし、歯医者さんのイスみたいな特殊《とくしゅ》な機能重視っていうのもある。あれだって、ふつうのすわり心地で言えばあまり良くないだろ。駅前のコーヒーチェーン店のイスだって、長くはすわっていられない。長居できないように、わざとそうなってるんだってさ。電気椅子だっていちおうイスだしね」

「やだ、いやな例を出さないでよ」

眉間《みけん》にぎゅっとしわを寄せて、早川は抗議《こうぎ》した。

「あ、ごめん、まあ極端《きょくたん》な例だけど。とにかく、いろいろあっていいんじゃない？　オレとしては長い時間すわり心地が良くないといやだけど」

早川は、「ふーん。いろいろあっていい、ね」と、ブツブツくり返してから、きっぱりと言った。「でも、わたし、やっぱりすわったら倒《たお》れそうなこんなイス、いらないや。ついでに言うと、デザインも嫌《きら》い」

「デザインは、人それぞれ好みがあるからなぁ」

「じゃ大木戸くんは、このイスのデザイン好き？」

返答に困った。好きか嫌いかで言えば、たぶんあまり好きじゃない。

「やっぱり、嫌いなんじゃん」

早川は勝手に決めつけた。

「いや、うーんと……うん。……嫌いかも」

ぼくたちは同時にぷっと吹《ふ》きだした。①なんだか今日は、よく笑う。

この時の「お姉ちゃん」の気持ちを説明した次の文の空欄に当てはまる言葉を30字以内で答えなさい。

☆　弟が入学式で上手《うま》く話せたかどうか気になっていたが、（　　　　　　　　　）気持ち。

問８　――⑦「なんでもすらすらと気持ちよくしゃべれる人たちには理解できないんだ」とありますが、これと同じ内容を表す一文を本文中から探し、その初めの5字を抜き出して答えなさい。

問９　――⑧「僕にとっては、全然えらいことでもすごいことでもなかった」のはなぜですか。それを説明したものとして最もふさわしいものを次の中から選び、記号で答えなさい。

ア　他の人としゃべることができるならそれに越《こ》したことはなく、読書自体は本心では嫌《きら》いなものだったから。

イ　しゃべることが苦手な「僕」からすれば、読書は誰ともしゃべらなくて済むという意味でしか好きではなかったから。

ウ　読書自体は立派な行為《こうい》だとしても、友達と気兼ねなく遊ぶことができていないことに負い目を感じているから。

エ　読書自体に魅力《みりょく》はなく、本当はゲームをしたり街に出たりしたほうが楽しいはずだと確信していたから。

問10　――⑨「僕の吃音について、お母さんはあまり話題にしない」とありますが、それはなぜだと「僕」は捉《とら》えていますか。その説明として最もふさわしいものを次の中から選び、記号で答えなさい。

ア　「お母さん」は、吃音は自然とよくなるものだと信じて待つことが一番良いと考えているから。

イ　「お母さん」は、吃音も「僕」の個性の一つであり、無理に矯正《きょうせい》するべきものではないと考えているから。

ウ　「お母さん」は、吃音に悩む「僕」よりも、高校受験を控《ひか》えた「お姉ちゃん」にばかり関心があるから。

エ　「お母さん」は、「僕」に吃音を深刻に考えさせすぎると、かえってよくないと考えているから。

問11　――⑩「そうなるためには一歩踏み出すべきなんだ」とはどういうことですか。70字以内で説明しなさい。

二　次の――線部のカタカナを、漢字に直しなさい。

1　細い糸をタらす。

2　規則をモウける。

3　バスのホジョ席に座る。

4　テンケイ的な日本人の考え方。

5　エイセイ面に注意する。

6　遠足で班員をヒキいる。

7　海外事業の拡大をハカった。

8　意見をケントウする。

9　年上の人をソンケイする。

10　容器に入れてミッペイする。

でも、それもいつか変えることができたらいい。そして⑩そうなるためには一歩踏《ふ》み出《だ》すべきなんだ。

だからきっと……僕は放送部に入るべきなんだ。

（椎野直弥《しいのなおや》『僕は上手にしゃべれない』）

問1　〰ⓐ「抜擢された」・ⓑ「気兼ねなく」の本文中での意味として最もふさわしいものを次の中からそれぞれ選び、記号で答えなさい。

ⓐ「抜擢された」

ア　無理強《むりじ》いされた　　イ　特に選ばれた

ウ　引《ひ》き抜《ぬ》かれた　　エ　推薦された

ⓑ「気兼ねなく」

ア　裏表なく　　イ　たわいなく

ウ　後悔《こうかい》することなく　　エ　遠慮《えんりょ》することなく

問2　——①「逃げたおかげで、逃げたせいで」とはどういうことですか。それを説明した次の文の空欄《くうらん》A・Bに当てはまる言葉をそれぞれ20字以内で答えなさい。

☆　自己紹介から逃げたおかげで（　　A　　）が、逃げたせいで（　　B　　）ということ。

問3　——②「誰とも目をあわせないように」とありますが、「僕」はなぜこのようにしたのですか。最もふさわしいものを次の中から選び、記号で答えなさい。

ア　目が合うと話しかけられてしまい、人と話す機会が増えてしまうように思ったため。

イ　部活なんて入る気がないことを、勧誘している上級生たちにはっきりと示すため。

ウ　もらったチラシで手がいっぱいになり、これ以上渡されないようにしようと思ったため。

エ　無理やりチラシを渡してくる上級生たちに怒《いか》りを覚え、抗議《こうぎ》の気持ちを態度で示すため。

問4　——③「そういう気持ち」とありますが、これは具体的にはどのような気持ちですか。50字以内で説明しなさい。

問5　——④「……やっぱり、やめよう」とありますが、「僕」がこのように考えたのはなぜですか。60字以内で説明しなさい。

問6　——⑤「そばに放送部のチラシを置いたままなのに気づいて、隠すように手に持って立ち上がり、机にしまう」とありますが、「僕」はなぜこのようにしたのですか。最もふさわしいものを次の中から選び、記号で答えなさい。

ア　放送部のチラシを見られると自分が早く帰ってきたことがばれて、昼も食べずに長く居眠りしていたことをしかられると思ったから。

イ　まだ自分で放送部に入る決心をしていないうちにおせっかいな姉に知られてしまうと、入部せざるをえなくなるのがいやだと思ったから。

ウ　放送部に関心を持っていることを知られると、いろいろと尋《たず》ねられたり心配されたりして面倒《めんどう》なことになると思ったから。

エ　上手にしゃべれない自分のことをわかっている姉に放送部に入りたいことを知られたら、大反対されて入部できなくなると思ったから。

問7　——⑥「お姉ちゃんの声が、少し重く低くなった」とありますが、

「せっかくの入学式だったのに行けなくてごめんね、悠太」

向かいに座るお母さんが、申し訳なさそうな表情で言った。

「いい、いいよ、べべ、べつ、べつ、別に」

「そうよ。私のときだって来られなかったんだし。それに今は、親が来ない人だって結構多いんだから」

「でも、やっぱり親のどちらかは来る子のほうが多かったでしょう?」

「……ど、どど、ど、どうだっただろ。わ、わっ……かんない」

朝から自己紹介のことばかり考えていたから、他の生徒が親と一緒に来ているかどうかなんて気にしていなかった。そんなの、吃音にくらべればささいな問題だった。

「仕方ないじゃない。お母さん、仕事してるんだから。お休み取ろうとしたけど、だめだったんでしょ？　悠太だってわかってるわよ」

「うん……ごめんね、悠太」

「い、い、いいって」

「クラスに友達になれそうな子はいた?」

「さあ……ま、まま、まま、まだわ……」

わかんない、の「わ」が出なくて言葉が途切れる。

それでもお母さんは理解できたようで、「友達たくさんできるといいわね」と微笑《ほほえ》んだ。

⑨僕の吃音について、お母さんはあまり話題にしない。気にするようなそぶりも見せないし、お姉ちゃんがなにか言っても、「そのうち、ちゃんとしゃべれるようになるわよ」と、楽観的な言葉を繰り返すだけだった。

だけど、本当は気にしているだろう。していないわけない。僕に気にしていると思わせないためにそう装《よそお》っているだけで、あまり重いことだと感じさせないほうがいいと考えているんだと思う。

お母さんとお姉ちゃんが、高校受験のことについて話し始める。お姉ちゃんは学校では素行も成績もいいので、市内トップの高校の推薦《すいせん》入試を受けるらしい。

すごいな、と素直《すなお》に思う。素行や成績のことじゃなく、面接の比重が大きい推薦入試を受けようとすることが。すごくて、とてもうらやましい。

僕には絶対に無理だ。少なくとも今の僕には。

だけど、もし変わることができるのなら……。

さっきのお姉ちゃんの言葉が頭に浮かぶ。しゃべる機会を増やして自信をつける。正しいのかどうかわからないし、自分にできるかもわからない。けれどお姉ちゃんの言うとおり、なにもしなければ僕はずっとこのままなんだ。

傷つくのは嫌だ。でもそれ以上に、やっぱり変わりたかった。いつも人から逃げる、弱い自分を変えたい。ちゃんとしゃべれるようになりたい。

「遥、高校生になっても演劇続けるんでしょ?」

「えっ、ああうん、もちろん」

「遥が出てる劇を見るの、お母さんずっと楽しみにしてるんだから。一昨年に一回行ったきりで、去年は一度も招待してくれないんだもの」

「役もらえなかったんだから仕方ないでしょ。うちの部、人多いし。でも高校でまたがんばって、役もらうから期待してて」

二人の会話をききながら、僕は黙《だま》って料理を口に運ぶ。家族の会話にさえ参加できないのはいつものことだ。

「……うん」

「がんばりなね。私も相談くらいはのってあげるから」

その言葉を最後にお姉ちゃんが部屋を出ていく。そしてすぐにとなりの部屋のドアが開く音がした。

気が強くて、おせっかいで、でも優《やさ》しい姉。言葉のうまく出ない僕をたぶん一番に心配している人。僕が吃音のことを知ったきっかけもお姉ちゃんで、ある日、部屋にあるパソコンで調べてみようよって誘《さそ》われたんだ。調べて、治す方法はないとわかると、それでもなにかあるはずだってお姉ちゃんは言った。

たぶん、ずっと考えてくれていたんだろう。そしてさっきのアドバイスにたどりついた。しゃべる機会を増やし、成功体験を積み重ねること。

「しゃべる機会……」

また机の引き出しに目がいく。そっと近づき、しまったばかりのチラシを取り出して、ながめてみた。

『しゃべることが苦手な人でも大歓迎』

その文字を見ながら思う。

苦手どころではなくそもそも言いたい言葉が口から出てこない人も、この人たちは歓迎してくれるんだろうか。

その日の夕食は、いつになく豪華《ごうか》だった。

「悠太の入学と、遥《はるか》の進級を祝って」

市立病院の看護師の仕事を終えて帰ってきたお母さんが、料理をテーブルに並べながら笑顔で言った。

鶏《とり》のから揚《あ》げに、マカロニグラタン、鯛《たい》のカルパッチョ、マグロとサーモンの刺身《さしみ》、白菜と肉団子のスープ、キノコのサラダ。三人では食べきれないくらいの量だ。お姉ちゃんも手伝って作ったらしい。

お姉ちゃんと話したあと、僕はずっと自室にいた。お母さんが帰ってきたのは知っていたけれど、リビングには行かずに部屋にこもっていた。

考え、迷っていた。チラシを見つめながらずっと。僕は放送部に入るべきなのかどうかを。

考えて考えて、さっきやっと気持ちが固まったところだった。

「いただきます」

僕がテーブルにつくと、先にとなりの椅子《いす》に座《すわ》っていたお姉ちゃんが言った。続けてお母さんも。

でも僕はそれを言わない。無言で箸《はし》を動かしても、お母さんもお姉ちゃんもなにも言わない。言えないのだということをわかっているから。

「よし、うまくできてる」

グラタンを口に入れたお姉ちゃんのひとり言が、となりからきこえた。

三人そろっての夕食は一週間ぶりだった。昨日まではずっとお母さんが夜勤でいなくて、お姉ちゃんと二人で食べていた。料理はほとんどはお母さんが作っておいてくれるけど、たまにお姉ちゃんが作ることもある。

父親はいない。僕が幼稚園《ようちえん》にかよっている頃に心臓の病気で死んだ。

だから父親についての記憶《きおく》は、あまり強くは残っていなかった。

だ。

「失敗を気にせずに、どんどんしゃべればいいのよ。うまくしゃべれたときだけよろこんで、次につなげる。つっかえたら気にしないで忘れちゃえばいい」

つっかえたって気にするな。それはまわりの大人たちに何度も言われてきた言葉だった。でもそれをきくたびに僕は思う。

気にしないなんて、できるわけないじゃないか。

「ね、だからたくさんしゃべりなよ。家でも学校でも、相手の反応なんて気にせずに。笑われたって関係ないっていうくらいの気持ちでさ」

わかってもらえない。そばにいる家族にさえ自分の気持ちを、苦しみを全然わかってもらえない。

しょせん、⑦なんでもすらすらと気持ちよくしゃべれる人たちには理解できないんだ。そういう人たちとは、住んでいる世界がちがうんだ。

「ちょっと悠太、きいてる?」

「き、ききき、きっ、きっ、きいてるよ……」

「とりあえず、部活でも入ったら?　……さすがに演劇部に入れとは言わないからさ」

演劇部はお姉ちゃんの所属している部だ。うちの学校は中学演劇の中では、全国的とはいかないまでもけっこう有名らしくて、去年も市の大会で優勝していた。お姉ちゃんもとても熱心に活動していたみたいで、一年生ながら主役にⓐ抜擢《ばってき》された一昨年の大会は僕もお母さんと一緒《いっしょ》に見に行き、舞台《ぶたい》の上で堂々と演技するお姉ちゃんの別人のような姿に驚《おどろ》いた。

でも人数が多いからなのか、演劇部は三年生になると同時に引退同然になるらしい。だからもう今後は部には顔を出さないって、お姉ちゃんは言っていた。

「うちの中学かなり部活の数が多いから、あんたにあうところもきっとあるわよ。なんか入ってみたいところはないの?」

入ってみたい部活。思わず、机の引き出しを見る。そこに入っている放送部の勧誘チラシ。

「どう?　なんかない?」

「……な、ななな、ないよ」

「それなら、あんた運動部って感じじゃないから文化系の……文芸部とかいいんじゃない?　あんたの本好きはそうとうだし」

たしかに本を読むのは好きだ。子供向けの童話も、冒険《ぼうけん》ファンタジーも、青春小説も、難しい純文学もたくさん読むので、まわりの大人からは文学少年だと言われ、えらいって褒《ほ》められたこともある。

けれど⑧僕にとっては、全然えらいことでもすごいことでもなかった。読書はいつだって一人でできるから。誰ともしゃべらずに味わえる楽しみだから。それで好きになっただけのことだ。

もし僕が普通にしゃべれていたら、たぶんこんなに本を読みはしなかったと思う。きっと友達とゲームをしたり街に出たりして過ごしていたはずだ。今だって、本当は友達とⓑ気《き》兼《が》ねなく遊びたいっていう気持ちが心の奥《おく》にはあるから。

「まあとにかくさ、しゃべる機会を増やす努力はしなさいね。クラスの子にも自分から話しかけたりして。わかった?」

「……」

「悠太、わかった?」

「うまくできたの？」

「……」

「……だめだったの？」

「……ぼ、ぼ、僕」

「ん？」

「ぼぼ、ぼぼぼぼ、僕はやっ、や、やらっ……やっ……しなかった」

「しなかった？　あんただけ自己紹介しなかったの？」

「ほ、ほ、ほけ、ほほほ、保健室にい、い、いいい行ったから……」

「……そう」

⑥お姉ちゃんの声が、少し重く低くなった。

「逃げたんだ」

あらためて他人から言われると、ずしりと来た。

家族であるお姉ちゃんは、僕が抱《かか》えているもののことを当然知っていて、こうしてたまに心配してくれる。でも、ところどころで本当に理解はしてくれていないと感じるときもあった。

当然だ。普通にしゃべれる人に、僕の気持ちなんてわかるわけがない。

「……あんた、ずっとそのままでいいの？」

「えっ？」

「小学生のときと同じことを中学でもやるの？　学校が終わったらいつもまっすぐ家に帰ってきて、休みの日も誰とも遊ばないで家に引きこもって、おまけに時々、仮病《けびょう》使って学校休んで」

「……」

「しゃべらなきゃいけない場面なんて、これからどんどん増えていくのよ。学生の間はまだいいとしても、卒業したらどうするの？　そのしゃべりかただったら、苦労するなんてものじゃないでしょう」

「そんなのわわ、わ、わかっ……わか、わわわ、わかってるよ……」

（中略）

「とりあえず、しゃべる機会を増やしなさいよ。前に本で読んだんだけど、成功体験ってやつを積み重ねれば人は自信を持てるんだって。たとえばテストでいい点をとるとか、スポーツで相手に勝つとか。だからあんたもそういう体験、つまり上手にしゃべれたっていう経験を積み重ねればいいのよ。そのためには、たくさんしゃべらなきゃ」

「で、で、でっ……も」

「でも、なに？」

「しゃべってしし、失敗したら……」

戸惑われる。笑われる。そしてみじめになる。自分からそれを味わいになんていきたくない。

それに成功体験が大切というなら、逆に失敗体験を積み重ねたらどうなるのか。今よりもっとしゃべることに自信をなくすかもしれない。そしてそのうち、二度と立ち直れなくなって……。

「別に失敗してもいいじゃない。今までたくさん失敗してきたんだから、慣れてるでしょ？」

そう言われた瞬間、とても嫌《いや》な気分になった。

慣れるわけない。言葉が出ないときの、あるいは同じ音を繰《く》り返《かえ》してしまうときの、あの胸をしめつけるような息苦しさ。顔中が熱くなるほどの恥《は》ずかしさ。戸惑った相手の表情。バカにするような笑い声。

何度も経験した。でも慣れやしない。あんなの一生かかったって無理その夢を叶《かな》えようとすると、いつもつらい目にあう。僕の言いたいことなんててんで伝わらなくて、笑われて、からかわれて、そして泣きたくなるくらいに傷ついて。

「④……やっぱり、やめよう」

　そうだ。やめたほうがいい。そもそも僕が放送部なんかに入っていいわけない。話すことがメインの部活なんて、一番縁《えん》のないところだ。もし入部したらまわりにすごく迷惑《めいわく》をかけることになる。だから入ろうなんて思うべきじゃない。

「そのほうが、絶対いいんだ……」

　気持ちがずしりと重くなって、チラシを脇《わき》に置き、ベッドに横たわった。

　窓の外からは、まだ工事の音がきこえている。ひどく重い、耳障《みみざわ》りな音。

「うるさいな……いつ終わるんだ、この工事……」

　天井《てんじょう》を見つめながらつぶやく。

　一人のときは、本当に思いのままに言葉が出るのに……。

　ドアを開ける、ガチャリという音で目が覚めた。

　見えたのは暗闇《くらやみ》。でも次の瞬間《しゅんかん》、視界がいきなり明るくなって、開けたばかりの目を細めた。天井の蛍光灯《けいこうとう》が白く光り、部屋の中を照らし出したせいだった。

「あんた、なんで制服のまま寝《ね》てるのよ」

　お姉ちゃんがドアのそばに立っていた。僕と同じ中学の女子用の制服を着ていて、今帰ってきたばかりのようだ。

　お姉ちゃんは三年生だから入学式の日は休みだけど、部活の新入生勧誘を手伝うために登校するんだって、昨日言っていた。

「お昼も食べてないじゃない。せっかくお母さんが作って置いといてくれたのに」

「たたた、た、たたたたた、食べるつ、つつ、つもりだったけどね、ね、ね、ね、寝ちゃって……」

　いつのまに眠《ねむ》ってしまったのかわからなかった。時計を見ると、午後六時前をさしている。帰ってきたのは昼過ぎだから、五時間近く寝ていたことになる。昨日の夜、あまり眠れなかったせいかもしれない。

　⑤そばに放送部のチラシを置いたままなのに気づいて、隠《かく》すように手に持って立ち上がり、机にしまう。それから制服を着替《きが》えようとしたけれど、お姉ちゃんがまだ部屋の中にいるので手を止めた。

「……？」

　視線で、なんでまだいるの、と問いかける。お姉ちゃんは、普段は大きな目を細めてじっとこっちを見つめていた。

「……あんた、なんかあったの？」

「えっ？」

「学校でなんかあったの？」

「べ、べ、べべ、べつっ、べべべ別になっ……な、ななな、ないけど？」

「本当に？」

「ど、ど、どうし、ど、どどど……な、な、なんで？」

「……入学式の日って、自己紹介とかあるでしょ。あんた、そういうの苦手なんだろうから、失敗して落ちこんでるんじゃないかって思って」

「あ、あっ……だけど……」

思わずしばらくの間、じっとその文字を見つめた。手書きの、決して綺麗《きれい》じゃない、でも力強い文字。

「上手に声を……」

つぶやきが出たのと同時に、ドンという衝撃《しょうげき》で肩《かた》が揺《ゆ》れた。

「あっ、悪い」

背後からぶつかってきた一年生らしき男子生徒が言って、そのまま歩き去っていく。そこで初めて自分が足を止めていたことに気づいて、あわてて道を進んだ。

そうして歩きながらもう一度、チラシの文字を見つめる。

上手に、声を出せる……。

そんなにうまくいくわけないって、そう思った。

お母さんとお姉ちゃんと暮らすマンションの、自分の部屋。閉じた窓の向こうからは三日前から始まった道路工事の音がきこえている。

その音をききながら、僕はベッドに腰《こし》かけて、制服を着がえもせずに例のチラシを見つめていた。

数十分前に渡された、この紙。ここに書かれている文字は、家に帰りつくまでの僕の心を少しだけ明るく、前向きにしてくれた。

だけど部屋の中でもう一度ながめ、落ちついてよく考えてみたら、③そういう気持ちは全部消えてしまった。

うまくいくわけない。心の中で、またつぶやく。

『練習すれば、上手にはっきりと声を出せるようになります』

これはたぶん吃音を持っていない、普通《ふつう》の人たちに限ったことだ。声が小さいとか、口下手とか、あがり症とか、そういう悩みを持った人たちのことで、僕のようなそもそも言葉自体が出ない人間がいくら練習したって無駄《むだ》なんだ。

実際、何度も練習した。自分の名前を言う練習、本を音読する練習、頭の中で思《おも》い浮《う》かべた友達と会話をする練習。

全部うまくいった。一人でいるときは、一度だって言葉をつまらすことなくしゃべれる。自分の名前もあっさり言えて、本に書かれた文章だって台詞《せりふ》だってすらすらと読める。空想の友達との会話だって、自分が言いたいことをそのまま声にすることができる。

ひとり言ならつっかえない。これも吃音の特徴《とくちょう》らしかった。それと歌うときもスムーズに出るし、誰かと声をあわせて発声するときもそう。個人差はあるのかもしれないけど、少なくとも僕はそういう状況《じょうきょう》では他の人と同じく普通に声を出せる。

だけどそばに人がいて、一人で話すとなると、とたんにだめになる。たぶん普通の人にはよくわからない感覚だろう。僕自身もどうして話せなくなるのかまったくわからない。

だから放送部に入って練習したってたぶん、いや絶対に無駄だと思う。

結局、僕はこの先も苦労していくしかないんだ。中学でもいろいろなことをあきらめて、我慢《がまん》して過ごしていくしかない。

……それでも、と思い、もう一度チラシを見つめる。

人と普通にしゃべれたら、どんなに楽しいだろう。おもしろい出来事を友達に話したり、見たテレビの話題で盛り上がったり、好きな本や音楽、ゲームの話を思うままにしたり。

どれも、僕にとっては夢のようなことだった。そうなりたい。だけど

【国　語】（五〇分）〈満点：一〇〇点〉

【注意】解答するときには、句読点や記号も一字と数えます。

一　次の文章を読んで、後の問いに答えなさい。

> 小学生の頃《ころ》から、「吃音《きつおん》」という言葉を上手にしゃべることができない症《しょう》状《じょう》に悩《なや》んできた柏崎《かしわざき》悠《ゆう》太《た》は、中学入学式の日、自己紹介《しょうかい》に対するプレッシャーに耐《た》えられず、教室から逃《に》げ出《だ》して保健室へ行ってしまう。

「昇降口《しょうこうぐち》まで送ったほうがいいか？」

「いえ……」

平気ですと言う代わりに首をふる。それからプリントを鞄《かばん》に入れ、ベッドから降りる。

「じゃあな」と椎名《しいな》先生が言って、「さようなら」と返そうとしたけどそれも出てこなそうだったので頭だけを下げて、保健室を出た。

何人かの生徒とすれちがいながら、廊下《ろうか》をうつむき気味に歩き、昇降口へと向かう。

やっと終わった。中学生活最初の日。笑われることも、戸惑《とまど》われることもなかった。①逃げたおかげで、逃げたせいで。

でも明日からは、どうなるだろう……。

昇降口につくと、ふと、外からやけににぎやかな声がきこえてきた。なんだろう、と思いながら外へ出ると、校門までの道に二、三十人の生徒が左右に並んで立っているのが見えた。彼《かれ》らはそばを通る生徒にチラシを手渡《てわた》していて、中には手作りのプラカードを掲《かか》げた生徒もいる。プラカードには「サッカー部」や「美術部」などと書かれていて、どうやら上級生が部活の勧誘《かんゆう》をしているようだった。

部活なんて入る気はなかった。わざわざ人としゃべる機会を増やすようなことはしたくない。

「テニス部です。楽しい部なので、ぜひ入ってください！」

「吹奏楽部《すいそうがくぶ》です。初心者でも大歓迎《だいかんげい》でーす！」

それでもなかば強引《ごういん》に手渡されるチラシのすべてをことわることはできなくて、仕方なく受け取りながら、②誰《だれ》とも目をあわせないように校門への道を進んだ。

「放送部です。見学だけでも来てください。お願いします」

ただ校門を出る直前でチラシを差し出されたときはそれができなかった。なんだか他の人とはちがう落ちついた声だったから、つい相手の顔を見ちゃって。

チラシを差し出していたのは男子生徒。こっちを見て、にこりと笑っている。

「よろしくね」

笑顔《えがお》のまま、男子生徒が言う。僕《ぼく》はなにも返さずに、さっきのようにただ頭だけを下げた。

校門を出て、チラシの束を鞄にしまう。でも途中《とちゅう》で手が止まった。一番上のチラシに書かれた文章が目にとびこんできたからだった。

大きく『放送部』と書かれたチラシ。その下の文章。

『部員大募集《だいぼしゅう》中です。しゃべることが苦手な人でも大歓迎。発声の方法など丁寧《ていねい》に教えます。練習すれば、あなたも必ず上手にはっきりと声を出せるようになります』

上手にはっきりと声を出せる。

解答用紙集

○月×日　△曜日　天気（合格日和）

◆ご利用のみなさまへ

＊解答用紙の公表を行っていない学校につきましては、弊社の責任において、解答用紙を制作いたしました。

＊編集上の理由により一部縮小掲載した解答用紙がございます。

＊編集上の理由により一部実物と異なる形式の解答用紙がございます。

人間の最も偉大な力とは、その一番の弱点を克服したところから生まれてくるものである。——カール・ヒルティ——

東京学参株式会社

城北中学校(第1回)　2024年度

◇算数◇

※ 156%に拡大していただくと，解答欄は実物大になります。

1

(1)	(2)

2

(1)	(2)	(3)
度	%	通り
(4)	(5)	
cm^2	台	

3

(1)	(2)	(3)
時　分	分速　m	m
(4)		
分速　m		

4

(1)	(2)	(3)
cm^2	cm	:

5

(1)

(2)

	図1	図2	図3
3行目の左から2番目	3	99	ア
6行目の左から3番目	イ	ウ	エ
99行目の左から99番目	99	2	オ

カ

城北中学校（第1回）　2024年度　◇理科◇

※ 152%に拡大していただくと，解答欄は実物大になります。

1

問1	問2	問3	問4	
			①	②
m				

2

問1		問2	
①	②	(1)	(2)

問3

3

問1	問2	問3	問4
	℃		

4

問1	問2	問3	
		②	③

問4	問5

5

問1		問2	
①	②	(1)	(2)
			mL

問3			
(1)			(2)
③	④	⑤	

6

問1	問2	問3	
		気団	気団

問4	問5	問6

城北中学校(第1回)　2024年度　◇社会◇

※ 156%に拡大していただくと，解答欄は実物大になります。

1

問1(あ)	問1(い)	問1(え)	問1(お)
川	川	市	県

問1(か)	問2(う)	問3	問4	問5
川	海抜　地帯			

問6	問7	問8	問9	問10	問11
					県

2

問1	問2	問3	問4	問5	問6	問7	問8	問9	問10

問11	問12	問13	問14	問15[1]

問15[2]	問16	問17	問18

問19-F	問19-G	問20	問21

3

問1(あ)	問1(い)	問2[1]	問2[2]	問3

問4[1](う)	問4[1](え)	問4[1](お)	問4[2]	問4[3]	問5
	戦争	第　世界			

問6	問7[1]	問7[2]	問7[3]
	権		

◇国語◇

城北中学校(第1回)　2024年度

※142%に拡大していただくと、解答欄は実物大になります。

一

問1 ⓐ ⓑ ⓒ

問2

問3

問4

問5

問6

問7

問8

問9

問10

問11

二

1

2 (く)

3

4

5

6 (い)

7

8

9 (い)

10

城北中学校(第2回)　2024年度

◇算数◇

※ 156%に拡大していただくと，解答欄は実物大になります。

1

(1)	(2)

2

(1)	(2)
個	g

(3) ①	(3) ②	(4)
通り	通り	度

(5)
cm

3

(1)	(2)
秒速　m	m

(3) ア	(3) イ	(4)
		秒

4

(1) ア	(1) イ

(2) ウ	(2) エ	(2) オ	(2) カ

5

(1)	(2)	(3)
cm	cm^2	cm^2

城北中学校(第2回)　2024年度

◇理科◇

※ 143％に拡大していただくと，解答欄は実物大になります。

1

問1			
A	B	C	D

問2		問3	問4
①	②		

2

問1	問2	問3		
		(1)	(2)	(3)
極				

3

問1	
①	
②	
③	
問2	%

問3

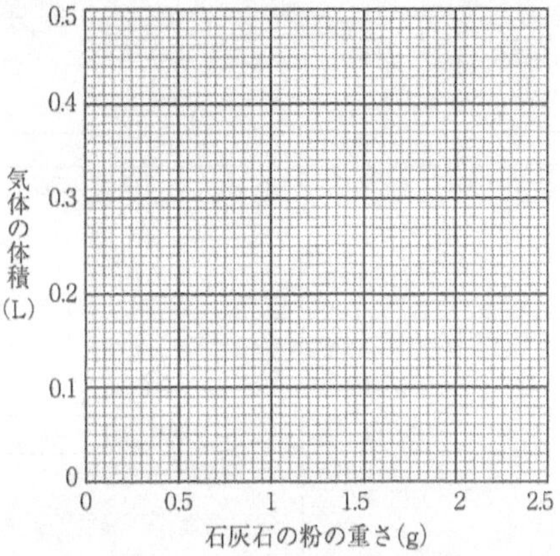

問4	問5	問6
L	L	g

4

問1		問2	
①	②	(1)	(2)

問3			
(1)			(2)
枠A	枠B	枠C	
g	g	g	

5

問1	問2	問3	問4

問5	問6	問7

城北中学校(第2回)　2024年度

◇社会◇

※ 156%に拡大していただくと，解答欄は実物大になります。

1

問1(あ)	問2(い)	問3(う)	問4	問5	問6
駅	駅	川			

問7	問8	問9	問10	問11	問12	問13	問14	問15
							県	

2

問1	問2	問3	問4	問5	問6	問7	問8	問9
						国		

問10	問11	問12	問13

問14	問15(お)	問15(か)	問16	問17	問18	問19	問20	問21

3

問1(あ)	問1(い)	問2[1]	問2[2]		問3(お)	問3(か)	問4
			(う)	(え)			
						制	

問5[1]	問5[2]	問6	問7	問8-A	問8-B
(き)					

◇国語◇

城北中学校(第２回)　２０２４年度

※１４３％に拡大していただくと、解答欄は実物大になります。

一

問１　ⓐ　ⓑ

問２

問３

問４

問５

問６

問７

問８

問９

問10

問11

二

1

2

3

4　（いて）

5

6

7

8　（める）

9

10

城北中学校(第1回)　2023年度

◇算数◇

※ 159%に拡大していただくと，解答欄は実物大になります。

1

(1)	(2)

2

(1)	(2)	(3)
g	度	cm

(4)	(5) ①	(5) ②
ヵ所	：	倍

3

(1)	(2)	(3)
時　分	時　分	時　分

4

(1)	(2)	(3)
cm^3	cm	cm^3

5

(1)	(2)
個	個

(3) ①	(3) ②
個	個

城北中学校(第1回)　2023年度　◇理科◇

※ 156%に拡大していただくと，解答欄は実物大になります。

1

問1			問2	
①	②	③	X	Y
			cm	cm

問3	問4	問5
g	g	cm

2

問1	問2

問3	
(1)	(2)

問4			問5	
①	②	③	(1)	(2)
			g	L

3

問1	問2

問3

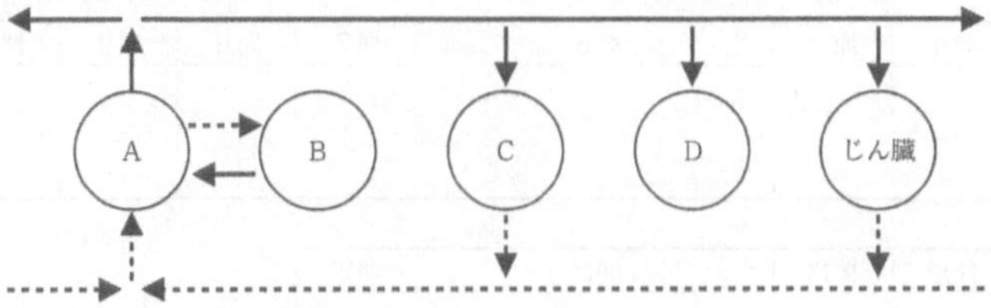

問4	問5

4

問1	問2	問3	問4	問5	問6
度	度				

城北中学校（第1回）　2023年度

◇社会◇

※ 159%に拡大していただくと，解答欄は実物大になります。

1

問1	問2	問3	問4	問5	問6	問7	問8

問9	問10	問11	問12	問13	問14	問15	問16

問17	問18	問19

2

問1	問2	問3	問4	問5	問6

問7	問8	問9	問10	問11	問12	問13	問14

問15	問16	問17	問18	問19	問20

3

問1	問2	問3	問4	問5	問6	問7	問8	問9	問10

問11	問12	問13	問14	問15

問16

◇国語◇

城北中学校（第１回）　２０２３年度

※１４９％に拡大していただくと、解答欄は実物大になります。

一

問1　i　ii

問2

問3

問4

問5　問6

問7

問8　問9

問10

問11

二

1　2　3　4

5　6　7　8（した）

9（く）　10（てて）

城北中学校(第2回)　2023年度

◇算数◇

※ 159％に拡大していただくと，解答欄は実物大になります。

1

(1)	(2)

2

(1)	(2)	(3)
本	cm^2	：
(4)	(5)	
枚	度	

3

(1)	(2)	
	①	②
個	第　グループ	番目
(3)	(4)	
個	個	

4

(1)	(2)	(3)
	毎分　m	
(4)		
m		

5

(1)	(2)	(3)
cm	cm	cm

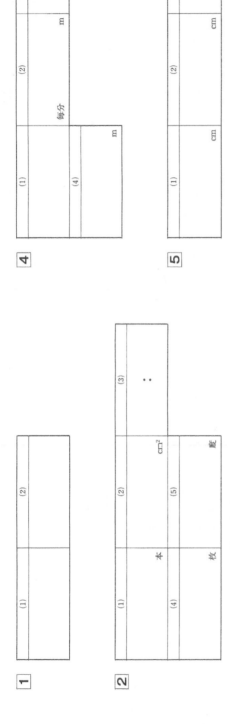

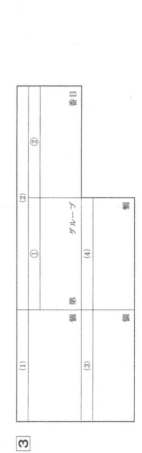

城北中学校(第2回)　2023年度　◇理科◇

※ 156%に拡大していただくと，解答欄は実物大になります。

1

問1	問2	問3	問4

2

問1	問2	問3	問4

3

問1	問2 (1)	問2 (2)	問3	問4
			mL	mL

問5 (1)	問5 (2)	問6 (1)	問6 (2)
mL	mL		

4

問1	問2	問3

問4

	空気	水	適温	光	肥料	結果
実験1	○	○	○	○	○	○
実験2	×	×	×	×	×	×
実験3	×	○	○	○	○	×
実験4						
実験5						
実験6						
実験7						
実験8						
実験9						
実験10						
実験11						

問5

	空気	水	適温	光	肥料	結果
確認実験						

5

問1	問2	問3	問4	問5	問6	問7
				km	km	

城北中学校（第2回）　2023年度

◇社会◇

※ 161％に拡大していただくと，解答欄は実物大になります。

1

問1	問2	問3	問4	問5	問6	問7	問8	問9	問10
									民族

問11	問12	問13	問14

問15	問16	問17	問18	問19	問20

2

問1	問2	問3	問4	問5	問6

問7	問8	問9	問10	問11	問12	問13	問14

問15	問16	問17	問18	問19	問20

3

問1	問2	問3	問4		問5	問6
			(あ)	(い)		
						→ → →

問7	問8	問9			問10	問11	
		[1]	[2]	[3]		[1]	[2]

問12	問13	問14

2023年度

城北中学校(第2回)

※147%に拡大していただくと、解答欄は実物大になります。

◇国語◇

一

問1 (A) (B) (C)

問2

問3

問4

問5

問6

問7

問8

問9 X Y

問10

問11 (1) (2)

二

1 2 3 4

5 6 7 8

9 (び) 10

城北中学校(第1回)　2022年度

◇算数◇

※ 159%に拡大していただくと，解答欄は実物大になります。

1

(1)	(2)

2

(1)	(2)	(3)
ページ	人	度

(4)	(5)
cm^2	

3

(1)
毎分　　m

(2) ア	(2) イ	(2) ウ
分	分	m

(3)
毎分　　m

4

(1)	(2)	(3)
m^2	m^2	m^2

5

(1)
通り

(2) ア	(2) イ	(2) ウ	(2) エ
通り	通り	通り	通り

(3)
通り

城北中学校（第1回）　2022年度

◇理科◇

※ 156%に拡大していただくと，解答欄は実物大になります。

1

問1	問2	問3	問4	問5
		g	g	g

問6	問7
cm（ 縮む・のびる）	

問8

2

問1	問2
	g

問3	
(1)	(2)

問4	問5	問6
		g

3

問1		問2
②	③	(1)

問2
(2)

問3	
(1)	(2)

4

問1		
①	②	③

問2

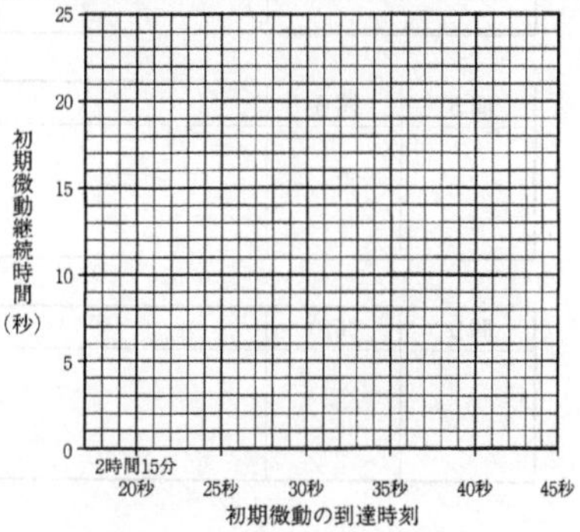

問3

問4			
a	b	c	d

城北中学校(第1回)　2022年度　　◇社会◇

※ 159%に拡大していただくと，解答欄は実物大になります。

1

問1	問2	問3	問4	問5	問6	問7	問8	問9
								台地

問10	問11	問12	問13	問14
			政策	県

問15	問16	問17
栽培		

2

問1	問2	問3	問4	問5	問6	問7	問8	問9

問10	問11	問12	問13	問14	問15	問16	問17	問18

問19	
1	2

3

問1-(あ)	問1-(い)	問2		問3	問4
			日間		

問5	問6	問7	問8

問9	問10	問11

2022年度 城北中学校(第1回)

◇国語◇

※149%に拡大していただくと、解答欄は実物大になります。

一

問1 A B

問2

問3

問4 X

Y

問5

問6

問7

問8

問9

問10

問11

問12

二

1

2

3

4

5

6

7

8

9

10 (う)

城北中学校(第2回)　2022年度

◇算数◇

※ 159%に拡大していただくと，解答欄は実物大になります。

1

(1)	(2)

2

(1)	(2)	(3)
日	度	通り
(4)	(5)	
枚以上	cm^2	

3

(1)	(2)	(3)	(4)
km	倍	km	分後

4

(1)		(2)	(3)
①	②		
		個	個

5

(1)		
①	②	③
個	個	個
(2)		
個		

城北中学校（第2回）　2022年度

◇理科◇

※ 156%に拡大していただくと，解答欄は実物大になります。

1

問1	問2	問3
	g	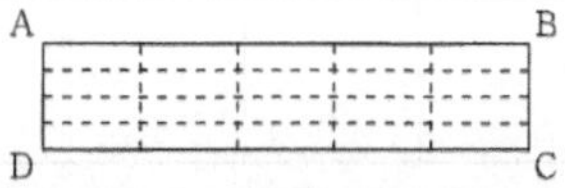

問4	問5

2

問1	問2	問3
通り	通り	通り

3

問1	問2	問3	問4

4

問1
mL

問3

問2

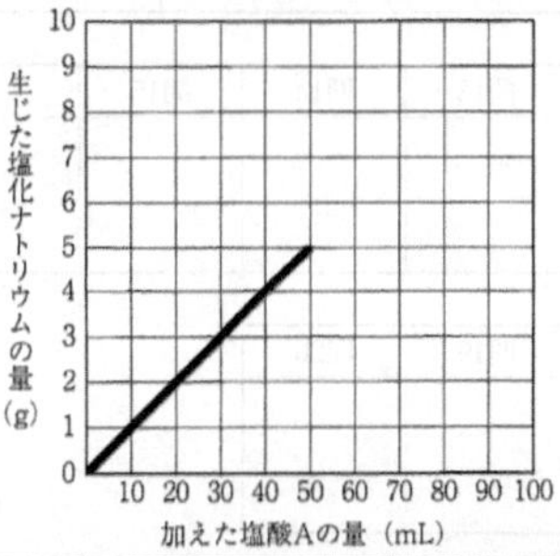

問4

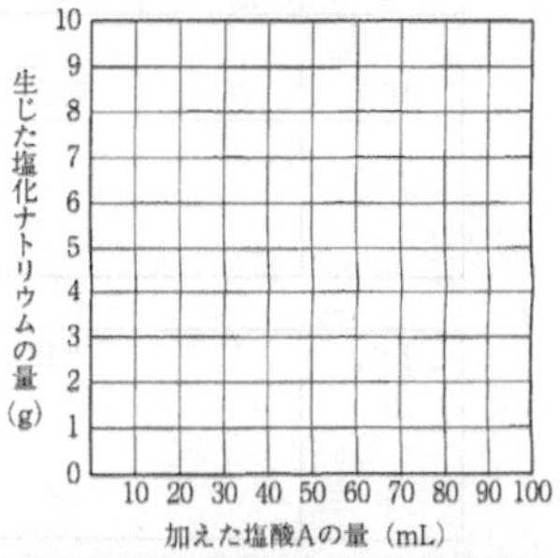

5

問1		問2			
(1)	(2)	(1)	(2)		
			①	②	③

6

問1		問2		問3
(1)	(2)	(1)	(2)	
℃	%	℃	m	℃

問4	
(1)	(2)
℃	%

城北中学校（第2回）　2022年度

◇社会◇

※ 161％に拡大していただくと，解答欄は実物大になります。

1 －1

問1	問2	問3	問4	問5	問6	問7	問8
							省

問9	問10	問11

1 －2

問12	問13	問14	問15	問16	問17	問18
		県				

2

問1	問2	問3	問4	問5	問6	問7	問8

問9	問10	問11	問12	問13	問14	問15	問16

問17	問18	問19	問20

3

問1－(あ)	問1－(い)	問2－ⅰ(う)	問2－ⅰ(え)	問2－ⅱ	問3

問4－(3)	問4－(4)	問5	問6－ⅰ
裁判	裁判		制

問6－ⅱ	問7

◇国語◇

城北中学校(第2回)　2022年度

※147%に拡大していただくと、解答欄は実物大になります。

一

問1

問2

問3

問4

問5

問6

問7

問8

問9

問10

問11

問12

二

1

2

3

4

5

6

7

8 (ち)

9

10

MEMO

大切なことはメモしておこうネ！

MEMO

大切なことはメモしておこうネ！

MEMO

大切なことはメモしておこうネ！

MEMO

大切なことはメモしておこうネ！

MEMO

大切なことはメモしておこうネ！

MEMO

大切なことはメモしておこうネ！

〈ダウンロードコンテンツについて〉

本問題集のダウンロードコンテンツ、弊社ホームページで配信しております。現在ご利用いただけるのは「2025年度受験用」に対応したもので、**2025年3月末日**までダウンロード可能です。弊社ホームページにアクセスの上、ご利用ください。

※配信期間が終了いたしますと、ご利用いただけませんのでご了承ください。

中学別入試過去問題シリーズ

城北中学校　2025年度

ISBN978-4-8141-3165-5

[発行所] 東京学参株式会社

〒153-0043　東京都目黒区東山2-6-4

書籍の内容についてのお問い合わせは右のQRコードから　⇒

※書籍の内容についてのお電話でのお問い合わせ、本書の内容を超えたご質問には対応できませんのでご了承ください。

2024年6月28日　初版